كتاب

إرشاد الأريب إلى معرفة الأديب

المعروف

بمعجم الأدباء أو طبقات الأدباء

لياقوت الرومي

وقد اعتنى بنسخه وتصحيحه

د. س. مرجليوث

الجزء الاول

كتاب بهون . كلاں محل . نئی دلی ٢

بسم الله الرحمن الرحيم

﴿ وبه الاعانة ﴾

الحمد لله ذي القدرة القاهرة . والآيات الباهرة . والآلاء الظاهرة . والنعم المتظاهرة . حمداً يؤذن بمزيد نعمه . ويكون حصناً ما نعاً من نقمه . وصلى الله على خير الاولين والآخرين . من النبيين والصدّيقين . محمد النبي . والرسول الامي . ذي الشرف العلي . والخلق السني . والكرم المرضي . وعلى آله الكرام . واتباعه سرج الظلام . وشرف وعظم . وكرم . ﴿وبعد﴾ فما زلت منذ غذيت بغرام الادب . والهمت حب العلم والطلب . مشغوفاً باخبار العلماء . متطلعا الى انباء الادباء . اسائل عن احوالهم . وابحث عن نكت اقوالهم . بحث المغرم الصب . والمحب عن الحب . واطوف على مصنَّف فيهم يشفي العليل (١) . ويداوي لوعة الغليل (٢) . فما وجدت في ذلك تصنيفاً شافياً . ولا تأليفاً كافياً . مع ان جماعة من العلماء . والائمة القدماء . اعطوا ذلك نصيباً من عنايتهم وافراً . فلم يكن عن صبح الكفاية سافراً . كأبي بكر محمد بن عبد الملك التاريخي وارى

(١) ق الغليل . (٢) ق العايل

انه اول من اعارهم طرفه . وسود فى تبييض اخبارهم صحفه . لانه قال في مقدمة كتابه وقد اجتهد ابو العباس محمد بن مؤيد الازدي وابو العباس احمد بن يحيي الشيباني في مثل ما اودعناه كتابنا من اخبار النحويين فما وقعا ولا طارا . هذا مع ان كتابه صغير الحجم قليل التراجم محشو بالنوادر التي رووها لا يختص باخبارهم انفسهم . ثم الف بعده في هذا الاسلوب ابو محمد عبد الله بن جعفر بن درستويه كتاباً فلم يقع الينا الا انباء ظنه لذلك . ثم صنف فيه ابو عبيد الله محمد بن عمران المرزباني كتاباً حفيلا كبيراً على عادته فى تصانيفه الا انه حشاه بما رووه وملاه بما وعوه فينبغي ان يسمى مسند النحويين وقد وقفت على هذا الكتاب وهو تسعة عشر (١) مجلدا ونقلت فوائده الى هذا الكتاب مع انه ايضا قليل التراجم بالنسبة الى كبر حجمه . ثم الف فيه ابو سعيد الحسن بن عبد الله بن المرزبان السيرافى القاضي كتاباً صغيراً في نحاة البصرة نقلنا ايضاً فوائده الى هذا الكتاب . ثم جمع في ذلك ابو بكر محمد بن حسن الاشبيلي الزبيدي كتاباً لم يقصر فيه وهو اكثر هذه الكتب فوائد (٢) . واكثرها تراجم وفرائد (٣) . وقد نقلنا فوائده ايضاً الى هذا الكتاب . ثم الف فيه القاضي ابو المحاسن المفضل بن محمد بن مسعر المغربي كتاباً لطيفاً نقلنا فوائده . ثم الف فيه علي بن فضال المجاشعي كتاباً وسماه شجرة الذهب في اخبار اهل الادب وقع اليّ منه شيء فوجدته كثير التراجم الا انه قليل الفائدة

(١) ق تسع عشرة ولعل الاصل تسع عشرة مجلدة (٢) ق قوائد (٣) ق وفوائد

لكونه لا يعتني بالاخبار ولا يعبا بالوفيات والاعمار . ثم الف فيه الكمال
عبد الرحمن بن محمد بن الانباري كتاباً سماه نزهة الالباء في اخبار الادباء
نقلنا فوائده ايضا وكنت مع ذلك اقول للنفس مماطلا . وللهمة معاضلا .
رب غيث غب البارقة .ومغيث تحت الخافقة. الى ان هزم اليأس الطمع.
واستولى الجد على اللعب الولع . وعلمت انه طريق لم يسلك . ونفيس لم
يملك . فاستخرت الله الكريم . واستنجدت بحوله العظيم . وجمعت في
هذا الكتاب ما وقع اليّ من اخبار النحويين واللغويين والنسابين والقراء
المشهورين . والاخباريين والمؤرخين والوراقين المعروفين والكتاب
المشهورين.واصحاب الرسائل المدوّنة. وارباب الخطوط المنسوبة والمعينة.
وكل من صنف في الادب تصنيفاً . اوجمع في فنه تأليفاً . مع ايثار .
الاختصار والاعجاز. في نهاية الايجاز. ولم آل جهداً في اثبات الوفيات.
وتبيين المواليد والاوقات.وذكر تصانيفهم. ومستحسن اخبارهم. والاخبار
بانسابهم وشيء من اشعارهم . فاما من لقيته او لقيت من لقيه فاورد لك
من اخباره وحقائق اموره.ما لا اترك لك بعده تشوفا الى شيء من خبره.
واما من تقدم زمانه.و بعد اوانه.فاورد من خبره ما ادت الاستطاعة اليه .
ووقفني النقل عليه . فى ترداذي الى البلاد . ومخالطتي للعباد . وحذفت
الاسانيد الا ما قل رجاله.وقرب مناله.مع الاستطاعة لاثباتها سماعاً واجازة
الا انني قصدت صغر الحجم وكبر النفع واثبتّ مواضع نقلي ومواطن اخذي
من كتب العلماء المعوّل فى هذا الشان عليهم . والمرجوع في صحة النقل
اليهم . وكنت قد شرعت عند شروعي في هذا الكتاب او قبله في جمع

كتاب في اخبار الشعراء المتاخرين والقدماء . ونسجتها على هذا المنوال. وسبكتها على هذا المثقال[١] . في الترتيب. والوضع والتبويب. فرأيت اكثر اهل العلم المتأدبين . والكبراء المتصدرين. لا تخلو قرائحهم من نظم شعر. وسبك نثر. فاودعت ذلك الكتاب كل من غلب عليه[٢] فدون ديوانه. وشاع بذلك ذكره وشانه . ولم يشتهر برواية الكتب وتأليفها. والآداب وتصنيفها . واما من عرف بالتصنيف . واشتهر بالتأليف. وصحت روايته . وشاعت درايته . وقل شعره . وكثر نثره . فهذا الكتاب عشه ووكره . وفيه يكون ثناؤه وذكره . واجتزئ به عن التكرار هناك الا النفر اليسير الذين دعت الضرورة اليهم . ودلنا عنايتهم بالصناعتين عليهم . ففي هذين الكتابين اكثر اخبار الادباء . من العلماء والشعراء . وقصدت بترك التكرار . خفة محمله في الاسفار . وحيازة ما اهواه من هذا النشوار . وجعلت ترتيبه على حروف المعجم . اذكر اوّلا من اوّل اسمه الف ثم من اول اسمه باء ثم تاء ثم ثاء الى آخر الحروف والتزم ذلك في اول حرف من الاسم وثانيه وثالثه ورابعه فابدأ بذكر من اسمه آدم الا ترى ان اوّل اسمه همزة ثم الف ثم من اسمه ابراهيم لان اول اسمه الف وبعد الالف باء ثم كذلك الى آخر الحروف . والتزم ذلك في الآباء ايضا فاعتبره فانك اذا اردت الاسم تجد له موضعا واحداً لا يتقدم عليه ولا يتأخر عنه اللهم الا ان يتفق اسماء عدة رجال واسماء آبائهم فان ذلك مما لا حصر فيه الا بالوفاة فاني اقدم من تقدّمت وفاته على من تاخّرت . وافردت في آخر كل حرف

(١) ق المثال (٢) لعله سقط الشعر

فصلاً اذكر فيه من اشتهر بلقبه على ذلك الحرف من غير ان اورد شيأ من اخباره فيه انما ادلّ على اسمه واسم ابيه لتطلبه في موضعه . ولم اقصد ادباء قطر . ولا علماء عصر . ولا اقليم معين . ولا بلد مبين . بل جمعت للبصريين والكوفيين والبغداديين والخراسانيين والحجازيين واليمنيين والمصريين والشاميين والمغربيين وغيرهم على اختلاف البلدان . وتفاوت الازمان . حسب ما اقتضاه الترتيب . وحكم بوضعه التبويب . لا على قدر اقدارهم في المقدمة والعلم . والتأخر والفهم . وابتدأته بفصل يتضمن أخبار قوم من متخلفي النحويين والمتقعدين المجهولين واني لجد عالم ببغيض يندد ويزري علي . ويقبل بوجه اللائمة الي . ممن قد أشرب الجهل قلبه . واستعصى على كرم السجية لبه . يزعم ان الاشتغال بأمر الدين أهم . ونفعه في الدنيا والآخرة أعم . أما علم ان النفوس مختلفة الطبائع . متلونة النزائع . ولو اشتغل الناس كلهم بنوع من العلم واحد لضاع باقيه . ودرس الذي يليه . وان الله جل وعز جعل لكل علم من يحفظ جملته . وينظم جوهرته . والمرء ميسر لما خلق ولست انكر اني لو لزمت مسجدي ومصلاي . واشتغلت بما يعود بعاقبة دنياي . في أخراي[١] أولى . وبطريق السلامة في الآخرة أحرى . ولكن طلب الأفضل مفقود . واعتماد الأحرى غير موجود . وحسبك بالمرء فضلا ان لا يأتي محظوراً . ولا يسلك طريقاً[٢] . وبعد فهذه أخبار قوم عنهم أخذ علم القرآن المجيد . والحديث المفيد . وبصناعتهم تنال الامارة . وببضاعتهم يستقيم أمر السلطان والوزارة . وبعلمهم يتم

(١) لعله سقط لكان (٢) لعله سقط غروراً

الاسلام وباستنباطهم يعرف الحلال من الحرام . ألا ترى ان القارئ اذا قرأ ان الله بريء من المشركين ورسوله بالرفع فقد سلك طريقا من الصواب واضحا. وركب منهجا من الفضل لاتحا. فان كسر اللام من رسوله كان كفرا بحتا . وجهلا قحا . وقد روى ان أبا عمرو بن العلاء كان يقول لعلم العربية هو الدين بعينه فبلغ ذلك عبد الله بن المبارك فقال صدق لاني رأيت النصارى قد عبدوا المسيح لجهلهم بذلك قال الله تعالى انا ولّدتك من مريم وأنت نبيي فخسبوه يقول أنا ولدتك وأنت بُنيي . فبتخفيف اللام وتقديم الباء وتعويض الضمة بالفتحة كفروا . وحسبك من شرف هذا العلم ان كل علم على الاطلاق مفتقر الى معرفته . محتاج الى استعماله في محاورته. وصاحبه فغير مفتقر الى غيره وغير محتاج الى الاعتضاد والاعتماد على سواه . فان العلم انما هو باللسان فاذا كان اللسان معوجا متى يستقيم ما هو به وان أردت اقامة الدليل على شأن أهل هذا الشان . وايضاح فضلهم بالدلائل والبرهان . كنت كمن تكلف دليلا على ضياء النهار. واشراق الشمس واحراق النار . فان ذلك لا يخفى على الصامت من الحيوان فكيف الناطق . وعلى كل كهٍ فهٍ فكيف الحاذق. فقد جمعت من أخبار هذه الطائفة بين حكم وأمثال وأخبار وأشعار . ونثر وآثار . وهزل وجد . وخلاعة وزهد . ومبك ومضحك . وموعظة ونسك

من كل معنى يكاد الميت يفهمه   حسناً ويعبده القرطاس والقلم

فهو لا ينفق الا على من جبل على العلم طبعه . وعمر بحب الفضل ربعه . فظل للآداب خدينا . ولصحة العقل قرينا . قد عجنت بالظرافة

طينته . وسيرت باللطافة سيرته . وأما أهل الجهل والغي . والفهاهة والعي . فليس ذا عشك فادرجي . ولا مبيتك فادلجي . فليعفني المفند البغيض . وليعرض عن التعريض . على انني معترف بقول يحيي بن خالد لا يزال الرجل في فسحة من عقله ما لم يقل شعراً أو يصنف كتاباً وقد كتب جعفر بن يحيي الى بعض عماله وقد وقف على سهو في كتاب ورد منه اتخذ كاتباً منصفا لكتبك فان المؤلف تنازعه أمور وتعتوره خروق تشغل قلبه وتشعب فكره من كلام ينسقه وتأليف ينظمه ومعنى يتعلق به يشرحه وحجة يوضحها والمتصفح للكتاب أبصر بمواضع الخلل من مبتدئ تأليفه . وأنا فقد اعترفت بقصوري فيما اعتمدت عن الغاية . وتقصيري عن الانتهاء الى النهاية . فاسأل الناظر فيه ان لا يعتمد العنت ولا يقصد قصد من اذا رأى حسناً ستره . وعيباً أظهره . وليتأمله بعين الانصاف . لا الانحراف . فمن طلب عيباً وجدّ وجد . ومن افتقد زلل أخيه بعين الرضى فقد فقد . فرحم الله امرءاً قهر هواه . وأطاع الانصاف ونواه . وعذرنا في خطأ ان كان منا . وزلل ان صدر عنا . فالكمال محال . لغير ذي الجلال . فالمرء غير معصوم . والنسيان في الانسان غير معدوم . وان عجز عن الاعتذار عنا والتصويب . فقد علم ان كل مجتهد مصيب . فانا وان أخطأنا في مواضع يسيرة . فقد أصبنا في مواطن كثيرة . فما علمنا فيمن تقدمنا وأمنا من الائمة القدماء الا وقد نظم في سلك أهل الزلل . وأخذ عليه شيء من الخطل . وهمُ همُ (١) . فكيف بنا مع

(١) ق وهو اهم

قصورنا واقتصارنا وصرف جل زماننا في نهمة الدنيا وطلب المعاش . ونمو الرياش . الذي مرادنا منه صيانة العرض . وبقاء ماء الوجه لدى العرض . وانما تصديت لجمع هذا الكتاب لفرط الشغف والغرام . والوجد بما حوى والهيام . لا لسلطان اجتديه . ولا لصدر أرتجيه . غير اني أرغب الى الناظر فيه ان يترحم عليّ . ويعطف جيد دعائه اليّ . فذلك ما لا كلفة فيه عليه . ولا ضرر يرجع به اليه . فربما انتفعت بدعوته . وفزت بما قد امن هو من معرته . ومع ما تقدم من اعتذارنا . ومرّ من تنصلنا واستغفارنا . فقد رآني جماعة من أهل العصر وقد نظمت لآلئ هذا الكتاب . وأبرزته في أبهى من الحلي على ترائب الكعاب . فاستحسنوه والتمسوه لينسخوه فوجدت في نفسي شحاً عليهم . وبخلا بعطف جيده اليهم . لانه مني بمنزلة الروح من جسد الجبان . والسوداوين من العين والجنان . مع كوني غير راض لنفسي بذلك المنع . ولا حامد لها على ذلك الصنع . لكنها طبيعة عليها جبلت . وسجية اليها جبرت . حتى قلت فيه مع اعترافي بقلة بضاعتي في الشعر . وعلمي بركاكة نظمي والنثر

فكم قد حوى من فضل قول محبر ... ومن نثر مصقاع ومن نظم ذي فهم
ومن خبر حلو ظريف جمعته ... على قدم الايام للعرب والعجم
يرنح اعطافي اذا ما قرأته ... كما رنحت شرابها ابنة الكرم
ولو انني أنصفته في محبتي ... لجلدته جلدي وصندقته عظمي
عزيز على فضلي بأن لا أطيعه ... على بذله للطائفين على العلم
ولو انني أسطيع من فرط حبه ... لما زال من كفي ولا غاب عن كمي

وقد قرأت بخط أبي سعد السمعاني لأبي عبد الله محمد بن سلامة المقري في هذا النشوار

انى لما أنا فيه من منافستي ... فيما شغفت به من هذه الكتب

لقد علمت بأن الموت يدركني ... من قبل ان ينقضي من حبها أربي

(١)

ومجموعة فيها علوم كثيرة ... يقر بما فيها عيون الافاضل

ألذ من النعمى وأحلى من المنى ... وأحسن من وجه الحبيب المواصل

حكت روضة حاكت يد القطر وشيها ... ومسّك راها(٢) نسيم الاصائل

أطالعها في كل وقت فاجتلي ... عقائل يغلي مهرها كل عاقل

وأمنعها الجهال فهي حبيبة ... جرى حبها مجرى دمي في مفاصلي

تضمين نصف بيت للمتنبي . واعلم انني لو أعطيت حمر النعم وسودها . ومقانب الملوك وبنودها . لما سرني ان ينسب هذا الكتاب الى سواي. وان يفوز بقصب سبقه الاي. لما قاسيت في تحصيله من المشقة. وطويت في تكميله من طول الشقة . فانني علم الله اني لم أقف على باب أحد من العالم اجتديه. ولا أحصي عدد ما وقفت على الابواب للفوائد فيه. فلا غرو ان أمنعه من ملتمسيه. وأحجبه من الراغبين فيه. على اني ما زلت أعاتب نفسي على هذا الصنيع . وأعده من الأمر الفظيع. والخلق الشنيع . الى ان وقفت على الكتاب الذي ألفه محمد بن عبد الملك التاريخي في أخبار النحويين وقد قال في ديباجته ولم أقصد بهذا الكتاب لهوا ولا لعبا ولا

---

(١) بياض بالاصل (٢) كذا ولعل الصواب رياها

سمحت نفسي ببذله ولا طابت ببثه[١] واخراجه الى غير أبي الحسين محمد بن عبد الرحمن الروذباري الكاتب أطال الله بقاءه فانه لي كما قال معاوية ابن قرة في ابنه اياس بن معاوية وقد قيل له كيف ابنك فقال خير ابن كفاني أمر الدنيا وفرغني لأمر الآخرة . ثم قال وما أحصي عدد من انقطع بيننا وبينه من الاخوان في ردنا اياه عن هذا الكتاب فحينئذ خففت عن نفسي اللوم . اذ كان التأسي من أخلاق القوم . وعلمت ان النفوس بخيلة بالنفائس . شحيحة بابراز العرائس . هذا وانما يشتمل كتابه على ثلاث وعشرين ترجمة نقلت زبدها الى هذا الكتاب فلم ألام اذا أخفيته عن طالبيه . وحجبته عن خاطبيه . وقد أقسمت ان لا أسمح باعارته ما دام في مسودته لئلا يلح طالب بالتماسه . ولا يكلفني ابرازه من كناسه . فحملهم منعي على احتذائه[٢] . وتصنيف شرواه في استوائه . وما أظنهم يشقون غباره . ولا يحسنون ترتيبه واسطاره . وان وقفت لنظر الجميع . ستعرف الظالع من الضليع . فاذا هذبته . ونقحته وبيضته . فتمتع به فانه كتاب أسهرت لك فيه طَرْفي . وأنضيت في تحصيله طَرفي وطِرفي . وقد حصلته عفوا . وملكته صفوا . فاجعل جائزتي دعاء يزكو غرسه عند ذي العرش . واحمدني في بسطه والفرش . واذكرني في صالح دعائك ورب دعوة صادفت اجابة . ورمية حصلت اصابة . ولو أنصف أهل الأدب . لاستغنوا به عن المأكل والمشرب . ولكنني أخاف ان يأتيه النقص من جهة زيادة فضله . وان يقعد بقيام حده

(١) ق بثه (٢) ق اختدابه

عظم خطره ونبله . واستشعر له أمرين منبعهما من قلة الانصاف . واجتناب الحق والانحراف . أحدهما ان يقال هل هو الا تصنيف رومي مملوك وما عسى ان يأتي به وليس في ابناء جنسه له نظير . وما كان في أمته رجل خطير . لاستيلاء التقليد . على العالم والبليد . فهم لا ينظرون ما قيل انما يسألون عمن قال ونعم العون للعالم القوول . حسن الاعتقاد والقبول . والأمر الآخر قصور الهمم . الغالب على أكثر الامم . اذ كل همه تحصيل المأكول والملبوس . ولا تسمو همته الى تشريف النفوس . واعلم حياك الله بحسن رعايته . وأمدك بفضل هدايته . ان هذا الفن من العلم ليس من بابه من يطلب العلم للمعاش . أو ليحصل الزينة والرياش . ولا هو مما ينفق في المدارس . أو يناظر به في المجالس . انما هو علم الملوك والوزراء . والجلة من الناس والكبراء . يجعلونه ربيعا لقلوبهم . ونزهة لنفوسهم . ترتاح اليه أرواحهم . وتشتمل عليه أفراحهم . فهو ربيع النفوس النفيسة . ورأس مال العلوم الرئيسة . وقد سميت هذا الكتاب ارشاد الأريب الى معرفة الأديب ومن الله استمد المعونة واياه أسأل التوفيق لما يرضيه . والهداية الى ما يحبه ويزلف اليه . انه جواد كريم . رؤوف رحيم

الفصل الاول

﴿ في فضل الادب وأهله وذم الجهل وحمله ﴾

قال علي بن أبي طالب رضي الله عنه كفى العلم شرفا انه يدعيه من لا يحسنه ويفرح اذا نسب اليه من ليس من أهله وكفى بالجهل خمولا

انه يتبرأ منه من هو فيه ويغضب اذا نسب اليه فنظم بعض المحدثين ذلك فقال

كفى شرفا للعلم دعواه جاهلٌ   ويفرح ان يدعى اليه وينسبُ
ويكفي خمولا بالجهالة انني   أراع متى أنسب اليها وأغضبُ

وقال رضي الله عنه قيمة كل انسان ما يحسن فنظمه شاعر وقال

لا يكون الفصيح مثل العييّ   لا ولا ذو الذكاء مثل الغبيّ
قيمة المرء قدر ما يحسن المر   ء قضاء من الامام عليّ

وقال كرم الله وجهه كل شيء يعز اذا نزر. ما خلا العلم فانه يعز اذا غزر. ومر عمر بن الخطاب رضي الله عنه على قوم يسيئون الرمي فقرعهم فقالوا انا قوم متعلمين فاعرض مغضباً وقال والله لخطاكم في لسانكم أشد عليّ من خطاكم في رميكم سمعت رسول الله صلى الله عليه وسلم يقول رحم الله امرءاً أصلح من لسانه. وروى ان أمير المؤمنين علي بن أبي طالب رضي الله عنه قرأ ونادوا يا مالِ لِيَقْضِ علينا رَبُّكَ أنكر عليه ابن عباس فقال عليّ هذا من الترخيم في النداء فقال ابن عباس ما أشغل أهل النار في النار عن الترخيم في النداء فقال علي صدقت. فهذا يدل على تحقق الصحابة بالنحو وعلمهم به. استأذن رجل على ابراهيم النخعي فقال أبا عمران في الدار فلم يجبه فقال أبي عمران في الدار فناداه قل الثالثة وادخل. وكان الحسن بن أبي الحسن يعثر لسانه بشيء من اللحن فيقول استغفر الله فقيل له فيه فقال من أخطأ فيها فقد كذب على العرب ومن كذب فقد عمل سوءاً وقال الله تعالى ومن يعمل سوءاً أو يظلم نفسه ثم يستغفر الله يجد الله

غفوراً رحيما . وذكر أبو حيان في كتاب محاضرات العلماء حدثنا القاضي أبو حامد أحمد بن بشر قال كان الفراء يوما عند محمد بن الحسن فتذاكرا في الفقه والنحو ففضل الفراء النحو على الفقه وفضل محمد بن الحسن الفقه على النحو حتى قال الفراء قل رجل أنعم النظر في العربية وأراد علما غيره الا سهل عليه . فقال محمد ابن الحسن يا ابا زكريا قد أنعمت النظر في العربية وأسألك عن باب من الفقه. فقال هات على بركة الله تعالى . فقال له ما تقول في رجل صلى فسها في صلاته وسجد سجدتي السهو فسها فيهما . فتفكر الفراء ساعة ثم قال لاشيء عليه . فقال له محمد لم قال لان التصغير عندنا ليس له تصغير وانما سجدة السهو تمام الصلاة وليس للتمام تمام . فقال محمد بن الحسن ما ظننت ان آدميا يلد مثلك . وحكي عن بعض الفقهاء انه كان يقول حب من الناس حب من الله وما صلح دين الا بحياء ولا حياء الا بعقل وما صلح حياء ولا دين ولاعقل الا بأدب وأنشد أبو الفضل الرياشي

طلبت يوماً مثلاً سائراً فكنت في الشعر له ناظما
لا خير في المرء اذا ما غدا لا طالب العلم ولا عالما

وفي الخبر (١) ارحموا ثلثة عزيز قوم ذل وغني قوم افتقر وعالما يلعب الجهال بعلمه. فنظمه شاعر فقال

اني من النفر الثلاثة حقهم ان يرحموا لحوادث الأزمان
مثر أقل وعالم مستجهل وعزيز قوم ذل للحدثان

(١) حكمة يشوع ابن سيراخ ٢٦ : ٣٣

ويقال فقدان الأديب الطبع كفقدان ذي النجدة السلاح ولا محصول لاحدهما دون الآخر وقال

نعم عون الفتى اذا طاب العلـــم ورام الآداب صحة طبع
فاذا الطبع فاته بطل السعـــي وصار العناء في غير نفع

ومما يقارب ذلك قول بعضهم

من كان ذا عقل ولم يك ذا غنى   يكون كذي رجل وليس له نعل
ومن كان ذا مال ولم يك ذا حجى   يكون كذي نعل وليس له رجل

وقال آخر

ارى العلم نوراً والتأدب حلية   فخذ منهما في رغبة بنصيب
وليس يتم العلم في الناس للفتى   اذا لم يكن في علمه باديب

وانشد ابو حاتم سهل بن يحيي السجستاني

ان الجواهر درها ونضارها   هن الفداء لجوهر الآداب
فاذا اكتنزت اوادخرت ذخيرة   تسمو بزينتها على الاصحاب
فعليك بالادب المزين اهله   كيما تفوز ببهجة وثواب
فلرب ذي مال تراه مبعدا   كالكلب ينبح من وراء حجاب
وترى الاديب وان دهته خصاصة   لا يستخف به لدى الاتراب

وقال آخر

ما وهب الله لامرئ هبة   احسن من عقله ومن ادبه
هما جمال (١) الفتى وان فقدا   ففقده للحياة اجمل به

(١) ق للفتى ان : وهو غلط ظاهر

وحدث ابو صالح الهروي قال كان عبد الله بن المبارك يقول انفقت في الحديث اربعين الفاً وفي الادب ستين الفاً وليت ما انفقته في الحديث انفقته في الادب . قيل له كيف قال لان النصارى كفروا بتشديدة واحدة خففوها قال تعالى يا عيسى اني ولّدتك من عذراء بتول فقال النصارى ولدتك . شاعر

ولم ار عقلا صح الا بشيمة　　　ولم ار علما صح الا على ادب

وقال آخر

لكل شيءً حسن زينة　　　وزينة العالم حسن الادب

قد يشرف المرء بآدابه　　　فينا وان كان وضيع النسب

وقال آخر

من كان مفتخراً بالمال والنسب　　　فانما نخرنا بالعلم والادبِ

لا خير في رجل حر بلا ادب　　　لا لا وان كان منسوباً الى العربِ

قالوا والفرق بين الاديب والعالم ان الاديب من يأخذ من كل شيءٍ احسنه فيألفه والعالم من يقصد لفن من العلم فيعتله[1] ولذلك قال على كرم الله وجهه العلم اكثر من ان يحصى نخذوا من كل شيءٍ احسنه . شاعر

ذخائر المال لا تبقى على احد　　　والعلم تذخره يبقى علي الابد

والمرء يبلغ بالآداب منزلة　　　يذل فيها له ذو المال والعقد

وحدث سفيان قال سمعت الخليل بن احمد يقول اذا اردت ان تعلم العلم لنفسك فاجمع من كل شيءٍ شيئاً واذا اردت ان تكون راساً في العلم

(١) لعله فيتقنه

فعليك بطريق واحد ولذلك قال الشعبي ما غلبني الا ذو فن. شاعر

لا فقر اكبر من فقر بلا ادبِ ليس اليسار بجمع المال والنشبِ

ما المال الا جزارات ملفقة فيها عيون من الاشعار والخطبِ

ويقال من اراد السيادة فعليه باربع العلم والادب والعفة والامانة. شاعر

كم من خسيس وضيع القدر ليس له في العزاصل[1] ولا ينمى الى حسبِ

قد صار بالادب المحمود ذا شرف عال وذا حسب محض وذا نسبِ

وقال بزرجمهر من كثر ادبه كثر شرفه وان كان وضيعاً وبعد صوته وان كان خاملاً وساد وان كان غريباً وكثرت الحاجة اليه وان كان فقيرًا. ويقال عليكم بالادب فانه صاحب في السفر. ومؤنس في الحضر. وجليس في الوحدة وجمال في المحافل وسبب الى طلب الحاجة. ويقال مروءتان ظاهرتان الفصاحة والرياش. وكلم شبيب بن شبة[2] رجلاً من قريش فلم يحمد ادبه وقال

وكم من ماجد اضحى عديماً له حسن وليس له بيانُ

وما حسن الرجال لهم بزين اذا لم يُسعِد الحسن اللسانُ

وقال ابو نواس ما استكثر احد من شيء الا مله وثقل عليه الا الادب فانه كلما استكثر منه كان اشهى له واخفّ عليه. وقال الشره في الطعام دناءة وفي الادب مروءة ويقال الاديب نسيب الاديب قال ابو تمام

ان يكد مطرّف الاخاء فاننا نسري ونغدو في اخاء تالدِ

او نفترق نسباً يؤلف بيننا ادبٌ اقمناه مقام الوالدِ

(١) في غرر الخصائص (١٤٢) : بيت (٢) ق شيبة

او يختلف ماء الوصال فماؤنا　　عذب تحدر من ما بارد (۱)

وقال ابن السكيت خذ من الادب ما يعلق بالقلوب وتشهيه الاذان وخذ من النحو ما تقديم (۲) به الكلام ودع الغوامض وخذ من الشعر ما يشتمل على لطيف المعاني واستكثر من اخبار الناس واقاويلهم واحاديثهم ولا تولعن بالغث منها . وقال ابو عمرو بن العلاء قيل لمنذر بن واصل كيف شهوتك للادب فقال اسمع للحرف منه لم اسمعه فتود اعضائي ان لها اسماعا تتنعم مثل ما تنعمت الاذان. قيل وكيف طلبك له قال طلب المراة المضلة ولدها وليس لها غيره . قيل وكيف حرصك عليه قال حرص المجوع الممنوع على بلوغ لذته في المال. وقال الاصمعى قال لي اعرابيّ ما حرفتك قلت الادب قال نعم الشيء فعليك به فانه ينزل المملوك في حد الملوك . وقال ارسطاطاليس ليت شعري ايش فات من ادرك الادب واي شيء ادرك من فاته الادب . وقال البحتري

رأيت القعود على الاقتصاد　　قنوعا به ذلة في العباد

وعز بذى ادب لن يضيق　　بعيشته وسع هذى (۳) البلاد

اذا ما الاديب ارتضى بالخمول　　فما الحظ في الادب المستفاد

وقال عمر رضي الله عنه تعلموا العربية فانها تثبت العقل وتزيد في المروءة وقال عبد الملك ما الناس الى شيء من العلوم احوج منهم الى اقامة السنتهم التي بها يتحاورون الكلام ويتهادون الحكم ويستخرجون

---

(۱) كذا فى الاصل والذي في ديوان ابي تمام من غمام واحد (۲) كذا في الاصل ولعله تقوم (۳) ق هذ

غوامض العلم من مخابئها ويجمعون ما تفرق منها ان الكلام قاض يجمع بين الخصوم وضياء يجلو الظلام وحاجة الناس الى مواده فحاجتهم [١] الى مواد الاغذية. وقال الزهري ما احدث الناس مروءة احب اليّ من تعلم النحو . وقال شاعر يصف النحو

اقتبس النحو ونعم المقتبس   والنحو زين وجمال ملتمس
صاحبه مكرّم حيث جلس   من فاته فقدتعمى وانتكس
كانما فيه من العي خرس   شتان ما بين الحمار والفرس

وقال آخر

لولاكم كان يلقى كل ذي خطل   للنحو مدعيا بين النحارير
لم لا [٢] اشد على من لا يقوم بها   من وقعة السمر والبيض المآثير

قرع رجل على الجسن البصري الباب وقال يا ابو سعيد فلم يجبه فقال ابي سعيد فقال الحسن قل الثالثة وادخل . وحدث النضر بن شميل قال اخبرنا الخليل بن احمد قال سمعت ايوب السجستاني يحدث بحديث فلحن فيه فقال استغفر يعني انه عد اللحن ذنبا. وكان ابن سيرين يسمع الحديث ملحونا فيحدث به على لحنه وبلغ ذلك الاعمش فقال ان كان ابن سيرين يلحن فان النبي صلى الله عليه وسلم لم يكن يلحن فقومه . قال وكان عمر بن الخطاب رضي الله عنه يضرب اولاده على اللحن ولا يضربهم على الخطأ ووجد في كتاب عامل له لحناً فاحضره وضربه درة واحدة . ودخل اعرابي السوق فسمعهم يلحنون فقال العجب يلحنون

(١) لعله كحاجتهم (٢) لعله حملا

ويربحون . وكان معاوية بن بجير عامل البصرة لا يلحن فمات بجير بالبصرة ومعاوية بفارس خليفة ابيه فقال الفيج الذي جاء بنعيه مات بجيرا فقال له لحنت لا ام لك فقال اخوه عبد الله بن بجير

الم تر ان خير بني بجير — معاوية المحقق ما ظننتا
اتاه مخبر ينعى بجيراً — علانيـة فقال له لحنتا

وقال الجاحظ عيوب المنطق التصحيف وسوء التاويل والخطا في الترجمة فالتصحيف يكون من وجوه من التخفيف والتثقيل ومن قبل الاعراب ومن تشابه صور الحروف وسوء التاويل من الاسماء المتواطئة اي انك تجد اسماً لمعانٍ (١) فتتاول على غير المراد وكذلك سوء الترجمـة . واعلم ان مذاكرة العلم عون على ادائه وزيادة في الفهم ولا بد للعالم من جهل اي ان يجهل كثيراً مما يُسال عنه اما لانه ما سمعه او نسيه وقد قال بعض الفرس ليس يحسن الاشياء كلها انسان ولكن يحسن كل انسان شيئاً ومن الادب قول القائل

اذا ما روى الراوي حديثاً فلا تقل — سمعنا بهذا قبل ان يتمما
ولكن تسمّع للحديث موهما — بانك لم تسمعه فيما تقدما

وقال الاصمعي من حق من يقبسك علماً ان ترويه عنه . قال ابو عمرو ابن العلاء انما سمي النحوي نحوياً لانه يحرف الكلام الى وجوه الاعراب واللحن مخالفة الاعراب. واللحن على جهة اخرى ان يكلم الرجل صاحبه بالكلام يعرفانه بينهما ولا يعرفه سواهما وانشد الكلبي لمالك

(١) ق لمعاني

ابن اسماء

منطق صائب وتلحن احيا ... نًا وخير الحديث ما كان لحنا

امغـطٍ مني على بصري بالسحب ام انت اكمل الناس حسنا

وحديث الذه هو مما ... ينعت الناعتون[١] يوزن وزنا

وقد روي ان عبد الله بن مسعود رضي الله عنه كان لحنًا اي فطنًا وفي حديث ابي الزناد ان رجلا قرا عند رسول الله صلى الله عليه وسلم فلحن فقال رسول الله صلى الله عليه وسلم ارشدوا صاحبكم . وحدث ابو العيناء عن وهب ابن جرير انه قال لفتى من باهلة يا بني اطلب النحو فانك لن تعلم منه بابا الا تدرعت من الجمال سربالا . وفي حديث سعيد ابن العاص قال قال رسول الله صلى الله عليه وسلم ما نحل والد ولده افضل من ادب حسن. وعن ابن شهاب انه قال ما احدث الناس مروءة اعجب اليّ من تعلم الفصاحة . وحدث يحي بن عتيق قال سالت الحسن فقلت يا ابا سعيد الرجل يتعلم العربية يلتمس بها حسن المنطق ويقيم بها قراءته قال حسن يا بني فتعلمها فان الرجل يقرأ الآية فيعيا بوجهها فيهلك فيها . وعن سعيد بن سلم قال دخلت على الرشيد فبهرني هيبةً وجمالاً فلما لحن خفّ في عيني . وعن الشعبي قال حلي الرجال العربية وحلي النساء الشحم . وحدث التاريخي باسناد رفعه الى[٢] ابن قتيبة قال كنت عند ابن هبيرة الاكبر قال فجرى الحديث حتى ذكر العربية فقال والله ما استوى رجلان دينهما واحد وحسبهما واحد

(١) القلقشندى في صبح الاعشى (١٠٧) تشتهيه الاسماع (٢) ق‍

ومروءتهما واحدة احدهما يلحن والآخر لا يلحن ان افضلهما في الدنيا والآخرة الذي لا يلحن قال فقلت اصلح الله الامير هذا افضل في الدنيا لفضل فصاحته وعربيته ارأيت الآخرة ما باله فضل فيها قال انه يقرأ كتاب الله علي ما انزله الله والذي يلحن يحمله لحنه على ان يدخل في كتاب الله ما ليس فيه ويخرج منه ما هو فيه قلت صدق الامير وبر. وحدث عن ابي ثوبة[١] عن عمرو بن ابي عمرو الشيباني عن ابيه قال تكلم ابو جعفر المنصور في مجلس فيه اعرابي فلحن فصرّ الاعرابي اذنيه فلحن مرة اخرى اعظم من الاولى فقال الاعرابي اف لهذا ما هذا ثم تكلم فلحن الثالثة فقال الاعرابي اشهد لقد وليت هذا الامر بقضاء وقدر . وحدث باسناد رفعه الى الواقدي قال صلى رجل من آل الزبير خلف ابي جعفر المنصور وقرأ أَلْهَاكُمُ ٱلتَّكَاثُرُ فلحن في موضعين قال فلما سلم التفت الزبيري الى رجل كان الى جانبه فقال له ما كان اهون هذا القرشي على اهله . وقال بعض الشعراء[٢]

النحو يبسط من لسان الالكن ... والمرء نعظمه اذا لم يلحن

واذا طلبت من العلوم اجلها ... فاجلّها عندي[٣] مقيم الالسن

وقال آخر

اما تريني واثوابي مقاربة ... ليست بخز ولا من حر[٤] كتان

(١) لعله ثوابة (٢) هو ابو سعيد البصري سماه القلقشندي (صبح الاعشى ١٠٤) (٣) القلقشندي : ق منها (٤) في المحاسن للبيهقى ٤٥٧ خز والصواب فى كتاب البيان للجاحظ (١ : ٧٠) نسج . وكذا فى غرر الخصائص (١٨٢)

فان في المجد هماتي وفي لغتي علوية ولساني غير لحان

وحدث [١] قال قدم طاهر بن الحسين والعباس بن محمد بن موسى على الكوفة فرادّه طساسيج من سوادها فوجه العباس كاتبه اليه فلما دخل على طاهر قال له اخيك ابي موسى يقرأ عليك السلام قال وما انت منه قال كاتبه الذي يطعمه الخبز قال نعم عليّ بعيسى بن عبد الرحمن قال فجاء وكان عيسى كاتب طاهر فقال اكتب وانت قائم بصرف العباس بن محمد بن موسى عن الكوفة اذ لم يتخذ كاتباً يحسن الاداء عنه. وحدث في ما اسنده الى الضحاك بن رمل السكسكي وكان من اصحاب المنصور قال كنا مع سليمان بن عبد الملك بدابق اذ قام اليه السحاح الازدي الموصلي [٢] فقال يا امير المؤمنين ان ابينا هلك وترك مال كثير فوثب اخانا على مال ابانا فاخذه فقال سليمان فلا رحم الله اباك ولا نيّح عظام اخيك ولا بارك الله لك فيما ورثت اخرجوا هذا اللحان عني فاخذ بيده بعض الشاكرية وقال قم فقد آذيت امير [٣] المؤمنين فقال وهذا العاض بظر امه اسحبوا برجله. وحدث قال قال رجل للحسن يا با سعيد ما تقول في رجل مات وترك ابيه واخيه فقال له الحسن ترك اباه واخاه فقال له فما لاباه واخاه فقال له الحسن انما هو فما لابيه واخيه قال يقول

---

(١) سقط اسم رجل (٢) لعله الشحاج والحكاية موجودة فى صبح الاعشى (١٠٤) مع اختلاف في اسماء الرجال والروايتان مجموعتان في البيان للجاحظ (٢ : ٥) (٣) لعله لفظ بالضم ويدل على ذلك حكاية اوردها البيهقى في المحاسن ٤٥٥

الرجل للحسن يا با سعيد ما اشد خلافك عليَّ قال انت اشد خلافا علي ادعوك الى الصواب وتدعوني الى الخطا . وحدث فيما رفعه عبد الله بن المبارك قال بعث الحجاج الى والي البصرة ان اختر لي عشرة ممن عندك فاختار رجالاً منهم كثير بن ابي كثير [١] قال وكان رجلاً عربياً قال كثير وقلت في نفسي لا افلت من الحجاج الا باللحن قال فلما دخلنا عليه دعاني ما اسمك قلت كثير قال ابن من فقلت في نفسي ان قلتها بالواو لم آمن ان يتجاوزها قال قلت انا ابن ابا كثير فقال عليك لعنة الله وعلى من بعث بك جؤوا في قفاه قال فاخرجت. وحدث في ما اسنده الى الاصمعى [٢] قال سمعت مولى لعمر بن الخطاب يقول اخذ عبد الملك بن مروان رجلاً كان يرى راى الخوارج راى شبيب فقال له الست القائل

ومنا سويد والبطين وقعنب ومنا امير المؤمنين شبيبُ

قال انما قلت امير المؤمنين اي يا امير المؤمنين فامر بتخلية سبيله قال التاريخي حدثنا ابو بكر الدولابي حدثنا ابو مسهر قال سألت سعيد بن عبد العزيز التنوخي عن حديث اذا سمعته ملحونا فقال اللحن يفسد الحديث وذلك انه يغير معناه ولم يلق احد من العلماء الا مقوم اللسان . قال وقد كان عمر بن عبد العزيز اشد الناس في اللحن على ولده وخاصته ورعيته وربما ادب عليه . قال وقال نافع مولى ابن عمر كان ابن عمر

(١) ق كند : والصواب فى زهر الآداب ٣ : ٢١٣ (٢) المحاسن للجاحظ ١٣٠

يضرب ولده على اللحن (كما يضربهم على اللحن [١]) كما يضربهم على تعليم القرآن. وحدث في ما اسنده الى شريك عن جابر قال قلت للشعبي اسمع الحديث بغير اعراب فاعربه قال نعم لا بأس به قال قال حماد بن سلمة مثل الذي يكتب الحديث ولا يعرف النحو مثل الحمار عليه مخلاة ولا شعير فيها. وروي عن الشعبي انه قال لان اقرأ واسقط احب الي من ان اقرأ والحن. وقال محمد بن الليث النحو في الادب كالملح في الطعام فكما لا يطيب الطعام الا بالملح لا يصلح الادب الا بالنحو. وروي عن عبد الله بن المبارك انه قال تعلموا العلم شهرا والادب شهرين. وقال رجل لبنيه يا بني اصلحوا من السنتكم فان الرجل تنوبه النائبة يحتاج ان يتجمل فيها فيستعير من اخيه دابة ومن صديقه ثوبا ولا يجد من يعيره لسانا. لما قال الفرزدق

ان الذي سمك السماء بنى لنا ⁂ بيتا دعائمه اعزّ واطولُ

فقال الحاضرون اعز وأطول من ماذا فتفكر الفرزدق فوافق ذلك قول المؤذن في الاذان الله اكبر فرفع الفرزدق رأسه فقال يا فلان اكبر من ماذا وقال الخطفى حد [٢] الفرزدق

عجبت لازراء العيي بنفسه ⁂ وصمت الذي قد كان بالقول اعلما

وفي الصمت ستر للغبي [٣] وانما ⁂ صفيحة لب المرء ان يتكلما

وحدث عن الاصمعي انه قال اخوف ما اخاف على طالب العلم اذا لم

---

(١) هذه الالفاظ زائدة (٢) لعله يهجو وفي كتاب الموشى (٩) البيتان منسوبان للخطفى بن بدر (٣) الموشى للعيي

يعرف النحو ان يدخل في جملة قول النبي صلى الله عليه وسلم من كذب علي متعمدا فليتبوء مقعده من النار لانه لم يكن يلحن فمهما رويت عنه ولحنت فقد كذبت عليه

﴿ فصل في فضيلة علم الاخبار ﴾

قال ابو الحسن علي بن الحسن قالوا لولا تقييد العلماء خواطرهم بالاخبار وكتبهم للآثار لبطل اول العلم وضاع آخره اذ كان كل علم من الاخبار يستخرج وكل حكمة منها تستنبط والفقر منها تستثار والفصاحة منها تستفاد واصحاب القياس عليها يبنون واهل المقالات بها يحتجون ومعرفة الناس منها توخذ وامثال الحكماء فيها توجد ومكارم الاخلاق ومعاليها منها تقتبس وآداب سياسة الملك والحزم منها تلتمس فكل غريبة بها تعرف وكل عجيبة منها تستطرف وهو علم يستمتع بسماعه العالم ويستعذب موقفه الاحمق والعاقل يانس مكانه وينزع اليه الخاصي والعامي ويمثل[١] الى روايته العربي والعجمي. وبعد فانه يوصل به الى كلام. ويتزين به في كل مقام. ويتجمل به في كل مشهد. ويحتاج اليه في كل محفل. ففضيلة علم الاخبار تنبه على كل علم. وشرف منزلته صحيحة[٢] في كل فهم. فلا يصبر على علمه ويتقن ما فيه من ايراده واصداره الا انسان قد تجرد للعلم وفهم معناه وذاق ثمرته واستشعر من عزه ونال من سروره وقديما قيل ان علم النسب والاخبار من علوم الملوك وذوي الاخطار ولا تسمو اليه

(١) لعله يميل (٢) لعله صحيح

الا النفوس الشريفة ولا يأباه الا العقول السخيفة . وقد قالت الحكماء الكتاب نعم الجليس والذخر ان شئت الهتك بوادره.واضحكتك نوادره. وان شئت اشجتك مواعظه وان شئت تعجبت من غرائب فوائده وهو يجمع لك الاول والاخر والناقص والوافر والغائب والحاضر . والشكل وخلافه والجنس وضده وهو ميت ينطق عن الموتى ويترجم عن الاحياء وهو مؤنس ينشط بنشاطك وينام بنومك ولا ينطق الا بما تهوى ولا يعلم جار ولا خليط انصف ولا رفيق اطوع ولا معلم اخضع ولا صاحب اظهر كفاية ولا اجل[١] جناية ولا ابد[٢] نفعا ولا احمد اخلاقا ولا ادوم سرورا ولا اسلم غيبة ولا احسن مواتاة ولا اعجل مكافاة ولا اخف مؤنة منه ان نظرت فيه اطال امتناعك[٣] .وشحذ طباعك.واكثر علمك.وتعرف منه في شهر.ما لا تعرف من افواه الرجال في دهر.يغنيك عن كد الطالب وعن الخضوع الى من انت اثبت منه اصلا وارسخ منه فرعا وهو المعلم الذي لا يجفوك وان قطعت عنه المادة لم يقطع عنك الفائدة[٤] .وكان عبيد الله بن محمد بن عائشة القرشي يقول الاخبار تصلح للدين والدنيا قلنا الدنيا عرفنا فما للآخرة قال فيها العبر يعتبرها الرجل. وقال الله تعالى مخبراً عن قصة يوسف واخوته لَقَدْ كَانَ فِي قَصَصِهِمْ عِبْرَةٌ لِأُولِي الْأَلْبَابِ وقال تعالى وَمَثَلاً مِنَ الَّذِينَ خَلَوْا مِنْ قَبْلِهِمْ وَمَوْعِظَةً لِلْمُتَّقِينَ وقال عز وجل كَذَٰلِكَ نَقُصُّ عَلَيْكَ مِنْ أَنْبَاءِ مَا قَدْ سَبَقَ ولذلك قال بعضهم لولده

---

(١) لعله اقل (٢) لعله اشد (٣) لعله امتاعك (٤) مثل هذا الوصف للكتب موجود عند الجاحظ في كتاب الحيوان ص ٢٦

عليك بالاخبار فانها لا تعدمك كلمة على هدى واخرى تنهى عن [١]

وعن امير المؤمنين علي بن ابي طالب كرم الله وجهه اجمّوا هذه القلوب والتمسوا لها طرائف الحكمة فانها تمل كما تمل الابدان. وكان ابو زيد الانصاري لا يعدو النحو فقال له خلف الاحمر قد الححت على النحو لم تعده ولقل ما ينبل منفرد به فعليك بالاخبار والاشعار. وقال ابن المقفع في كتابه في الادب ثم انظر الاخبار الرائعة فتحفّظ منها فان من شان الانسان الحرص على الاخبار ولا سيما على ما يرتاح له الناس واكثر الناس من يحدث بما يسمع ولا يبالي ممن سمع وذلك مفسدة للصدق ومزراة بالراي فان استطعت ان لا تخبر بشيء الا وانت به مصدق والا يكون تصديقك الا ببرهان [٢] فافعل. قال الاخفش علي بن سليمان انشدني ابو سعيد السكري

وذكرني حلو الزمان وطيبه ... مجالس قوم يملأون المجالسا

حديثاً واشعاراً وفقهاً وحكمة ... وبرًّا ومعروفاً والفاً موانسا

وقال ابن عتاب يكون الرجل نحوياً عروضياً حسن الكتاب جيد الحساب حافظاً للقرآن راوية للشعر وهو راضٍ يعلم اولادنا بستين درهماً ولو ان رجلاً كان حسن البيان حسن التخريج للمعاني ليس عنده غير ذلك لم يرض بالف درهم لان النحوي ليس عنده امتاع كالنجار الذي يدعى ليغلق باباً فلو كان احذق الناس ثم فرغ من تغليق ذلك الباب قيل له انصرف وصاحب الامتاع يراد في الحالات كلها. وقال معاوية ليس ينبغي للقرشي

(١) بياض في الاصل (٢) يتيمة بن المقفع (طبع بيروت ١٨٩٧ ص ٤٠): ق برهان

وللرجل ان يستغرق شيئاً من العلم الا علم الاخبار فاما غير ذلك فالنتف والشذر . وكتب عبد الملك بن مروان الى الحجاج انظر لي رجلاً عالماً بالحلال والحرام عارفاً باشعار العرب واخبارها استأنس به واصيب عنده معرفة فوجهه الي من قبلك فوجه اليه الشعبي وكان اجمع اهل زمانه قال الشعبي فلم الق واليا ولا سوقة الا وهو يحتاج اليه (١) ولا احتاج اليه ما خلا عبد الملك ما انشدته شعراً ولا حدثته حديثاً الا وهو يزيدني فيه وكنت ربما حدثته وفي يده اللقمة فامسكها فاقول يا امير المؤمنين اسغ طعامك فان الحديث من ورائه فيقول ما تحدثني به اوقع بقلبي من كل لذة واحلى من كل فائدة . وكتب عبد الملك الى الحجاج انت عندي كقدح ابن مقبل فلم يدر الحجاج ما عنى فسأل قتيبة بن مسلم وكان راوية عالماً عن ذلك فقال قد مدحك قال ابن مقبل نعت قدحه فقال

خليع قداح فائز متمنح ... مفدى مودى باليدين منعم (٢)
بدا والعيون المستكفة تلمح ... خروج من الغمى (٣) اذا صك صكة

قال فكانت (٤) في نفس الحجاج حتى ولاه خراسان . وقال محمد بن عبد الملك الزيات في رجل خلو من الادب

يا ايها العائبي ولم ترني ... عيبا الا تنتهي وتزدجر
هل لك وتر لديّ تطلبه ... ام لست مما اتيت تعتذر

---

(١) لعله الىّ (٢) ق ماعن (٣) ق العماد والصواب في جمهرة الامثال للعسكري ١٥٨ والحكاية اوردها صاحب سرح العيون ١:٢٠٢ لكن استشهد بغير هذين البيتين (٤) ق فكاتب

ان كان قسم الاله فضلني وانت صلد ما فيك معتصر
فالحمد والشكر والثناء له وللحسود التراب والحجر
اقرأ لنا سورة تخوفنا فان خير المواعظ السور
او ارو فقها تحيي القلوب به جاء [١] به عن نبينا أثر
او هات ما الحكم في فرائضنا ما يستحق الاناث والذكر
او ازو عن فارس لنا مثلا فان امثال فارس عبر
او من احاديث جاهليتنا فانها عبرة ومعتبر
او هات كيف الصواب في الرفع والخفض وكيف التصريف والصدر
او ارو شعرا او صف لنا غرضا يتلى صحيح منه ومنكسر
اذا [٢] جهلت الآداب مرتعبا عنها وخلت العمى هو البصر
ولم تعوض من ذاك ميسرة عليك منها لبهجة أثر
فغن صوتا تلهي الفؤاد به وكل ما قد جهلت مغتفر
تعيش فينا ولا تلائمنا فاذهب ودعنا حتام ننتظر
تغلي علينا الاسعار انى وما عندك نفع يرجى ولا ضرر
همك في مرتع ومغتبق كما يعيش الحمار والبقر

باب الالف [٣]

آدم بن احمد بن اسد الهروي

ابو سعد النحوي اللغوي حاذق مناظر ذكره الحافظ ابو سعد

(١) ق فان (٢) ق فاذا (٣) قد حصل في صفحات الاصل اضطراب فاصلحنا ترتيبها

السمعاني فقال هو من اهل هراة ساكن بلخ كان اديباً فاضلاً عالماً باصول اللغة صائناً حسن السيرة قدم بغداد حاجاً سنة ٥٢٠ ومات ٢٥ شوال من سنة ٥٣٦ . ولما ورد بغداد اجتمع اليه اهل العلم وقرأوا عليه الحديث والادب وجرى بينه وبين الشيخ ابي منصور موهوب بن احمد بن الخضر الجواليقي ببغداد منافرة في شيء اختلفا فيه فقال له الهروي انت لا تحسن ان تنسب نفسك فان الجواليقي نسبة الى الجمع والنسبة الى الجمع بلفظه لا تصح . قال وهذا الذي ذكره الهروي نوع مغالطة (١) فان لفظ الجمع اذا سمي به جاز ان ينسب اليه بلفظه كمدائني ومعافري وانماري وما اشبه ذلك. قال مؤلف هذا الكتاب وهذا الاعتذار ليس بالقوي لان الجواليق ليس باسم رجل فيصح ما ذكره وانما هو نسبة الى بائع (٢) ذلك والله اعلم وان كان اسم رجل او قبيلة او موضع نسب اليه صح ما ذكره . وقال الحافظ الامام السمعاني سمعت ابا القاسم الطريفي يقول سمعت ابا سعد الهروي المؤدب يقول سئل سفيان الثوري عن التقوى فانشد

انى وجدت فلا تظنوا غيره ... هذا التورع عند هذا الدرهم
فاذا قدرت عليه ثم تركته ... فاعلم بان هناك تقوى المسلم

وكان الرشيد محمد بن عبد الجليل الملقب بالوطواط كاتب الانشاء لخوارزمشاه من تلاميذ الشيخ ابي سعد آدم بن احمد الهروي وانتقل الرشيد من بلخ الى خوارزم واقام بها في خدمه خوارزمشاه اشهراً (٣) وكان يكاتب الشيخ ابا سعد (٤) ويخضع له ويقر بفضله فمما كتب اليه

(١) ق مغاطة (٢) لعله بيع (٣) ق اشهر (٤) ق سعيد

رسالة نسختها

كتابي وفي الاحشاء وجد على وجد الى الصدر[١] مولانا الاجل[٢] ابي سعد

اشم طويل الباع اصبح رافعاً الى قمة الافلاك الوية المجد

سراة[٣] بني الاسلام عقد جواهر وفيهم ابو سعد كواسطة العقد

سقى الله ايامنا بالعقيق ودهورنا باللوى. واعوامنا بالخليصاء وشهورنا بالحمى. فان هذه المغاني . لالفاظ المسرات كالمعاني . فيها اثمار اطايب[٤] الاماني . من اشجار وصال الغواني[٥] لا بل سقى مواقفنا ببلخ في المدرسة النظامية. واجتماعنا في المجالس الاجلّة الامامية

مجالس مولانا ابي سعد الذي به سعد الايام والدين والدنيا

همام حوى يوم الفخار بنانه على رغم اناف العدى قصب العليا

الامام ابو سعد وما ادراك ما الامام ابو سعد سعد كله خير قوله وفعله صاحب جيوش الفصاحة ومالك رقاب البلاغة وناظم عقد المحامد وجامع شمل المكارم وناشر اردية الفضل والكرم . وعامر ابنية الادب والحكم.

لله در امام كله ادبُ بفضله يتحلى العجم والعربُ

الله يعلم اني وان شط المزار . وشحطت الديار . لا اقطع اكثر اوقاتي . ولا ازجي اغلب ساعاتي. الا في مدح معاليه. وشرح اياديه[٦] . لو انفقت

---

(١) ق الاجل (٢) ق الصدر والصواب في نسخة هذه الرسالة المطبوعة في مجموعة رسائل رشيد الدين الوطواط (مصر ١٣١٥) ص ٢٩ من الجزء الثاني (٣) ق : مجموعة مرآة (٤) مجموعة : ق اثمارا صابت (٥) مجموعة : ق الاغاني (٦) مجموعة : ق ادبه

جميع عمري في ذلك . وسلكت طول دهري تلك المسالك

لما[1] كنت اقضي بعض واجب حقه   ولا كنت احصي من صنائعه عشرا

وكيف لا ابالغ في ثنائه . ولا اواظب على دعائه . وهو الذي رفع قدري . وشرح للآداب صدري . وسقاني كؤوس العلم واحشائي صادية . وكساني حلل الفضل وعوراتي بادية . اغترفت ما اغترفت من بحاره . واقتطفت ما اقتطفت من ثماره

وانت الذي عرفتني طرق العلى   وانت الذي هديتني كل مقصد

وانت الذي بلغتني كل رتبة   مشيت اليها فوق اعناق حسدي

عبد مجلسه الشريف اخي عمر ايده الله ورد من خراسان ذاكراً لما يجري على لسانه الكريم في المجالس والمحافل . بين ايدي الاكابر والاماثل . من[2] مدحي وثنائي . وتقريظي واطرائي . فما استبدعت ذلك من خصائص كرمه . ولا استغربته من لطائف شيمه . وكانت كلماته حاملة اياي على هذا التصديع . لمجلسه الرفيع . ورايه في سحب ذيل العفو على هذا التجاسر وتبليغ تحيتي الى القارئين عليه . والمختلفين اليه . من ابناء جنسي . وشركاء درسي . يقتضي الشرف والسلام

﴿ ابان بن تغلب بن رياح الجريرى ﴾

ابو سعيد البكري[3] مولى بني جرير بن عباد بن ضبيعة بن قيس بن ثعلبة بن عكاشة[4] بن صعب بن علي بن بكر بن وائل ذكره ابو جعفر

---

(١) ق : مجموعة لا (٢) مجموعة : ق ــ (٣) ص سعد الربعى

(٤) ص : ق عكاية

محمد بن الحسن الطوسي [١] في مصنفي الامامية ومات ابان في سنة احدى واربعين ومائة . قال ابو جعفر هو ثقة جليل القدر عظيم المنزلة في اصحابنا لقي ابا محمد علي بن الحسين وابا جعفر وابا عبد الله عليهم السلام وروى عنهم وكانت له عندهم حظوة وقدم . قال له ابو جعفر اجلس في مسجد المدينة وأفت الناس فانى احب ان ارى في شيعتي مثلك . وقال ابو عبد الله لما اتاه نعيه اما والله لقد اوجع قلبي موت ابان وكان قارئاً فقيهاً لغوياً نبيهاً [٢] وسمع من العرب وحكى عنهم وصنف كتاب الغريب في القرآن وذكر شواهد [٣] من الشعر . فجاء فيما بعد عبد الرحمن بن محمد الازدي الكوفي فجمع من كتاب ابان ومحمد بن السائب الكلبي وابن روق عطية بن الحارث فجعله كتابا واحدا وهي ما [٤] اختلفوا فيه وما اتفقوا عليه فتارة يجيء كتاب ابان مفردا وتارة يجيء مشتركا [٥] على ما عمله عبد الرحمن . ولابان ايضا كتاب الفضائل

﴿ ابان بن عثمان بن يحيي بن زكريا ﴾

اللولوي يعرف بالاحمر البجلي ابو عبد الله مولاهم [٦] ذكره ابو جعفر الطوسي في كتاب اخبار مصنفي الامامية وقال اصله الكوفة وكان يسكنها تارة والبصرة اخرى وقد اخذ عنه من اهل البصرة ابو عبيدة معمر بن المثنى وابو عبد الله محمد بن سلام الجمحي وا كثروا الحكاية

---

(١) فهرست كتب الشيعة طبع سبرنكر (٢) فهرست : ق لغويا تبدا : ص اخويا يبدي ولعل الصواب تبدّى (٣) فهرست شواهده (٤) فهرسة فيما (٥) فهرسة : ق ـ (٦) فهرسة كتب الشيعة ٧

عنه فى اخبار الشعراء والنسب والايام روى عن ابي عبدالله وابي الحسن موسى بن جعفر وما عرف من مصنفاته الا كتاب جمع فيه المبدا والمبعث والمغازي والوفاة والسقيفة والردة

﴿ابراهيم بن احمد بن محمد توزون [١]﴾

الطبري النحوي احد اهل الفضل والادب سكن بغداد وصحب ابا عمر الزاهد وكتب عنه كتاب الياقوتة وعلى النسخة التي بخطه الاعتماد من كتاب ابي عمر كما ذكرناه في ترجمة ابي عمر ولقي اكابر العلماء من هذه الطبقة.وكان صحيح النقل جيد الخط والضبط ذكر ابو القاسم الثلاج انه حدثه عن ابراهيم بن عبد الوهاب الابزاري الطبري صاحب ابي حاتم السجستاني لا اعرف له تصنيفا غير جمعه لشعر ابي نواس فانها رواية مشهورة بايدي الناس.وقال ابو القاسم التنوخي حدثني ابو الحسن الطبري غلام الزاهد غلام ثعلب وكان منقطعا الى بني حمدان وقرات بخطه قصيدة شبل بن عرزة الضبعي وقد قراها [٢] على ابي عمر الزاهد وتناولها من ابي محمد عبد الله بن جعفر بن درستويه قد دفعت اليك كتابي بخطي من يدي الى يدك وقد اجزت لك القصيدة فاروها عني فان هذا ينوب عن السماع والقراءة فقبلت ذلك منه وكتب ابراهيم بن محمد الطبري الروياني بخطه والاعتماد عليه اولى ولكن الخطيب قال ابراهيم بن احمد بن محمد المعروف بيروز فان كان نسب نفسه الى جده فذاك والله اعلم

---

(١) لعله بيروز وعند ابن الانباري اسمه تيزون (٢) ق راها

﴿ ابراهيم بن احمد بن الليث ﴾

الازدي اللغوي الكاتب لا اعرف من حاله الا ما قاله السلفي انشدني ابو القاسم محمد بن الفتح الهمذاني [١] قال انشدني ابو المظفر ابراهيم بن احمد بن الليث الازدي اللغوي الكاتب قدم علينا همذان وقد حضر مجلسه الادباء والنحاة لمحله من الادب

وقد اغدو وصاحبتي محوص　　على عذراء قاء بها الرهيص
كان بني النحوص على ذراها　　حوائم ما لها عنه محيص

﴿ ابراهيم بن اسحاق الحربي ﴾

نقلت من كتاب ابي بكر الخطيب قال ابراهيم بن اسحاق بن بشير بن عبد الله بن ديسم ابو اسحاق الحربي ولد سنة ثمان وتسعين ومائة ومات ببغداد سنة خمس وثمانين ومائتين في ذي الحجة ودفن في بيته في شارع باب الانبار وكان الجمع كثيراً جداً . وكان قد سمع ابا نعيم الفضل بن دكين وعفان بن مسلم وعبيد الله بن محمد بن عائشة واحمد بن حنبل وعثمان بن ابي شيبة وعبيد الله القواريري وخلقا من امثالهم روى عنه موسى بن هارون الحافظ ويحي بن صاعد وابو بكر بن ابي داود والحسين المحاملي ومحمد بن مخلد وابو بكر الانباري النحوي وابو عمر الزاهد صاحب [٢] وخلق كثير غيرهم وكان اماما في العلم رأساً في الزهد عارفا بالفقه بصيرا بالاحكام حافظا للحديث مميزا لعلله قيما بالادب جماعا للغة وصنف كتبا كثيرة منها كتاب غريب الحديث . واصله من مر و

---

(١) ص الحسن بن ابي الفتح (٢) بياض بالاصل

وكان يقول امي تغلبية واخوالي نصارى اكثرهم. وقيل لم سميت ابراهيم الحربي فقال صحبت قوماً من الحربية (١) فسموني الحربي بذلك . وحدث احمد بن عبد الله بن خالد بن ماهان المعروف بابن اسد قال سمعت ابراهيم الحربي يقول اجمع عقلاء الامة انه من لم يجر مع القدر لم يهنأ بعيشه كان يكون قميصي انظف قميص وازاري اوسخ ازار ماحدثت نفسي انهما يستويان قط وفرد عقبي مقطوع وفرد عقبي الآخر صحيح امشي بهما وادور بغداد كلها هذا الجانب وذاك الجانب لا احدث نفسي اني اصلحهما وما شكوت الى امي ولا الى اختي ولا الى امرأتي ولا الى بناتي قط حمى وجدتها .الرجل هو الذي يدخل غمه على نفسه ولا يغم عياله كان بي شقيقة خمسا واربعين سنة ما اخبرت بها احداً قط ولي عشر سنين ابصر بفرد عين ما اخبرت به احدا وافنيت من عمري ثلاثين سنة برغيف في اليوم والليلة ان جاءتني امرأتي او احدى بناتي اكلته والا بقيت جائعا عطشانا الى الليلة الاخرى والآن آكل نصف رغيف واربع عشرة تمرة ان كان برنيا او نيفا وعشرين ان كان دقلا . ومرضت ابنتي فمضت امرأتي فاقامت عندها شهرا فقام افطاري في هذا الشهر بدرهم ودانقين ونصف ودخلت الحمام واشتريت لهم صابونا بدانقين فقام بقية شهر رمضان كله بدرهم واربعة دوانيق ونصف ولا تزوجت (٢) ولا زوجت قط ولا اكلت من شيء واحد في يوم مرتين . وحدث احمد بن

---

(١) كذا عند ابن الانباري: فصحبت قوماً من الكرخ على الحديث وعندهم ما جار القنطرة العتيقة من الحربية (٢) الرواية غير صحيحة فانه قد ذكر امرأته

سليمان القطيعي قال اضقت اضاقة شديدة فمضيت الى ابراهيم الحربي لابثه ما انا فيه فقال لي لا يضيق [١] صدرك فان الله من وراء المعونة. واني اضقت مرة حتى انتهى امري في الاضاقة الى عدم عيالي القوت فقالت لي الزوجة هب اني واياك نصبر فكيف تصنع بهاتين الصبيتين فهات شيئاً من كتبك نبيعه او نرهنه فضننت بذلك وقلت اقترضي لهما شيئاً وانظريني بقية اليوم والليلة وكان لي بيت في دهليز داري فيه كتبي فكنت اجلس فيه للنسخ والنظر فلما كان في تلك الليلة اذا داق يدق الباب فقلت من هذا فقال رجل من الجيران فقلت ادخل فقال اطف السراج حتى ادخل فكببت على السراج شيئاً وقلت ادخل فدخل وترك الى جانبي شيئاً وانصرف فكشفت عن السراج فنظرت فاذا منديل له قيمة وفيه انواع من الطعام وكاغد فيه خمسمائة درهم فدعوت الزوجة وقلت انبهي الصبيان حتى يأكلوا ولما كان من الغد قضينا دينا كان علينا من تلك الدراهم. وكان مجيء الحاج من خراسان فجلست على بابي من غد تلك الليلة واذا جمال يقود جملين عليهما حملان ورقا وهو يسأل عن منزل ابراهيم الحربي فانتهى الي فقلت انا ابراهيم الحربي فحط الحملين وقال هذان الحملان انفذهما لك رجل من اهل خراسان فقلت من هو فقال قد استحلفني الا اقول لك من هو. وحدث ابو عثمان الرازي قال جاء رجل من اصحاب المعتضد الى ابراهيم الحربي بعشرة آلاف درهم من عند المعتضد يسأله عن امير المؤمنين يفرق ذلك فرده وانصرف الرسول ثم

(١) لعله يضق

عاد فقال له ان امير المؤمنين يسألك ان تفرقه في جيرانك فقال له عافاك الله هذا مال لم نشغل انفسنا بجمعه فلا نشغلها بتفرقته قل لامير المؤمنين ان تركتنا والا تحولنا من جوارك . وحدث ابو القاسم الجيلي قال اعتل ابراهيم بن اسحاق الحربي علة حتى اشرف على الموت فدخلت عليه يوما فقال يا ابا القاسم انا في امر عظيم مع ابنتي ثم قال لها قومي واخرجي الى عمك فخرجت والقت على وجهها خمارها فقال ابراهيم هذا عمك كلميه فقالت لي يا عم نحن في امر عظيم لا في الدنيا ولا في الآخرة الشهر والدهر ما لنا طعام الا كسر يابسة وملح وربما عدمنا الملح وبالامس قد وجه الينا المعتضد مع بدر بالف دينار فلم يأخذها ووجه اليه فلان وفلان فلم يأخذ منها شيأ وهو عليل فالتفت الحربي اليها وتبسم وقال يابنية انما خفت الفقر فقالت نعم فقال لها انظري الى تلك الزاوية فنظرت فاذا كتب فقال لها هناك اثنا عشر الف جزء ولغة وغريب كتبته بخطي اذا مت فوجهي في كل يوم بجزء تبيعينه بدرهم فمن كان عنده اثنا عشر الف درهم ليس هو فقيراً . وحدث ابو عمر الزاهد وابن المنادي سمعت ثعلبا يقول ما فقدت ابراهيم الحربي من مجلس لغة او نحو خمسين سنة. وحدث ابو بكر الشافعي قال قال ابراهيم الحربي ما اخذت على علم قط اجرا الا مرة واحدة فاني وقفت على بقال فوزنت له قيراطاً الافلسا فسألني عن مسألة فاجبته فقال للغلام اعط بقيراط ولا تنقصه شيئاً فزادني فلسا . وحدث ابراهيم الحربي وقد سالوه عن حديث عباس البقال فقال خرجت الى الكبش (١)

---

(١) الكبش اسم شارع ببغداد

ووزنت لعباس البقال دانقا الافلسا فقال لي يا ابا اسحاق حدثني حديثا في السخاء فلعل الله يشرح صدري فاعمل شيأ قال قلت له نعم روي عن الحسن ابن علي رضي الله عنهما انه كان مارا في بعض حيطان المدينة فراى اسود بيده رغيف يا كل لقمة ويطعم الكلب لقمة الى ان شاطره الرغيف فقال له الحسن ما حملك على ان شاطرته فلم تغابنه فيه بشيء فقال استحيت عيناي من عينيه ان اغابنه فقال له الحسن اقسمت عليك لا برحت حتى اعود اليك فمر فاشترى الغلام والحائط وجاء الى الغلام فقال يا غلام قد اشتريتك فقام قائماً فقال السمع والطاعة لله ولرسوله ولك يا مولاي قال وقد اشتريت الحائط وانت حر لوجه الله تعالى والحائط هبة مني اليك فقال الغلام يا مولاي قد وهبت الحائط للذي وهبتني له . قال ابراهيم فقال عباس البقال حسن والله يا ابا اسحاق يا غلام لابي اسحاق دانق الا فلسا اعطه بدانق ما يريد ولا تنقصه شيئاً فقلت والله لا اخذت الا بدانق الا فلسا . وحدث عبد الله بن احمد بن حنبل قال كان ابي يقول لي امض الى ابراهيم الحربي يلقي عليك الفرائض قال ولما مات سعد ابن احمد بن حنبل جاء ابراهيم الحربي الى عبد الله فقام اليه عبد الله فقال تقوم الي فقال لم لا اقوم اليك والله لو رآك ابي لقام اليك قال والله لو راى ابن عيينة اباك لقام اليه وقال [1] ابراهيم الحربي [2] في كتاب غريب الحديث الذي صنفه ابو عبيد ثلاثة وخمسين [3] حديثا ليس لها اصل وقد اعلمت عليها [4] في كتاب الشروى منها اتت امرأة النبي صلى الله عليه وسلم

(١) ص : ق وقام (٢) لعله سقط ان (٣) ص خمسون (٤) ص : ق علمها

وفي يدها مناجذ ونهى النبي صلى الله عليه وسلم عن لبس السراويلات المخرجفة وأتى النبي صلى الله عليه وسلم اهل قاهة وقال عمر للنبي صلى الله عليه وسلم لو امرت بهذا البيت فسفروا عن النبي انه قال للنساء اذا جعتن خجلتن واذا شبعتن دقعتن . وحدث ابو العباس بن مسروق قال قال لي ابراهيم الحربي لاتحدث فتسخن عينك كما سخنت عيني قلت له فما اعمل قال تطأطئ رأسك وتسكت قلت له فانت لم تحدث قال ليس وجهي من خشب . وحدث محمد بن عبد الله الكاتب قال كنت يوما عند المبرد فانشدنا

جسمي معي غير ان الروح عندكم ... فالجسم في غربة والروح في وطنِ
فليعجب الناس مني ان لي بدنا ... لا روح فيه ولي روح بلا بدنِ

ثم قال، ما اظن ان الشعراء قالوا احسن من هذا قلت ولا قول الاخرق قال هيه قلت الذي يقول

فارقتكم وحييت بعدكم ... ما هكذا كان الذي يجبُ
فالآن القى الناس معتذراً ... من ان اعيش وانتم غيبُ

قال ولا هذا قلت ولا قول خالد الكاتب

روحان لي روح تضمنها ... بلد واخرى جازها بلدُ
واظن غائبتي كشاهدتي ... بمكانها تجد الذي اجدُ

قال ولا هذا قلت انت اذا هويت شيئاً ملت اليه ولم تعدل الى غيره قال لا ولكنه الحق فاتيت ثعلبا فاخبرته فقال ثعلب الا انشدته

غابوا فصار الجسم من بعدهم ... ما تنظر العين له فيّا

بابي وجه اتلقاهم ... اذا رأوني بعدهم حيّا

يا خجلتي منهم ومن قولهم ... ما ضرك الفقد لنا شيّا

قال واتيت ابراهيم الحربي فاخبرته فقال الا انشدته

يا حيائي ممن احب اذا ما ... قلت بعد الفراق اني حييتُ

لو صدقت الهوى حبيبا على الصحة ... لما نأى لكنت اموتُ

قال فرجعت الى المبرد فقال استغفر الله الا هذين البيتين يعني بيتي ابراهيم قال وانشد رجل ابراهيم قول الشاعر

انكرت ذلي فايّ شيءٍ ... احسن من ذلة المحبّ

اليس شوقي وفيض دمعي ... وضعف جسمي شهود حبّي

فقال ابراهيم هؤلاء شهود ثقات قال وانشد بعضهم لابراهيم الحربي

اثنان اذا عدا ... نخير لهما الموتُ

فقير ما له زهد ... واعمى ما له صوتُ

وروي عن ابراهيم الحربي انه قال ما انشدت شيئاً من الشعر قط الا قرأت بعده قُلْ هُوَ ٱللهُ أَحَدٌ ثلاث مرات. وحدث الطوماري قال دخلت على ابراهيم الحربي وهو مريض وقد كان يحمل ماؤه الى الطبيب وكان يجيء اليه ويعالجه وردّت (١) الماء وقالت مات الطبيب وقال

اذا مات المعالِج من سقام ... فيوشك للمعالَج ان يموتا

ودخل عليه قوم يعودونه فقالوا كيف تجدك يا با اسحاق قال اجدني كما قال

(١) لعله سقط الجارية

دب في السقام سفلا وعلوا　　　واراني اذوب عضوا فعضوا

بليت جدتي بطاعة نفسي　　　وتذكرت طاعة الله نضوا

قال ابو الحسن الدارقطني ابراهيم الحربي ثقة وكان اماماً يقاس باحمد بن حنبل في زهده وعلمه وورعه وهو امام مصنف عالم بكل شيء بارع في كل علم صدوق وذكر وفاته كما تقدم. هذا آخر ما نقلته من تاريخ الخطيب. نقلت من خط الامام الحافظ ابي نصر عبد الرحيم بن وهبان صديقنا ومفيدنا قال نقلت من خط ابي بكر محمد بن منصور السمعاني سمعت ابا المعالي ثابت بن بندار البقال يقول حكى لنا البرقاني رحمه الله قال (١) كان اسماعيل بن اسحاق القاضي يشتهي رؤية ابراهيم الحربي وكان ابراهيم لايدخل عليه يقول لا ادخل داراً عليها بواب فاخبر اسماعيل بذلك فقال انا ادع بابي كباب (٢) الجامع فجاء ابراهيم اليه فلما دخل عليه خلع نعليه فاخذ ابو عمر محمد بن يوسف القاضي نعليه ولفهما في منديل دبيقي (٣) وجعله في كمه وجرى بينهما علم (٤) كثير فلما قام ابراهيم التمس نعليه فاخرج ابو عمر النعل من كمه فقال له ابراهيم غفر الله لك كما اكرمت العلم فلما مات ابو عمر القاضي رؤي في المنام فقيل له ما فعل الله بك فقال اجيبت في دعوة ابراهيم الحربي رحمه الله. وحدثني صديقنا الحافظ ابو عبد الله محمد بن محمد بن محمود بن النجار حرسه الله قال حدثني ابو بكر احمد بن سعيد بن احمد الصباغ الاصبهاني بها قال حدثنا احمد

---

(١) هذه الرواية اوردها صاحب فوات الوفيات ١ : ٣ (٢) فوات كبابة
(٣) فوات ديبقى (٤) فوات بحث

ابن عمر بن الفضل الحافظ الاصبهاني ويعرف بجنك املاءً قال اخبرنا الحسن بن احمد المقري يعني ابا علي الحداد قال اظنه عن ابي نعيم انه كان يحضر في مجلس ابراهيم الحربي جماعة من الشبان للقراءة عليه ففقد احدهم اياماً فسأل عنه من حضر فقالوا هو مشغول فسكت ثم سألهم مرة أخرى [١] في يوم آخر فأجابوه بمثل ذلك وكان الشاب [٢] قد ابتلي بمحبة شخص شغله عن حضور مجلسه وعظموا ابراهيم الحربي ان يخبروه بجلية[٣] الحال فلما تكرر السؤال عنه وهم لا يزيدونه على انه مشغول قال لهم ياقوم ان كان مريضاً فقوموا [٤] بنا لعيادته [٥] او مديونا اجتهدنا في مساعدته أو محبوسا سعينا في خلاصه تخبروني عن جلية حاله فقالوا نجلك عن ذلك فقال لا بد ان تخبروني فقالوا انه قد ابتلي بعشق صبي فوجم ابراهيم ساعة ثم قال هذا الصبي الذي ابتلي بعشقه [٦] مليحاً او قبيح فعجب القوم من سؤاله عن مثل ذلك مع جلالته في انفسهم وقالوا ايها الشيخ مثلك يسأل عن مثل هذا فقال انه بلغني ان الانسان اذا ابتلي بمحبة صورة قبيحة كان بلاءً يجب الاستعاذة من مثله وان كان مليحاً كان ابتلاء [٧] يجب الصبر عليه واحتمال المشقة فيه قال فعجبنا مما اتى به. قلت هذه الحكاية مع الاسناد حدثنيه مفاوضة بحلب ولم يكن اصله معه فكتبته بالمعنى واللفظ يزيد وينقص. ومن مصنفات ابراهيم الحربي كتاب سجود القرآن كتاب مناسك الحج كتاب الهدايا والسنة فيها كتاب الحمام

(١) ص : ق ـ (٢) ص ـ (٣) فوات بحقيقة (٤) ص قوموا (٥) ص لنعوده وكذلك في الفوات (٦) ص هو: وفي الفوات اهو (٧) ص ـ

وآدابه والذي خرج من تفسيره لغريب الحديث مسند أبي بكر رضي الله عنه مسند عمر رضي الله عنه مسند عثمان رضي الله عنه مسند على ابن أبي طالب رضي الله عنه مسند الزبير رضي الله عنه مسند طلحة رضي الله عنه مسند سعد ابن ابي وقاص مسند عبد الرحمن بن عوف مسند العباس رضي الله عنه مسند شيبة بن عثمان رضي الله عنه مسند عبد الله بن جعفر مسند المسور بن محرمة رضي الله عنه مسند المطلب ابن ربيعة مسند السائب مسند خالد ابن الوليد مسند أبي عبيدة بن الجراح مسند ما روي عن معاوية (١) مسند ما روي عن*عاصم بن عمر منسد * صفوان بن امية مسند * جبلة بن هبيرة مسند * عمر بن العاص مسند * عمران بن الحصين مسند * حكيم بن حزام مسند* عبدالله بن زمعة مسند * عبد الرحمن بن سمرة مسند * عبدالله بن عمرو مسند عبد الله بن عمر

ابراهيم بن اسحاق الاديب

اللغوي ابو اسحاق الضرير البارع سمع الحديث بالبصرة والاهواز و ببغداد بعد الاربعين والثلثمائة وكان من الشعراء المجودين طاف بعض الدنيا ثم استوطن نيسابور الى ان مات بها في سنة ثمان وسبعين وثلاثمائة وكان من الشعراء المجودين وممن تعلم الفقه والكلام قال ذلك كله الحاكم ولقيه وروى عنه شيئاً

---

(١) قد ترك صاحب الفهرست ٢٣٢ مما بعد مسند معوية كلما علمنا عليه بنجيم

ابراهيم بن اسماعيل بن احمد بن عبدالله

الطرابلسي يعرف بابن الاجدابي واجدابية من نواحي افريقية له ادب وحفظ ولغة وتصانيف ومن مشاهيرها كتاب كفاية المتحفظ صغير الحجم كثير النفع وكتاب الانواء

ابراهيم بن السري بن سهل

ابو اسحاق النحوي قال الخطيب كان من أهل الدين والفضل حسن الاعتقاد جميل المذهب وله مصنفات حسان في الادب مات في جمادى الآخرة سنة أحد عشرة وثلاثمائة وحكى ابن مهذب في تاريخه حدثني الشيخ ابو العلاء المعري انه سمع عنه ببغداد انه لما حضرته الوفاة سئل عن سنه فعقد لهم سبعين وآخر ما سمع منه اللهم احشرني على مذهب أحمد ابن حنبل وابو اسحق هو أستاذ أبي علي الفارسي قال الخطيب باسناده قال(١) أبو محمد عبد الله بن درستويه النحوي حدثني الزجاج قال كنت أخرط الزجاج فاشتهيت النحو فلزمت المبرد لتعلمه وكان لا يعلم مجاناً ولا يعلم بأجرة الا على قدرها (٢) فقال لي أي شيء صناعتك قلت أخرط الزجاج وكسبي في (٣) كل يوم درهم ودانقان أو درهم ونصف وأريد ان تبالغ في تعليمي وأنا أعطيك كل يوم درهماً وأشرط لك ان أعطيك اياه ابداً (٤) الى ان يفرق الموت بيننا استغنيت عن التعليم أو (٥) احتجت اليه قال فلزمته وكنت أخدمه في أموره مع ذلك وأعطيه الدرهم فينصحني في العلم (٦) حتى

(١) هذه الرواية اوردها ابن الانبارى ٣٠٩ (٢) ص الا بالاجرة
(٣) ص — (٤) ص والتزم بذلك (٥) ص و (٦) ص التعليم

استقلت فجاءه كتاب بعض بني مارقة [١] من الصراة يلتمسون معلما نحويا لأولادهم فقلت له اسمني لهم فاسماني فخرجت فكنت أعلمهم [٢] وأنفذ اليه في كل شهر ثلاثين درهما [٣] وأزيده بعد ذلك بما أقدر عليه ومضت مدة على ذلك فطلب منه عبيد الله بن سليمان مؤدبا لابنه القاسم فقال له لا أعرف لك الا رجلا زجاجا بالصراة مع بني [٤] مارقة قال فكتب اليهم عبيد الله فاستنزلهم عني فنزلوا له فاحضرني واسلم القاسم الي فكان ذلك سبب غنائي وكنت أعطي المبرد ذلك الدرهم في كل يوم الى ان مات ولا أخليه من التفقد [٥] بحسب طاقتي قال فكنت أقول للقاسم بن عبيد الله ان بلغك الله مبلغ أبيك ووليت الوزارة ماذا تصنع بي فيقول ماذا أحببت فاقول له تعطيني عشرين ألف دينار وكانت غاية أمنيتي فما مضت الاسنون حتى ولي القاسم الوزارة وانا على ملازمتي له وصرت نديمه فدعتني نفسي الى اذكاره بالوعد ثم هبته فلما كان في اليوم الثالث من وزارته قال لي يا ابا اسحاق لم ارك أذكرتني بالنذر فقلت عولت على رعاية الوزير أيده الله وانه لا يحتاج الى اذكار بنذر عليه في أمر خادم واجب الحق فقال لي انه المعتضد ولولاه ما تعاظمني دفع ذلك اليك في مكان واحد ولكني أخاف أن يصير لي معه حديث فاسمح بأخذه متفرقا فقلت يا سيدي افعل فقال اجلس للناس وخذ رقاعهم في الحوائج الكبار

---

(١) ق مارمه : ص مارقه : وكذلك في روضات الجنات عن السيوطي عن الخطيب البغدادي (٢) ص : ق عليهم (٣) ص : ق وانفذه : ابن الانباري واتفقده (٤) ق وص مارمه (٥) ص : ق النقد

واستجعل [١] عليها ولا [٢] تمتنع من مسألتي شيئاً تخاطب [٣] فيه صحيحاً كان او محالاً الى أن يحصل لك مال النذر قال ففعلت ذلك وكنت أعرض عليه كل يوم رقاعا فيوقع لي فيها وربما قال لي كم ضمن لك على هذا فأقول كذا وكذا فيقول لي غبنت هذا يساوي كذا وكذا ارجع فاستزد فاراجع القوم فلا أزال اماكسهم ويزيدونني حتى أبلغ الحد الذي رسمه قال وعرضت عليه شيئاً عظيماً فحصلت عندي عشرون الف دينار واكثر منها في مديدة فقال لي بعد شهور يا أبا اسحاق حصل مال النذر فقلت لا فسكت وكنت أعرض عليه فيسألني في كل شهر ونحوه حصل المال فأقول لا خوفا من انقطاع الكسب الى ان حصل لي ضعف ذلك المال وسألني يوماً فاستحييت من الكذب المتصل فقلت قد حصل ذلك ببركة الوزير فقال فرجت والله عني فقد كنت مشغول القلب الى أن يحصل لك قال ثم أخذ الدواة فوقع الى خزانه [٤] بثلاثة آلاف دينار صلة فأخذتها وامتنعت ان أعرض عليه شيئاً ولم أدر كيف أقع منه فلما كان من الغد جئته وجلست على رسمي فأومأ اليّ ان هات ما معك يستدعي مني الرقاع على الرسم فقلت ما أخذت من أحد رقعة لان النذر وقع الوفاء به ولم أدر كيف أقع من الوزير فقال يا سبحان الله أتراني أقطع عنك شيئاً قد صار لك عادة وعلم به الناس وصارت لك به منزلة عندهم وجاه وغدو ورواح الى بابك ولا يعلم سبب انقطاعه فيظن ذلك لضعف جاهك عندي او تغير رتبتك عندي أعرض عليّ رسمك وخذ بلا حساب فقبلت

(١) ص واستعجل (٢) ص : ق تمنع (٣) ص تخاطبنى (٤) ص خازنه

يده وباكرته من غد بالرقاع فكنت أعرض عليه كل يوم شيئاً الى ان مات وقد تاثلت حالي هذه .وحدث أبو علي الفارسي النحوي قال دخلت مع شيخنا ابي اسحاق الزجاج على القاسم بن عبيد الله الوزير فورد عليه خادم وساره بشيء (١) استبشر له ثم تقدم الى شيخنا ابي اسحاق الى (٢) ان يعود ثم نهض فلم يكن باسرع من ان عاد وفي وجهه أثر الوجوم فسأله شيخنا عن ذلك لانس كان بينه وبينه فقال له كانت تختلف الينا جارية لاحدى المغنيات فسمتها ان تبيعني اياها فامتنعت من ذلك ثم اشار عليها احد من ينصحها ان تهديها اليّ رجاء ان أضاعف لها ثمنها فلما وردت اعلمني الخادم بذلك فنهضت مستبشراً لافتضها (٣) فوجدتها قد حاضت فكان مني ما ترى فأخذ شيخنا الدواة من بين يديه وكتب

فارس ماض بحربته حاذق بالطعن في الظلم
رام ان يدمي فريسته فاتقته من دم بدم

قال وجرى بين الزجاج وبين المعروف بمسيبة (٤) وكان من أهل العلم تمر فاتصل ونسجه ابليس واحمله (٥) حتى خرج ابراهيم بن السري الى حد الشتم فكتب اليه مسيبة (٦)

أبى الزجاج الا شتم عرضي لينفعه فآثمه وضره
وأقسم صادقا ما كان حر ليطلق لفظة في شتم حره
ولو اني كررت لفر مني ولكن للمنون عليّ كره

---

(١) ابن خلكان بسر (٢) لعله سقط بالمسكوت (٣) ابن خلكان لافتضاضها
(٤) في روضات الجنات مسيند (٥) لعله الحمه (٦) روضات مسيند

فاصبح قد وقاه الله شري ليوم لا رقاه الله شره

فلما اتصل هذا الشعر بالزجاج قصده راجلا حتى اعتذر اليه وسأله الصفح كل هذا من تاريخ الخطيب ابراهيم. أنبأنا يزيد بن الحسن الكندي عن أبي منصور الجواليقي عن المبارك الصيرفي عن علي بن احمد بن الدهان عن عبد السلام بن الحسن البصري قال كتب الينا ابو الحسن علي بن محمد الشمشاطي من الموصل قال قال ابو اسحق (١) ابن السري الزجاج رحمه الله دخلت على ابي العباس ثعلب رحمه الله في ايام ابي العباس محمد بن يزيد (٢) المبرد وقد املا شيئاً من المقتضب فسلمت عليه وعنده ابو موسى الحامض وكان يحسدني شديداً ويجاهرني بالعداوة وكنت الين له واحتمله لموضع الشيخوخة فقال لي ابو العباس قد حمل اليّ بعض ما املاه هذا الخلدي (٣) فرأيته لا يطوع لسانه بعبارة (٤) فقلت له انه لا يشك في حسن عبارته اثنان ولكن سوء رأيك (٥) فيه يعيبه عندك فقال ما رأيته الا الكن متغلقا (٦) فقال ابو موسى والله ان صاحبكم الكن يعني سيبويه فاحفظني ذلك ثم قال بلغني عن الفراء انه قال دخلت البصرة فلقيت يونس واصحابه فسمعتهم يذكرونه بالحفظ والدراية وحسن الفطنة فأتيته فاذا هو اعجم لا يفصح سمعته يقول لجارية له هات ذيك الماء من ذاك الجرة (٧) فخرجت من عنده ولم اعد اليه فقلت له هذا لا يصح عن الفراء وانت غير مأمون

---

(١) هذه الحكاية قد جاء بها السيوطى في مزهره ١: ١٠٠ (٢) ق زيد (٣) يعنى المبرد (مزهر) (٤) ق ـ :مزهر (٥) مزهر : ولا في سوء رأيك (٦) مزهر متقلقا (٧) مزهر : ق الجر

في هذه الحكاية ولا يعرف أصحاب سيبويه من هذا شيئاً وكيف تقول هذا لمن يقول في اول كتابه هذا باب علم ما الكلم من العربية وهذا يعجز عن ادراك فهمه كثير من الفصحاء فضلا عن النطق به فقال ثعلب قد وجدت في كتابه نحواً من هذا قلت ماهو قال يقول في كتابه في غير نسخة حاشا حرف يخفض ما بعده كما تخفض حتى وفيها معنى الاستثناء فقلت له هذا كذا في كتابه وهو صحيح ذهب في التذكير الى الحرف وفي التأنيث الى الكلمة قال والأجود [1] ان يحمل الكلام على وجه واحد قلت كل جيد قال الله تعالى وَمَنْ يَقْنُتْ مِنْكُنَّ لِلّٰهِ وَرَسُولِهِ وَيَعْمَلْ صَالِحاً وقرئ وتعمل صالحا [2] وقال عز وجل وَمِنْهُمْ مَن يَسْتَمِعُونَ إِلَيْكَ ذهب الى المعنى ثم قال وَمِنْهُمْ مَنْ يَنْظُرُ إِلَيْكَ [3] ذهب الى اللفظ وليس [4] لقائل ان يقول لو حمل الكلام على وجه واحد في الاثنين كان اجود لان كلا [5] جيد فاما نحن فلا نذكر حدود الفراء لان خطأه فيه اكثر من ان يعد [6] ولكن هذا انت عملت كتاب الفصيح للمبتدئ المتعلم وهو عشرون ورقة اخطأت في عشرة مواضع منه قال لي اذكرها قلت له نعم قلت [7] وهو عرق [8] النسا ولا يقال عرق النسا كما لا يقال عرق الابهر ولا عرق الاكحل قال امرؤ القيس

فانشب اظفاره [9] (في النسا) فقلت هبلت الا تنتصر

---

(١) مزهر : ق فالا يجوز (٢) مزهر : ق ــ (٣) مزهر : ق ــ (٤) مزهر : ق ولقائل (٥) مزهر : ق هذا (٦) مزهر صوابه (٧) مزهر : ق ــ (٨) كتاب الفصيح طبع برث ٢٤ : ١١ (٩) ق ــ

وقلت [١] حَلَمْتُ في النوم احلُمُ حلُماً ليس بمصدر وانما هو اسم قال الله تعالى وَالَّذِينَ لَمْ يَبْلُغُوا الْحُلُمَ مِنْكُمْ واذا كان للشيء مصدر واسم لم يوضع الاسم موضع المصدر الا ترى انك تقول حسبت الشيء احسبه حسباوحسبانا والحسب المصدر والحساب الاسم ولو قلت ما بلغ الحسب اليك ورفعت الحسب اليك لم يجز وانت تريد ورفعت الحساب اليك.

وقلت [٢] رجل عزَبٌ وامرأة عزَبَةٌ وهذا خطا انما يقال رجل عزب وامرأة عزب لانه مصدر وصف به فلا يجمع ولا يثنى ولا يونث كما يقال رجل خصم وامرأة خصم [٣] وقد اتيت بباب من هذا النوع في الكتاب وافردت هذا منه قال الشاعر

يامن يدل عزبا على عزب

وقلت [٤] كِسرى بكسر الكاف وهذا خطا انما هو كَسرى والدليل على ذلك انا واياكم لا نختلف في النسب الى كسرى يقال كَسروي بفتح الكاف وليس هذا مما يغير بالنسب لبعده منها ألا ترى انك لو نسبت الى معزى لقلت [٥] معزوي والى درهم قلت درهمي ولا يقال معزوي ولا درهمي. وقلت وعدت الرجل خيرا [٦] وشرا فاذا لم تذكر الشر قلت اوعدته بكذا نقضاً لما اصلت لانك قلت بكذا وقولك بكذا كناية عن الشر والصواب ان تقول اذا لم تذكر الشر قلت اوعدته. وقلت [٧] وهم

---

(١) كتاب الفصيح ١٩ : ١٧ (٢) كتاب الفصيح ٤٧ : ٢ (٣) كتاب الفصيح ٢٣ (٤) كتاب الفصيح ٢٧ : ٤ (٥) ق : مزهر قلت (٦) كتاب الفصيح ١٤ : ٢ خيراً او شراً (٧) كتاب الفصيح ٤:٤٥

المطوعة وانما هم المطوعة بتشديد الطاء كما قال الله تعالى يَلْمِزُونَ ٱلْمُطَّوِّعِينَ مِنَ الْمُؤْمِنِينَ فِي الصَّدَقَاتِ فقال ما قلت الا المطوّعة فقلت هكذا قرأته عليك وقرأه غيري وانا حاضر اسمع مراراً. وقلت [١] هو لرشدة وزنية كما قلت هو لغية والباب [٢] فيها واحد لانه انما يريد المرة الواحدة ومصادر الثلاثي اذا اردت المرة الواحدة لم تختلف تقول ضربته ضربة وجلست جلسة وركبت ركبة لا اختلاف في ذلك بين احد من النحويين وانما تكسر من ذلك ما كان هيئة حال فتصفها بالحسن والقبح وغيرهما فتقول هو حسن الجِلسة والسيرة والرِكبة وليس هذا من ذلك. وقلت [٣] أَسْنُمَةُ للبلدة ورواه الاصمعي بضم الهمزة أُسْنُمَةَ فقال ما روى ابن الأعرابي واصحابنا الا أَسْنُمَةُ فقلت قد علمت انت ان الاصمعي اضبط لما يحكي واوثق فيما يروي. وقلت [٤] اذا عز اخوك فهُن والكلام فهِن وهو من هان يهين اذا لان ومنه قيل هين لين لان هُن من هان يهون من الهوان والعرب لا تأمر بذلك ولا معنى لهذا الكلام يصح لو قالته العرب ومعنى عز ليس من العزة التي هي المنعة والقدرة وانما هو من قولك عز الشيء اذا اشتد ومعنى الكلام اذا صعب اخوك واشتد فذل من الذل له ولا معنى للذل ها هنا كما تقول اذا صعب اخوك فلن [٥] له. قال فما قرئ عليه كتاب الفصيح بعد ذلك علي ثم بلغني انه سئم ذلك فانكر كتاب الفصيح ان يكون له قال المؤلف وهذه المآخذ التي أخذها الزجاج على

---

(١) كتاب الفصيح ٢٧ : ١١ (٢) مزهر فيهما (٣) كتاب الفصيح ٢٦ : ٤
(٤) كتاب الفصيح ٤٠ : ٤ (٥) مزهر فهن

ثعلب لم يسلم اليـه العلماء باللغة فيها وقد الفوا تآليف في الانتصار لثعلب يضيق هـذا المختصر عن ذكرها . وحدث الزجاج قال انشدنا ابو العباس المبرد

رايت اهل الوفاء والكرم   فيّ انقباض وحشمة فاذا

وجئت ما جئت غيرمحتشم   ارسلت نفسي على سجيتها

قال عبيد الله الفقير وهذان البيتان يرويان لمحمد بن كناسة وقد رواهما آخرون لابي نواس قال الزجاج فقلت له اليس يقول الاصمعي الحشمة الغضب والحشمة الاستحياء لان الغضب والاستحياء جميعاً نقصان في النفس وانحطاط عن الكمال فلذلك كان مخرجهما واحداً قال فقلت له اليس الحياء محمودا والغضب مذموماً وقد روي ان الحياء شعبة من الايمان وقد قيل اذا لم تستح فافعل ما تشاء فقال الحياء محمود في الدين وفي اجتناب المحارم وفي الافضال وأما في ترك الحقوق والنكوص عن الخصوم عند الحجاج فهو نقصان في النفس. قال ابو العباس وسمعت المازني يقول معنى قولهم اذا لم تستح فاصنع ما شئت اي اذا صنعت ما لا تستحي من مثله فاصنع ماشئت وليس على ما يذهب اليه العوامّ وهذا تاويل حسن . قال حمزة بن الحسن الاصبهاني في كتاب الموازنة [١] كان الزجاج يزعم ان كل لفظتين اتفقتا ببعض الحروف وان نقص حروف احداهما عن حروف الاخرى فان احداهما مشتقة من الاخرى فيقول الرَجْل مشتق من الرِجْل [٢] والثور انما يسمّى ثوراً لانه يثير الارض والثوب انما سمي ثوبا

(١) ق الموازية (٢) في المزهر (١:١٦٨) الرحل من الرحيل

لانه ثاب لباسا بعد ان كان غزلا حسيبه الله كذا قال قال وزعم ان القرنان انما سمي قرنانا لانه مطيق لفجور امراته كالثور القرنان اي المطيق لحمل قرنه (١) وفي القرآن وَمَا كُنَّا لَهُ مُقْرِنِينَ اي مطيقين قال وحكى يحيي بن علي بن يحيي المنجم انه سأله بحضرة عبد الله بن احمد بن حمدون النديم من اي شيء اشتق الجرجير قال لان الريح تجرجره قال وما معنى تجرجره قال تجرره قال ومن هذا قيل للحبل الجرير لانه يجر على الارض قال والجرة لم سميت جرة قال لانها تجر على الارض فقال لو جرت على الارض لانكسرت قال فالمجرة لم سميت مجرة قال لان الله جرها في السماء جراً قال فالجرجور الذي هو اسم المائة من الابل لم سميت به قال لانها تجر بالازمة وتقاد قال فالفصيل المجر الذي يشق طرف لسانه (٢) لئلا يرتضع امه ما قولك فيه قال لانهم جروا لسانه حتى قطعوه قال فان جروا اذنيه فقطعوه تسميه مجرا قال لا يجوز ذلك فقال يحيي بن علي قد نقضت العلة التي اتيت بها على نفسك ومن لم يدر ان هذا مناقضة فلا حس (٣) له. قال حيره (٤) وشهدت ابن العلاف الشاعر وعنده من يحكي عن كتاب الزجاج اشياء من شنيع الاشتقاق الذي فيه ثم قال اني حضرته وقد سئل عن اشتقاق القصعة قال لانها تقصع الجوع اى تكسره قال ابن العلاف يلزمه ان يقول الخضض مشتق من الخضيض والعصفر مشتق من العصفور والدب مشتق من الدب والعذب من الشراب مشتق من العذاب والخريف من الخروف والعقل مشتق من العاقول

(١) مزهر قرونه (٢) مزهر : ق ـ (٣) مزهر : ق حسن (٤) لعله حمزة

والحلم مشتق من الحلمة والاقليم مشتق من القلم والخنفساء من الفساء والخنثى من الانثى والمخنث من المؤنث ضرط ابليس على ذا من ادب.
وقال ابن بشران كان ابو اسحاق الزجاج ينزل بالجانب الغربي من بغداد في الموضع المعروف بالدويرة وأُنشدت له

قعودي لا يرد الرزق عني ولا يدنيه ان لم يقض شيٌّ
قعدت فقد اتاني في قعودي وسرت فعافني والسير ليٌّ
فلما ان رأيت القصد ادنى الى رشدي وان الحرص غيٌّ
تركت لمدلج دلج الليالي ولي ظل اعيش به وفيٌّ

حدث ابو القاسم عبيد الله بن محمد بن جعفر الازدي البصري قال لما مات ابو العباس احمد بن يحيي بكى ابو اسحاق الزجاج فقلت ما بكاؤك فقال لي اين يذهب بك اليس كان يقال احمد بن يحيي جالس وابراهيم الزجاج اليوم فقال الزجاج ونفطويه وابن الانباري مات الناقد ونفقت البهارج وحدث المرزباني في كتابه المقتبس ولم يذكر من خبره غير هذه القصة وذكرها ابن النديم في فهرسته قالا جميعاً كان السبب في اتصال ابي اسحاق الزجاج بالمعتضد ان بعض الندماء وصف للمعتضد كتاب جامع النطق الذي عمله محبرة [1] النديم قال محمد بن اسحاق خاصة واسم [2] محبرة محمد بن يحيي بن ابي عباد ويكنى ابا جعفر واسم ابي عباد جابر [3] بن زيد بن الصباح العسكري وكان حسن الادب ونادم

---

(١) كذا في كتاب الفهرست ٦٠ : ٢٤ ق : محيرة (٢) فهرست : ق وابن
(٣) فهرست محابر

المعتضد وجعل كتابه جداول . رجع الكلام الى اتفاقهما فامر المعتضد القاسم بن عبيد الله ان يطلب من يفسر تلك الجداول فبعث الى ثعلب وعرضه عليه فلم يتوجه الى حساب الجداول وقال لست اعرف هذا وان اردتم كتاب العين فموجود ولا رواية له فكتب * ابن عبيدالله [١] الى المبرد ان يفسرها فاجابهم انه [٢] كتاب طويل يحتاج الى تعب وشغل وانه قد كبر [٣] وضعف عن ذلك وان دفعتموه الى صاحبي ابراهيم بن السري رجوت ان يفي بذلك فتغافل القاسم عن مذاكرة المعتضد بالزجاج حتى الح عليه المعتضد فاخبره بقول ثعلب والمبرد وانه احال على الزجاج * فتقدم اليه بالتقدم الى الزجاج [٤] بذلك ففعل القاسم فقال الزجاج انا اعمل ذلك على غير نسخة ولا نظر في جدول فامره بعمل الثنائي [٥] فاستعار الزجاج كتب اللغة من ثعلب والسكري وغيرهما لانه كان ضعيف العلم باللغة ففسر الثنائي كله وكتبه بخط الترمذي الصغير ابي الحسن وجلده وحمله الى الوزير وحمله الوزير الى المعتضد واستحسنه وامر له بثلاثمائة دينار وتقدم اليه بتفسيره كله ولم يخرج لما عمله الزجاج نسخة الى احد الا الى خزانة المعتضد ووزيره وقال ابن النديم ثم ظهر في كتاب [٦] السلطان هذا التفسير منقطعاً ورأيناه في طلحي لطيف وصار للزجاج بهذا السبب منزلة عظيمة وجعل له رزق في الندماء ورزق في الفقهاء ورزق في العلماء نحو [٧] ثلاثمائة دينار . قال ابن النديم وللزجاج من الكتب كتاب ما فسره

(١) فهرست ــ (٢) فهرست بانه (٣) فهرست اسن (٤) فهرست ــ (٥) فهرست البناني وقد وهم طابع الفهرست في هذا الموضع (٦) فهرست بقيات (٧) فهرست ــ

من جامع النطق. كتاب معاني القرآن (قرأت على ظهر كتاب المعاني ابتدا ابو اسحاق باملاء كتابه الموسوم بمعاني القرآن في صفر سنة خمس وثمانين ومائتين واتمه في شهر ربيع الاول سنة احدى وثلثمائة) . كتاب الاشتقاق . كتاب القوافي . كتاب العروض . كتاب الفرق . كتاب خلق الانسان . كتاب خلق الفرس . كتاب مختصر النحو. كتاب فعلت وافعلت . كتاب ما ينصرف وما لا ينصرف . كتاب شرح ابيات سيبويه . كتاب النوادر

﴿ ابراهيم بن سعدان بن حمزة ﴾

الشيباني المؤدب ذكره المرزباني في كتابه وقال كان ابو الحسن العنزي كثير الرواية عنه يروي عنه الاخبار ومستحسن الاشعار وكان لسعدان ابن المبارك النحوي ابن يسمى ابراهيم روى عن ابيه النقائض ورواها عنه ابو سعيد السكري ولست اعلم اهو هذا الذي نسبه العنزي او غيره لان العنزي نسبه الى سعدان بن حمزة الشيباني والله اعلم كل هذا كلام المرزباني . وكان ابراهيم بن سعدان النحوي فيما رواه احمد بن ابي طاهر يؤدب المؤيد وكان ذا منزلة عنده وحدث المرزباني في ما رفعه الى ابي اسحاق الطلحي احمد بن محمد بن حسان في جمال ابراهيم بن سعدان

الا أيها العير المصرف لونه　　بلونين في قر الشتاء وفي الصيف

هلم وقاك الله من كل آفة　　الى مجد مولاك الشفيق على الضيف

وحدث المرزباني عن عبد الله بن يحيي العسكري عن ابي اسحاق الطلحي قال اخبرنا ابراهيم بن سعدان قال حرفان فيهما اربعة وعشرون نقطة

لا يعرف مثلهما حكاهما ابو الحسن الجبائي [١] تقتقت اي صعدت في الجبل وتبشبشت [٢] من البشاشة وحرف في القرآن هجاؤه عشرة احرف متصلة ليس في القرآن مثله في سورة النور لَيَسْتَخْلِفَنَّهُمْ في الارض.

وحدث المرزباني عن الصولي عن أبي العيناء قال قال لي المتوكل بلغني انك رافضي فقلت يا أمير المؤمنين وكيف اكون رافضيا وبلدي البصرة ومنشاي مسجد جامعها واستاذي الاصمعي وجيراني باهلة وليس يخلو الناس من طلب دين او دنيا فان أرادوا دينا فقد أجمع المسلمون على تقديم من أخروا وتأخير من قدموا وان أرادوا دنيا فأنت وآباؤك امرآء المؤمنين لا دين الا بك ولا دنيا الا معك أبوك مستنزل الغيث وفي يديك خزائن الارض وأنا مولاك فقال ان ابن سعدان زعم ذلك فيك فقلت ومن ابن سعدان والله ما يفرق ذلك بين الامام والمأموم والتابع والمتبوع انما ذاك حامل درة ومعلم صبية وآخذ على كتاب الله أجرة فقال لا يفعل لانه مؤدب المؤيد فقلت يا أمير المؤمنين انه لم يؤدّبه حسبة وانما ادّبه باجرة فاذا أعطيته حقه فقد قضيت ذمامه فقام ابن سعدان فقال يا أبا العيناء لا والله ما صدق [٣] أمير المؤمنين في شيء مما حكاه عني ثم أقبل على المتوكل فقال أي شيء أسهل عليك يا أمير المؤمنين من ان ينقضي مجلسك على ما تحب ثم يخرج هذا فتقطعني [٤] قال فضحك المتوكل

---

(١) ص اللحياني (٢) ص : ق انبشبشت (٣) ص صدقت
(٤) ص : ق فيقطعني

﴿ ابراهيم بن سعيد بن الطيب ﴾

أبو اسحاق الرفاعي قال أبو طاهر السلفي وسألته يعني أبا الكرم الجوزي عن الرفاعي فقال هو من عبد السي (١) وكان ضريراً قدم صبياً ذا فاقة الى واسط فدخل الجامع الى حلقة عبد الغفار الحصيني فتلقن القرآن فكان معاشه من اهل الحلقة ثم أصعد الى بغداد فصحب أبا سعيد السيرافي وقرأ عليه كتاب شرح سيبويه وسمع منه كتب اللغة والدواوين وعاد الى واسط وقد مات عبد الغفار فجلس صدراً يقرئ الناس في الجامع ونزل الزيدية من واسط وهناك تكون الرافضة والعلويون فنسب الى مذهبهم ومُقت على ذلك وجفاه الناس وكان شاعراً حسن الشعر جيده وحدث في كتاب أبي غالب محمد بن أحمد بن سهل النحوي أنشدني ابو اسحاق الرفاعي لنفسه

واحبه ما كنت أحسب انني ... ابلى ببينهم فبنت وبانوا

نأت المسافة فالتذكر حظهم ... مني وحظي منهم النسيان

ومات سنة احدى عشرة وأربعمائة. سمعت أبا نعيم احمد بن علي بن أخي سدة المقري الامام يقول رأيت جنازة أبي اسحاق الرفاعي مع غروب الشمس تخرج الى الجبانة وخلفها رجُلان فحدثت بها شيخنا أبا الفتح بن المختار النحوي فقال سمي لك الرجلين (٢) فقلت لا فقال كنت أنا أحدهما وأبو غالب بن بشران الآخر وما صدقنا انا نسلم خوفاً ان نقتل ومن عجائب ما اتفق ان هذا الرجل توفي وكان على هذا الوصف

---

(١) لعله عبيد السي (٢) لعله الرجلان

من الفضل فكانت هذه حاله وتوفي في غد يوم وفاته رجل من حشو العامة يعرف بدناءة كان سواديا فأغلق البلد لاجله وصلى عليه الناس كافة ولم يوصل الى جنازته من كثرة الزحام آخر كلام الجوزي . وذكر لي ابو عبد الله محمد بن سعيد الذهبي وذكره في اخبار النحويين الواسطيين انه توفي في سنة اثنتين وعشرين وأربعمائة فذاكرته بما قاله الجوزي فقال الرجوع الى الحق خير من التمادي على الباطل الذي ذكره الجوزي هو الحق انا وهم (١). وحدث ابو غالب بن بشران قال انشدنا ابو اسحاق الرفاعي وما رأيت قط اعلم منه قال انشدنا عبد الغفار بن عبد الله قال انشدنا ابو عبد الله ابراهيم بن محمد نفطويه

اقبل معاذير من يأتيك معتذراً ... ان بر عندك فيما قال او فجرا
فقد اطاعك من ارضاك ظاهره ... وقد اجلّك من يعصيك مستترا

﴿ ابراهيم بن سفيان الزيادي ﴾

هو ابراهيم بن سفيان بن سليمان بن أبي بكر بن عبد الرحمن بن زياد* بن ابيه (٢) كان نحوياً لغوياً راوية قرأ كتاب سيبويه على سيبويه ولم يتمه وروى عن الاصمعي وابي عبيدة ونظرائهما وكان شاعراً مات سنة تسع واربعين ومائتين ومن شعره الذي رواه المرزباني في حجر النار الهاشمي

دفع الرحمن عنك ... فذاك (٣) الدفع عني

(١) لعله وهمت (٢) فهرست ٥٨ : ق ابنه (٣) لعله فبذاك

وانی فيك من [١]   يعذلني قارع سن
ان تكن برزت في الـحسن فقد برز حزني

حدث المرزباني عن المبرد عن الزيادي قال كان في جواري حق قد دعيت [٢] فحضرت وجيء بنبيذ وطنبور فغنى مغنيهم

قولا لمن يتعرا   ومن يبدد شرّا
تركت فتيان صدق   يحلون في الحسن ذرّا
وصرت إلف خسيس   يعيد خيرك شرا
هيهات فاتك والله   من [٣] يغرك غرا

فقلت لمن هذا الشعر اصلحك الله قال لي ياسيدي وانا جوان بن دست الباهلي سيدي قلت ليس جوان ودست عافاك الله من اسماء العرب قال ايش عليك من ذا سيدي قلت فردد الصوت قال تريد تقمشه كنك[٤] عقاب او كني [٥] ما اعرفك ما تركت على كبد ابن عمي الاصمعي الماء وقد جئت اليّ طارت فراخ برجك طارت قال فوثبت مما حل بي فلم اعد اليهم. وحدث قال كان الزيادي يشبه بالاصمعي في معرفته للشعر ومعايبه[٦] وكان فيه دعابة ومزاح فمن شعره في ذلك

قد خرج الهجر على الوصل   وانقطع الحبل من الحبل
ودبق الهجر جناح الهوى   وانفلت[٧] الوصل من البخل
فليت[٨] ذا الهجر قبيل الهوى   فيسلم الوصل من القتل

---

(١) لعله وانى فيك بمن (٢) لعله سقط اليه (٣) ق ومن (٤) يعني كأنك (٥) او كأني (٦) ص : ق ومعانيه (٧) ص : ق وانقلق (٨) ص فلست

وقال الحمار [١] يهجو الزيادي

ليس بكذاب ولا آثم　　من قال ابراهيم ملعون
حكم رسول الله في جده　　ما ناله الا الملاعين
وبعد هـذا كله انه　　يعجبه القثاء والتين

وللزيادي من التصانيف كتاب النقط والشكل . كتاب الامثال . كتاب تميق الاخبار . كتاب اسماء السحاب والرياح والامطار . كتاب شرح نكت كتاب سيبويه. وقال ابراهيم الزيادي في جارية سوداء كان يحبها

ألا حبذا حبذا حبذا　　حبيب تحملت فيه الاذى
ويا حبـذا برد انيابه　　اذا الليـل أظلم واجلوذا

﴿ ابراهيم بن سليمان بن عبد الله ﴾

ابن حيان النهمي بطن من همدان الخزاز الكوفي أبو اسحاق اخباري ذكره ابو جعفر محمـد بن الحسن الطوسي في كتاب [٢] مصنفي الاماميـة وقال هو ثقة في الحديث سكن الكوفة في بني تميم فربما قيل التميمي [٣] قال ثم سكن في بني هلال فربما قيل الهلالي ونسبه في نهم. له من الكتب كتاب النوادر . كتاب الخطب . كتاب الدعاء . كتاب المناسـك . كتاب اخبار ذي القرنين . كتاب ارم ذات العماد . كتاب قبض روح المؤمن والكافر . كتاب الدفائن . كتاب خلق السماوات . كتاب احبار جرهم

---

(١) ص الجماز (٢) ق مصنفي كتاب (٣) الطوسي في بني نهم قديماً فلذلك قيل النهمي ويسكن في بني تيم فيسمى تيمياً

﴿ابراهيم بن صالح الوراق﴾

ابو اسحاق تلميذ ابي نصر اسماعيل بن حماد الجوهري ذكره الباخرزي في كتاب دمية القصر فقال انشدني له [1] الاديب يعقوب بن احمد وهو احسن ما قيل في معنى دود القز

وبنات جيب ماانتفعت بعيشها   ووأدتها فنفعنني بقبور
ثم انبعثن عواطلا فاذا لها   قرن الكباش الى جناح طيور

قال ومن المعاني المثارة من دود القز قول أبي الفتح البستي

الم تر ان المرء طول حياته   معنى بامر لا يزال يعالجه
كدود القز [2] ينسج دائباً   ويهلك غماً وسط ما هو ناسجه

ولابي اسحاق يهجو ابن زكريا المتكلم الاصبهاني

ابا [3] احمد يا اشبه الناس كلهم   خلاقاً وخلقاً بالرخال النواسج
لعمرك ما طالت بتلك اللحى لكم   حياة ولكن بالعقول الكواسج

﴿ابراهيم بن ابي عباد اليمني﴾

وهو ابن أخي الحسن بن اسحاق بن أبي عباد النحوي ذكر في موضعه وابراهيم هذا من أعيان النحويين باليمن وله تصنيفان في النحو مختصران سمى أحدهما التلقين والآخر يعرف بمختصر ابراهيم وكان متأخراً بعد الخمسمائة

﴿احمد بن ابراهيم الضبي﴾

ابو العباس الملقب بالكافي الاوحد الوزير بعد الصاحب ابي القاسم بن

---

(١) ص : ق ــ (٢) لعله تراه كدود القز (٣) ص : ق يا

عباد لفخر الدولة أبي الحسن علي بن ركن الدولة بن بويه مات في صفر سنة ٣٩٩ ببروجرد من أعمال بدر بن حسنويه على ما نذكره. ذكره الثعالبي (١) فقال هو جذوة من نار الصاحب أبي القاسم ونهر من بحره وخليفته النائب منابه في حياته القائم مقامه بعد وفاته وكان الصاحب استصحبه منذ الصبى واجتمع فيه (٢) الرأي والهوى فاصطنعه لنفسه وادبه بآدابه وقدمه بفضل الاختصاص على سائر صنائعه وندمائه وخرج منه (٣) صدراً يملأ الصدور كمالاً ويجري في طريقه ترسما وترسلا وفي ذري المعالي توقلا ويحقق قول أبي محمد (٤) فيه من قصيدة

تزهى باترابها كما زهيت ... ضبة بالماجد ابن ماجدها

سمائها شمسها غمامتها ... هلالها بدرها عطاردها

يروي كتاب الفخار اجمع عن ... كافي كفاة الورى وواحدها

وقد كانت بلاغة العصر بعد الصاحب والصابئ (٥) بقيت متماسكة بابي العباس فاشرفت على التهافت بموته وكادت تشيب بعده لمم الاقلام وتجف غدر محاسن (٦) الكلام لولا ان الله سد ببقاء الامير ابي الفضل عبيد الله بن احمد ثلم الآداب والكتابة ثم وصفه بكلام كثير ومن شعر أبي العباس الضبي

لا تركنن الى الفرا ... ق فانه مر المذاق

والشمس عند غروبها ... تصفر من ألم (٧) الفراق

---

(١) في يتيمة الدهر ٣ : ١١٨ (٢) الثعالبي له (٣) الثعالبي به (٤) الثعالبي الخازن (٥) ق ـ و (٦) الثعالبي : ق محاسن غرر (٧) الثعالبي فرق

وكتب الى الصاحب كافي الكفاة

اكافي كفاة الارض ملكك خالد ... وعزك موصول فاعظم بها نعمى
نثرت على القرطاس دراً مبدداً ... وآخر نظما قد فرعت به النجما
جواهر لو كانت جواهر نظمت ... ولكنها الاعراض لا تقبل النظما

وهذه رسالة من نثره كتبها الى ابي سعيد الشيبي

وقد اتاني كتاب شيخ الدولتين فكان في الحسن روضة حزن بل جنة عدن وفي شرح النفس وبسط الانس برد الاكباد والقلوب وقميص يوسف في اجفان يعقوب. ومنها وبعد فان المنازى[1] للامير حسام الدولة نسور قد افنتها[2] العصور ودولته حرسها الله في ابان شبابها واعتدالها وريعان اقبالها واقتبالها قد أسست على صلاح وسداد وعمارة دنيا ومعاد وهي مؤذنة بالدوام في ظل السلامة والسلام . واما سبب هربه الى بروجرد فان ام مجد الدولة اتهمته انه سم اخاها وطلبت منه مائتي الف دينار نفقة في مأتمه فلم يفعل والتجأ الى بروجرد وهي من اعمال بدر[3] بن حسنويه الكردي ثم بدا له في الرجوع الى الوزارة فبذل مائتي الف دينار ليعاد الى وزارته لمجد الدولة فلم يجب الى ذلك فلما مات احتوى ابنه ابو القاسم سعد علي تركته وكانت عظيمة ومات بعده بشهور فاحتوى ابو بكر محمد بن عبد العزيز بن رافع على المال وورد تابوت ابي العباس الى بغداد مع احد حجابه وكتب ابنه الى ابي بكر الخوارزمي

---

(١) الثعالبي المنازعين : وخط الاصل غير واضح (٢) الثعالبي اقتنصتها
(٣) ق بزر

شيخ اصحاب ابي حنيفة يعرفه انه وصى بدفنه في مشهد الحسين بن علي رضي الله عنهما ويسأله القيام بامره وابتياع تربة له نخاطب الشريف الطاهر ابا احمد في ذلك وسأله ان يبيعهم تربة بخمس مائة دينار فقال هذا رجل التجأ الى جوار جدي ولا آخذ لتربته ثمناً وكتب نفسه الموضع الذي طلب منه واخرج التابوت الى براثا وخرج الطاهر ابو احمد ومعه الاشراف والفقهاء وصلى عليه واصحب خمسين رجلاً من رجاله حتى اوصلوه ودفنوه هنالك وقد مدحه مهيار بقصائد منها

اجيراننا بالغور والركب متهم … ايعلم خالٍ كيف بات المتيمُ
رحلتم وغمر[(١)] الليل فينا وفيكم … سواء ولكن ساهرون ونوم
فيا أنتم من ظاعنين وخلفوا … قلوباً ابت ان تعرف الصبر عنهم
تفوق الوجوه الشمس والشمس فيهم … ويسترشدون النجم والنجم منهم
اناشد نعمان الاحايين عنهم … كفى حيرة مستفصح وهو أعجم
ولما جلا التوديع عمن أحبه … ولم يبق الا نظرة تتغنم
بكيت على الوادي وحرمت ماءه … وكيف يحل الماء اكثره دم
ونفرت بالانفاس عني حدوجهم … كأن مطاياهم بهن توسم
وان ملوكاً في بروجرد كرمت … هم بذلوا الانصاف حين تكرموا
يميز من أعدائهم أولياؤهم … اذا انتقموا يوم الجزاء وانعموا
اسادتنا والجود صيرنا لكم … عبيداً ونحن قوم نعز ونكرم[(٢)]
الام وكان البر منكم سجية … تواصلنا يجفى وكم نتظلم

(١) ق وعمر (٢) لعله وقد كنا نعز ونكرم

من اعتضتم عنا خطيباً لفضلكم　　وهل مثل شعري عن علاكم يترجم
وهل غيرمدحي طبق الارض فيكم　　وان كان ملأ الارض ما قد مدحتم

ولما مات رثاه مهيار ايضاً بقصيدة منها

ابكيك(١) لي ولمن بلين بفرقة الا يتام بعدك والنساء ارامل
ولمستجير والخطوب تنوشه　　مستطعم والدهر فيه آكل
ولمعشر طرق العلوم ذنوبهم　　في الناس وهي لهم اليك وسائل
قد كنت ملتحفاً بمدحك حلة　　فخراً تجر لها عليك ذلاذل
فاليوم اشكرك الصنيع مراثياً　　خرس المسبب عندها والعاذل

قال هلال (٢) في عشر (٣) الجمعة لست بقين من صفر سنة خمس وثمانين وثلثمائة (٤) توفي الصاحب كافي الكفاة ابو القاسم اسمعيل بن عباد بالري ودفن من غد في داره ونظر في الامور بعده ابو العباس احمد بن ابراهيم الضبي المتلقب بالكافي الاوحد ومنزلة الصاحب وعلو قدره وما شاع من ذكره يغني عن الاطالة في وصف أمره فحدثني القاضي أبو العباس احمد بن محمد البارودي قال اعتل الصاحب ابو القاسم فكان امراء الديلم ووجوه الحواشي واكابر الناس يغادون بابه ويراوحون ويخدمونه بالدعاء وتقبيل الارض وينصرفون وجاءه فخر الدولة عدة دفعات فيقال ان الصاحب قال له وهو على يأس من نفسه قد خدمتك أيها الامير الخدمة التي استفرغت فيها الوسع وسرت في دولتك وايامك السيرة التي

(١) ص : ق اتكيل (٢) ق هداك (٣) لعله عصر (٤) ق وخمسمائة والصواب ما في المتن

حصلت لك حسن الذكر بها فان اديت الامور بعدي على رسومها علم ان ذلك منك ونسب الجميل فيه اليك واستمرت الاحدوثة الطيبة لك ونسيت انا في أثناء ما يثنى به عليك وان غيرت ذلك وعدلت عنه وسمعت أقوال من يحملك على خلافه وتسلك به في طريقه كنتُ المذكور بما تقدم والمشكور عليه وقدح في دولتك ويشيع انفا عنك (١) فقال له في جواب ذلك ما أراه به قبول رأيه فلما كان وقت غروب الشمس من ليلة الجمعة المذكورة قضى نحبه وكان ابو محمد خازن الكتب ملازماً داره على سبيل الخدمة له وهو عين لفخر الدولة في مراعاة الدار وما فيها فانفذ في الحال وعرفه الخبر فانفذ فخر الدولة خواصه وثقاته حتى احاطوا على الدار والخزائن ووجد له كيس فيه رقاع أقوام بمائة ألف وخمسين الف دينار مودعة عندهم فاستدعاهم وطالبهم بذلك فاحضروه وكان فيه ما هو بختم مؤيد الدولة ورجمت الظنون فيه فقيل انه اخذه من خبائه وقيل انه أودعه مؤيد الدولة عن وصية منه اليه ونقل ما كان في الدار والخزائن الى دار فخر الدولة وجهز الصاحب وأخرج تابوته وسلط الناس (٢) وقد جلس ابو العباس الضبي لعزائه فلما بدا على أيدي الحاملين له قامت الجماعة اعظاماً له وقبلوا الارض ثم وقفت الصلاة عليه وعلق بالسلاسل في بيت كبير الى ان نقل الى تربته باصبهان وكان القاضي ابو الحسين عبد الجبار احمد وقد قال لا أرى الرحمة عليه لانه مات عن عشر توبة (٣) ظهرت منه فطعن عليه بذلك ونسب الى قلة الرعاية فيه وقبض فخر الدولة على القاضي

(١) كذا بالاصل (٢) كذا بالاصل ولعله الياس (٣) لعله غير توبة

عبد الجبار وأسبابه وقر أمورهم [١] على ثلاثة آلاف الف درهم فادوا ذلك ورقاً وعيناً وقيمة عقار سلموه وباع في جملة ما باع الف طيلسان محشي والف ثوب مصري وقلد القضاء بعده علي بن عبد العزيز وطالب ابا العباس الضبي ان يحصل من الاعمال والمتصرفين منها [٢] ثلاثين الف الف درهم وقال له ان الصاحب اضاع الاموال واهمل الحقوق وينبغي ان يستدرك ما فات ويتبع ما مضى فامتنع من ذاك مع تردد القول فيه وكتب ابو علي الحسن بن [٣] احمد بن حمولة وكان من أعمال [٤] الكتاب المتقدمين الذين استخصهم الصاحب واقر لهم بالفضل وقد قاد الجيوش الكثيرة فهزمهم فقامت له الهيبة التامة في قلوب العساكر والملوك المجاورين وكان عند [٥] موت الصاحب بجرجان مقيما مع الجيوش لمدافعة قابوس بن وشمكير وجيوش خراسان فكتب يخطب [٦] الوزارة ويضمن ثمانية الاف الف درهم عنها فاجيب بالحضور فلما قرب قال فخر الدولة لابي العباس الضبي قد ورد ابو علي وعزمت على الخروج من غد لتلقيه وامرت الجماعة من قوادي وأصحابي بالنزول له ولا بد من خروجك وفعلك مثل ذلك فثقل هذا القول على ابي العباس وقال له خواصه واصحابه هذا ثمرة امتناعك عليه وتقاعدك عما دعاك له وسيكون لهذا الحال ما بعدها فراسل فخر الدولة وبذل له ستة الاف الف درهم على اقراره على الوزارة واعفائه من تلقي ابي علي وخرج فخر الدولة وتلقاه ولم يخرج ابو العباس

---

(١) لعله وقرر أمرهم (٢) لعله فيها (٣) ص : ق ـ (٤) كذا بالاصل ولعله اعلام (٥) ق عنده (٦) ص : ق بخط

ورأى فخر الدولة ان من الصلاح لامره الاشراك بينهما في وزارته فسامح ابا علي بالفي الف درهم من جملة الثمانية التي بذلها وسامح ابا العباس بالفي الف درهم من جملة الستة التي ذكرناها وقرر عليهما عشرة الاف الف درهم وجمع بينهما في النظر وخلع عليهما خلعتين متساويتين ورتب أمرهما على ان يجلسا في دست واحد ويكون التوقيع لهذا في يوم والعلامة للآخر ويجعل الكتب باسمهما فقدم هذا على عنواناتهما يوماً (١) ووقع التراضي بذلك وجرت الحال عليه ونظرا في الاعمال وتحصيل الاموال وقبضا على أصحاب الصاحب ابي القاسم ومن لحقته المساحة في أيامه وقررا عليهم المصادرات وذكر القاضي ابو العباس عن أبي العلاء ابن المقرن انه حدثه انهما استخرجا من اصبهان وحدها جملة وافرة وجرت حال غيرها من النواحي الى مصادرة أهلها الى مثل هذه الصورة وانفذا ابا بكر بن رافع الى استراباذ ونواحيها لاستيفاء ما يستوفيه من المعاملين والتناء فيها فقيل انه جمع الوجوه وأرباب الاحوال واخر الاذن لهم حتى تعالى النهار واشتد الحر ثم اطعمهم طعاماً اكثر ملحه ومنعهم الماء عليه وبعده وقدم اليهم الدواة والكاغد وطالبهم بكتب خطوطهم بما يصححونه ولم يزل يستام عليهم فيه وهم يتلهفون عطشاً الى ان الزموا (٢) له عشرة الاف الف درهم وتوقف العمال والمتصرفون عن الخروج الى قزوين لان أهلها أهل امتناع وقوة فبذل القاراضي بن شيرمردى الخروج اليها وذكر انه يعرف وجوه أموال فيها وخرج وحاول مطالبة أهلها ومعاملتهم

(١) ص يقدم عنواناتها لهذا يوما ولهذا يوما (٢) لعله التزموا

بمثل ما عومل به غيرهم فاجتمعوا وهجموا عليه داره وقتلوه واجتمع لفخر الدولة من الاموال في الخزائن والقلاع ما كثره المقللون ثم تمزق بعد وفاته فلم يبق منه بقية في اسرع وقت ثم مات فخر الدولة وولي الامر بعده ابنه مجد الدولة ابو طالب رستم واستولت السيدة والدته على الامر واجرى أمر الوزيرين على حاله في أيام فخر الدولة من التشارك في تدبير المملكة ومزقا أموال فخر الدولة وبذراها غاية التبذير ثم نجم قابوس واستولى على جرجان وضام جيوش خراسان فدعت الضرورة الى تجهيز جيش اليه وان يخرج معه احد الوزيرين فتقارعا على من يخرج منهما فوقعت القرعة على الجليل ابي علي الحسن بن احمد بن حمولة فخرج ومعه العساكر الجميلة ووقعت بينه وبين قابوس وقائع استنفدت الاموال التي صحبته واحتاج الى الامداد من الري فتقاعد به ابو العباس الضبي فرجع الى الري مفلولا واقاما على امرهما من الاشتراك مدة ثم سعت بينهما السعاة (١) وقالوا فساد الامر انما هو من اشتراكهما واختلاف ارآئهما والرأي ان يعزل أحدهما ويبقى الآخر وكان ابن حمولة شديد الثقة بنفسه معتقداً ان العساكر لا تختار غيره ولا تريد سواه فكان متغافلاً حتى دبر ابو العباس الضبي عليه وقبض عليه بامر السيدة وحمله الى قلعة استوناوند ثم انفذ اليه من قتله واستبد ابو العباس بالامر وجرت له خطوب وعجز في آخرها ومات فرأته السيدة فاتهم انه سقاه السم فهرب حتى لحق بروجرد في سنة ٣٩٢ ملتجئاً الى بدر بن حسنويه فلم يزل عنده الى ان مات في

(١) ق السعادة (٢) ق –

بروجرد في سنة ٩٧ او ٩٨ ووتبعه ابنه ابو القاسم سعد لاحقاً به وكانت المدة قريبة بينهما وقيل ان أبا بكر بن رافع واطأ احد غلمانه فسقاه سما كان فيه حتفه ونهض ابو بكر من همذان الى بروجرد لاحتمال تركته فذكر انه حصل له ما زاد على ستمائة الف دينار

﴿ احمد بن ابراهيم ابو رياش ﴾

وجدت بخط الحميدي فيما رواه عن التنوخي في كتاب نشوار المحاضرة قال هو ابو رياش احمد بن أبي هاشم القيسي ووجدت بخط بعض أدباء مصر قال ابو رياش احمد بن ابراهيم الشيباني ولعل أبا هاشم كنية ابراهيم مات فيما ذكره ابو غالب همام بن الفضل بن مهذب المغربي[1] في تاريخه في سنة ٣٣٩ قال ابو علي المحسن بن علي التنوخي ومن رواة الادب الذين شاهدناهم ابو رياش احمد بن أبي هاشم القيسي وكان يقال انه يحفظ خمسة الاف ورقة لغة وعشرين الف بيت شعر الا ان ابا محمد المافروخي ابر عليه لانهما اجتمعا اول ما تشاهدا بالبصرة فتذاكرا اشعار الجاهلية وكان ابو محمد يذكر القصيدة فيأتي أبو رياش على عيونها فيقول ابو محمد الا[2] ان تهذها من أولها الى آخرها فينشد معه ويتناشدا الى آخرها ثم أتى ابو محمد بعده بقصائد[3] لم يتمكن ابو رياش ان يأتي بها الى آخرها وفعل ذلك في اكثر من مائة قصيدة حدثني بذلك من حضر ذلك المجلس معهما وحكى أبو العلاء احمد بن عبد الله بن سليمان المعري في كتابه المعروف بالرياش المصطنعي ان أبا رياش كان طويل الشخص

---

(١) لعله المعري (٢) ص : ق لا الا (٣) ق قصائد

جهير الصوت يتكلم بكلام البادية ويظهر انه على مذهب الزيدية ويتزوج كثيراً ويطلق وكان يقول ولدت بالبادية ولعبت بالحضرمة وتأدبت بالبصرة والحضرمة بستان في ناحية اليمامة له خاصية في عظم البصل والريش والرياش حسن الهيئة والشارة وقال أبو منصور عبد الملك ابن محمد الثعالبي في اليتيمة [١] كان أبو رياش باقعة في حفظ أيام العرب وانسابها واشعارها غاية بل آية في هذ دواوينها وسرد أخبارها مع فصاحة وبيان واعراب واتقان ولكنه كان عديم المروءة وسخ اللبسة كثير التقشف وقليل التنظف وفيه يقول أبو عثمان الخالدي

كأنما قمل ابي [٢] رياش ما بين صئبان قفاه الفاشي
وذا وذا قد لج في انتعاش [٣] شهدانج بدد في خشخاش

وكان مع ذلك شرها على الطعام رجيم شيطان المعدة [٤] حوتي الالتقام ثعباني الالتهام سيء الادب في المواكلة دعاه ابو يوسف الزيدي الى البصرة الى مائدته فلما اخذ في الا كل مد يده الى بضعة لحم فانتهشها ثم ردها الى القصعة فكان بعد ذلك اذا حضر مائدته امر بأن [٥] يهيأ له طبق ليأكل عليه [٦] وحده ودعاه يوماً المهلبي الوزير الى طعامه فبينما هو يأكل اذ امتخط في منديل الغمر وبصق فيه ثم اخذ زيتونة من قصعة فغمزها بعنف حتى طفرت نواتها فاصابت وجه الوزير فتعجب من سوء ادبه [٧] فاحتمله لفرط علمه [٨] ففي شره ابي رياش يقول ابن لنكك

---

(١) يتيمة الدهر ٢: ١٢٠ (٢) يتيمة : ق ابو (٣) لعله انتغاش (٤) يتيمة : ق المدة
(٥) يتيمة ان (٦) يتيمة : ق عنده : ص فيه (٧) يتيمة شرهه - (٨) يتيمة ادبه

يطير الى الطعام أبو رياش مبادرة ولو واراه قبر
اصابعه من الحلواء صفر ولكن الاخادع منه حمر

وله فيه

ابو رياش بغى والبغي مصرعه[١] فشدد[٢] الغين ترميه بآبدته
عبد ذليل هجا للحين[٣] سيده تصحيف كتبته[٤] في صدع والدته[٥]

وله فيه وقد ولاه المافروخي عملا بالبصرة

قل للوضيع ابي رياش لا تبلْ ته كل تيهك بالولاية والعملْ
ما ازددت حين وليت الا خسة كالكلب انجس مايكون اذا اغتسلْ

ولابن لنكك فيه اشعار كثيرة بعضها في اخبار ابن لنكك من كتاب الشعراء . وجدت في موضع آخر من كتاب نشوار المحاضرة للقاضي التنوخي كان أبو رياش احمد بن أبي هاشم القيسي اليامي رجلاً من حفاظ اللغة وكان جندياً في اول امره مع المسمعي برسم العرب ثم انقطع الى العلم والشعر وروايته لنا بالبصرة وانا حديث مع عمي حتى صرت رجلا وكتبت عنه واخذت منه علماً صالحاً وكان يتعصب على ابي تمام الطائي وقال بعض الحاضرين لابي ان من عيون شعر أبي رياش[٦] قوله في أبيات عند ذكر امرأة شبب بها

لها فخذ بختية تعلف النوى على شفة لمياء احلى من التمر

---

(١) يتيمة مهلكة (٢) ص فصفر : يتيمة فشددوا.. ترموه (٣) ص اللعين
(٤) ص كنيته (٥) ص قلت يريد بغا وابو رياش تصحيف ابو زبانين او ابو رياستين
(٦) لعله ابي تمام

فغضب ابو رياش ونهض فامر ابي باجلاسه وقال للحاضر القائل ولا كل ذا وترضاه ووهب له دراهم صالحة القدر قال واخبرني من حضر مجلس ابي محمد المافروخي عامل البصرة وقد تناظرا في شيء من اللغة اختلفا فيه فقال ابو رياش كذا اخبرتني عمتي او جدتي في البادية عن العرب ووجدتها تتكلم به فقال له ابو الحسين محمد بن محمد بن(١) جعفر بن لنكك الشاعر وكان حاضراً اللغة لا تؤخذ عن البغيات فامسك خجلاً وكان ابو محمد المافروخي قد ولاه الرسم على المراكب بعبادان بحار سابع وأحسن اليه واختاره عصبية منه للعلم والادب فقال ابن لنكك

ابو رياش ولي الرسما ولـيف لا يصـفع اويعمى

يارب جدي دق فى خصره ثم اتانا بقـفا يدمى

قال وحدثني ابو رياش قال مدحت الوزير المهلبي فتأخرت صلته وطال ترددي اليه فقلت

وقائلة قد مدحت الوزير وهو المؤمل والمستماح

فماذا افادك ذاك المديح وهذا الغدو وذاك الرواح

فقلت لها ليس يدري امرؤ باي الامور يكون الصلاح

عليَّ التقلب والاضطراب جهدي وليس علي النجاح

قال المؤلف واما ابو محمد المافروخي الذي تقدم ذكره مكرراً فهو ابو محمد عبد العزيز بن احمد الفروخي فانه كان يتقلد عمالة البصرة وكان من العلم والجلالة على ما تقدم ذكره وكان مع ذلك تمتاماً يكرر الحرف

---

(١) ق —

في كلامه وهو الذي تسميه العامة فأفاء وكان مستغلقاً جداً . فحدث التنوخي انه اعترض جملاً فسير (١) فى صحن الدار بحضرته ووقفت (٢) ليخاطب عليه فلم يرضه فقال اخرجوه عني وكرراخ اخ لاجل عقلة لسانه فبرك الجمل لانه ظن انه يقال له ذلك كما يقال اذا اريد منه البروك قال وكان اذا انشد الشعر او قرأ القرآن قرأه وأورده على أحسن ما يكون من حسن الاداء وطيب الحنجرة فقيل له لو كان كلامك كله شعراً او كقراءة القرآن تخلصت من هذه الشدة فقال يكون ذلك طنزاً قال وكان احد خلفائه قد خرج الى بعض الاعمال واستخلف بحضرته ابناً له كان مثل المافروخي في التمتمة فخاطبه المافروخي اول ما دخل اليه في أمر شيء قال فيه ووو مراراً فاجابه ذلك الابن بمثل كلامه فقال يا غلمان قفاه كأنه يحكيني فصفع صفعاً محكماً حتى حضره اقوام وحلفوا له ان ذلك عادته فأخذ يعتذر اليه قال الذنب لابيه لما نزل في حضرتي مثله فهذا خبر المافروخي لتعرفه

﴿ احمد بن ابراهيم الاديبي ﴾

الخوارزمي ابو سعيد من مشاهير فضلاء خوارزم وادبائها وشعرائها قال ابو محمد في تاريخ خوارزم ذكره ابو الفضل الصفاري في كتابه قرأت بخطه انه كان كاتباً بارعاً حسن التصرف في الترسل وافر الحظ (٣) من حسن الكتابة وفصاحة البلاغة وكان خطه في الدرجة العليا من أقسام الحسن والجودة فمن كلامه الزيادة فوق الحد نقصان والاساءة بلسان

---

(١) لعله يسير (٢) لعله ووقف (٣) ق الحفظ

الحق احسان قال وكان اذا رأى كتابة منعقدة متكلفة قال الكتابة تسكن[١] سكر أخرى وكتب الى بعض الرؤساء في شكاية رجل ثقيل قد منيت من هذا الكهل الرازي صاحب الجبة الكهباء واللحية الشهباء بالداهية الدهياء والصيلم الصماء جعل لسانه سنانه واشفار عينيه الصلبة شفاره فاذا تكلم كلم بلسانه اكثر مما[٢] يكلم بسنانه واذا لمح ببصره جرح القلوب بلحظه اشد مما جرح[٣] الآذان بلفظه يظهر للناس في زي مظلوم وانه لظالم ويشكو اليهم وجع السليم وهو سالم وكتب الى بعض الرؤساء وقد حجب عنه

ومحجب بحجاب عز شامخ	وشعاع نور جبينه لا يحجب
حاولته فرأيت بدراً طالعاً	والبدر يبعد بالشعاع ويقرب
قبلت نور جبينه متعززاً	باللحظ منه وقد زهاه الموكب
كالشمس في كبد السماء ونورها	من جانبيه مشرق ومغرب
ان بان شخصي عن مجالس غيره	فالنفس في الطافه تتقلب
واذا تقاربت النفوس وانتأت[٤]	اشخاصها فهو الجواد الاقرب

وكتب الى واحد وقد بعث اليه شاة : وصلت الشاة فكانت شاة الشياه حسنة الحلي والنشيات ففرح الفراريج بمكانها وملأوا منها حواصلهم وثنوا بالدبا[٥] والدعاء اناملهم . وله : ساعدت الايام بالمراد و وفت بالميعاد وجمعت لي بين طرفي الاصعاد والاسعاد. وله: حضرت موالياً الحضرة التي تضرب اليها اكباد الابل من كل فج عميق وتمد نحوها اعناق الامل من كل

(١) لعله تسكر (٢) ق وص ما (٣) ص يجرح (٤) ق وانبات (٥) لعله بالثناء

فوج وفريق . وله : أيام مولانا مشرقة كاخلاقه واخباره عبقة كاعراقه يزهى بجلال مكانه الرتب والمعارج ويزين بكرم وجهه الاعياد والمهارج. وله:لا يليق خاتم العز والجلال الا بخناصره ولا يرجع الباطل الى الحق الا عند ناصره[1] .وله : من لحظته عند اقباله وسنته عين افضاله قابلت سعوده باشراق واذن عوده بايراق. وله: ان كانت الوزارة دثرت رسومها وآثارها ودرست اعلامها ومنارها فلقد قيض الله لهـا مولانا فمد باعها وعمر رباعها فأنست بتـدابيره الثاقبة من وحشة نفارها واستروحت من آرائه الصائبة الى كنفها وقرارها .وله : كتابي وانا في سلامة الاّ من الشوق الى طلعته المسعودة والنزاع الى اخـلاقه المشهودة وملاحظة تلك الهمم العليـة ومطالعة تلك الحركات الشهيـة ومجاري تلك الانامل بالاقلام فانها اذا جرت نثرت الدرر واسالت على جباه الانام الغرر وسنت للبلغاء والكتاب سنن الفقر والآداب

﴿احمد بن ابراهيم بن محمد السجزي﴾

ابو نصر احد الادباء الفضـلاء قرأ على ابي بكر عبد القاهر ثم قرأت بخط سلامة بن عياض الكفرطابي النحوي ما صورته وجدت في آخر نسخة المعتضد لعبد القاهر الجرجاني بالري مكتوباً ما حكايته قرأ عليّ الاخ الفقيه ابو نصر احمد بن ابراهيم بن محمد السجزي ايده الله هـذا الكتاب من اوله الى آخره قراءة ضبط وتحصيل وكتبه عبد القاهر بن عبد الرحمن بخطه في شهر الله المبارك من شهور سنة ٤٥٤

(١) لعله ناظره

﴿ احمد بن ابراهيم بن ابي خالد ﴾

الطبيب يعرف بابن الجزار القيرواني كان طبيباً حاذقاً دارساً كتبه جامعة[١] لتواليف الاوائل فيه حسن الفهم لها. وله مصنفات فيه وفي غيره فمن أشهر كتبه في الطب كتابه في علاج الامراض سماه زاد المسافر وكتابه في الادوية المفردة المعروف بالاعتماد وكتابه في الادوية المركبة المعروف بالبغيـة ورسائله في النفس وذكر اختلاف الاوائل فيها وكان ايضاً له عناية بالتاريخ الف فيه كتاباً رأيتـه في مجلد نزيد[٢] على العشر سماه التعريف بصحيح التاريخ وذاك الذي اوجب ذكره في هذا الكتاب وكان مع ذلك حسن المذهب باصل السيرة صائناً[٣] لنفسه منقبضاً عن الملوك ذا ثروة ولم يكن يقصد أحداً الى بيتـه وكان له معروف وادوية يفرقها وكان في ايام المعز بالله في حدود سنة[٤] ٣٥٠ او ما قاربها

﴿ احمد بن احمد بن أخي الشافعي ﴾

هو رجل من اهل الادب رأيت جماعة من اعيان العلماء يفتخرون بالنقل من خطه ورأيت خطه وليس بجيد المنظر لكن متقن الضبط ولم ار احداً ذكر شيئاً من خبره لكني وجدت خطه في آخر كتاب وقد قال فيه كتبه احمد بن احمد المعروف بأخي[٥] الشافعي وراق ابن عبدوس الجهشياري والجهشياري هذا قد ذكر في بابه وقد جمع ديوان البحتري وغيره

---

(١) ص : ق جامعاً (٢) لعله مجلدات تزيد (٣) ص : ق صابياً (٤) ص : ق ـ
(٥) لعله بابن اخي

﴿ احمد بن اسحاق بن البهلول ﴾

ابن حسان بن سنان ابو جعفر التنوخي انباري الاصل ولي القضاء بمدينة المنصور عشرين سنة ومات لاحدى [١] عشر ليلة بقيت من شهر ربيع الآخر سنة ٣١٨ ومولده بالانبار سنة ٢٣١ عن ثمان وثمانين سنة قال ابو بكر الخطيب وحدث حديثاً كثيراً وكان عنده عن ابي لهب محمد بن العلاء حديث واحد وروى عنه الدارقطني وابو حفص بن شاهين والمخلص وجماعة وكان ثقة قال وذكر طلحة بن محمد بن جعفر في تسمية قضاة بغداد احمد بن اسحاق بن البهلول عظيم القدر واسع الادب تام المروءة حسن الفصاحة حسن المعرفة بمذهب اهل العراق ولكن غلب عليه الادب وكان لابيه اسحاق مسند كبير حسن وكان ثقة وحمل الناس عن جماعة من اهل هذا البيت منهم البهلول بن حسان ثم ابنه اسحاق ثم اولاد اسحاق ولم يزل احمد بن اسحاق على قضاء المدينة من سنة ٢٩٦ الى شهر ربيع الآخر سنة ٣١٦ ثم صرف وكان بيناً فى الحديث ثقة مأموناً جيد الضبط لما حدث به وكان مفتياً فى علوم شتى منها الفقه على مذهب ابي حنيفة واصحابه وربما خالفهم فى مسئلات يسيرة وكان تام العلم باللغة حسن القيام بالنحو على مذهب الكوفيين وله فيه كتاب الفه وكان تام الحفظ للشعر القديم والمحدث والاخبار الطوال والسير والتفسير وكان شاعراً كثير الشعر جداً خطيباً حسن الخطابة والتفوه بالكلام لسناً صالح الخط في الترسل والمكاتبة والبلاغة في المخاطبة وكان ورعاً متليناً [٢]

(١) ق احدى (٢) ابن الانباري ٣١٨ متخشناً

في الحكم تقلد القضاء بالانبار وهيت وطريق الفرات من قبل الموفق بالله الناصر لدين الله في سنة ٢٧٦ ثم تقلد للناصر دفعة اخرى ثم تقلد للمعتضد ثم تقلد بعض كور الجبل للمكتفي في سنة ٩٢ ولم يخرج اليها ثم قلده المقتدر بالله فى سنة ٩٦ بعد فتنة ابن المعتز القضاء بمدينة المنصور من مدينة السلام*وطسوّجي قطربل ومسكن[1] والانبار وهيت وطريق الفرات ثم اضاف له الى ذلك بعد سنين القضاء بكور الاهواز مجموعة لما مات قاضيها اذ ذاك محمد بن خلف المعروف بوكيع فما زال على هذه الاعمال الى ان صرف عنها فى سنة ٣١٧. وحدث ابو نصر يوسف بن عمر ابن القاضي ابي عمر محمد بن يوسف قال كنت احضر دار المقتدر بالله وانا غلام حدث بالسواد مع ابي الحسين وهو يومئذ قاضي القضاة فكنت ارى في بعض المواكب القاضي ابا جعفر يحضر بالسواد فاذا رآه ابي عدل الى موضعه فجلس عنده فيتذاكران الشعر والادب والعلم حتى يجتمع عليهما من الخدم عدد كثير كما يجتمع على القصاص استحساناً لما يجري بينهما فسمعته يوماً وقد انشد بيتاً لا اذكره الآن فقال له ابي ايها القاضي اني احفظ هذا البيت بخلاف هذه الرواية فصاح عليه صيحة عظيمة وقال اسكت ألي تقول هذا انا احفظ لنفسي من شعري ١٥٠٠٠ بيت واحفظ للناس اضعاف ذلك واضعافه واضعافه يكررها مراراً وفي رواية ابن عبد الرحيم عن التنوخي قال قال له هات ألي تقول هذا وانا احفظ من شعري نيفاً وعشرين الف بيت سوى ما احفظه للناس قال

(١) هذا لم يذكره ابن الانباري

فاستحيي ابي منه لسنّه ومحله وسكت. قال وحدثني القاضي ابو طالب محمد ابن القاضي ابي جعفر بن البهلول قال كنت مع ابي في جنازة بعض اهل بغداد من الوجوه والى جانبه في الحق جالس ابو جعفر الطبري فاخذ ابي يعظ صاحب المصيبة ويسليه وينشده اشعاراً ويروي له اخباراً فداخله الطبري في ذلك وذنب (١) معه ثم اتسع الامر بينهما في المذاكرة وخرجا الى فنون كثيرة من الادب والعلم استحسنها الحاضرون وعجبوا منها وتعالى النهار وافترقنا فلما حصلت (٢) اسير خلفه قال يا بني هذا الشيخ الذي داخلنا اليوم في المذاكرة من هو اتعرفه فقلت يا سيدي انك (٣) لم تعرفه فقال لا فقلت هـذا ابو جعفر محمد بن جرير الطبري فقال انا لله ما أحسنتَ عشرتي يا بني فقلت كيف يا سيدي فقال الا قلت لي في الحال فكنت اذاكره غير تلك المذاكرة هذا رجل مشهور بالحفظ والاتساع في صنوف من العلم وما ذاكرته بحسبها قال ومضت على هـذا مدة فحضرنا في حق لآخر وجلسنا واذا بالطبري يدخـل الى الحق فقلت له قليلاً قليلاً ايها القاضي هـذا ابو جعفر الطبري قد جاء مقبلاً قال فأومأ اليه بالجلوس عنده فعدل اليه فأوسعت له حتى جلس الى جنبه واخذ ابي يجاريه فكلما جاء الى قصيدة ذكر الطبري منها ابياتاً قال ابي هاتها يا ابا جعفر (٤) فربما فر بـ ا تلعثم فيمر ابي في جميعه حتى نسقه قال فما سكت

---

(١) ق ودب : وابن الانباري قد ترك الكلمتين (٢) ابن الانباري جعلت (٣) ابن الانباري كأنك (٤) ابن الانباري الى آخرها وتخالف روايته رواية ياقوت في بعض عبارات

ابي يومه ذاك الى الظهر وبان للحاضرين تقصير الطبري ثم قمنا فقال لي ابي الآن شفيت صدري. ولابي جعفر هذا كتاب في النحو على مذهب الكوفيين. حدث ابو علي التنوخي حدثني ابو الحسين علي بن هشام بن عبد الله المعروف بابن ابي قيراط كاتب ابن الفرات (١) وابو محمد عبد الله ابن علي ذكويه كاتب نصر القشوري وابو الطيب محمد بن احمد الكلوذاني كاتب ابن الفرات قالوا كنا مع ابي الحسن بن الفرات في دار المقتدر في وزارته الثانية (٢) في * يوم الخميس لخمس (٣) ليال بقين من جمادى الآخرة من سنة ٣١١ وقد استحضر ابن قليجه رسول علي بن عيسى الى القرامطة في وزارته الاولى فواجه علي بن عيسى في المجلس بحضرتنا بانه وجه الى القرامطة مبتدئاً فكاتبوه يلتمسون منه المساحي والطلق وعدة حوائج فانفذ جميع ذلك اليهم واحضر ابن الفرات معه خطه (اي ابن عيسى) في نسخة انشاها ابن ثوابة الى القرامطة جواباً عن كتابهم اليه وقد اصلح علي بن عيسى فيها بخطه ولم يقل انكم خارجون عن ملة الاسلام بعصيانكم امير المؤمنين ومخالفتكم اجماع المسلمين وشقكم العصا ولكنكم خارجون عن جملة اهل الرشاد والسداد وداخلون (٤) في جملة اهل العناد والفساد فهجن ابن الفرات علياً بذلك وقال ويحك تقول القرامطة مسلمون والاجماع قد وقع على انهم اهل ردة لا يصلون ولا يصومون وتوجه اليهم بالطلق وهو الذي اذا طلي به البدن او غيره لم تعمل فيه النار

---

(١) هذه الرواية موجودة في كتاب الوزراء لهلال ٢٩٢ (٢) هلال الثالثة
(٣) هلال : ق ـ (٤) هلال : ق ـ

قال اردت بهذا المصلحة واستعادتهم (١) الى الطاعة بالرفق و بغير حرب فقال ابن الفرات لابي عمر القاضي ما عندك فى هذا يا ابا عمر اكتب به فافحم وجعل مكان ذلك ان أقبل على علي بن عيسى فقال يا هذا لقد أقررت بما لو أقر به امام لما وسع الناس طاعته قال فرأيت علي بن عيسى وقد حدق اليه تحديقاً شديداً لعلمه بان المقتدر في موضع يقرب منه بحيث يسمع الكلام ولا يراه الحاضرون فاجتهد ابن الفرات بابي عمر ان يكتب بخطه شيأ فلم يفعل وقال قد غلط غلطاً وما عندي غير ذلك فأخذ خطه بالشهادة عليه بان هذا كتابه ثم اقبل على أبي جعفر احمد بن اسحاق بن البهلول القاضي فقال ما عندك يا ابا جعفر في هذا فقال ان اذن الوزير ان أقول ما عندي فيه على شرح قلته قال افعل قال صح عندي ان هذا الرجل وأومأ الى علي بن عيسى انه افتدي (٢) بكتابين كتبهما الى القرامطة في وزارته الاولى ابتداءً وجواباً (٣) ثلاثة آلاف رجل من المسلمين كانوا مستعبدين وهم اهل نعم وأموال فرجعوا الى أوطانهم ونعمهم فاذا فعل الانسان (٤) مثل هذا الكتاب على جهة طلب الصلح والمغالطة للعدو لم يجب عليه شيء قال فما عندك فيما أقر به ان القرامطة مسلمون قال اذا لم يصح عنده كفرهم وكاتبوه بالتسمية لله ثم الصلوة على رسوله محمد صلى الله عليه وسلم وانتسبوا الى انهم مسلمون وانما ينازعون (٥) في الامامة فقط لم يطلق عليهم الكفر قال فما عندك في الطلق ينفذ الى اعداء الامام فاذا

---

(١) هلال وان استعيدهم : ق استدعاهم (٢) هلال استخلص (٣) هلال ق وجعلها (٤) ق : مثل الانسان (٥) هلال : ق يدعون

طلي به البدن او غيره لم يعمل فيه النار وصاح بها كالمنكر على أبي جعفر فاخبرني فاقبل ابن البهلول على علي بن عيسى فقال له انفذت الطلق الذي هـذه [١] صفته الى القرامطة فقال علي بن عيسى لا فقال ابن الفرات هذا رسولك وثقتك ابن قليجه قد اقر عليك بذلك فلحق علي بن عيسى دهشة فلم يتكلم فقال ابن الفرات لابي جعفر بن البهلول احفظ اقراره بابن قليجه ثقته ورسوله وقد أقر عليه بذلك فقال أيها الوزير لا يسمى هذا مقراً هذا مدع [٢] وعليه البينة فقال ابن الفرات فهو ثقته بانفاذه اياه قال انما وثقه في حمل كتاب فلا يقبل قوله عليه في غيره فقال ابن ابا جعفر أنت وكيله ومحتج عنه لست الا حاكما فقال لا ولكني أقول الحق في هذا الرجل كما قلته في حق الوزير ايده الله لما اراد حامد بن العباس فى وزارته ومن ضامّه الحيلة على الوزير أعزه الله بما هو أعظم من هذا الباب فان كنت لم اصب حينئذ فلست مصيباً في هـذا الوقت فسكت ابن الفرات والتفت الى علي بن عيسى وقال اقرمطي فقال له علي بن عيسى ايها الوزير انا قرمطي يعرض به [٣] وذكر قصة طويلة ليست من خبر ابن البهلول في شيء وحدث ابو الحسن علي بن هشام بن أبي قيراط قال [٤] دخلت مع أبي الى ابي جعفر احمد بن اسحاق بن البهلول عقيب عيد لنهنئه به وتطاول الحديث فقال له أبي قد كنت اكاتب الوزير أيده الله الى محبسه يعني ابن الفرات لانه هو كان الوزير اذ ذاك

---

(١) ق هذا (٢) ق مدعي (٣) انتهاء ما جاء به هلال (٤) الرواية في كتاب الوزراء صفحة ٩٨ مع اختلافات لم ننبه على كلها

الوزارة الثالثة واعرفه ما عليه القاضي من موالاته من كذا وكذا والآن وهو على شكر القاضي والاعتداد به قال فلما سمع ذلك فرق الغلمان ومن كان في مجلسه من أصحابه حتى خلا وقال ليس يخفى عليّ التغير في عين الوزير وان كان لم ينقصني من رتبة ولا عمل وبالله احلف لقد لقيت (١) حامد بن العباس بالمدائن لما جيء به للوزارة فقام لي في حراقته قائماً وقال لي هذا الامر لك ولولدك وسيبين لك ما افعله في زيادتك من الاعمال والارزاق ثم لقيته يوم الخلع عليه بعد لبسه اياها فتطاول فلما فعلت به في أمر الوزير ايده الله ما فعلته بحضرة أمير المؤمنين عاداني وصار لا يعير لي طرفه وتعرضت منه لكل بلية فكنت خائفاً له حتى اراح الله منه بتفرد علي بن عيسى بالامور واشتغاله هو بالضمان وسقوط حاجتنا الى لقائه وما لي الى هذا الوزير ايده الله ذنب يوجب انقباضه الا اني اديت الوديعة التي كانت له عندي وبالله لقد ورّيت عن ذكرها جهدي ودافعت بما يدافع به مثلي ممن لا يمكنه الكذب فلما جاء ابن حماد كاتب موسى بن خلف اقر بها واحضر الدليل باحضار المرأة (٢) التي حملتها لم اجد بداً عن ادائها وقد فعل مثل ابي (٣) عمر في الوديعة التي كانت له عنده الا ان أبا عمر فعل ما قد علمته من حيلة بشراء فص بنصف درهم نقش عليه علي بن محمد ووضع مالاً من عنده في اكياس ختمها به وقال للوزير وديعتك عندي بحالها وانما غرمت ما اديت عنك من مالي وأراد التقرب اليه ففعل هذا وأنت تعلم فرق ما بيني وبين ابي عمر في

(١) هلال : ق لو يلتفت (٢) هلال : ق بالامارة (٣) ق ابو

كثرة المال فأريد ان تحل [١] سخيمته وتستصلح لي نيته وتذكره بحقي القديم عليه ومقامي له بين يدي الخليفة ذلك وان مثل ذلك لا ينسى تجن لا يلزم فقال له ابي أنا أفعل ولا أقصر وقد اختلفت الاخبار علينا فيما جرى ذلك اليوم فان رأى القاضي أعزه الله ان يشرحه لي فعل [٢] فقال ابو جعفر كنت أنا [٣] وأبو عمرو علي بن عيسى وحامد بن العباس بحضرة الخليفة مع جماعة من خواصه وكلهم منحرف عن الوزير أيده الله ومحب لمكروهه اذ حضر حامد الرجل الجندي الذي ادعى انه وجده راجعاً من اردبيل الى قزوين ثم الى اصبهان ثم الى البصرة فانه اقر له عفواً انه رسول ابن الفرات الى ابن [٤] أبي الساج في عقد الامامة لرجل من الطالبيين المقيمين بطبرستان ليقويه ابن أبي الساج ويسيره الى بغداد ويعاونه ابن الفرات بها وانه مخبر انه تردد في ذلك دفعات ونخاطبه بحضرة الخليفة في ان يصدق عما عنده في ذلك فذكر الرجل مثل ما أخبر به عنه حامد ووصف ان موسى بن خلف كان يتخير لابن الفرات لانه من الدعاة الذين يدعون الى الطالبيين وانه كان يمضي في وقت من الاوقات الى ابن أبي الساج في شيء من هذا فلما استتم الخليفة سماع هذا الكلام اغتاظ غيظاً شديداً واقبل على ابن عمر وقال ما عندك فيمن فعله هذا فقال لئن [٥] كان فعل ذلك لقد اتى امراً فظيعاً واقدم على أمر يضر بالمسلمين جميعاً واستحق [٦] كذا كلمة عظيمة لا احفظها

---

(١) هلال تستسل (٢) هلال ـ (٣) هلال : ق ـ (٤) هلال : ق ـ
(٥) هلال : ق لان (٦) هلال : ق ـ

قال ابو جعفر وتبينت في علي بن عيسى كراهية لما جرى والانكار للدعوى والطنز [١] بما قيل فيها فقويت بذلك نفسي واقبل الخليفة عليّ فقال ما عندك يا احمد فيمن فعل هذا فقلت ان رأى أمير المؤمنين ان يعفيني فقال ولم فقلت لان الجواب ربما اغضبت به [٢] من انا محتاج الى رضاه او خالف ما يوافقه من ذلك ويهواه ويضر بي فقال لا بد ان تجيب فقلت الجواب ما قال الله تعالى يَا أَيُّهَا ٱلَّذِينَ آمَنُوا إِنْ جَاءَكُمْ فَاسِقٌ بِنَبَإٍ فَتَبَيَّنُوا أَنْ تُصِيبُوا قَوْماً بِجَهَالَةٍ فَتُصْبِحُوا عَلَى مَا فَعَلْتُمْ نَادِمِينَ ومثل هذا يا أمير المؤمنين لا يقبل فيه خبر واحد والتميز [٣] يمنع من قبول مثل هـذا على ابن الفرات اتراه يظن به انه رضي أن يكون تابعاً لابن أبي الساج ولعله ما كان يرضى وهو وزير ان يستحجبه ثم اقبلت على الرجل فقلت له صف لي اردبيل عليها سور أم لا فانك على ما تدعيه من دخولها لابد أن تكون عارفاً بها واذكر لنا صفة باب دار الامارة هل هو حديد ام خشب فتلجلج فقلت له كاتب ابن أبي الساج ابن محمود ما اسمه ما كنيته فلم يعرف ذلك فقلت له فاين الكتب التي معك فقال لما احسست باني قد وقعت في ايديهم رميت بها خوفاً من ان توجد معي فاعاقب قال فاقبلت على الخليفة وقلت يا أمير المؤمنين هذا جاهل متكسب مدسوس من قبل عدو غير محصل فقال علي بن عيسى مؤيداً لي قد قلت هـذا للوزير فلم يقبل قولي وليس يهدد هـذا فضلاً عن ان ينزل به مكروه الا اقر بالصورة فاقبل الخليفة على نذير الحرمي وعدل عن

(١) ق والطير: هلال وهزؤا (٢) هلال اغضب: ق بما ارضيت (٣) هلال والعقل

ان يأمر نصرا الحاجب بذلك لما يعرفه بينه وبين ابن الفرات بحقنا عليك لما ضربته مائة مقرعة اشد الضرب الى ان يصدق عن الصورة فعدى بالرجل عن حضرة الخليفة ليبعد ويضرب فقال لا الا هاهنا فضرب بالقرب منه دون العشرة فصاح غدرت وضمنت لي الضمانات وكذبت والله ما دخلت اردبيل قط فطلب نزار بن محمد الطبي[١] ابو معد وكان صاحب الشرطة وقد انصرف فقال الخليفة لعلي بن عيسى وقع اليه بان يضرب هذا مائة سوط ويثقله بالحديد ويحبس في المطبق فوالله لقد رأيت حامداً * وقد كاد يسقط انخذالاً وانكساراً ووجداً واشفاقاً وخرجنا وجلسنا في دار نصر الحاجب وانصرف حامد وأخذ[٢] * علي بن عيسى[٣] ينظر في الحوائج وأخر أمر الرجل فقال له حاجبه ابن عبدوس قد وجه نذير بالمضروب المتكذب فقلت له انه وان كان قد جهل فقد غمني ما لحقه خوفاً من ان اكون سببه فان امكنك ان تسقط عنه المكروه او بعضه اجرت فقال ما في هذا لعنه الله أجر ولكن اقتصر على خمسين مقرعة واعفيه من السياط ثم وقع بذلك الى نزار وانصرفنا فصار حامد من اعدى الناس لي . وقال ابن عبد الرحيم حدثني القاضي أبو القاسم التنوخي وله بامره الخبرة التامة لما يجمعهما من النسب في الصناعة قال كان ابو جعفر من جلة الناس وعظمائهم وعلمائهم وتقلد قضاء الانبار وهيت والرحبة وطريق الفرات في أيام المعتمد بعد كتبة الموفق ابي احمد سنة ٢٧٠ واقام يليها الى سنة ٣١٦ واضيف له اليها الاهواز

(١) هلال الضبي (٢) هلال : ق ـ (٣) هلال : ق ـ

وكورها السبعة وخلفه عليها جدي ابو القاسم علي بن محمد التنوخي في سنة ٣١١ وقلده ماه الكوفة وماه البصرة مضافات الى ما تقدم ذكره ثم رد عليه مدينة المنصور وطسوج مسكن وقطربل بعد فتنة ابن المعتز في سنة ٢٩٦ ولم يزل على هذه الولايات الى سنة ٣١٦ واسن وضعف فتوصل ابو الحسين الاشناني الى ان ولي قضاء المدينة فكانت له احاديث قبيحة وقيل ان الناس سلموا عليه بالقبا[١] ايماء الى البغاء وكان اليه الحسبة ببغداد فضرب[٢] في اليوم الثالث واعيد العمل الى أبي جعفر فامتنع من قبوله فرفع يده عن النظر في جميع ما كان اليه وقال أحب أن يكون بين الصرف والقبر فرجة ولا أنزل من القلنسوة الى الحفرة وقال في ذلك

تركت القضاء لاهل القضاء ... واقبلت اسمو الى الآخره
فان يك فخراً جليل الثناء ... فقد نلت منه يداً فاخره
وان كان وزراً فابعد به ... فلا خير في امرة وازره

فقيل له فابذل شيأ حتى يرد العمل الى ابنك ابي طالب فقال ما كنت لاتحملها حياً وميتاً وقد خدم ابني السلطان وولاه الاعمال فان استوثق خدمته قلده وان لم يرتضِ مذاهبه صرفه وهذا يفتضح ولا يخفى وانشدهم

يقولون همت بنت لقمان مرة ... بسوء وقالت يا أبي ما الذي يخفى
فقال لها ما لا يكون فامسكت ... عليه ولم تمدد لمنكرة كفاً
وما كل مستور يغلق دونه ... مصاريع أبواب ولو بلغت الفا
بمستتر والصائن العرض سالم ... وربما لم يعدم الذم والعرفا[٣]

(١) عوضاً عن القضاء (٢) لعله فصرف (٣) لعله القذفا

على ان أثواب البريء نقـية ولا يلبث الزور المفكك ان يطفا

قال ولست أعلم هذا الشعر له ام تمثل به قال التنوخي وكان ابو جعفر يقول الشعر تأدباً وتطرباً وما علمت انه مدح أحداً بشيء منه وله قصيدة طردية مزدوجة طويلة وحمل الناس عنه علماً كثيراً ومن شعره

رأيت العيب يلصق بالمعالي لصوق الحبر في لفق الثياب
ويخفى في الدنيء فلا تراه كما يخفى السواد على الاهاب

وله في الوزير ابن الفرات

قل لهذا الوزير قول محق بثه النصح ايما ابثاث
قد تقلدتها ثلاثاً [1] ثلاثاً وطلاق البتات عند الثلاث

وكان الامر على ما قاله فان ابن الفرات قتل بعد الوزارة الثالثة في محبسه

وله ايضاً

أقبلت الدنيا وقد ولّى العمرْ فما اذوق العيش الا كالصبرْ
لله أيام الصبى اذ تعتكرْ لاقت لدينا لو تؤوب ما يسرْ

وله أيضاً

ويجزع من تسليمنا فيردنا مخافة ان تبغي يداه فيبخل
وما ضره ان يحبينا [2] ببشره فننفع بالبشر الجميل ونرحل

وله أيضاً

وحُرقةٍ أورثتها فرقةٌ دنفاً حيران لا يهتدي الا الى الحزن
في جسمه شغُل عن قلبه وله في قلبه شغُل عن سائر البدن

(١) هلال ٢٢٣ مراراً (٢) لعله لو ان أجاب

وله أيضاً

ابعد الثمانين افنيتها   وخمساً وسادسها قد نما
ترجي الحياة وتسعى لها   لقد كاد دينك ان يكلما

وله ايضاً

الى كم تخدم الدنيا   وقد جزت الثمانينا
لئن لم تك مجنونا   فقد فقت المجانينا

وقد ذكر ابو محمد عبيدالله بن بشران في تاريخه قال دخل على القاضي احمد ابن اسحاق بن البهلول ابو القاسم عمر بن شاذان الجوهري فقال له ارتفع يا ابا حفص فقال له بعض من حضر هو ابو القاسم فانشا ابن البهلول يقول

فان تنسني الايام كنية صاحب   كريم فلم انس الاخاء ولا الودا
ولكن رأيت الدهر ينسيك ما مضى   اذا أنت لم تحدث اخاء ولا عهدا

﴿ احمد بن الحسين بن يحيي بن سعيد ﴾

بديع الزمان الهمذاني ابو الفضل قال ابو شجاع شيرويه بن شهردار في تاريخ همذان ان احمد بن الحسين بن يحيي بن سعيد بن بشر ابا (١) الفضل الملقب ببديع الزمان سكن هراة روى عن ابي الحسين احمد بن فارس بن زكريا وعيسى بن هشام الاخباري وكان احد الفضلاء والفصحاء متعصباً لاهل الحديث والسنة ما اخرجت همذان بعده مثله وكان من مفاخر بلدنا روى عنه اخوه ابو سعد بن الصفار والقاضي ابو محمد عبدالله ابن الحسين النيسابوري قال وتوفي في سنة ٣٩٨ قال شيرويه ومحمد بن

(١) ق أبو

الحسين يحي بن سعيد بن بشر الصفار الفقيه ابو سعد اخو بديع الزمان ابي الفضل احمد بن الحسين بن يحي لابيه وامه مفتي البلد روى عن ابن لال وابن تركان وعبد الرحمن الامام وابي بكر محمد بن الحسين الفراء وابن جانحان وذكر جماعة وافرة قال وادركته ولم يقض لي عنه السماع وكان في الحديث ثقة ويتهم بمذهب الاشعرية ويقال جن في آخر عمره الى ان مات وسمعت بعض اصحابنا يقول كان يعرف الرجال والمتون ولد في ثالث عشر جمادى الآخرة سنة ٣٥٨ [(١)] ومات ولم يذكره وذكره الثعالبي فى سنة ٣٩٨ ولذا قال ابو نصر عبد الرحمن بن عبد الجبار الفامي في تاريخ هراة قال المؤلف وقد رأيت ذكر البديع في عدة تصانيف من كتب العلماء فلم يستقص احد خبره أحسن مما اقتصه الثعالبي وكان قد لقيه وكتب عنه فنقلت خبره من كتابه ولخصته من بعض سجعه قال [(٢)] بديع الزمان ومعجزة همذان ونادرة الفلك وبكر عطارد وفرد الدهر وغرة العصر ولم نر نظيره فى الذكاء وسرعة الخاطر وشرف الطبع وصفاء الذهن وقوة النفس ولم ندرك نظيره في طرف [(٣)] النثر وملحه وغرر النظم ونكته وكان صاحب عجائب وبدائع فمنها انه كان ينشد الشعر لم يسمعه قط وهو اكثر من خمسين بيتاً الامرة واحدة فيحفظها كلها ويؤديها من اولها الى آخرها لا يخرم حرفاً وينظر في الاربعة والخمسة الاوراق من كتاب لم يعرفه ولم يره نظرة واحدة خفيفة ثم يهذها عن ظهر قلبه هذاً ويسردها سرداً وهذا حاله في الكتب الواردة وغيرها وكان يقترح عليه

(١) ق ٣٧٥ (٢) يتيمة الدهر ٤ : ١٦٧ (٣) يتيمة ظرف

عمل قصيدة وانشاء رسالة في معنى بديع وباب غريب فيفرغ منها في الوقت والساعة وكان ربما كتب الكتاب المقترح عليه فيبتدئ بآخره ثم هلم جرا الى اوله ويخرجه كأحسن شيء واملحه ويوشح القصيدة الفريدة من قبله [١] بالرسالة الشريفة من انشائه فيقرأ من النظم النثر ويروي من النثر النظم ويعطي القوافي الكثيرة فيصل بها الابيات الرشيقة ويقترح عليه كل عويص وعسير من النظم والنثر فيرتجله [٢] اسرع من الطرف على ريق لم يبلعه ونفس لا يقطعه وكلامه كله عفو الساعة وفيض اليد ومسارقة القلم ومسابقة اليد للفم [٣] وكان يترجم ما يقترح عليه من الابيات الفارسية المشتملة على المعاني الغريبة بالابيات العربية فيجمع فيها بين الابداع والاسراع الى عجائب كثيرة لا تحصى ولطائف تطول ان تستقصى وكان مع ذلك مقبول الصورة حسن العشرة وفارق همذان سنة ٣٨٠ وهومقبل [٤] الشبيبة غض الحداثة وقد درس على ابي الحسين فارس [٥] واخذ عنه جميع ما عنده واستنفد علمه وورد حضرة الصاحب ابن عباد فتزود من ثمارها وحسن آثارها ثم قدم جرجان واقام بها مدة على مداخلة الاسماعيلية والتعيش في اكنافهم واختص بالدهخواه ابي سعيد محمد بن منصور ونفقت بضاعته لديه وتوفر حظه من عادته المعروفة في اسداء [٦] الافضال على الافاضل ولما اراد ورود نيسابور اعانه بما سيره اليها فوردها في سنة ٣٩٢ [٧] ونشر بها بزه واظهر طرزه واملى اربعمائة

---

(١) يتيمة قوله (٢) يتيمة : ق فيرتجل (٣) يتيمة ـ (٤) يتيمة مقتبل
(٥) يتيمة ابي الحسين بن فارس (٦) ق ابتداء (٧) يتيمة ٣٨٢

مقامة نحلها ابا الفتح الاسكندري في الكدية [١] وغيرها وضمنها ما تشتهي الانفس وتلذ الاعين ثم شجر بينه و بين الاستاذ أبي بكر الخوارزمي ما كان سبباً لهبوب ريح الهمذاني وعلو أمره اذ لم يكن في الحساب ان احداً من العلماء ينبري لمساجلته فلما تصدى الهمذاني لمباراته وجرت بينهما مقامات ومبادهات [٢] ومناظرات وغلّب قوم هذا وغلّب آخرون ذاك طار ذكر الهمذاني في الآفاق وشاع ذكره في الآفاق ودرت له اخلاف الرزق فلما مات الخوارزمي خلا له الجو وتصرفت به احوال جميلة واسفار كثيرة ولم يبق من بلاد خراسان وسجستان وغزنة بلدة الا دخلها وجنى ثمرها ولا ملك ولا أمير ولا وزير الا واستمطر بنوئه وسرى في ضوئه فحصلت له نعمة حسنة وثروة جميلة والقى عصاه بهراة فاتخذها دار قراره وصاهر بها ابا علي الحسين بن محمد الخشنامي وهو الفاضل الكريم الاصيل وانتظمت أحواله بمصاهرته واقتنى بمعونته ضياعا فاخرة وحين بلغ اشده وأربى على أربعين سنة ناداه الله فلباه وفارق دنياه في سنة ٣٩٨

﴿ وهذا انموذج من رسائله ﴾

فصل من رقعة كتبها الى الخوارزمي [٣] وهذا اول ما كاتبه به

انا لقرب الاستاذ * كما طرب النشوان مالت به الخمر * ومن الارتياح للقائه * كما انتفض العصفور بلله القطر * ومن الامتزاج بولائه * كما التقت الصهباء والبارد العذب * ومن الابتهاج بمزاره [٤] * كما اهتز تحت

---

(١) يتيمة : ق الجدية (٢) ق منادهات (٣) رسائل ص ١٢٨ (٤) رسائل بمرآه

البارح الغصن الرطب *

﴿ ومن رقعة الى غيره [١] ﴾

يعز علي ان ينوب ايد الله الشيخ في خدمته قلمي عن قدمي ويسعد برؤيته رسولي دون وصولي ويرد مشرع [٢] الانس به كتابي قبل ركابي ولكن ما الحيلة والعوائق جمة

وعليّ ان اسعى وليس … عليّ ادراك النجاح

وقد حضرت داره وقبلت جداره وما بي حب الحيطان ولكن شغف بالقطان ولا عشق الجدران ولكن شوق الى السكان وقال البديع واراد التحميض كما يقول اهل بغداد ومعناه عندهم غير ذلك كقوله

ولقد دخلت ديار فارس مرة [٣] … ابتاع ما فيها من الاعراض

فاذا فسا [٤] فيها رجال سادة … لهفي على ذاك الزمان الماضي

فالسامع يرى انه اراد فسا مدينة بفارس التي منها ابو علي الفسوي النحوي وانما اراد فسا من الفسو والضمير في فيها يريد به اللحية . وذكره ابو اسحاق الحصري في كتاب زهر الآداب وقد ذكر ابا الفضل الهمذاني بديع الزمان فقال [٥] وهذا اسم وافق مسماه ولفظ طابق معناه كلامه غض المكاسر [٦] انيق الجواهر يكاد الهواء يسرقه لطفاً والهواء يعشقه ظرفاً ولما رأى ابا بكر محمد بن الحسن بن دريد الازدي اغرب باربعين حديثاً

---

(١) رسائل ص١٠٣ (٢) رسائل مشرعة (٣) ديوان ابي الفضل ص ٤٧ تاجراً (٤) ديوان نسا ويظهر مما قال ياقوت ان ذلك غلط (٥) على هامش العقد الفريد ١ : ٢٥٤ (٦) ق المساكر

وذكر انه استنبطها من ينابيع صدره وانتخبها (١) من معادن فكره وابداها للابصار والبصائر واهداها الى الافكار (٢) والضمائر في معارض حوشية والفاظ عنهجية (٣) فجاء اكثرها تنبو عن قبوله الطباع ولا ترفع له حجب الاسماع وتوسع فيها اذ صرف الفاظها ومعانيها في وجوه مختلفة وضروب منصرفة عارضه (٤) باربعمائة مقامة في الكدية تذوب ظرفا وتقطر حسناً لا مناسبة بين المقامتين لفظاً ولا معنى عطف مساجلتها ووقف مناقلتها بين رجلين سمى احدهما عيسى بن هشام والآخر ابا الفتح الاسكندري وجعلهما يتهاديان الدر ويتنافثان السحر في معان تضحك الحزين وتحرك الرصين وتطالع (٥) منها كل طريقة وتوقف منها على كل لطيفة وربما افرد بعضهما بالحكاية وخص احدهما بالرواية

هنا بياض بالاصل (٦)

ابو النضر عبد الرحمن بن عبد الجبار الفامي في تاريخ هراة من تأليفه وانشد للبديع (٧)

خرج الامير ومن وراء ركابه	غيري وعز عليّ (أن) لم اخرج
أصبحت لا أدري أأدعوطغمشي (٨)	ام يكتليني (٩) ام اصيح بنزعجي (١٠)
وبقيت لا ادري اأركب ابرشي	ام ادهمي ام اشهبي ام ديزجي
يا سيد الامراء مالي خيمة	الا السماء الى ذراها التجي

---

(١) حصرى استخبها (٢) حصرى للافكار (٣) حصرى في معارض عجمية والفاظ حوشية (٤) حصرى عارضها (٥) حصرى يتطلع (٦) لعله سقط وذكره (٧) ديوان ص ١٥ (٨) ديوان ضغمشى (٩) ديوان بكتلنى (١٠) ديوان بنذعجى

كتني بعيري ان ظعنت ومفرشي كمي وجنح الليل مطرح هودجي

وكتب بديع الزمان الى مستميح غاوده مراراً وقال له لم لا تديم الجود بالذهب كما تديمه بالادب فكتب البديع [١] عافاك الله مثل الانسان في الاحسان مثل الاشجار في الاثمار وسبيل من ابتدأ بالحسنة ان يُرِقّه الى السنة وانا كما ذكرت لا املك عضوين من جسدي وهما فؤادي ويدي اما اليد فتولع بالجود واما الفؤاد فيتعلق بالوفود [٢] ولكن هذا الخلق النفيس لا يساعده الا [٣] الكيس وهذا الخلق الكريم لا يحتمله الا الكريم [٤] ولا قرابة بين الادب والذهب قلما [٥] جمعت بينهما والادب لا يمكن ثرده في قصعة ولا صرفه في ثمن سلعة قد جهدت جهدي بالطباخ ان يطبخ لي من جيمية [٦] الشماخ لوناً [٧] فلم يفعل وبالقصاب ان يذبح [٨] ادب الكتاب فلم يقبل وانشدت فى الحمام ديوان [٩] ابي تمام فلم ينجع ودفعت الى الحجام مقطعات اللجام فلم يأخذ [١٠] واحتيج في البيت الى شيء من الزيت فانشدت الفا ومائتي بيت من شعر الكميت فلم يغن ودفعت ارجوزة العجاج في توابل السكباج فلم ينفع وانت لم تقنع فما اصنع فان كنت تحسب اختلافك اليّ افضالاً منك عليّ فراحتي الا تطرق ساحتي وفرجي الا تجي والسلام . وحدث ابو الحسن بن ابي القاسم البيهقي صاحب كتاب وشاح الدمية وقد ذكر ابا بكر الخوارزمي وقد رمى

---

(١) رسائل ص ٢٢١ (٢) لعله بالرفود (٣) رسائل ــ الا (٤) رسائل الغريم
(٥) رسائل : ق فلم (٦) رسائل : ق خيمة (٧) رسائل : قــ (٨) رسائل يسمع
(٩) ق دون (١٠) رسائل وانشدت ــ ياخذ

بحجر البديع الهمذاني في سنة ٣٨٣ وأعان البديع الهمذاني قوم من وجوه نيسابور كانوا مستوحشين من ابي بكر فجمع السيد نقيب السيادة بنيسابور ابو علي بينهما واراده على الزيارة وداره باعلى ملقاباذ فترفع فبعث اليه السيد مركوبه فحضر ابو بكر مع جماعة من تلامذته فقال له البديع[١] انما دعوناك لتملا المجلس فوائد وتذكر الابيات الشوارد والامثال الفوارد ونناجيك فنسعد بما عندك[٢] وتسالنا فتسر بما عندنا ونبدا بالفن الذي ملكت زمامه[٣] وطار به صيتك وهو الحفظ ان شئت والنظم ان اردت والنثر ان اخترت والبديهة ان نشطت فهذه دعواك التي تملا منها فاك فاحجم الخوارزمي عن الحفظ لكبر سنه ولم يجل في النثر قداحا وقال ابادهك فقال البديع الامر امرك يا استاذ فقال له الخوارزمي اقول لك ما قال موسى للسحرة قال بَلْ أَلْقُوا فقال البديع

الشعر اصعب مذهباً ومصاعداً   من أن يكون مطيعه فى فكه

والنظم بحر والخواطر معبر   فانظر الى بحر القريض وفلكه

فمتى تراني فى القريض مقصراً[٤]   عرضت اذن الامتحان لعركه

قال وهذه ابيات كثيرة فيها مدح الشريف ابي علي والمفاخرة وتهجين الخوارزمي فقال الخوارزمي ايضاً ابياتاً ولكن ما ابرزها من الغلاف فقال له البديع اما تستحي أن يكون السنور اعقل منك لانه يجعر[٥] فيغطيه بالتراب فقال لهما الشريف انسجا على منوال المتنبي

---

(١) رسائل ص ٤١ (٢) ق عندنا (٣) ق زمانه : وزواية الرسائل اطول من هذه (٤) رسائل توانى ... مقصر (٥) رسائل يحدث

ارق على ارق ومثلي يأرق

فابتدا ابو بكر وكان الى الغايات سباقا وقال

فاذا ابتدهت بديهة يا سيدي فاراك عند بديهتي تتقلق
مالي اراك ولست مثلي فى الورى(١) متموهاً بالترهات تمخرق

ونظم ابياتاً ثم اعتذر فقال هذا كما يجيء لا كما يجب فقال البديع قبل الله عذرك لكنك رفقت بين قافات خشنة كل قاف كجبل قاف نخذ الآن جزاءً عن قرضك واداءً لفرضك

مهلاً ابا بكر فزندك اضيق واخرس فان اخاك حي يرزق
يا احمقا وكفاك تلك فضيحة(٢) جربت نار معرتي هل تحرق

فقال له ابو بكر يا احمقا لا يجوز فانه لا ينصرف فقال البديع لا نزال نصفعك حتى ينصرف وتنصرف معه وللشاعر ان يرد ما لا ينصرف وان شئت قلت يا كودنا ثم قولك في البيت يا سيدي ثم قلت تتقلق مدحت ام قدحت فان اللفظين لا يركضان في حلبة فقال لهما الشريف قولا على منوال المتنبي

اهلاً بدار سباك اغيدها

قال البديع

يا نعمة لا تزال تجحدها ومنة لا تزال تكندها

فقال ابو بكر الكنود قلة الخير لا الكفران فكذبه الجمع وقالوا ما قرأت قوله تعالى إِنَّ ٱلإِنسَانَ لِرَبِّهِ لَكَنُودٌ أي لكفور فقال له ابو بكر انا

(١) وسائل عندها (٢) وسائل ذلك خزية

اكتسبت بفضلي دية اهل همذان فما الذي اكتسبت أنت بفضلك فقال له البديع أنت في حرفة الكدية[٤] احذق وبالاستماحة احرى واخلق فقطعه الكلام ثم انشد القوال

وشبهنا بنفسج عارضيه   بقايا اللطم في الخد الرقيق

فقال الخوارزمي انا احفظ هذه القصيدة فقال البديع اخطأت فان البيت على غير هذه الصيغة وهي

وشبهنا بنفسج عارضيه   بقايا الوشم في الوجه الصفيق

فقال له ابو بكر والله لاصفعنك ولو بعد حين فقال البديع انا اصفعك اليوم وتضربني غدا اليوم خمر وغدا امر وانشد قول (ابن) الرومي

رأيت شيخاً سفيهاً   يفوق كل سفيه
وقد أصاب شبيهاً   له وفوق الشبيه

ثم انشد البديع

وانزلني طول النوى دار غربة   اذا شئت لاقيت امرءًا لا اشاكله
اخا مقة حتى يقال سجية   ولو كان ذا عقل لكنت اعاقله

فامال النعاس الرؤوس . (وسكنت) الالحان والنفوس . وسلب الرقاد الجلوس فنام القوم كعادتهم في ضيافات نيسابور وأصبحوا فتفرقوا وبعض القوم يحكم بغلبة البديع وبعضهم يحكم بغلبة الخوارزمي وسعي الفضلاء بينهما بالصلح ودخل عليه البديع واعتذر وتاب واستغفر مما تقدم من ذنبه وما تأخر وقال له البديع بعد الكدر صفو وبعد الغيم

(١) ق الجدية

صحو فعرض عليه الخوارزمي الاقامة عنده سحابة يومه فاجابه البديع واضافه الخوارزمي وكان بعض الرؤساء مستوحشاً من الخوارزمي وهيأ مجمعاً في دار الشيخ السيد ابي القاسم الوزير وكان ابو القاسم فاضلاً ملء اهابه وحضر ابو الطيب سهل الصعلوكي والسيد ابو الحسين العالم فاستمال البديع قلب السيد ابي الحسين بقصيدة قالها في مدائح اهل البيت اولها

يا معشرا [1] ضرب الزما ... ن على معرسهم خيامه

ثم حضر المجلس القاضي ابو عمر البسطامي وابو القاسم بن حبيب والقاضي ابو الهيثم والشيخ ابو نصر بن المرزبان ومع الامام ابي الطيب الفقهاء والمتصوفة وحضر ابو نصر الماسرجسي مع أصحابه والشيخ ابو سعد الهمذاني ودخل مع الخوارزمي جمع غفير من اصحابه فقيل لهما انشدا على منوال قول ابي الشيص

ابقى الزمان به ندوب عضاض ... ورمى سواد قرونه ببياض

فابتدر الخوارزمي فقال

يا قاضياً ما مثله من قاضِ ... انا بالذي تقضي علينا [2] راض

منها

ولقد بليت بشاعر متهتك ... لا بل [3] بليت بناب ذئب غاض

فقال البديع ما معنى قولك ذئب غاض فقال ابو بكر ما قلته فشهد عليه الحاضرون انه قاله فقال ابو بكر الذئب الغاضي الذي يأكل الغضا فقال البديع استنوق الذئب صار الذئب جملا يأكل الغضا ثم دخل الرئيس

(١) رسائل ٥٨ لمة (٢) ق علي (٣) رسائل متقادر ... ولقد

ابو جعفر والقاضي ابو بكر الحيري [1] والشيخ ابو زكريا [2] والشيخ ابو الرشيد المتكلم فقال الرئيس قولا على هذا النمط

برز الربيع لنا برونق مائه ... وانظر لمنظر [3] ارضه وسمائه

والترب بين ممسك ومعنبر ... من نوره بل مائه وروائه

ثم انشد الخوارزمي على هذا النمط فلما فرغ من انشاده قال البديع للوزير والرئيس لو ان رجلاً حلف بالطلاق اني لا أقول شعراً ثم نظم تلك الابيات التي قالها الخوارزمي [4] لا يقال نظرت لكذا ويقال نظرت الى كذا وأنت قلت فانظر لمنظر وشبهت الطير بالمحصنات وهذا تشبيه فاسد ثم شبهتها بالمغنيات حين قلت

والطير مثل المحصنات صوادح ... مثل المغني شادياً بغنائه

المحصنات كيف توصف بالغناء (ثم) قلتَ كالبحر في تزخاره والغيث في امطاره والغيث هو المطر فقال البديع الغيث المطر والسحاب وصدقه الحاضرون وانكروا على الخوارزمي فقال الامام ابو الطيب علمنا اي الرجلين افضل واشعر فقام البديع وقبل رأس الخوارزمي ويده وقال اشهدوا ان الغلبة له قال ذلك على سبيل الاستهزاء وتفرق الناس واشتغلوا بتناول الطعام وابو بكر ينطق عن كبد حرى والوزير يقول للبديع ملكت فاسجح فلما قام ابو بكر اشار الى البديع وقال لاتركنك بين

---

(١) رسائل الحربى (٢) رسائل الحيرى (٣) رسائل لروعة (٤) رسائل هل كنتم تطلقون امرأته عليه فقالت الجماعة لا يقع بهذا طلاق ثم قلت انقد علي فيما نظمت فاخذ الابيات وقال لا يقال الخ ورواية الرسائل اطول من هذه

الميمات فقال ما معنى الميمات فقال بين مهدوم مهزوم مغموم محموم مرجوم محروم فقال البديع لاتركنك بين الهيام والسقام والسام والبرسام والجذام والسرسام وبين السينات بين منحوس ومنخوس ومنكوس ومعكوس وبين الخاآت من مطبوخ ومسلوخ ومشدوخ ومفسوخ وممسوخ وبين الباآت بين مغلوب ومسلوب ومصلوب ومنكوب فخرج البديع واصحاب الشافعي يعظمونه بالتقبيل والاستقبال[1] والاكرام والاجلال وما خرج الخوارزمي حتى غابت الشمس وعاد الى بيته وانخزل انخزالا شديدا وانكسف باله وانخفض طرفه ولم يحل عليه الحول حتى خانه عمره وذلك في شوال سنة ٣٨٣ . قال ابو الحسن البيهقي وبديع الزمان ابو الفضل احمد بن الحسين الحافظ كان يحفظ خمسين بيتا بسماع واحد ويؤديها من اولها الى آخرها وينظر في كتاب نظراً خفيفاً ويحفظ اوراقا ويؤديها من اولها الى آخرها فارق همذان في سنة ٣٨٠ وكان قد اختلف الى احمد بن فارس صاحب المجمل وورد حضرة الصاحب وتزود من ثمارها واختص بالدهخداه ابي سعد محمد بن منصور ونفقت بضاعته لديه ووافى نيسابور في سنة ٣٨٢ وبعد موت الخوارزمي خلا له الجو وجرت بينه وبين ابي علي الحسين بن محمد الخشنامي مصاهرة والقى عصا المقام بهراة ثم فارق دنياه في سنة ٣٩٨ وحدث الثعالبي في اخبار ابي فراس[2] قال حكى ابو الفضل الهمذاني قال قال الصاحب ابو القاسم يوما لجلسائه وانا فيهم وقد جرى ذكر ابي فراس الحارث بن سعيد بن حمدان لا يقدر احد ان

---

(١) ق بالاستقبال (٢) يتيمة ١: ٦٠

يزوّر على ابي فراس شعراً فقلت من (١) يقدر على ذلك وهو الذي يقول

رويدك لا تصل يدها بباعك   ولا تغز السباع الى رباعك
ولا تغر (٢) العدو عليّ اني   يمين ان قطعت فمن ذراعك

فقال الصاحب صدقت فقلت ايد الله مولانا فقد فعلت . ويقال ان السبب في مفارقة البديع الهمذاني حضرة الصاحب انه كان في مجلسه فخرجت منه ريح [فقال الصاحب] فقال البديع هذا صرير التخت (٣) فقال الصاحب اخشى ان يكون صرير التحت فاورثه ذلك خجلا كان سبب مفارقته اياه وو روده الى خراسان. وكانت اول رقعة كتبها البديع الى الخوارزمي عند و روده نيسابور (٤) انا لقرب الاستاذ اطال الله بقاءه كما طرب النشوان مالت به الخمر * ومن الارتيـاح للقائه * كما انتفض العصفور بلله القطر * ومن الامتزاج بولائه * كما التقت الصهباء والبارد العذب *ومن الابتهاج(بمزاره) (٥) * كما اهتز تحت البارح الغصن الرطب* فكيف ارتياح الاستاذ لصديق طوى اليـه ما بين قصبتي العراق وخراسان بل عتبتي الجبـل ونيسابور (٦) وكيف اهتزازه لضيف في بردة حمال وجلدة جمال

رق (٧) الشمائل منهج الأثواب   بكرت عليه مغيرة الاعراب
كمهلهل وربيعة بن مكدم (٨)   وعيينة بن الحارث بن شهاب (٩)

---

(١) يتيمة ومن (٢) يتيمة تعن (٣) ق البخت (٤) قد سبق في ص ٩٧ (٥) ق لمزاره (٦) رسائل نيسابور وجرجان (٧) رسائل رث (٨) الشرح ورد العراق ربيعة بن مكدم (٩) هذا البيت مفقود في الرسائل وذكره شارحها

وهو ولي انعامه بانفاذ غلامه الى مستقري لافضي عليه بما عندي [١] ان شاء الله تعالى وحده . ثم اجتمع اليه فلم يحمد لقيه فانصرف عنه وكتب اليه [٢] الاستاذ والله يطيل بقاءه * ويديم تاييده ونعماءه [٣] ازرى بضيفه ان وجده [٤] يضرب آباط القلة فى اطمار الغربة فاعمل فى ترتيبه [٥] انواع المصارفة وفى الاهتزاز له اصناف المضايقة من ايماء بنصف الطرف واشارة بشطر الكف ودفع فى صدر القيام عن التمام ومضغ الكلام وتكلفه [٦] لرد السلام وقد قبلت هذا الترتيب [٧] صعرا واحتملته وزرا واحتضنته نكرا وتابطته شرا ولم آله عذرا فان المرء بالمال وثياب [٨] الجمال وانا [٩] مع هذه الحال وفي هذه الاسمال اتقزز صف النعال ولو حاملته [١٠] العتاب وناقشته الحساب * وصدقته المساع [١١] لقلت ان بوادينا ثاغية صباح وراغية رواح وقوم [١٢] يجرون المطارف ولا يمنعون المعارف

وفيهم مقامات حسان وجوههم ... واندية ينتابها القول والفعل

على مكثريهم حق من يعتريهم ... وعند المقلين السماحة والبذل [١٣]

ولو طوحت بالاستاذ ايدي [١٤] الغربة اليهم لوجد منال البشر قريبا ومحط الرحل رحيبا ووجه المضيف خصيبا ورأيه ايده الله في [١٥] ان يملا من هذا الضيف اجفان عينه ويوسع اعطاف ظنه ويجيبه بموقع هذا العتاب

---

(١) رسائل اليه بسري (٢) رسائل ص٣١ (٣) مفقود في الرسائل (٤) رسائل اليه (٥) رسائل رتبته (٦) رسائل وتكلف (٧) رسائل تبريته (٨) ق وبيت (٩) رسائل ولست (١٠) رسائل صدقته (١١) رسائل ـ (١٢) رسائل وناساً (١٣) رسائل ـ (البيت) (١٤) رسائل طوائح (١٥) رسائل في الوقوف على هذا العتاب الخ

الذي معناه ود والمر الذي يتلوه شهد موفق ان شاء الله تعالى

الجواب من الخوارزمي

انك ان كلفتني ما لم اطق ساءك ما سرك مني من خلق [1]

فهمت ما تناوله سيدي من حسن [2] خطابه ومؤلم عتبه وعتابه وصرفت ذلك منه [3] الى الضجر الذي [4] لا يخلو منه [5] من نبا به دهر . ومسه من الايام ضر . والحمد لله الذي جعلني موضع انسه [6] ومظنة مشتكى ما في نفسه اما ما شكاه سيدي من مضايقتي اياه زعم في القيام وتكلفي لرد السلام فقد وفيته حقه كلاما وسلاما وقياما على قدر ما قدرت عليه ووصلت اليه ولم ارفع عليه غير السيد ابي القاسم [7] وما كنت لارفع احدا على من ابوه [8] الرسول وامه البتول وشاهداه [9] التوراة والانجيل وناصراه التأويل والتنزيل [10] والبشير به جبرئيل وميكائيل * واما عدم الجمال ورثاثة الحال فما يضعان عندي قدراً ولا يضران نجرا وانما اللباس جلدة والزي حلية بل قشرة وانما يشتغل بالجل من لا يعرف قيمة الخيل ونحن بحمد الله نعرف الخيل عارية من جلالها ونعرف الرجال باقوالها وافعالها لا بآلاتها واحوالها [11] واما القوم الذين صدر سيدي عنهم وانتمى اليهم [12] ففيهم لعمري فوق ما وصف [13] حسن عشرة وسداد

---

(١) مبدأ الكتاب في الرسائل غير مبداه هنا (٢) رسائل تخشن (٣) ق ـ . (٤) ق الصخرة التي (٥) ق فيها (٦) ق نفسه (٧) رسائل الا السيد أبا البركات العلوي (٨) رسائل جده (٩) ق وشاهداه الخ (١٠) ق وناصره التنزيل . (١١) رسائل ـ . (١٢) رسائل ـ . (١٣) رسائل فكما وصف

طريقة وجمال [١] تفصيل وجملة ولقد جاورتهم فنلت المراد واحمدت المراد

فان اك قد [٢] فارقت نجدا واهله ... فما عهد نجد عندنا بذميم

والله يعلم نيتي للاحرار عامة [٣] ولسيدي من بينهم خاصة فان اعانني [٤] على مرادي له ونيتي فيه بحسن العشرة بلغت له بعض ما في المنية [٥] وجاوزت مسافة القدرة وان قطع على طريق عزمي [٦] بالمعارضة وسوء المؤاخذة صرفت [٧] عناني عن طريق الاختيار بيد الاضطرار

فما النفس الا نطفة بقرارة ... اذا لم تكدر كان صفوا غديرها [٨]

وعلى هذا [٩] فحبذا عتاب سيدي اذا صادف ذنبا واستوجب عتبا [١٠] * فاما ان يسلفنا العربدة * ويستكثر المعتبة والموجدة فتلك حالة [١١] نصونه عنها [١٢] ونصون انفسنا عن * احتمال مثلها [١٣] فليرجع بنا الى ما هو اشبه به واجمل له [١٤] ولست اسومه ان يقول اِسْتَغْفِرْ لَنَا ذُنُوبَنَا إِنَّا كُنَّا خَاطِئِينَ ولكن اسأله ان يقول لَا تَثْرِيبَ عَلَيْكُمُ ٱلْيَوْمَ يَغْفِرُ ٱللهُ لَكُمْ وَهُوَ أَرْحَمُ ٱلرَّاحِمِينَ

رقعة البديع الثالثة الى الخوارزمي

انا ارد من الاستاذ سيدي شرعة وده وان لم تصف والبس خلعة بره وان

---

(١) رسائل وكمال (٢) ق — قد : رسائل وان كنت قد (٣) رسائل للاخوان كافة (٤) رسائل الدهر (٥) رسائل فان اعانني الدهر على ما في نفسي بلغت اليه ما في الشكرة وجاوزت الخ (٦) رسائل عشرتي (٧) ق صرف (٨) رسائل معينها .(٩) رسائل وبعد (١٠) رسائل استوجبنا عتبا واقترفنا ذنبا (١١) رسائل فنحن (١٢) رسائل عن ذلك (١٣) رسائل احتماله (١٤) رسائل —.

لم تضف وقصاراي ان اكيله صاعا بصاع ومدا عن مد [١] وان كنت في الادب دعي النسب ضعيف السبب ضيق المضطرب سيء المنقلب امت الى اهله بعشرة رشيقة [٢] وانزع الى خدمة اصحابه بطريقة ولكن بقي ان يكون الخليط منصفا * في الاخاء [٣] عادلا [٤] في الوداد اذا زرت زار وان عدت عاد والاستاذ سيدي ايده الله ضايقني في القبول اولا وناقشني في الاقبال ثانيا [٥] فاما حديث الاستقبال وامر الانزال والأنزال فنطاق الطمع ضيق عنه غير متسع لتوقعه منه وبعد فكلفة الفضل هينة [٦] وفروض الود متعينة وطرق المكارم بينة وارض العشرة لينة [٧] فلم اختار قعود التعالي مركبا وصعود التغالي مذهبا وهلا ذاد الطير عن شجر العشرة اذا كان ذاق [٨] الحلو من ثمرها وقد علم الله ان شوقي اليه قد كد الفؤاد برحا على برح ونكاه [٩] قرحا على قرح * فهو شوق داعيته محاسن الفضل وجاذبته بواعث العلم [١٠] ولكنها مرة مرة ونفس حرة ولم تقد الا بالاعظام ولم تلق الا بالاكرام [١١] واذا استعفاني سيدي الاستاذ من معاتبته * واستعادته ومؤاخذته اذا جفا واستزادته [١٢] واعفى نفسه من كلف الفضل يتجشمها فليس الا غصص الشوق اتجرعها وحلل الصبر اتدرعها فلم اعره من نفسي وانا لو اعرت

---

(١) رسائل صاعا عن مد (٢) رسائل عشرة اهله بنيقة (٣) ق الارخاء (٤) رسائل — (٥) رسائل ناقشني في الحساب القبول اولا وصارفني في الاقبال ثانياً (٦) رسائل بينة (٧) رسائل وارض العشرة لينة وطرقها هينة (٨) رسائل وذاق (٩) ق ونكاوه (١٠) رسائل — (١١) رسائل بالاجلال (١٢) رسائل —

جناحي [١] طائر لما رنقت [٢] الا اليه ولا حلقت [٣] الا عليه

أحبك [٤] يا شمس النهار وبدره وان لامني فيك السها والفراقد

وذاك لان الفضل عندك باهر وليس لان العيش عندك بارد

﴿ جواب الخوارزمي عنها ﴾

شريعة ودي لسيدي ادام الله عزه اذا وردها صافيـة وثياب بري اذا قبلها ضافية هذا ما لم يكدر الشريعة بتعنته وتعصبه ولم تحترق الثياب بتجنيه وتسحبه [٥] فاما الانصاف في الاخاء فهو ضالتي عند الاصدق ولا [٦] أقول

واني لمشتاق الى ظل صاحب يرق ويصفو ان كدرت عليه

فان قائل هذا البيت قاله والزمان زمان والاخوان اخوان وحسن العشرة سلطان ولكني أقول واني لمشتاق الى ظل

رجل يوازنك المودة جاهداً يعطي ويأخذ منك بالميزان

فاذارأى رجحان حبة خردل مالت مودته مع الرجحان

وقد كان الناس يقترحون الفضل فاصبحنا نقترح العدل والى الله المشتكى لا منه ذكر الشيخ سيدي ايده الله حديث الاستقبال وكيف يستقبل من انقض علينا انقضاض العقاب الكاسر ووقع بيننا وقوع السهم العائر وتكليف المرء ما لا يطيق يجوز على مذهب الاشعري وقد زاد سيدي على استاذه الاشعري فان استاذه كلف العاجز ما لا يطيق مع عجزه عنه وسيدي كلف الجاهل علم الغيب مع الاستحالة منه والمنزل بما فيه قد

---

(١) رسائل جناح (٢) رسائل طرت (٣) رسائل وقعت (٤) البيتان في الرسائل في غير هذا الموضع (ص ٣٧) (٥) ونسخته (٦) ق اولا

عرضته عليه ولو اطقت حمله لحملته [١] اليه والشوق الذي ذكره سيدي فعندي منه الكثير الكبير وعنده منه الصغير اليسير واكثرنا شوقاً اقلنا عتاباً والينا خطاباً ولو اراد سيدي ان اصدق دعواه في شوقه اليّ ليغض من حجم عتبه عليّ فانما اللفظ زائد واللحظ وارد فاذا رق اللفظ دق اللحظ واذا صدق الحب ضاق العتاب والعتب

فبالخير لا بالشر فارج مودتي　　وايّ امرء يقتال منه الترهب [٢]

عتاب سيدي قبيح ولكنه حسن وكلامه لين ولكنه خشن اما قبحه فلأنه عاتب بريئاً ونسب الى الاساءة من لم يكن مسيئاً واما حسنه فلالفاظه الغرر ومعانيه التي هي كالدرر فهي كالدنيا ظاهرها يغر وباطنها يضر وكالمرعى على دمن الثرى منظره بهي ومخبره وبي ولو شاء سيدي نظم الحسن والاحسان وجمع بين صواب الفعل واللسان

يا بديع القول حاشا　　لك من هجو بديع
وبحسن القول عو　　ذتك من سوء الصنيع
لا يعب بعضك بعضاً　　كن مليحاً في الجميع

﴿ رقعة أخرى للبديع الى الخوارزمي ﴾

أنا وان كنت مقصراً في موجبات الفضل من حضور مجلس الاستاذ سيدي فما أفري الا جلدي ولا أبري الا قدحي ولا ابخس الا حظي وان يكن ذاك جرماً فلقي هذا عقاباً ومع ذاك فما اعمر أوقاتي الا بمدحه

(١) ق لحملت (٢) قد اورد الخوارزمي هذا البيت في رسائله المطبوعة في قسطنطينية ١٢٩٧ ص ١٢٥ برواية (وأي فتى) ق : موتي وسعال

ولا اطرز ساعاتي الا بذكره ولا اركض الا في حلبة وصفه حرس الله فضله نعم وقد رددت كتاب الاوراق للصولي وتطاولت لكتاب البيان والتبيين للجاحظ وللاستاذ سبدي في الفضل والتفضل به رأيه * وقال البديع يمدح الصحابة ويهجو الخوارزمي ويجيبه عن قصيدة رويت له في الطعن عليهم

وكلني (١) بالهم والكآبه … طعّانة لعّانة سبّابه
للسلف الصالح والصحابه … اساء سمعاً فاساء جابه
تأملوا يا كبراء الشيعه … لعشرة الاسلام والشريعه
اتستحل هذه الوقيعه … في تبع الكفر وأهل البيعه
فكيف من صدق بالرساله … وقام للدين بكل آله
واحرز الله يد (٢) العقبى له … ذلكم الصديق لا محاله
امام من أجمع في السقيفه … قطعاً عليه انه الخليفه
ناهيك من آثاره الشريفه … في رده كيد بني حنيفه
سل الجبال الشم والبحارا … وسائل المنبر والمنارا
واستعلم الآفاق والاقطارا … من أظهر الدين بها شعارا
ثم سل الفرس وبيت النار … من الذي فل شبا الكفار
هل هذه البيض من الآثار … الا لثاني المصطفى في الغار
وسائل الاسلام من قواه … وقال اذ (٣) لم تقل الافواه
واستنجز الوعد فأومى الله … من قام لما قعدوا الا هو

(١) هذه الارجوزة لم ترد في ديوان شعره (٢) ق يدي (٣) ق اذا

ثاني النبي في سني الولاده   ثانيه في الغارة بعد العاده
ثانيه في الدعوة والشهاده   ثانيه في القبر بلا وساده
ثانيه في منزلة الزعامه   نبوة افضت الى امامه
أتأمل الجنة يا شتامه   ليست بمأواك ولا كرامه
ان امرأً اثنى عليه المصطفى   ثمت والاه الوصي المرتضى
واجتمعت على معاليه الورى   واختاره خليفة رب العلى
واتبعته أمة الاميّ   وبايعته راحة الوصيّ
وباسمه استسقى حيا الوسميّ   ما ضره هجو الخوارزميّ
سبحان من لم يلقم الصخر فمه   ولم يعده حجراً ما أحلمه
با نذل يا مأبون أفطرت فمه   لشد ما اشتاقت اليك الحطمه
ان أمير المؤمنين المرتضى   وجعفر الصادق او موسى الرضى
لو سمعوك بالخنا معرضا   ما ادخروا عنك الحسام المنتضى
ويلك لم تنبح يا كلب القمر   ما لك يا مأبون تغتاب عمر
سيد من صام وحج واعتمر   صرّح بإلحادك لا تمش الخمر
يا من هجا الصديق والفاروقا   كما يقيم عند قوم سوقا
نفخت يا طبل علينا بوقا   فما لك اليوم كذا موهوقا
انك في الطعن على الشيخين   والقدح في السيد ذي النورين
لواهن الظهر سخين العين   معترض للحين بعد الحين
هلا شغلت بأستك المغلومه   وهامة تحملها ميشومه
هلا نهتك الوجنة الموشومه   عن مشترى الخلد بيرومه

كفى من الغيبة أدنى شمه　　من استجاز القدح في الأئمه
ولم يعظم امناء الامه　　فلا تلوموه ولوموا أمه
ما لك يا نذل وللزكيه　　عائشة الراضية المرضيه
يا ساقط الغيرة والحميه　　أم تكن للمصطفى حظيه
من مبلغ عني الخوارزميا　　يخبره ان ابنه غليا
قد [١] اشترينا منه لحما نيا　　بشرط ان يفهمنا المعنيا
يا أسد الخلوة خنزير الملا　　ما لك في الحرى تقود الجملا
يا ذا الذي يثلبني اذا خلا　　وفي الخلا اطعمه ما في الخلا
وقلت لما احتفل المضمار　　واحتفت الاسماع والابصار
سوف ترى اذا انجلى الغبار　　أفرس تحتي أم حمار

وكتب البديع الى معلمه جواباً الشيخ الامام يقول فسد الزمان أفلا يقول متى كان صالحا أفي دولة العباسية وقد رأينا آخرها وسمعنا باولها [٢] أم في المدة المروانية وفي أخبارها ما لا تكسع الشول باغبارها انك لا تدري من الناتج [٣] ام السنين الحربية

والسيف يغمد في الطلى　　والرمح يركز في الكلى
ومبيت حجر بالفلا [٤]　　والحدثان بكربلا

ام الايام العدوية فنقول [٥] هل بعد البزول [٦] الا النزول أم الايام [٧] التيمية

---

(١) ق فقد (٢) رسائل ص ٤١٤ اولها (٣) رسائل : — (٤) رسائل في الفلا والحرتان وكربلا (٥) رسائل أم البيعة الهاشمية وعلى يقول ليت العشرة منكم برأس من بني فراس أم الايام الاموية والنفير الى الحجاز والعيون الى الاعجاز أم الامارات العدوية وصاحبها يقول (٦) بياض في ق (٧) رسائل الخلافة

ونقول طوبى لمن مات في نأنأة الاسلام أم على عهد الرسالة وقيل اسكني يا رحالة (١) فقد ذهبت الامانة (٢) أم في الجاهلية ولبيد يقول

ذهب الذين يعاش في اكنافهم ... وبقيت في خلف كجلد الاجرب

أم قبل ذلك واخو عاد يقول

بلاد بها كنا وكنا نحبها ... اذا الاهل أهلي والبلاد بلاد (٣)

أم قبل ذلك وقد قال آدم عليه السلام

تغيرت البلاد ومن عليها ... فوجه الارض مغبر قبيح

أم قبل ذلك والملائكة تقول (٤) أَتَجْعَلُ فِيهَا مَنْ يُفْسِدُ فِيهَا وَيَسْفِكُ الدِّمَاءَ *** واني على توبيخه لي لفقير الى لقائه شفيق على بقائه *** ما نسيته ولا انساه وان له بكل (٥) كلمة علمنا (٦) مناراً ولكل حرف أخذته منه ناراً (٧) ولو عرفت لكلامي (٨) موقعاً من قلبه لاغتنمت خدمته به *** ولكني خشيت أن تقول هذِهِ بِضَاعَتُنَا رُدَّتْ إِلَيْنَا ** واثنان قلما يجتمعان الخراسانية والانسانية واني وان لم اكن خراساني الطينة فاني خراساني المدينة والمرء من حيث يوجد لا من حيث يولد والانسان من حيث يثبت لا من (٩) حيث ينبت فاذ انضاف الى تربة (١٠) خراسان ولادة همذان ارتفع القلم وسقط التكليف والجرح جبار والجاني حمار فليحملني (١١) على هناتي

---

(١) رسائل ويوم الفتح قيل اسكتي يافلانة (٢) ق الامامة (٣) رسائل والزمان زمان (٤) رسائل وقد قالت الملائكة (٥) رسائل على كل (٦) ق علينا (٧) رسائل على كل نعمة خولنيها الله نارا (٨) رسائل لكتابي (٩) ق والارض (١٠) رسائل — (١١) رسائل فليحتملني

اليس صاحبنا يقول

لا تلمني على ركاكة عقلي ‏ ‏ ‏ ان تصورت انني همذاني

﴿احمد بن الحسين بن عبيد الله﴾

ابن ابراهيم بن عبد الله الاسدي الغضاري كان من الادباء والفضلاء الاذكياء وله خط يزري بخط ابن مقلة على طريقته

﴿احمد بن خالد [١] ابو سعيد الضرير﴾

البغدادي رأيت في فوائد ابي الحسين احمد بن فارس بن زكريا اللغوي صاحب كتاب المجمل ما صورته وجدت في تفسير ابي موسى محمد بن المثنى العنزي ولم اسمعه حدثني ابو معاوية الضرير محمد بن حازم حدثنا اسماعيل روى عن ابي صالح هكذا اسماه وقد سماه السلامي كما ذكرناه في الترجمة والذي ترجمناه اصح لاني رأيته في مواضع اخر موافقا له والله اعلم قال الازهري كان طاهر بن عبد الله بن طاهر استقدمه من بغداد الى خراسان واقام بنيسابور واملا بها المعاني والنوادر ولقي ابا عمرو الشيباني وابن الاعرابي وكان يلقى الاعراب الفصحاء الذين استوردهم ابن طاهر نيسابور فيأخذ عنهم وكان شمر وابو الهيثم يوثّقانه ونقلت من كتاب نتف الطرف تأليف ابي علي الحسين بن احمد السلامي البيهقي صاحب كتاب ولاة خراسان وقد ذكرناه في بابه قال خرج ابو سعيد الضرير عن ابي عبيد من غريب الحديث جملة مما غلط فيه واورد في تفسيره فوائد كثيرة ثم عرض ذلك على عبد الله بن عبد [٢] الغفار وكان

---

(١) ص ابي خالد وكذا في الفهرست ص ٧ (٢) ص : ق ـ

احد الادباء فكأنه لم يرضه فقال لابي سعيد ناولني يدك فناوله يده فوضعه [1] الشيخ في كفه متاعه وقال له اكتحل بهذا يا ابا سعيد حتى تبصر فكأنك لا تبصر ثم قال سمعت ابا جعفر محمد بن سليمان الشرمقاني قال سمعت ابا سعيد الضرير يقول كان يقال اذا اردت ان تعرف خطأ استاذك فجالس غيره وله تصانيف منها كتاب الرد على ابي عبيد في غريب الحديث وكتاب الابيات قال السلامي حدثني ابو العباس محمد ابن احمد الغضاري قال حدثني عمي محمد بن الفضل وكان قد بلغ مائة وعشرين سنة قال لما قدم عبد الله بن طاهر نيسابور واقدم معه جماعة من فرسان طرسوس وملطية وجماعة من ادباء الاعراب منهم عرام وابو العميثل وابو العيسجور وابو العجنس [2] وعوسجة وابو الغدافر وغيرهم فتفرس اولاد قواده وغيرهم باولائك الفرسان وتأدبوا باولائك الاعراب وبهم تخرج ابو سعيد الضرير واسمه احمد بن خالد وكان وافى نيسابور مع عبدالله بن طاهر فصار بهم اماما في الادب وقد كان صحب بالعراق ابا عبدالله محمد بن زياد الاعرابي واخذ عنه فبلغ ابن الاعرابي ان ابا سعيد يروي عنه اشياء كثيرة مما يفتي فيه فقال لبعض من لقيه من الخراسانية بلغني ان ابا سعيد يروي عني اشياء كثيرة فلا تقبلوا منه من ذلك غير ما يرويه من اشعار العجاج ورؤبة فانه عرض ديوانهما علي وصححه وحدث عن الغضاري عن عمه قال اختصم بعض الاعراب الذين كانوا مع عبد الله بن طاهر في علاقة بينهم الى صاحب الشرطة بنيسابور

(١) لعله فوضع (٢) ص عيسجس

فسألهم بينة وشهودا يعرفون فاعجزهم ذلك فقال ابو العيسجور

ان يبغ منا شهودا يشهدون لنا ... فلا شهود لنا غير الاعاريب
وكيف نبغي بنيسابور معرفة ... من داره بين ارض الحزن واللوب

قرأت بخط عبد السلام البصري في كتاب محمد بن ابي الازهر قال حدثني وهب بن ابراهيم خال عبيد الله بن سليمان بن وهب قال كنا يوما بنيسابور في مجلس ابي سعيد المكفوف وكان ابو سعيد عالما باللغة جداً اذ هجم علينا مجنون من اهل قم فسقط على جماعة من اهل المجلس فاضطرب الناس لسقطته ووثب ابو سعيد لايشك ان آفة قد لحقتنا من سقوط جدار او شرود بهيمة فلما رآه المجنون على تلك الحال قال الحمد لله رب العالمين على رسلك ياشيخ لا تدعُ. آذاني هؤلاء الصبيان واخرجوني عن طبعي الى ما لا استحسنه من غيري فقال ابو سعيد امتنعوا (١) منه عافا كم الله فوثبنا وشردنا من مكان ورجعنا فسكت (٢) ساعة لا يتكلم الى ان عدنا الى ما كنا فيه من المذاكرة وابتدا بعضنا بقراءة قصيدة من شعر نهشل بن حري (٣) التميمي حتى بلغ قوله

غلامان خاضا الموت من كل جانب ... فآبا ولم تعقد وراءهما يد
متى يلقيا قرنا فلا بد انه ... سيلقاه مكروه من الموت اسود

فما استتم هذا البيت حتى قال قف يا ايها القارئ تجاوز المعنى ولا تسأل عنه ما معنى قوله ولم تعقد وراءهما يد فامسك من حضر عن القول فقال قل ياشيخ فانك المنظور اليه والمقتدى به فقال ابو سعيد يقول انهما رميا

(١) ق امتعوا (٢) لعله سقط المجنون (٣) ص نهشل بن جرير: والصواب حري

بانفسهما في الحرب اقصى مراميها ورجعا موفورين لم يؤسرا فتعقد ايديهما كتفا فقال ياشيخ اترضى لنفسك بهذا الجواب فانكرنا ذلك على المجنون فنظر بعضنا الى بعض فقال ابو سعيد هذا الذي عندنا فما عندك فقال المعنى ياشيخ آبا ولم تعقد يد بمثل فعلهما بعدهما لانهما فعلا ما لم يفعله احد كما قال الشاعر

قوم اذا عدت تميم معا … ساداتها عدوهم[1] بالخنصر
البسه الله ثياب الندى … فلم تطل عنه ولم تقصر

اي خلقت له وقريب من الاول قوله

قومي بنو مذحج من خير الامم … لا يصعدون قدما على قدم

يعني انهم يتقدمون الناس ولا يطأون على عقب احد وهذان فعلا ما لم يعطه احد فلقد رأيت ابا سعيد وقد احمر وجهه واستحيا من اصحابه ثم غطى المجنون رأسه وخرج وهو يقول يتصدرون ويغرون الناس من انفسهم فقال ابو سعيد بعد خروجه اطلبوه فاني اظنه ابليس فطلبناه فلم نظفر به * قال الشافعي حدثني ابو جعفر الشرمقاني قال كان ابو سعيد الضرير مثريا ممسكا لا يكسر رأس رغيف له انما يأ كل عند من يختلف اليهم لكنه كان اديب النفس عاقلا حضر يوما مجلس عبد الله بن طاهر فقدم اليه طبق عليه قصب السكر وقد قشر وقطع كاللقم فامره عبد الله ابن طاهر ان يتناول منه فقال ابو سعيد ان لهذا لفاظة ترجع من الافواه وانا اكره ذلك في مجلس الامير ايده الله فقال عبد الله تناول فليس

(١) صوابه عدّوه

بصاحبك من احتشمك واحتشمته اما انه لو قسم عقلك على مائة رجل لصار كل رجل منهم عاقلا وقيل ان هـذا الكلام جرى بين الضرير وبين ابي دلف في مجلسه * وحدث قال حدثني الغضاري قال كان ابو سعيد الضرير يختار المؤدبين لاولاد قواد عبد الله بن طاهر ويبين مقدار ارزاقهم ويطوف عليهم ويتعهد من بين ايديهم من اولائك الصبيان[١] فاستقبله يوما في ميدان الحسين بعض اولئك المؤدبين فقال له يافلان من اين وجهـك قال من شاذياخ قال زد فيه الفاً ولاماً فقال من شاذياخال فقال ابو سعيد اللهم غفرا زدهما في اول الحرف ويلك فقال الف لام شاذياخ فقال صم صداك كم رزقك قال سبعين درهما فقال يصرف ويبدل به غيره وهو صاغر صدى * وحدث الحاكم في كتاب نيسابور سمعت ابا زكريا يحيي بن محمد العنبري يقول سمعت ابي يقول لما قلد المامون عبد الله بن طاهر ولاية خراسان في سنة ٢١٧ وناوله العهد بيده قال حاجة يا امير المؤمنين قال مقضية قال يسعفني امير المؤمنين في استصحاب ثلاثة من العلماء قال من هم قال الحسين[٢] بن الفضل البجلي وابو سعيد الضرير وابو اسحاق القرشي فاجابه الى ذلك فقال عبد الله وطبيب يا امير المؤمنين فليس فى خراسان طبيب حاذق قال من قال ايوب الرهاوي فقال يا ابا العباس لقد اسعفناك بما التمسته وقد اخليت العراق من الافراد قال فقدم الحسين بن الفضل بنيسابور وابتاع بها دارا مشهورة بباب عزرة فبقى يعلم الناس العلم ويفتي الى ان مات في

(١) ق الصبيا (٢) ق الحسن

شعبان سنة ٢٨٢ وهو ابن مائة سنة واربع سنين ودفن في مقبرة الحسين ابن معاذ قال ولو كان في بني اسرائيل لكان من عجائبهم يعني الحسين بن الفضل ذكر ذلك كله في ترجمة الحسين بن الفضل * قرأت بخط الازهري من كتاب نظم الجمان للمنذري سمعت ابا عبد الله المعقلي المزني يقول سمعت ابا سعيد الضرير يقول كنت اعرض على ابن الاعرابي اصول الشعر اصلاً اصلاً وعرض عليه وانا احضر شعر الكميت في المجالس التي كان يحضرها قال فحفظته بعرضه وحفظت النكت التي افاد فيها فقال لي ابن الاعرابي يوماً لم تعرض عليّ فيما عرضت شعر الكميت فقلت له عرضه عليك فلان فحفظته بعرضه وحفظت ما افدت فيه من الفوائد والنكت والمعاني وجعلت انشده واعرفه من تلك النكت فعجب * وقال ابو سعيد الضرير سالني ابو دلف عن بيت امرئ القيس

كبكر المقاناة البياض بصفرة

قال اخبرني عن البكر هي المقاناة ام غيرها قال قلت هي هي قال افيضاف الشيء الى صفته قلت نعم قال واين قلت قد قال الله تعالى وَلَدَارُ الْآخِرَةِ فاضاف الدار الى الآخرة وهي هي بعينها والدليل على ذلك انه قال في سورة اخرى وَالدَّارُ الْآخِرَةُ قال اريد اشفى من هذا فانشدته لجرير

يا ضب ان هوى القيون اضلكم   كضلال شيعة اعور الدجّال

﴿ احمد بن داوود بن ونند ﴾

ابو حنيفة الدينوري أخذ عن البصريين والكوفيين واكثر اخذه عن ابن السكيت وكان نحويا لغويا مهندسا منجما حاسبا راوية ثقة فيما يرويه

ويحكيه مات في جمادى الاولى سنة ٢٨٢ وجدت ذلك على ظهر كتاب النبات من تصنيفه ووجدت في كتاب عتيق مات احمد بن داوود ابو حنيفة الدينوري قبل سنة ٢٩٠ ثم وجدت على ظهر النسخة التي بخط ابن المسبح بكتاب النبات من تصنيف ابي حنيفة توفي ابو حنيفة احمد ابن داوود الدينوري ليلة الأثنين لاربع بقين من جمادى الاولى سنة٨٢ ووجدت في كتاب الوفيات لابي عبد الله محمد بن سفيان بن هارون ابن بنت جعفر بن محمد الفريابي البغدادي مات ابو حنيفة احمد بن داوود بن وتند صاحب كتاب النبات في سنة ٢٨١ * قال ابو حيان في كتاب تقريظ الجاحظ ومن خطه الذي لا ارتاب فيه نقلت قال قلت لابي محمد الاندلسي يعني عبد الله بن حمود الزبيدي وكان من عدد اصحاب السيرافي وله في هذا الكتاب ذكر قد اختلفت اصحابنا في مجلس ابي سعيد السيرافي في بلاغة الجاحظ وابي حنيفة صاحب النبات ووقع الرضى بحكمك فما قولك فقال انا احقر نفسي عن الحكم لهما وعليهما فقال لابد من قول قال ابو حنيفة اكثر ندارة وابو عثمان اكثر حلاوة ومعاني ابي عثمان لائطة بالنفس سهلة في السمع ولفظ ابي حنيفة اعذب واعرب وادخل في اساليب العرب قال ابو حيان والذي اقول واعتقده وآخذ به واستهام عليه اني لم اجد في جميع من تقدم وتاخر ثلاثة لو اجتمع الثقلان على تقريظهم ومدحهم ونشر فضائلهم في اخلاقهم وعلمهم ومصنفاتهم ورسائلهم مدى الدنيا الى ان يأذن الله بزوالها لما بلغوا آخر ما يستحقه

كل واحد منهم احدهم هذا الشيخ الذي انشانا [١] له [٢] هـذه الرسالة وبسببه جشمنا [٣] هـذه الكلفة اعني ابا عثمان عمرو بن بحر والثاني ابو حنيفة احمد بن داوود الدينوري فانه من نوادر الرجال جمع بين حكمة الفلاسفة وبيان العرب له في كل فن ساق وقدم ورواء وحكم [٤] وهذا كلامه في الانواء يدل على حظ وافر من علم النجوم واسرار الفلك فاما كتابه في النبات فكلامه فيه في عروض كلام ابدى بدوي وعلى طباع افصح عربي ولقد قيل لي ان له في القران كتابا يبلغ ثلاثة عشر مجلدا ما رأيته وانه ما سبق الى ذلك النمط هذا مع ورعه وزهده وجلالة قدره وقد وقف الموفق عليه وساله وتحفى به والثالث ابو زيد احمد بن سهل البلخي فانه لم يتقدم له شبيه في الاعصر الاول ولا يظن انه يوجد له نظير في مستأنف الدهر ومن تصفح كلامه في كتاب اقسام العلوم وفي كتاب اخلاق الامم وفي كتاب نظم القران وفي كتاب اختيار السيرة وفي رسائله الى اخوانه وجوابه عما يسال عنه ويبده [٥] به علم انه بحر البحور وانه عالم العلماء وما روي في الناس من جمع بين الحكمة والشريعة سواه وان القول فيه لكثير ولو تناصرت الينا اخبارهما لكنا نحب ان نفرد لكل واحد منهما تقريظاً مقصوراً عليه وكتاباً منسوباً اليه كما فعلت بابي عثمان. قرأت في كتاب ابن فورجة المسمى بالفتح على ابي الفتح في تفسير قول المتنبي [٦]

فدع عنك تشبيهي بما وكانه فما احد فوقي ولا احد مثلي

---

(١) ص : ق انشدنا (٢) ص : ق ــ (٣) بالاصل حسمنا (٤) ص : ق وسلم (٥) ق وبده (٦) ديوان المتنبي مع شرح الواحدي ص ٢٣

وقال فيه ما لم يرضه ابن فورجة ونسبه الى انه سال عنه ابا الطيب فاجاب بهـذا الجواب فاورد ابن فورجة هذه الحكاية زعموا ان ابا العباس المبرد ورد الدينور زائرا لعيسى بن ماهان فاول ما دخـل عليه وقضى سلامه قال له عيسى ايها الشيخ ما الشاة المجثمة[١] التي نهى النبي صلعم عن اكل لحمها فقال هي الشاة القليلة اللبن مثل اللجبة[٢] فقال هل من شاهد قال نعم قول الراجز

لم يبق من آل الحميد نسمه — الا عنيز لجبـة مجثمه

فاذا بالحاجب يستأذن لابي حنيفة الدينوري فلما دخل قال له ايها الشيخ ما الشاة المجثمة التي نهينا عن اكل لحمها فقال هي التي جثمت على ركبها وذبحت من خلف قفاها فقال كيف تقول وهذا شيخ اهل العراق يعني ابا العباس المبرد يقول هي مثل اللجبة وهي القليلة اللـبن وانشده البيتين فقال ابو حنيفة ايمان البيعة تلزم ابا حنيفة ان كان هـذا التفسير سمعه هذا الشيخ او قرأه وان كان البيتان الا لساعتهما هذه فقال صدق الشيخ ابو حنيفة فانني انفت ان ارد عليـك من العراق وذكري ما قد شاع فاول ما تسألني عنه لا اعرفه فاستحسن منه هـذا الاقرار وترك البهت قال ابن فورجة وانا احلف بالله العلي ان كان ابو الطيب قط سئل عن هذا البيت فاجاب هذا الجواب الذي حكاه ابن جني وان كان الا متزيدا مبطلا في ما يدعيـه عفى الله عنه وغفر له فالجهل والاقرار به احسن من هذا . وذكره محمد بن اسحاق النديم فقال وله من الكتب

(١) مسند ابن حنبل ١:٢٤١ (٢) ق اللحبة

المصنفة [١] كتاب * الباه . كتاب ما يلحن فيه العامة . كتاب الشعر والشعراء . كتاب الفصاحة . كتاب الانواء . كتاب في حساب الدور . كتاب البحث في حساب الهند . كتاب الجبر والمقابلة . كتاب البلدان كبير . كتاب النبات لم يصنف في معناه مثله . كتاب الرد على لغزة [٢] الاصفهاني . كتاب الجمع والتفريق . كتاب الاخبار الطوال . كتاب الوصايا . كتاب نوادر الجبر . كتاب اصلاح المنطق . كتاب القبلة والزوال . كتاب الكسوف. قال ابو حيان وله كتاب* في تفسير القرآن .

﴿ احمد بن رشيق الاندلسي ﴾

الكاتب ابو العباس ذكره الحميدي وقال كان ابوه من موالي بني شهيد ونشا هو بمرسية وانتقل الى قرطبة وطلب الادب وبرز فيه وبسق [٣] في صناعة الرسائل مع حسن الخط المتفق على نهايته وتقدم فيهما وشارك في سائر العلوم ومال الى الفقه والحديث وبلغ من رياسة الدنيا ابلغ [٤] منزلة وقدمه الامير الموفق ابو الجيش مجاهد بن عبد الله العامري على كل من في دولته لاسباب اكدت له ذلك عنده من المودة والثقة والنصيحة والصحبة في النشاة وكان ينظر في امور الجهة التي كان فيها نظر العدل والسياسة ويشتغل بالفقه والحديث ويجمع العلماء والصالحين ويؤثرهم ويصلح الامور جهده وما رأينا من اهل الرياسة من يجري مجراه من هيبة [٥] مفرطة وتواضع وحلم عرف به مع القدرة مات بعد الاربعين

(١) قد علمنا بالنجيم على الكتب الغير المذكورة في الفهرست (٢) حخ : رصد (٣) الضبي : ق وسبق (٤) الضبي ارفع (٥) الضبي مع هيئة

واربعمائة عن سن عالية وله كتاب رسائل مجموعة متداولة منها رسالة الى ابي عمران موسى بن عيسى بن أبي حاج نجح الفاسي وابي بكر بن عبد الرحمن فقيهي القيروان في[1] الاصلاح بينهما وكتاب على تراجم كتاب الصحيح للبخاري ومعاني ما اشكل منه وقد رأيته غير مرة اذا غضب في مجلس[2] الحكم اطرق ثم قام ولم يتكلم بين اثنتين فظننته كان يذهب الى حديث أبي بكر[3] عن رسول الله صلعم لايحكم حاكم بين اثنين وهو غضبان وظننت ان قيامه عند الغضب شيء[4] سبق اليه حتى رأيت بعض المصنفين القدماء قد حكى عن يزيد بن أبي حبيب انه قال انما غضبي في نعليّ اذا سمعت ما اكره اخذتهما ومضيت

﴿احمد بن رضوان ابو الحسن﴾

النحوي اظنه ممن اخذ النحو عن اصحاب ابي علي الفارسي

بياض في الاصل

﴿احمد بن زهير ابو خيثمة﴾

هو ابو بكر احمد بن أبي خيثمة زهير بن حرب بن شداد النسائي الاصل سمع ابا نعيم الفضل بن دكين ويحي بن معين واحمد بن حنبل واخذ علم النسب عن مصعب بن عبد الله الزبيري وايام الناس عن ابي الحسن المدائني والادب عن محمد بن سلام الجمحي ومات في شوال سنة ٢٧٩ في خلافة المعتمد على الله عن اربع وتسعين سنة ذكر ذلك كله الخطيب قال وله كتاب التاريخ الذي احسن تصنيفه وكثر فائدته قال ولا أعرف

(١) الضبي : ق و (٢) الضبي : ق ـ (٣) الضبي بكرة (٤) لعله سقط ما

اغزر فوائد من كتاب التاريخ الذي الفه احمد بن ابي خيثمة وكان لا يرويه الا على الوجه فسمعه منه الشيوخ الاكابر كابي القاسم البغوي ونحوه قال واستعار ابو العباس محمد بن اسحاق السراج من أبي بكر بن أبي خيثمة شيأ من التاريخ فقال يا ابا العباس علي يمين ان لا اخذت بهذا الكتاب الا على الوجه فقال ابو العباس وعلي عزيمة الا اكتب الا ما اشتيته[1] فرده عليه ولم يحدث في تاريخه عنه بحرف وانشد الخطيب لابن أبي خيثمة

قالوا اهتجارك من تهواه تسلاه ... فقد هجرت فما لي لست اسلاه
من كان لم ير في هذا الهوى أثرا ... فليلقني ليرى آثار بلواه
من يلقني يلق مرهونا بصبوته ... متيما لا يفك الدهر قيداه
متيم شفه[2] بالحب مالكه ... ولو يشاء الذي ادواه داواه

قال الخطيب وكان ابن أبي خيثمة كبير الكتاب اكثر الناس عنه السماع في كتاب الفرغاني انه مات سنة ٩٧ قال وفي آخر شوال مات ابن ابي خيثمة صاحب التاريخ من سكتة وكانت له معرفة باخبار الناس وايامهم وله مذهب كان الناس ينسبونه الى القول بالقدر وكان مختصا بعلي بن عيسى

﴿احمد بن سعد ابو الحسين الكاتب﴾

ذكره حمزة في اهل اصبهان يقال[3] ندب في ايام القاهر بالله الى عمل الخراج ابو الحسين احمد بن سعد فورد اصبهان غرة جمادى الاولى سنة ٣٢١ * وعزل عنها ابو علي[4] بن رستم في جمادى الآخرة من هذه

(١) لعله اشتهيه (٢) ق وشفه (٣) لعله فقال (٤) ص ثم صرف بابي علي

السنة ثم قدم ابو الحسين بن سعد من فارس متقلداً لتدبير البلد وعمل الخراج من قبل الامير علي بن بويه يعني عماد الدولة في جمادى الاولى سنة ٣٢٣ ثم صرف في سنة ٢٤ قال ثم رد جباية الخراج في سنة ٢٤ الى أبي القاسم سعد بن احمد بن سعد قال ثم ان ابا الحسين عزل في شوال من هذه السنة لم يذكره بعد ذلك وعد فضلاء اصبهان من اصحاب الرسائل ثم قال واما ابو مسلم محمد بن (بياض في الاصل) وابو الحسين احمد بن سعد فقد استغنينا بشهرة هذين وبُعد صوتهما في كور المشرق والمغرب وعند كتاب الحضرة واجماع اهل الزمان على (بياض في الاصل) عن وصفهما وعامة الرسائل لهما ثم ذكره في المصنفين فقال له من الكتب كتاب الاختيار من الرسائل لم يسبق الى مثله وكتاب آخر في الرسائل سماه فقر البلغاء وكتاب الحلي والثياب [1] وكتاب المنطق وكتاب الهجاء *قرأت في كتاب عتيق حدثني سرح دسر [2] قال تنبأ في مدينة اصبهان رجل في زمن أبي الحسين بن سعد فأتى به واحضر العلماء والعظماء والكبراء وكلهم فقيل له من انت فقال انا نبي مرسل فقيل له ويلك ان لكل نبي آية فما آيتك وحجتك فقال ما معي من الحجج لم يكن لاحد قبلي من الانبياء والرسل فقيل له اظهرها فقال من كان منكم له زوجة حسناء او بنت جميلة او اخت صبيحة فليحضرها اليّ احبلها بابن في ساعة واحدة فقال ابو الحسين بن سعد اما انا فاشهد انك رسول واعفني من ذلك فقال له رجل نساء ماعندنا ولكن عندي عنز حسناء

(١) في روضات الجنات والشيات (٢) كذا ولعله شيخ كبير

فاحبلها لي فقام يمضي فقيل له الى اين قال امضي الى جبرئيل واعرفه ان هؤلاء يريدون تيساً ولا حاجة بهم الى نبي فضحكوا منه واطلقوه وانشد للاصبهاني ابي الحسين هذا اشعاراً منها في جواب معمّى

رماني أخ يصفى له الود جاهداً ومن يتطوع بالمودة يحمد
بداهية تعيي على كل عالم بوجه المعمى بالصواب مؤيد
وحمل سر الوحش والطير سره وارسلها نكرا ببيداء قردد
فانهضت قلبي وهوى نفس جارح ومن يغد يوما بالجوارح يصطد
فحاش لي الصنفين من بين ارنب يقود الوحوش طائعات وهدهد
يسوق لنا اسراب طير تتابعت على نسق مثل الجمان المنضد
ومرقها بالزجر حتى تحاولت وعادت عباديدا بشمل مبدّد
وراوضتها بالفكر حتى تذللت فمن مسمح طوعا ومن متجلد
فاخرجت السر الخفي وانشدت قريض رهين بالصبابة ذي دد
واني واياها لكالخمر والفتى متى يستطع منها الزيادة يزدد

وله في المفضل محمد بن الحسين بن العميد

البين افردني بالهم والكمد والبين جدد حر الثكل في كبدي
فارقت من صار لي من واحدي عوضاً يارب لا تجعلها (١) فرقة الابد
امسك حشاشة نفسي ان يطيف بها كيد من الدهر بعد الفقد للولد
لا في الحياة فاني غير مغتبط بالعيش بعد انقصاف الظهر والعضد
بل ابق لي الخلف المأمول حيطته على عيال واطفال ذوي عدد

(١) ق تجعلها

من ان يروا ضيعة في عرصة البلد   وان يروا نهزة للف مضطهد
الله [١] رجائي وحسب المرء معتمدا   نجل العميد وصنع الواحد الصمد

وله الى ابي الحسين بن لرة [٢] في مملوك له اسود كان تبناه

حذر فديتك بشرى من تبرزه   اني اخاف عليه لقعة العين
اذا بدت لك منه طرة سبلت   على الجبين وتحذيف كنونين
حسبت بدرا بدا تما فاكلفه   غمامة نشرت في الارض ثوبين
كانما خط في اصداغه قلم   بالحبر خطين جا آلغو [٣] قوسين
لكن ذلك منه غير دافعه   عن القبول وعن بعد من الشين

وهذه قطعة شعر لابي الحسين بن سعد على اربع قواف كلما افردت قافية كان شعرا برأسه الى آخر الابيات

وبلدة قطعتها . بضامر . خفيدد . عيرانة ركوب
وليلة سهرتها . لزائر . ومسعد . مواصل حبيب
وقينة وصلتها . بطاهر . مسود . ترب العلى نجيب
اذا غوت ارشدتها . بخاطر . مسدد . وهاجس مصيب
وقهوة باكرتها . لتاجر . ذي عند [٤] . في دينه وجوب
سورتها كسرتها . بماطر . مبرد . من جمة القليب
وحرب خصم بختها . بكاثر . ذي عدد . في قومه مهيب
معودا [٥] بل سفتها . بباتر . مهند . يفري الطلى رسوب

---

(١) لعله ربي (٢) كذا بالاصل (٣) لعله نحو (٤) ص عدد : وفي روضات الجنات لفاجر (٥) ص مفردا

وكم حظوظ نلتها . من قادر . ممجد . بصنعة القريب
كافيه اذ شكرتها . في سامر . ومشهد . للملك الرقيب

﴿ احمد بن سعيد بن عبدالله الدمشقي ﴾

ابو الحسن نزل بغداد وحدث عن الزبير بن بكار بالموفقيات وغيرها من مصنفاته وكان مؤدب ولد المعتز واختص بعبد الله بن المعتز روى عنه اسماعيل الصفار وغيره وكان صدوقا . مات سنة ٣٠٦ ذكره المرزباني في كتابه فقال ابو بكر محمد بن القاسم الانباري حدثني احمد بن سعيد قال كنت أؤدب اولاد المعتز فتحمل احمد بن يحيي بن جابر البلاذري[١] على قبيحة ام المعتز بقوم سألوها ان تأذن له في ان يدخل الى ابن المعتز وقتا من النهار فاجابت او كادت تجيب فلما اتصل الخبر بي جلست في منزلي غضبانا مسكرا لما بلغني عنها فكتب اليّ ابو العباس عبد الله بن المعتز وله اذ ذاك ثلاث عشرة[٢] سنة

اصبحت[٣] يا ابن سعيد حزت مكرمة — عنها يقصر من يحفى وينتعل
سربلتني حكمة قد هذبت شيمي — واجبت غرب ذهني فهو مشتعل
اكون ان شئت قسا في خطابته — او حارثا وهو يوم الفخر مرتجل
وان اشأ فكزيد في فرائضه — او مثل نعمان ماضاقت بي الحيل
او الخليل عروضيا اخا فطن — او الكسائي نحويا له علل
تغلي بداهة ذهني في مركبها — كمثل ما عرفت آبائي الاول
وفي فمي صارم ما سله احد — من غمده فدرى ما العيش والجذل

(١) ق الفلاذري (٢) ق ثلاثة عشر (٣) لم ترد هذه القصيدة في الديوان المطبوع

عقباك شكر طويل لا نفاد له   تبقى معالمه ما اطت الابل

قس هو ابن ساعدة الايادي والحارث بن حلزة كان ارتجل قصيدته اذنتنا بينها اسماء [١] . وزيد بن ثابت الانصاري والنعمان ابو حنيفة صاحب الرأي والفقه . وحدث ايضاً قال كتب ابن المعتز الى احمد بن سعيد الدمشقي جوابا عن كتاب استزاده فيه قيّد نعمتي عندك بمثل ما كنت استدعيتها به وذب عنها اسباب الظن واستدم ما تحب مني بما احب منك وكتب ابن المعتز الى الدمشقي جوابا عن اعتذار كان من الدمشقي في شيء بلغ ابن المعتز عنه والله لا قابل احسانك مني كفر ولا تبع احساني اليك منّ فلك مني يد لا اقبضها عن نفعك واخرى لا ابسطها الى ظلمك ما يسخطني فاني اصون وجهك عن ذل الاعتذار

﴿ احمد بن سعيد بن شاهين ﴾

البصري ابو العباس هو احمد بن سعيد بن شاهين عن [٢] علي بن ربيعة ذكره محمد بن اسحاق النديم فقال هو من اهل الادب وله من الكتب كتاب ما قالته العرب وكثر في افواه العامة

﴿ احمد بن سعيد بن حزم ﴾

الصدفي الاندلسي المنتجيلي ابو عمر ذكره الحميدي فقال سمع [٣] بالاندلس جماعة منهم محمد بن احمد الزرّاد وذكره غيره ورحل فسمع اسحاق بن ابراهيم بن النعمان واحمد بن عيسى المصري المعروف بابن ابي عجينة [٤] وغيرهما والف كتاب تاريخ الرجال كبيراً جمع فيه جميع

(١) هي معلقته (٢) لعله بن (٣) بغية الملتمس للضبي عدد ٤١١ (٤) ق مهملا

ما امكنه من اقوال الناس في اهل العدالة والتجريح سمعه منه خلف بن احمد المعروف بابن ابي جعفر واحمد بن محمد الاشبيلي المعروف بابن الحراز قال ابن عبد البر ويقال انه [١] لم يكمل سماعه الا لهما . ومات ابو عمر الصدفي سنة ٣٥٠ كل هذا من كتاب الحميدي وذكر بعض الناس انه من ولد جعفر بن الحارث من اهل قرطبة ويكنى ابو عمرو عني بالآثار والسنن وجمع الحديث والتاريخ وروى عن جماعة بالاندلس منهم احمد بن ثوابة واسلم بن عبد العزيز وطبقتهم ورحل الى المشرق سنة ٣١١ مع احمد بن عبادة الرعيني [٢] فسمع بمكة من أبي جعفر العقيلي وابي بكر بن المنذر صاحب الاشراق والديبلي [٣] أبي جعفر محمد بن ابراهيم وأبي سعيد بن الاعرابي وغيرهم وسمع بمصر على جماعة منهم ابو عبد الله محمد بن الربيع بن سليمان وبالقيروان من احمد بن نصر ومحمد بن محمد ابن اللباد ثم انصرف الى الاندلس فصنف تاريخا في المحدثين بلغ فيه الغاية قرئ عليه ولم يزل يحدث الى ان مات ليلة الخميس لتسع بقين من جمادى الآخرة سنة ٣٥٠ ومولده يوم الجمعة لخمس خلون من شهر ربيع الآخر سنة ٢٨٤

﴿ احمد بن سليمان الطوسي ابو عبد الله ﴾

هو ابو عبد الله احمد بن سليمان بن داوود بن محمد بن أبي العباس الطوسي واسم ابي العباس الفضل بن سليمان بن المهاجر بن سنان بن حكيم وكان فاضلا مات في ما ذكره الخطيب في صفر سنة ٣٢٢ عن ٨٣

(١) ق له نه (٢) ق الرعتني وليراجع كتاب الضي عدد ٤٥٠ (٣) ق الدنيلي

سنة قال ابن شاذان قال الطوسي ولدت سنة ٢٤٠ روي عنه ابو حفص ابن شاهين وابو الفرج الاصبهاني صاحب كتاب الاغاني وابو عبيد الله المرزباني وكان صدوقا* حدث محمد بن طاهر المباشر ابو عبد الله المعروف بقنينة سمعت الخضر بن داود بمكة يقول قدم علينا سليمان بن داوود الطوسي وهو على البريد وكان الزبير قد فرغ من كتاب النسب فاهدى اليه الطوسي هدايا كثيرة فاهدى اليه الزبير كتاب النسب فقال له سليمان احب ان تقرأ عليّ فقرأه عليه وسمع ابنه احمد بن سليمان مع ابيه جميع الكتاب فروى عنه ابو بكر بن شاذان وابو حفص بن شاهين وابو عبد الله المرزباني والمخلص

﴿ احمد بن سليمان بن وهب ﴾

ابن سعيد الكاتب ابو الفضل وابوه ابو ايوب سليمان بن وهب الوزير وعمه الحسن بن وهب معروفان مشهوران مذكوران في هذا الكتاب ونسب هذا البيت مستقصى في ترجمة الحسن بن وهب مات في ما ذكره ابو عبيد الله في كتاب معجم الشعراء في سنة ٢٨٥ وكان ابو الفضل هذا بارعا فاضلاً ناظماً ناثراً قد تقلد الاعمال ونظر للسلطان في جباية الاموال واخوه عبيد الله[1] بن سليمان والقاسم بن عبيد الله وزير المعتضد والمكتفي ولاحمد من التصنيفات[2] كتاب ديوان شعره وكتاب ديوان رسائله* حدث الصولي قال وجدت بخط بعض الكتاب ان احمد ابن سليمان سأل صديقاً له حاجة فلم يقضها له فقال

(١) ص عبد الله (٢) ق التصنيف

قل لي نعم مرة اني اسر بها   وان عداني ما ارجوه من نعم
فقد تعودت لا حتى كأنك لا   تعد قولك لا الا من الكرم

قال وحدثني الطالقاني كنا عند احمد بن سليمان على شرب ومعنا رجل من الهاشميين ورجل من الدهاقين فعربد الهاشمي على الدهقان فانشد احمد بن سليمان

اذا بدأ الصديق بيوم سوء   فكن منه لآخر ذا ارتقاب

وامر باخراج الهاشمي فقال له تخرجني وتدع نبطيا فقال نعم رأس كلب احب الى من ذنب اسد . وحدث عن الحسين بن اسحاق قال كنت عند احمد بن سليمان بن وهب ونحن على شراب فوافته رقعة فيها ابيات مدح فكتب الجواب فنسخته ولم انسخ الرقعة الواردة عليه وكان جوابه وصلت رقعتك اعزك الله فكانت كوصل بعد هجر وغنى بعد فقر وظفر بعد صبر الفاظها در مسوف ومعانيها جوهر مرصوف وقد اصطحبا احسن صحبة وتألفا اقرب الفة لا تمجها الآذان ولا تتعب بها الاذهان وقرأت في آخرها من الشعر ما لم املك نفسي ان كتبت لجلالته عندي وحسن موقعه من نفسي بما لا اقوم به مع تحيف الصهباء لي وشربها[1] من عقلي مقدار شربي ولكني واثق منك بطي سيئتي ونشر حسنتي

نفسي فداؤك يا ابا العباس   وافى كتابك بعد طول الياس
وافى وكنت بوحشتي متفردا   فاصار بي للجمع والايناس
وقرأت شعرك فاستطلت لحسنه   فخرا على الخلفاء والجلاس

---

(١) من قول ابي تمام (٣٣٩) بما شربت مشروبة الراح من ذهني

عاينت منه عيون وشي سديت ... ببدائع في جانب القرطاس
فاقت دقائقه وجل لحسنه ... عن ان يحدّ بفطنة وقياس
شعر يجري الماء يخرج لفظه ... من حسن طبعك مخرج الانفاس
لو كان شعر الناس جسما لم يكن ... لكماله الا مكان الراس

وكان لاحمد خادم يقال له عرام ويكني ابا الحسام وكان يهواه جدا فخرج مرة الى الكوفة بسبب رزقه مع اسحاق بن عمران فكتب الى اسحاق

دموع العين مذروفه ... ونفس الصب مشغوفه
من الشوق الى البدر الـ ... ذي يطلع بالكوفه

فلما قرأ كتابه وفاه رزقه وانفذه [(١)] اليه سريعا . ومن كلامه النعم ايدك الله ثلاث مقيمة ومتوقعة وغير محتسبة . فحرس الله لك مقيمها وبلغك متوقعها وآتاك ما لم تحتسب منها. قال ودخل احمد بن سليمان الى صديق له ولم يره كما ظن من السرور فدعا بدواة وكتب

قد اتيناك زائرين خفافا ... وعلمنا بان عندك فضله
من شراب كأنه دمع مرها ... ء اضاءت لها من الهجر شعله
ولدينا من الحديث هنات ... معجبات نعدها لك جمله
ان يكن مثل ما تريد والا ... فاحتملنا فانما هي اكله

ومن مشهور شعره الذي لا تخلو مجاميع اهل الفضل منه قوله يصف السرو من ابيات وربما نسبوه الى غيره

حفت بسرو كالقيان تلحفت ... خضر الحرير على قوام معتدل

---

(١) ص : ق وانفذ

فكأنها والريح حين تميلها تبغي التعانق ثم يمنعها الخجل

وكتب في صدر كتاب الى ابن اخيه الحسن بن عبيد الله بن سليمان

يا ابني ويا ابن اخي الادنى ويا ابن ابي والمرتدي برداء العقل والادب

ومن يزيد جناحي من قواك به ومن اذا عد مني زان لي حسبي

ومن منثوره كتب الى ابن ابي الاصبع لو اطعت الشوق اليك والنزاع نحوك لكثر قصدي لك وغشياني اياك مع العلة القاطعة عن الحركة الحائلة بيني وبين الركوب فالعلة ان تخلفت مخلفتي وايثار التخفيف يؤخر مكاتبتي فاما مودة القلب وخلوص النية ونقاء الضمير والاعتداد بما يجدده الله لك من نعمة ويرفعك اليه من درجة ويبلغك اياه من رتبة فعلى ما يكون عليه الاخ الشقيق وذو المودة الشفيق وارجو ان يكون شاهدي على ذلك من قلبك اعدل الشهود ووافدي باعلامك اياه اصدق الوفود ويحسب ذلك انبساطي اليك في الحاجة تعرض قبلك ويعنى بالنجاح منها عندك وعرضت حاجة ليس تمنعني قلتها من كثير الشكر عليها والاعتداد بما يكون من قضائك (١) اياها وقد حملتها يحيي لتسمعها منه وتتقدم بما احب فيها جاريا على كرم سجيتك وعادة تفضلك ان شاء الله *

وكتب الى اخيه الوزير عبيد الله وقد سافر ولم يودعه اطال الله بقاء الوزير مصحبا له السلامة الشاملة والغبطة المتكاملة والنعم المتظاهرة والمواهب المتواترة في ظعنه ومقامه وحله وترحاله وحركته وسكونه وليله ونهاره وعجل الينا اوبته واقر عيوننا برجعته ومتعها بالنظر اليه كان شخوص

(١) ق فضائلك

الوزير اعزه الله في هذه المدة بغتة اعجل عن توديعه فزاد ذلك في ولهي واضرام لوعتي واشتدت له وحشتي وذكرت (١) قول كثير

وكنتم تزينون البلاد ففارقت   عشية بنتم زينها وجمالها
فقد جعل الرضوان اذ انتم لها   بخصب البلاد يشتكون وبالها

والوزير اعزه الله يعلم ما قيل في يحيى بن خالد

ينسى صنائعه ويذكر وعده   ويبيت في امثاله يتفكّر

وكتب الى صديق له ليس عن الصديق المخلص والاخ المشارك في الاحوال كلها مذهب ولا وراءه للواثق به مطلب والشاعر يقول

واذا يصيبك والحوادث جمة   حدث حداك الى اخيك الاوثق

وانت الاخ الاوثق والولي المشفق والصديق الوصول والمشارك في المكروه والمحبوب قد عرفني الله من صدق صفائك وكرم وفائك على الاحوال المتصرفة والازمنة المتقلبة ما يستغرق الشكر ويستعبد الحر وما من يوم يأتي عليّ الا وثقتي بك تزداد استحكاماً واعتمادي عليك يزداد توكدا والتياما انبسط في حوائجي واثق بنجح مسألتي والله اسأل لك طول البقاء في ادوم النعمة واسبغها واكمل العوافي واتمها والا يسلب الدنيا نضرتها (٢) بك وبهجتها ببقائك فما اعرف بهذا الدهر المتنكر في حالاته حسنة سواك ولا حيلة غيرك فاعيذك بالله من العيون الطامحة والالسن القادحة واسأله ان يجعلك في حرزه الذي لا يرام وكنفه (٣) الذي لا يضام وان يحرسك بعينه التي لا تنام انه ذو المن والانعام

(١) ص : ق وذكر (٢) ق نظرتها (٣) ق كيفه

﴿ احمد بن سليمان المعبدي (١) ﴾

ابو الحسين ذكره محمد بن اسحاق النديم فقال روى عن علي بن ثابت عن ابي عبيد * وعن ابن اخيه ابي الوزير عن الاعرابي روى عنه ابو بكر محمد بن الحسين بن مقسم (٢) وخطه يرغب فيه وهو احد العلماء المشاهير الثقات قرأت بخط ابن ابي نواس قال ابو عمر بن حيويه قال لي ابو عمران مات المعبدي ليلة الاربعاء ودفن يوم الاربعاء لثمان بقين من صفر سنة ٢٩٢

﴿ احمد بن سهل البلخي ابو زيد ﴾

كان فاضلا قائما بجميع العلوم القديمة والحديثة يسلك في مصنفاته طريقة الفلاسفة الا انه باهل الادب اشبه وكان معلما للصبيان ثم رفعه العلم الى مرتبة علية كما اقتصصنا في اخباره وقد وصفه ابو حيان في كتابه في تقريظ الجاحظ بوصف ذكرته في اخبار ابي حنيفة احمد بن داوود فاحتسبت به كعادتي في الايجاز وترك التكرير . مات في سنة ٣٢٢ على ما ذكره فيما بعد عن سبع او ثمان وثمانين سنة حكي عنه انه قال الحسين ابن علي المروروذي واخوه صعلوك يجريان عليّ صلات معلومة دائمة فلما صنفت (٣) كتابي في البحث عن التأويلات (٤) قطعاها (٥) عني وكان لابي علي * محمد بن احمد بن جيهان بن خرخان (٦) الجيهاني وزير نصر

---

(١) في الفهرست المعيدي (٢) مزيد على ما في الفهرست ص ٧٩
(٣) فهرست امليت (٤) فهرست كيفية التأويلات (٥) فهرست قطعها
(٦) فهرست ــ

ابن احمد الساماني [١] جواري يدرها علي" فلما امليت كتاب [٢] القرابين والذبائح حرمنيها قال وكان الحسين قرمطياً وكان الجيهاني ثنوياً وكان ابو زيد يُرمى بالالحاد ذكر ذلك كله محمد بن اسحاق النديم [٣] قال ولابي زيد من الكتب كتاب اقسام العلوم . كتاب شرائع الاديان . كتاب اختيارات السير . كتاب السياسة الكبير . كتاب السياسة الصغير . كتاب كمال الدين . كتاب فضل صناعة الكتابة . كتاب مصالح الابدان والانفس يعرف بالمقالتين . كتاب [٤] اسماء الله تعالى وصفاته . كتاب صناعة الشعر . كتاب فضيلة علم الاخبار . كتاب الاسماء والكنى والالقاب . كتاب اسامي الاشياء . كتاب النحو والتصريف . كتاب الصورة والمصدر . كتاب رسالة [٥] حدود الفلسفة . كتاب ما يصح من احكام النجوم . كتاب الرد على عبدة الاوثان [٦] . كتاب فضيلة علوم الرياضات . كتاب في اقسام [٧] علوم الفلسفة . كتاب القرابين والذبائح . كتاب عصمة [٨] الانبياء . كتاب نظم القرآن . كتاب قوارع القرآن . كتاب الفتاك [٩] والنساك . كتاب ما اغلق من [١٠] غريب القرآن . كتاب في ان سورة الحمد تنوب عن جميع القرآن . كتاب اجوبة ابي القاسم الكعبي [١١] . كتاب النوادر في فنون شتى . كتاب اجوبة اهل فارس . كتاب تفسير صور [١٢] كتاب السماء والعالم لابي

---

(١) فهرست ـ (٢) فهرست كتابي (٣) ص ١٣٨ (٤) فهرست ـ (٥) فهرست رسالته في (٦) فهرست الاصنام (٧) فهرست افشاء (٨) فهرست عصم (٩) فهرست العتاك (١٠) فهرست جمع فيه ما غاب عنه من (١١) فهرست الكنعي (١٢) فهرست قصورة

جعفر الخازن . كتاب اجوبة ابي علي بن (١) محتاج . كتاب اجوبة ابي اسحاق (٢) المؤدب . كتاب المصادر . كتاب اجوبة مسائل ابي الفضل السكري . كتاب الشطرنج . كتاب فضائل مكة على سائر البقاع . كتاب جواب رسالة ابي علي بن المنير الزيادي . كتاب منية (٣) الكتاب . كتاب البحث عن التأويلات كبير (٤) . كتاب الرسالة السالفة الى العاتب (٥) . كتاب رسالته في مدح الورقة (٦) . كتاب وصية (٧) . كتاب صفات الامم . كتاب القرود . كتاب فضل الملك . كتاب المختصر في اللغة . كتاب صوبجان الكتبة . كتاب نثارات من كلامه . كتاب ادب السلطان والرعية . كتاب فضائل بلخ . كتاب تفسير الفاتحة والحروف المقطعة في اوائل السور . كتاب رسوم الكتب . كتاب كتبه الى ابي بكر بن المستبنير عاتبا (٨) ومنتصفا في ذمه المعلمين والوراقين . كتاب كتبه الى ابي بكر بن المظفر في شرح ما قيل في حدود الفلسفة . كتاب اخلاق الامم . وقرأت بخط ابي سهل احمد بن عبيد الله بن احمد مولى امير المؤمنين وتصنيفه كتاباً في اخبار ابي زيد البلخي وابي الحسن شهيد البلخي فلخصت منه ما ذكرته في تراجم الثلاثة قال في اخبار ابي زيد ولد ابو زيد احمد بن سهل ببلخ بقرية تدعى شامستيان من رستاق نهر غربنكي من جملة اثني عشر نهراً من انهار بلخ وكان ابوه سجزيا

---

(١) فهرست ابي بكر بن المظفر المعروف بابن (٢) فهرست القاسم (٣) فهرست منبه (٤) فهرست ـ (٥) فهرست عايه (٦) فهرست الوراقة (٧) كل الكتب المذكورة بعد كتاب الوصية قد سقطت من نسخة الفهرست المطبوعة (٨) ق غائبا

يعلم الصبيان هذا ما ذكره ابو محمد الحسن بن محمد الوزيري وله كتاب في اخبار ابي زيد البلخي * وسمعت انه كان يعلم بهذه القرية المدعوة شامستيان اعني اباه وكان ابو زيد يميل اليها ويحبها لاجل مولده بها ونزعه اليها حب المولد ومسقط الراس والحنين الى الوطن الاول ولذلك لما حسنت حاله ودعته نفسه الى اعتقاد الضياع والاسباب والنظر للاولاد والاعقاب اختارها من قرى بلخ فاعتقد بها ضيعته ووكل بها همته وصرف الى اتخاذ العقد بها عنايته وقد كانت تلك الضياع بعدُ باقية الى قريب من هذا الزمان في ايدي احفاده واقاربه بها وبالقصبة ثم انهم كما اقدّر قد فنوا وانقرضوا في اختلاف هذه الحوادث ببلخ وغيرها من سائر البلدان فلا احسب انه بقي منهم نافخ ضرم ولا عين تطرف لَاتُحِسُّ مِنْهُمْ مِنْ أَحَدٍ وَلَا تَسْمَعُ مِنْهُمْ رِكْزًا * سمعت ان الامير احمد بن سهل بن هاشم كان ببلخ وعنده ابو القاسم عبد الله بن احمد بن محمود الكعبي وابو زيد ليلة من الليالي وفي (١) الامير عقد لآلئ نفيسة ثمينة تتلألأ كاسمها ويتوهج نورها وكان حمل اليه من بعض بلاد الهند حين افتتحت فافرد الامير منها عشرة اعداد وناولها ابا القاسم وعشرة اعداد اخر وناولها ابا زيد وقال هذه اللآلئ في غاية النفاسة فاحببت ان اشرككما فيها ولا استبدّ بها دونكما فشكرا له ذلك ثم ان ابا القاسم وضع لآلئه بين يدي ابي زيد وقال ان ابا زيد من هو مهتم بشانهن فاردت ان اصرف ما برني به الامير اليه لينتظم في عقدهن فقال الامير نعما فعلت

(١) لعله سقط « يد »

ورمى بالعشرة الباقية الى ابي زيد وقال خذها فلست في الفتوة باقل حظا ولا اوكس سهما من ابي القاسم ولا تغبنن عنها فانها ابتيعت للجراية من الفيء بثلاثين الف درهم فاجتمعت الثلاثون عند ابي زيد برمتها وباعها بمال جليل وصرف ثمنها الى الضيعة التي اشتراها بشامستيان قال وكان ابو زيد كما ذكر ابو محمد الحسن الوزيري وكان رآه واختلف اليه ربعة نحيفا مصفارا اسمر اللون جاحظ العينين فيهما تأخر ومثل بوجهه آثار جدري صموتا سكيتا ذا وقار وهيبة وقد وصفه ابو علي احمد المنيري الزيادي في رسالته التي كتبها اليه واراد ان يهدم بنيانه ويضع شانه ويوهي اركانه فرد عليه ابو زيد في جوابها ما البسه الشنار والصغار ونبه العالم ان حظه من العلوم حظ منكود [١] وانه فيما اجرى له من كلامه غير سديد قرأت على أبي محمد الوزيري كلتا الرسالتين فزعم [٢] انه قرأهما عليهما اعني ابا زيد والمنيري كليهما فذكر المنيري في رسالته في جملة ما هجنه به وانك لاتصلح الا ان تكون زامرا او مغيرا [٣] او محتكرا فدل هذا الكلام على [٤] انه كان جاحظ العين اشدق مع قصر قامة ودنو هامة قال ثم حدثت انه كان في عنفوان شبابه وطراءة زمانه واول حداثته ومائه دعته نفسه الى ان يسافر ويدخل الى ارض العراق ويجثو بين يدي العلماء ويقتبس منهم العلوم فتوجه اليها راجلا مع الحاج واقام بها ثماني سنين واجازها فطوف البلدان المتاخمة لها ولقي الكبار والاعيان وتتلمذ لابي يوسف يعقوب بن اسحاق الكندي وحصل من عنده علوماً جمة وتعمق في

(١) ق منكوب (٢) ق فزعموا (٣) لعله معبراً (٤) ق ـ

علم الفلسفة وهجم على اسرار علم التنجيم والهيئة وبرز في علم الطب والطبائع وبحث عن اصول الدين اتم بحث وابعد استقصاء حتى قاده ذلك الى الحيرة وزل به عن النهج الاوضح فتارة كان يطلب الامام ومرة كان يسند الامر الى النجوم والاحكام ثم انه لما كتبه الله في الاول من السعداء وحكم بانه لا يتركه يتبلغ في ظلمات الاشقياء بصره ارشد الطرق وهداه لاقوم السبل فاستمسك بعروة من الدين وثيقة وثبت من الاستقامة على بصيرة وحقيقة فذكر ابو الحسن الحديثي قال كان ابو بكر البكري فاضلا [١] خليعا لا يبالي ما قال وكان يحتمل عنه لسنه قال اذ كر اذ كنا عنده وقد قدمت المائدة وابو زيد يصلي وكان حسن الصلاة فضجر البكري من طول صلاته فالتفت الى رجل من اهل العلم يقال له ابو محمد الحجندي فقال يا ابا محمد ريح الامامة بعد في رأس ابي زيد نخفف ابو زيد الصلاة وهما يضحكان قال ابو الحسن فلم ادر ما ذلك حتى سألت لا ادري الحجندي او ابا بكر الدمشقي فقال احدهما اعلم ان ابا زيد في اول مرة [٢] كان خرج فى طلب الامام الى العراق اذ كان قد تقلد مذهب الامامية فعيره البكري بذلك . قال وكان حسن الاعتقاد ومن حسن اعتقاده انه كان لا يثبت من علم النجوم الاحكام بل كان يثبت ما يدل عليه الحسبان ولقد جرى ذكره رحمه الله في مجلس الامام ابي بكر احمد ابن محمد بن العباس البزار وهو الامام ببلخ والمفتي بها فاثنى عليه خيراً وقال انه كان قويم المذهب حسن الاعتقاد لم يقرف بشيء في ديانته كما

(١) كذا في الاصل (٢) لعله امره

ينسب اليه من نسب الى علم الفلسفة وكل من حضر من الفضلاء والاماثل اثنى عليه ونسبه الى الاستقامة والاستواء وانه لم يعثر له معها له من المصنفات الجمة على كلمة تدل على قدح في عقيدته ثم لما قضى وطره من العراق وصار في كل فن من فنون العلم قدوة وفي كل نوع من انواعه اماما قصد العود الى بلده فتوجه اليها مقبلا على طريق هراة حتى وصل الى بلخ وانتشر بها علمه فلما ورد احمد بن سهل بن هاشم المروزي بلخ واستولى على تخومها راوده على ان يستوزره فابى عليه واختار سلامة الاولى والعقبى فاتخذ ابا القاسم الكعبي وزيراً وابا زيد كاتباً وكان ابو القاسم الوزير وابو زيد من الكتاب وعظم محلهما عنده واصبحا بارفع طرف عنده مرموقين وباروى كاس من جنابه مصبوحين ومغبوقين وكان رزق ابي القاسم في الشهر الف درهم ورقا ولابي زيد خمسمائة درهم ورقا وكان ابو القاسم يأمر الخازن بزيادة مائة درهم لابي زيد من رزقه ونقصان مائة درهم من رزق نفسه فكان يصل الى ابي زيد ستمائة درهم والى أبي القاسم تسعمائة درهم وكان يأخذ لنفسه مكسرة ويأمر لابي زيد بالوضح الصحاح فبقوا على ذلك مدة غير طويلة وعاشوا على جملة جميلة حتى فتق بهم يد المنون وهلك احمد بن سهل عن عمر قصير واستمتاع بامامة غير كبير قال اخبرني ابو محمد الحسن بن الوزيري وكان لقي ابا زيد وتتلمذ له قال كان ابو زيد ضابطا لنفسه ذا وقار حسن استبصار قويم اللسان جميل البيان مثبتا نزر الشعر قليل البديهة واسع الكلام في الرسائل والتأليفات اذا أخذ في الكلام امطر اللآلئ المنثورة وكان قليل

المناظرة حسن العبارة وكان يتنزه عما يقال في القرآن الا الظاهر المستفيض من التفسير والتأويل والمشكل من الاقاويل وحسبك ما الفه من كتاب نظم القرآن الذي لا يفوقه في هذا الباب تأليف * قرأت في كتاب البصائر لابي حيان الفارسي (١) من ساكني بغداد قال قال ابو حامد القاضي لم ار كتابا في القرآن مثل كتاب لابي زيد البلخي وكان فاضلا يذهب في رأي الفلسفة لكنه تكلم في القرآن بكلام لطيف دقيق في مواضع واخرج سرائره وسماه نظم القرآن ولم يأت على جميع المعاني فيه قال وللكعبي كتاب في التفسير يزيد حجمه على كتاب ابي زيد قال الوزيري وكان ايضاً يتحرج عن تفضيل الصحابة بعضهم على بعض وكذلك عن مفاخرة العربي (٢) والعجم ويقول ليس في هذه المناظرات الثلاث ما يجدي طائلا ولا يتضمن حاصلاً لان الله تعالى يقول في معنى القرآن أَنْزَلْنَاهُ قُرْآناً عَرَبِيّاً قَيِّماً غَيْرَ ذِي عِوَجٍ الآية واما معنى الصحابة وتفضيل بعضهم فقوله عليه السلام اصحابي كالنجوم بايهم اقتديتم اهتديتم وكذلك العربي والشعوبي فانه سبحانه يقول فَلَا أَنْسَابَ بَيْنَكُمْ يَوْمَئِذٍ وَلَا يَتَسَاءَلُونَ ويقول في موضع آخر إِنَّ أَكْرَمَكُمْ عِنْدَ اللهِ أَتْقَاكُمْ قال وسمعت بعض اهل الادب يقول اتفق اهل صناعة الكلام ان متكلمي العالم ثلاثة الجاحظ وعلي بن عبيدة اللطفي وابو زيد البلخي فمنهم من يزيد لفظه على معناه وهو الجاحظ ومنهم من يزيد معناه على لفظه وهو علي بن عبيدة ومنهم من توافق لفظه ومعناه وهو ابو زيد وقال ابو حيان

(١) هو المشهور بالتوحيدي (٢) لعله العرب

في كتاب النظائر [١] ابو زيد البلخي يقال له بالعراق جاحظ خراسان وحكي ان ابا زيد لما دخل على احمد بن سهل اول دخوله عليه سأله عن اسمه فقال له ابو زيد فعجب احمد بن سهل من ذلك حين سأله عن اسمه فاجاب عن كنيته وعد ذلك من سقطاته فلما خرج ترك خاتمه في مجلسه عنده فابصره احمد بن سهل فازداد تعجبا من غفلته فاخذه بيده ونظر في نقش فصه فاذا عليه احمد بن سهل فعلم حينئذ انه انما اجاب عن كنيته للموافقة الواقعة بين اسمه واسمه وانه اخذ بحسن الادب وراعى حد الاحتشام واختار وصمة التزام الخطا والمحال في الوقت والحال على ان يتعاطى اسم الامير بالاستعمال والابتذال وحكي ان ابا زيد في حداثته وحال فقره وخلته كان التمس من ابي علي المنيري حنطة فامره بحمل جراب اليه ففعل فلم يعطه حنطة وحبس الجراب ومضى على هذا اعوام كثيرة وخرج شهيد بن الحسين الى محتاج بن احمد بالصغانيان وكتب الى أبي زيد كتبا لم يجبه ابو زيد عنها فكتب اليه شهيد بهذين البيتين يعيره بحديث الجراب

أمني النفس منك جواب كتبي   واقطعها لتسكن وهي تابى

اذا ما قلت سوف يجيب قالت   اذا رد المنيري الجرابا

قال وقرأت بخط ابي الحسن الحديثي على ظهر كتاب كمال الدين لابي زيد قال ابو بكر الفقيه ما صنف في الاسلام كتاب انفع للمسلمين من كتاب البحث عن التأويلات صنفه ابو زيد البلخي وهذا الكتاب

(١) يريد البصائر

يعني كتاب كمال الدين* وكان لابي زيد حافد يقال له علي بن محمد بن أبي زيد قال ولابي زيد نحو [1] من ستين تأليفاً قال ولقي احمد بن سهل الامير ابا زيد في طريق وقد اجهده السير فقال له عييت أيها الشيخ فقال له ابو زيد نعم اعييت أيها الامير فنبهه انه لحن في قوله عييت اذ العي في الكلام والاعياء في المشي* وانشد ابو زيد

لكل امرىء ضيف يسر بقربه ومالي سوى الاحزان والهم من ضيف
تناءت بنا دار الحبيب اقترابها فلم يبق الا رؤية الطيف للطيف

وقال ابو زيد كان ببلخ مجنون من عقلاء المجانين وكان يعرف بابي ابراهيم اسحاق بن اسحاق البغداذي [من عقلاء المجانين [2]] دخل اليّ وكنت ألاعب الاهوازي بالشطرنج فقال ابو زيد والاهوازي لك فتحيرت في هذا الكلام فقال لي احسب فحسبت بحروف الجمل فكان ستون قال فصل بين كنيتك وكنية [3] الاهوازي قال فوصلت فاذا ابو زيد ثلاثون والاهوازي ثلاثون فقضيت عجبا من اختراعه في تلك الوهلة هذا الحساب* واما خبر وفاته قال صاحب الكتاب المذكور ذكر ابو زيد الدمشقي قال دخلت على أبي زيد رحمه الله يوم الجمعة ضحوة لعشر بقين من ذي القعدة سنة ٣٢٢ فوجدته ثقيلا من علته فسلمت عليه سلاماً ضعيفاً ثم قال يا ابا بكر قد انقطع السبب وما هو الا فراق الاخوان ودمعت عينه وبكيت انا وقلت ارجو ان يشفع الله الشيخ فينا وفي عربتنا [4] بعافيته فقال ايهات وقرأ هذه الآية أَفَرَأَيْتَ إِنْ مَتَّعْنَاهُمْ سنينَ ثُمَّ جَاءَهُمْ

(١) ق نحواً (٢) هذه الكلمات زائدة (٣) الصواب نسبة (٤) لعله عترتنا

مَا كانُوا يُوعَدُونَ مَا أَغْنَى عَنْهُمْ مَا كانُوا يُمَتَّعُونَ ثم قال لا تغب عني وكن بالقرب فلما كان عند العتمة قال انصرفوا حتى ادعوكم وقال لابنه الحسين اذا طلع القمر ونزل في الدار فاعلمني فلما طلع القمر اعلمه فصاح بهم فجاءوا وقال أطلع القمر فقالوا نعم قال اجتمعوا كل من في المنزل فاجتمعوا عليه فسأل كل واحد مهم عن حاله وعن كسوته وعن آلة الشتاء ثم قال (١) بقي شيء لم اصلحه لكم قالوا لا فاستحلفهم (٢) ثم قال عليكم السلام هذا آخر اجتماعي معكم ثم جعل يتشهد ويستغفر ثم قال قوموا فقد جاء نوبة غيركم نخرجوا من باب الطارمة وهم يسمعون تشهده ثم سكت فرجعوا وقد قضى نحبه رحمه الله هذا العقل والتمييز فصار كما قال ابو تمام

ثم انقضت تلك السنون واهلها   فكأنها وكأنهم احلام

قال المؤلف. هذا آخر ما كتبته من كتاب ابي سهل احمد بن عبيد الله من اخبار ابي زيد وما أرى ان أحداً جاء من خبر أبي زيد باحسن مما جاء به أثابه الله على اهتمامه الجنة وسأكتب اخبار ابي القاسم عبد الله ابن احمد الكعبي البلخي عنه في موضعه ولم اخل من اخبار أبي زيد التي ذكرها بشيء عما يتعلق به انما تركت اشياء من فوائده تتعلق بكتب المجاميع وقال المرزباني احمد بن سهل البلخي محدث معتمدي هو القائل يرثي الحسن بن الحسين العلوي وقد توفي ببلخ

ان المنيـة رامتنا باسهمها   فاوقعت سهمها المسموم بالحسن

(١) لعله سقط هل (٢) ق فاستحلهم

ابو محمد الاعلى فغادره
تحت الصفيح[1] مع الاموات في قرن
يا قبر ان الذي ضمنت جثته
من عصبة سادة ليسوا ذوي افن
محمد وعلي ثم زوجته
ثم الحسين ابنه والمرتضى الحسن
صلى الاله عليهم والملائكة الـ
ـمقربون طوال[2] الدهر والزمن

قال المؤلف هكذا قال المرزباني ولا أدري ايريد صاحبنا هذا او غيره فانه لم يذكره با كثر مما كتبناه*وقرأت في كتاب البلدان لابي عبد الله البشاري ان صاحب خراسان استدعاه الى بخارى ليستعين به على سلطانه فلما بلغ جيحون ورأى تغطمط امواجه وجرية مائه وسعة قطره كتب اليه ان كنت استدعيتني لما بلغك من صائب رأيي فاني ان عبرت هذا النهر فلست بذي رأي ورأيي يمنعني من عبوره فلما قرأ كتابه عجب منه وامره بالرجوع الى بلخ

﴿ احمد بن الصنديد العراقي ﴾

يكنى ابا مالك كان من اهل الادب والشعر روى شعر المعرّي عنه وله فيه شرح وله مع الحصري مناقضات دخل الاندلس وكان عند بني طاهر ومدح الرؤساء والاكابر

﴿ احمد بن أبي طاهر ابو الفضل ﴾

واسم أبي طاهر طيفور مروروزي الاصل أحد البلغاء الشعراء الرواة من اهل الفهم المذكورين بالعلم وهو صاحب كتاب تاريخ بغداد في اخبار الخلفاء والامراء وايامهم مات سنة ٢٨٠ ودفن بباب الشام ببغداد ومولده

(١) ق الصفح (٢) ق طول

سنة ٢٠٤ مدخل المأمون بغداد من خراسان ذكر ذلك ابنه عبيد الله فيما ذيله على تاريخ والده وحكاه عنه قال وروى عن عمر بن شبه. روى عنه ابنه عبيد الله ومحمد بن خلف بن المرزبان وحدث جعفر بن احمد[١] صاحب كتاب الباهر كان احمد ابن أبي طاهر مؤدب كتّاب عاميا ثم تخصص وجلس في سوق الوراقين في الجانب الشرقي قال ولم أر ممن شهر بمثل ما شهر به من التصنيف للكتب وقول الشعر اكثر تصحيفاً منه ولا ابلد علما ولا الحن ولقد انشدني شعرا يعرضه عليّ في اسحاق بن ايوب لحن في بضعة عشر موضعا منه وكان اسرق الناس لنصف بيت وثلث بيت قال وكذا قال لي البحتري فيه وكان مع هذا جميل الاخلاق ظريف المعاشرة حلوا من الكهول.[٢] وحدث ابو دهقان[٣] قال كنت انزل في جوار المعلي بن ايوب صاحب العرض والجيش في ايام المأمون وكان احمد بن أبي طاهر ينزل عنده فاضقنا اضاقة شديدة تعذرت علينا وجوه الحيلة فقلت لابن أبي طاهر هل لك في شيء لا بأس به تدعني حتى اسجيك وامضي الى منزل المعلي بن ايوب فاعلمه ان صديقا لي قد توفى فآخذ منه ثمن كفن فننفقه فقال نعم وجئت الى وكيل المعلي فعرفته خبرنا فصار معي الى منزلي فتأمل ابن أبي طاهر ثم نقر أنفه فضرط فقال لي ما هذا فقلت هذه بقية من روحه كرهت نكهته فخرجت من استه فضحك وعرف المعلي خبرنا فامر لنا بجملة دنانير والمعلي هذا هو الذي يقول فيه دعبل وقيل ابو علي النصر[٤]

---

(١) فهرست ص١٤٦ حمدان (٢) فهرست الكهوب (٣) ص هفان (٤) لعله البصير

لعمر ابيك ما نسب المعلي   الى كرم وفي الدنيا كريم
ولكن البلاد اذا اقشعرت   وصوح نبتها رُعِي الهشيم

وحدث الجهشياري في كتاب الوزراء قال مدح احمد بن أبي طاهر الحسن بن مخلد وزير المعتمد فامر له بمائة دينار وقال ابو [1] رجاء الخادم نخذها منه فلقى احمد رجاء فقال له لم يأمرني بشيء فكتب الى الحسن

اما رجاء فارجى ما امرتَ به   فكيف ان كنت لم تامره يأتمرُ
بادر بجودك مهما كنت مقتدراً   فليس في كل حال انت مقتدرُ

فامر باضعافها له وذكره محمد بن اسحاق النديم وقال له من الكتب كتاب المنثور والمنظوم اربعة عشر جزءًا والذي بيد الناس ثلاثة عشر جزءًا . كتاب سرقات الشعراء . كتاب بغداذ . كتاب الجواهر كتاب المؤلفين . كتاب الهدايا . كتاب المشتق المختلف من المؤتلف . كتاب اسماء الشعراء الاوائل . كتاب الموشى. كتاب القاب الشعراء ومن عرف بالكنى ومن عرف بالاسم . كتاب المعرقين [2] من الانبياء . كتاب المعتذرين . كتاب اعتذار وهب من ضرطته . كتاب من انشد شعرا واجيب بكلام . كتاب الحجاب . كتاب مرثية [3] هرمز بن كسرى ابن أبي شروان . كتاب خبر الملك العاتي [4] في تدبير المملكة والسياسة . كتاب الملك المصلح والوزير المعين . كتاب الملك البابلي والملك المصري الباغيين والملك الحكيم الرومي . كتاب المزاح والمعاتبات .

---

(١) لعله ائت (٢) فهرست المعروفين (٣) فهرست مرثية ونوشروان
(٤) فهرست العالي

كتاب مفاخرة الورد والنرجس . كتاب مقاتل الفرسان . كتاب مقاتل الشعراء . كتاب الخيل كبير . كتاب الطرد . كتاب سرقات البحتري [١] من ابي تمام . كتاب جمهرة بني هاشم . كتاب رسالة الى ابراهيم بن المدبر [٢] . كتاب الرسالة في النهي عن الشهوات . كتاب الرسالة الى علي بن يحيي . كتاب الجامع في الشعراء واخبارهم . كتاب فضل العرب على العجم . كتاب لسان العيون . كتاب اخبار المتظرفات . كتاب اختيار [٣] اشعار الشعراء . كتاب اختيار شعر بكر ابن النطاح . كتاب المؤنس [٤] . كتاب الغلة والغليل . كتاب اختيار شعر العتابي [٥] . كتاب اختيار شعر منصور النمري . كتاب اختيار شعر ابي العتاهية . كتاب اخبار [٦] بشار واختيار شعره . كتاب اخبار مروان وآل مروان واختيار اشعارهم . كتاب اخبار ابن منادر [٧] . كتاب اخبار ابن هرمة ومختار شعره . كتاب اخبار شعر ابن الدمينة [٨] . كتاب اخبار وشعر قيس بن عبيد الله [٩] الرقيات . وانشد له ابنه عبيد الله في كتابه

وما الشعر الا السيف ينبو وحده حسام ويمضي وهو ليس بذى حد
ولو كان بالاحسان يرزق شاعر
لاجدي الذي يكدى واكدي الذي يجدى [١٠]

---

(١) فهرست النحويين (٢) فهرست الوليد (٣) فهرست اختيارات (٤) فهرست ــ (٥) زاد الفهرست اختيار شعر دعبل ومسلم (٦) فهرست اختيار شعر (٧) فهرست ميادة (٨) فهرست الدمينة (٩) فهرست اختيار شعر عبيد الله ابن قيس (١٠) ق واجدى الذي يكدي

ومن قوله ايضاً

قد كنت اصدق في وعدي فصيرني　　كذابة ليس ذا في جملة الادب

ياذا كرا حلت عن عهدي وعهدكم　　فنصرة الصدق افضت بي الى الكذب

حدث المرزباني في كتاب المقتبس عن عبد الله بن محمد الحليمي قال انشدني احمد بن ابي طاهر لنفسه في ابي العباس المبرد

كملت في المبرد الآداب　　واستقلت في عقله الالباب

غير ان الفتى كما زعم النا　　س دعيّ مصحف كذاب

وحدث عن الصولي عن ابي علي بن عينويه الكاتب قال حدثني احمد بن ابي طاهر قال خرجت من منزل ابي الصقر نصف النهار في تموز فقلت ليس بقربي منزل اقرب من منزل المبرد اذ كنت لا اقدر اصل الى منزلي بباب الشام فجئته فادخلني الى حويشة له وجاء بمائدة فاكلت معه لونين طيبين وسقاني ماءً بارداً وقال لي احدثك الى ان تنام فجعل يحدثني احسن حديث فحضرني لشؤمي وقلة شكري بيتان فقلت قد حضر بيتان انشدهما فقال ذاك اليك وهو يظن اني قد مدحته فانشدته

ويوم كحر الشوق في صدر عاشق　　على انه منه احر واومد

ظللت به عند المبرد قائلا　　فما زلت في الفاظه اتبرد

فقال لي قد كان يسعك اذا لم تحمد الا تذم وما لك عندي جزاء الا اخرجك [1] والله لاجلست عندي بعد هذا فاخرجني فمضيت الى منزلي بباب الشام فمرضت من الحر الذي نالني مدة فعدت باللوم على نفسي .

(١) لعله اخراجك

قال الخالدي حدثنا جحظة عن احمد بن ابي طاهر قال قصدت سر من رأى زائراً بعض كتابها بشعر مدحته به فقبلني واحسن الي واجزل صلتي ووهب لي غلاماً روميا حسن الوجه ورحلت اريد بغداد سائراً على الظهر ولم اركب الماء فلما سرت نحو الفرسخ اخذتنا السماء بامر عظيم من القطر ونحن بالقرب من دير السوسن فقلت للغلام اعدل بنا يا بني الى هذا الدير نقيم فيه الى ان يخف هذا المطر ففعل وازداد القطر واشتد وجاء الليل فقال الراهب انت العشية ههنا وعندي شراب جيد فتبيت وتقصف ويسكن المطر وتجف الطريق وتبكر فقلت افعل فاخرج الى شرابا ما رأيت قط اصفى منه ولا اعطر فقلت هات مدامك وامرت بحط الرحل وبت والغلام يُسقيني والراهب نديمي حتى مت سكرا فلما اصبحت رحلت وقلت

سقى سر من را وسكانها ... وديرا لسوسنها الراهب
سحاب تدفق عن رعده اا ... صفوق وبارقه الواصب
فقد بت في ديره ليلة ... وبدر على غُصن صاحبي
غزال سقاني حتى الصبا ... ح صفراء كالذهب الذائب
على الورد من حمرة الوجنتين ... وفي الآس من خضرة الشارب
سقاني المدامة مستيقظا ... ونمت ونام الى جانبي
فكانت هناة لك الويل من ... جناها الذي خطه كاتبي
فيارب تب واعف عن مذنب ... مقر بزلته تائب

﴿ احمد بن الطيب السرخسي يعرف بابن الفرائقي ﴾

احد العلماء الفهماء المحصلين الفصحاء البلغاء المتقنين له في علم الأثر الباع الوساع وفي علوم الحكماء الذهن الثاقب الوقاد وبسطة الذراع وهو تلميذ الكندي وله في كل فن تصانيف ومجاميع وتواليف وكان احد ندماء ابي العباس المعتضد بالله والمختصين به فانكر منه بعض شانه فاذاقه حمامه صبراً وجعله نكالا ولم يرع له ذمة ولا إلاًّ وقال في تاريخ دمشق ذكره ابو الحسن محمد بن احمد بن القواس قال ولى احمد بن الطيب الحسبة يوم الاثنين والمواريث يوم الثلاثاء وسوق الرقيق يوم الاربعاء لسبع خلون من رجب سنة ٢٨٢ وفي يوم الاثنين لخمس خلون من جمادي الاولى سنة ٨٣ غضب المعتضد على احمد بن الطيب وفى يوم الخميس لثلاث بقين من جمادي الاولى ضرب ابن الطيب مائة سوط وحول الى المطبق وفى صفر سنة ٢٨٦ مات ابن الطيب السرخسي. حدث ابو القاسم عن عبد الله بن عمر الحاربي قال حدثني ابي قال حدثني ابو محمد عبد الله بن حمدون نديم المعتضد قال كان المعتضد في بعض متصيداته مجتازاً بعسكره وانا معه فصاح ناطور فى قثاء فاستدعاه وسأله عن سبب صياحه فقال اخذ بعض الجيش شيئاً فقال اطلبوهم جاءوا بثلاثة انفس فقال هؤلاء الذين اخذوا القثاء فقال الناطور نعم فتقيدهم(١) في الحال وامر بحبسهم فلما كان من الغد انفذهم الى القراح وضرب اعناقهم فيه وسار وانكر الناس ذلك وتحدثوا به ونجبت قلوبهم منه ومضت على ذلك

(١) لعله فقيدهم

مدة طويلة فجلست احادثه ليلة فقال لي ياعبد الله هل يعتب الناس عليَّ
شيئاً عرّفني حتى ازيله فقلت كلا يا امير المؤمنين فقال اقسمت عليك
بحياتي الا صدقتني قلت يا امير المؤمنين وانا آمن قال نعم قلت اسراعك
الى سفك الدماء فقال والله ما هرقت دما قط منذ وليت هذا الامر الا
بحقه قال فامسكت امساك من ينكر عليه الكلام فقال بحياتي ما قلت
فقلت يقولون انك قتلت احمد بن الطيب وكان خادمك ولم تكن له
جناية ظاهرة فقال ويحك انه دعاني الى الالحاد فقلت له ياهذا انا ابن
عم صاحب هذه الشريعة وانا الآن منتصب منصبه فالحد حتى اكون
من وكان قال لي ان الخلفاء لاتغضب واذا غضبت لم ترض فلم يصلح
اطلاقه فسكتّ سكوت من يريد الكلام فقال في وجهك كلام فقلت
الناس ينقمون عليك امر الثلاثة الانفس الذين قتلتهم في قراح القثاء
فقال والله ما كان اولئك المقتولون [١] هم الذين اخذوا القثاء وانما كانوا
لصوصا حملوا من موضع كذا وكذا و وافق ذلك امر اصحاب القثاء فاردت
ان اهول على الجيش بان من عاث منهم في عسكري وافسد في هذا
القدر كانت هذه عقوبتي له ليكفوا عما فوقه ولو اردت قتلهم لقتلتهم في
الحال والوقت وانما حبستهم وامرت باخراج اللصوص من غد مغطين
الوجوه ليقال انهم اصحاب القثاء فقلت فكيف تعلم العامة قال باخراجي
القوم الذين اخذوا القثاء احياءً واطلاقي لهم في هذه الساعة ثم قال هاتم
القوم فجاؤا بهم وقد تغيرت حالهم فقال لهم ما قصتكم فاقتصوا عليه قصة

---

(١) ق المقتولين

القثاء فاستتابهم عن فعل مثل ذلك واطلقهم فانتشرت الحكاية فزالت التهمة

﴿ احمد بن عبد الله بن عبد الرحيم ﴾

ابن سعيد بن ابي زرعة الزهري مولاهم يكنى ابو بكر البرقي وقد ذكرنا فيما بعد برقيا آخر اسمه احمد بن محمد وهو ايضاً من برقة قم وقد اشتد عليّ امره وامر هذا فنقلت كما وجدت ولا شك انهما من بيت واحد والله اعلم وكانوا ثلاثة اخوة كلهم من اهل العلم ابو بكر احمد وابو عبد الله محمد وابو سعيد عبد الرحيم يروى ثلاثتهم المغازي عن عبد الملك بن هشام . وفي كتاب اصبهان لحمزة في الفصل الذي ذكر فيه اهل الادب واللغة قال احمد بن عبد الله البرقي كان من رستاق برق رود وهو احد الرواة للغة والشعر واستوطن قم نخرج ابن اخيه ابو عبد الله البرقي هناك ثم قدم ابو عبد الله اصبهان فاستوطنها. قرأت في كتاب جمهرة النسب قال ابن حبيب اخبرني ابو عبد الله البرقي وكان اعلم اهل قم بنسب الاشعريين ان ابن الكلبي قال في ثلاثة احياء من الاشعريين لسن وانما هو اسن وقال مراطة وانما هو امراطة وقال زكاز وانما هو ركاز

﴿ احمد بن عبد الله بن مسلم بن قتيبة ﴾

ابو جعفر الكاتب ولد ببغداد ومات بمصر وهو على قضائها سنة ٣٢٢ وقد روى عن ابيه تصانيفه كلها حدث عنه ابو الفتح المراغي النحوي وعبد الرحمن بن اسحاق الزجاجي وغيرهما وقال ابو يعقوب يوسف بن يعقوب بن خرزاذ النجيرمي ان ابا جعفر بن قتيبة حدث بكتب ابيه

كلها بمصر حفظا ولم يكن معه كتاب واحسب ذكر ذلك عن ابي الحسين المهلبي . وحدث ابو سعيد بن يونس قال قدم احمد بن عبد الله ابن مسلم بن قتيبة مصر سنة ٣٢١ وتولى بها القضاء وتوفي بها وهو على القضاء سنة ٣٢٢

﴿ احمد بن محمد بن عبد الله المعبدي ﴾

من ولد معبد بن العباس بن عبد المطلب بن هاشم احد من اشتهر بالنحو وعلم العربية من الكوفيين وجه من وجوه اصحاب ثعلب الكبار ذكره الزبيدي وقد تقدم ذكر آخر يقال له احمد بن سليمان لا ادري اهو هذا ونسب الى جد له اعلى يقال له سليمان ام هو غيره قرأت بخط ابن أبي نواس قال ابو عمر بن حيويه قال لي ابو عمر مات المعبدي ليلة الاربعاء لثمان بقين من صفر سنة ٢٩٢ (١)

﴿ احمد بن عبد الله بن احمد الفرغاني ﴾

ابو منصور بن أبي محمد عبد الله بن احمد بن خزيان بن حامس الفرغاني كان ابوه صاحب محمد بن جرير الطبري صاحب التفسير والتاريخ وقد كتبنا خبره فيما بعد في بابه مات احمد هذا في شهر ربيع الاول سنة ٣٩٨ ومولده لثمان عشرة ليلة خلت من ذي الحجة سنة ٣٢٧ بمصر كانت وفاته كما اخبرني المصريون بها في سنة ٦١٢ عند كوني بها روي ابو منصور عن ابيه تصانيف أبي جعفر محمد بن جرير الطبري وصنف ابو منصور ايضا عدة تصانيف منها كتاب التاريخ وصل به تاريخ والده

(١) سبق في ص ١٤١

وكتاب سيرة العزيز سلطان مصر المنتسب الى العلويين وكتاب سيرة كافور الاخشيدي وبمصر كان مقامه

﴿ احمد بن عبد الله بن بدر القرطبي ﴾

النحوي ابو مروان مولى الحكم المستنصر روي عن أبي عمر بن أبي الحباب وأبي بكر بن هذيل وكان نحويا لغويا شاعراً عروضيا مات سنة ٤٢٣ حدث عنه ابو مروان الطيبي وذكر [(١)] خبره ووفاته قاله ابن بشكوال

﴿ احمد بن عبد الله بن سليمان ﴾

ابو العلاء المعري هو ابو العلاء احمد بن عبد الله بن سليمان بن [(٢)] داوود ابن المطهر بن زياد بن ربيعة بن الحارث بن ربيعة بن ارقم بن انور بن اسحم بن النعمان ويقال له الساطع الجمال بن عدي بن عبد غطفان بن عمرو بن يربح بن خزيمة بن تيم الله بن اسد بن وبرة بن تغلب بن حلوان بن عمران بن الحاف بن قضاعة وتيم الله مجتمع تنوخ من اهل محلة [(٣)] النعمان من بلاد الشام كان غزير الفضل شائع الذكر وافر العلم غاية في الفهم عالماً باللغة حاذقا بالنحو جيد الشعر جزل الكلام شهرته تغني عن صفته وفضله ينطق بسجيته ولد بمعرة النعمان سنة ٣٦٣ واعتل علة الجدري التي ذهب فيها بصره سنة ٣٦٧ وقال الشعر وهو ابن احدى عشرة سنة ورحل الى بغداد سنة ٣٩٨ اقام ببغداد سنة وسبعة اشهر ثم رجع الى بلده فاقام ولزم منزله الى ان مات يوم الجمعة الثاني من شهر ربيع

(١) ق وذكره : وفي الصلة الطني (٢) ق ــ (٣) الصواب معرة

الاول سنة ٤٤٩ في ايام القائم وكان في آبائه [١] واعمامه ومن تقدمه من اهله وتاخر عنه من ولد ابيه ونسله فضلاء وقضاة وشعراء انا ذاكر منهم من حضرني لتعرف نسبه في العلم كما عرفت ما اعطيه من الفهم . كان سليمان بن احمد [٢] بن سليمان جده قاضي المعرة ولي القضاء بحمص وبها مات في سنة ٢٩٠ ثم ولي القضاء بعده بها ولده ابو بكر محمد عم أبي العلاء وفيه يقول الصنوبري الشاعر

بابي يا بن سليمان　　سدت تنوخا [٣]
وهم السادة شبا　　نا لعمري وشيوخا
ادرك البغية من اضـ　　ـحى بناديك منيخا
وارداً عندك نيلا　　وفراتا وبليخا
واجداً منك متى اسـ　　ـتصرخ للمجد صريخا
في زمان غادر الهمـ　　ـات في الناس مسوخا

ثم بعده اخوه ابو محمد عبد الله والد أبي العلاء ولعبد الله شعر في مرثية والده

ان كان اصبح [٤] من اهواه مطرّحاً　　بباب حمص فما حزني بمطرح
لو بان ايسر ما اخفيه من جزع　　لمات اكثر اعدائي من الفرح

وتوفى عبد الله بحمص سنة ٣٧٧

ومنهم ابو المجد محمد بن عبد الله اخو أبي العلاء وكان اسن من أبي العلاء وله ايضا شعر منه في الزهد

(١) ق ايامه (٢) قد سبق ان اسمه داوود (٣) ق بنوخا والبيت ناقص (٤) ق صح

كرم المهيمن منتهى املي ... لانيتي اجر ولا عملي
يا مفضلا جلت فواضله ... عن بغيتي حتى انقضى اجلي
كم قد افضت عليّ من نعم ... كم قد سترت عليّ من زلل
ان لم يكن لي ما الوذ به ... يوم الحساب فان عفوك لى

ومنهم عبد الواحد ابو الهيثم اخو أبي العلاء القائل في الشمعة

وذات لون كلوني في تغيره ... وادمع كدموعي في تحدرها
سهرت ليلي وباتت لي مسهرة ... كان ناظرها في قلب مسهرها

وله ايضا

قالوا تراه سلا لان جفونه ... ضنت عشية بيننا بدموعها
ومن العجائب ان يفيض مدامع ... نار الغرام تشب في ينبوعها

هؤلاء من حضرني ممن كان قبل أبي العلاء وفي زمانه وقد تأخر عن زمانه من اهله من كان (١) عالما فاضلا وانا ذاكرهم ههنا ليجيئوا على نسق واحد فمنهم القاضي ابو المجد محمد بن عبد الله وابو المجد الثاني هو اخو (٢) أبي العلاء وذكره العماد في الخريدة فقال ذكر لي ابنه القاضي ابو اليسر الكاتب انه كان فاضلا اديبا فقيها على مذهب الشافعي اريبا مفتيا خطيبا ادرك عم ابيه أبا العلاء وروي عنه مصنفاته واشعاره وولى القضاء بالمعرة الى ان دخلها الفرنج خذلهم الله في سنة ٤٩٢ فانتقل الى شيزر واقام بها مدة ثم انتقل الى حماة فاقام بها الى ان مات في محرم سنة ٥٢٣ ومولده سنة ٤٤٠ وله ديوان ورسائل ومن شعره

(١) ق — (٢) لعله ابن اخي

رأيتك في نومي كأنك معرض ملالا فداويت الملالة بالترك

وأصبحت أبغي شاهداً فعدمته فعدت فغلبت اليقين على الشك

وعهدي بصحف الود (١) تنشر بيننا فان طويت فاجعل ختامك بالمسك

لئن كانت الايام أبلى جديدها جديدي وردت من رحيب الى ضنك

فما أنا الا السيف أخلق جفنه وليس بمأمون الغراد على الفتك

قال وأنشدني (٢) بعض أهل المعرة

جس الطبيب يدي جهلا فقلت له اليك عني فان اليوم بحراني

فقال لي ما الذي تشكو فقلت له اني هويت بجهلي بعض جيراني

فقام يعجب من قولي (٣) وقال لهم انسان سوء فداووه بانسان

قال وأنشدني مؤيد الدولة اسامة بن منقذ قال أنشدني القاضي أبو المجد المعري لنفسه

وقائلة رأت شيباً علاني عهدتك في قميص صبى بديع

فقلت فهل ترين سوى هشيم اذا جاوزت أيام الربيع

قال الامير اسامة ولما فارق أهله بالمعرة وبقي متفرداً وكان له غلام اسمه شعيا قال

زمان غاض أهل الفضل فيه فسقياً للحمام به ورعيا

أسارى بين أتراك وروم وفقد أحبة ورفاق شعيا

قال وقد سبقه الى هذا المعنى الوزير المغربي فانه لما تغيرت عليه الوزارة وتغرب كان معه غلام اسمه داهر فقال

---

(١) الخريدة : ق (٢) لعله سقط له (٣) الخريدة جهلي

كفى حزناً اني مقيم ببلدة   يعللني بعد الاحبة داهر
يحدثني مما يجمع عقله   أحاديث منها مستقيم وجائر

قال الامير اسامة لما بليت بفرقة الاهل كتبت الى أخي أستطرد بغلامي أبي المجد والوزير المغربي اللذين ذكراهما في شعريهما

أصبحت بعدك ياشقيق النفس في   بحر من الهم المبرح زاخر
متفرداً بالهم من لي ساعة   برفاق شعيا أو علالة داهر

الحديث شجون يذكر الشيء بما يتصل به وأشعار أبي المجد المعرّي كثيرة منها

قد أوسع الله البلاد وللفتى   الى بعضها عن بعضها متزحزح
نخل الهوينا انها شر مركب   ودونك صعب الامر فالصعب أنجح
فان نلت ما تهوى فذاك وان تمت   فللموت خير للكريم وأروح

ومنهم أبو اليسر شاكر بن عبد الله بن محمد بن أبي المجد بن عبد الله بن محمد بن سليمان (١) قال العماد كان كاتب الانشاء لنور الدين محمود بن زنكي قبلي فلما استعفى وقعد في بيته توليت الانشاء بعده ومولده بشيزر في جمادى الآخرة سنة ٤٩٦ وكان قد تولى ديوان الانشاء سنين كثيرة قال وأنشدني لنفسه

وردت بجهلي مورد الصب فارتوت   عروقي من محض الهوى وعظامي
ولم تك الا نظرة بعد نظرة   على غرة منها ووضع لثام (٢)
نخلت بقلبي من تشي طماعه   أقرت بها (٣) حتى الممات عظامي

(١) لعله عبد الله بن سليمان (٢) هذا البيت مزيد في الخريدة (٣) الخريدة : ق به

وله أيضاً

سارقته نظرة أطال بها　　عذاب قلبي وما له ذنب
يا جور حكم الهوى ويا عجباً　　تسرق عيني ويقطع القلب

وله

يا[1] عارض دب في الخـــد دبيباً من تحت عقرب صدغ
قعد القلب منهما في بلاء　　وعذاب ما بين قرص ولدغ

وله

غَرِيَتْ بهم نوب الليالي فاغتدوا　　ما يستقر لهم بارض دار
حتى كأنهمُ طريف بضائع　　وكأن أحداث الزمان تجَار

وله

تعمم رأسي بالمشيب فساءني　　وما سرني[2] تفتيح نور بياضه
وقد أبصرت عيني خطوبا كثيرة　　فلم أر خطباً أسوداً كبياضه

ومنهم القاضي ابو مسلم وادع بن[3] عبدالله بن محمد بن عبد الله بن سليمان كان أبو العلاء عم أبيه تولى القضاء بمعرة النعمان وكفرطاب وحماة وكان مشهوراً بالكرم مولده سنة ٤٣١ وله رسائل حسنة وشعر بديع منه

وقائلة ما بال حسك[4] أرمدا　　فقلت وفي الاحشاء من قولها الدغ
لئن سرقت عيناه من لون خده　　فغير بديع ربما نفض الصبغ

ومن شعره أيضاً

ولما تلاقينا وهذا بناره　　حريق وهذا بالدموع غريق

(١) بياض في الاصل (٢) ق تسر (٣) ق عن (٤) لعله جفنك

تقلدت الدر الذي[1] فاض جفنها فرصعه من مقلتي عقيق

ومنهم أبو عدي النعمان بن أبي مسلم وادع من أهل العلم والفضل وهو القائل

يا أيها الملاك لا تبرحوا الا ملاك وارجوها الى قابل
فالعام قد صحت ولكنها للعدل والمشرف والعامل

ومات ابو عدي بعد سنة ٥٥٠ ومنهم ابو مرشد سليمان بن علي بن محمد ابن عبد الله بن سليمان ولي القضاء بمعرة النعمان وانتقل الى شيزر بعد أخذ الفرنج المعرة وتوفى بها وله رسائل وشعر منه قصيدة التزم في كل كلمة منها حرف النون أولها

نزه لسانك عن نفاق منافق وانصح فان الدين نصح المؤمن
وتجنب المن المنكد للندى وأعن بنيلك من أعانك وامنن

ومنهم ابو سهل عبد الرحمن بن مدرك بن علي بن محمد بن عبد الله بن سليمان مولده ومنشؤه بشيزر وحماة وتوفي في الزلزلة كانت بحماة سنة ٥٥٢ وكان شاعراً مطبوع الشعر ومنه

جرحت بلحظي خد الحبيب فما طالب المقلة الفاعله
ولكنه اقتص من مهجتي كذاك الديات[2] على العاقله

ومن شعره ايضا

ولما سألت القلب صبراً عن الهوى وطالبته بالصدق وهو يروغ
تيقنت منه انه غير صابر — وانّ سلوًّا عنه ليس يسوغ

---

(١) ق — (٢) ق الذباب

فان قال لا اسلوه قلت صدقتني   وان قال اسلو عنه قلت دروغ

هذه كلمة عجمية معناها كذب(١) ومنهم اخوه ابو المعالي صاعد بن مدرك ابن علي بن محمد بن عبد الله بن سليمان مولده ومنشؤه شيزر وحماة ومات بمعرة النعمان ومن شعره

ايا ايها الوادي المبيني هل لنا   تلاق فنشكو فيه صنع التفرق

ابثك ما بي من غرام ولوعة   وفرط جوى يضنى وطول تشوق

عسى ان ترقي حين ملكت رقه   وترثي له مما بهجرك قد لقى

بوصل يروى غلة الوجد والاسى   ويطفي به حر الجوى والتحرق

وغير هؤلاء حذفت اسماءهم اختصاراً وانما قصدت الاخبار عن اعراق أبي العلاء في بيت العلم ونقلت من بعض الكتب ان ابا العلاء لما ورد الى بغداد قصد ابا الحسن علي بن عيسى الربعي ليقرأ عليه فلما دخل اليه قال علي بن عيسى ليصعد الاصطبل فخرج مغضبا ولم يعد اليه والاصطبل في لغة اهل الشام الاعمى ولعلها معربة ودخل على المرتضي أبي القاسم فعثر برجل فقال من هذا الكلب فقال المعري الكلب من لا يعرف للكلب سبعين اسماً وسمعه المرتضي فاستدناه واختبره فوجده عالما مشبعا بالفطنة والذكاء فاقبل عليه اقبالاً كثيراً وكان ابو العلاء يتعصب للمتنبي ويزعم انه اشعر المحدثين ويفضله على بشار ومن بعده مثل أبي نواس وأبي تمام وكان المرتضي يبغض المتنبي ويتعصب عليه فجرى يوماً بحضرته ذكر المتنبي فتنقصه المرتضي وجعل يتبع عيوبه فقال المعري لو لم يكن

(١) هذه الابيات ذكرها الخفاجي في شفاء الغليل

للمتنبي من الشعر الا قوله

لك يا منازل في القلوب منازل

لكفاه فضلا فغضب المرتضي وامر فسحب برجله واخرج من مجلسه وقال لمن بحضرته اتدرون اي شيء اراد الاعمى بذكر هذه القصيدة فان للمتنبي ماهو اجود منها لم يذكرها فقيل النقيب السيد اعرف فقال اراد قوله في هذه القصيدة

واذا أتتك مذمتي من ناقص فهي الشهادة لي باني كامل

ولما رجع الى المعرة لزم بيته فلم يخرج منه وسمى نفسه رهين المحبسين يعني حبس نفسه في المنزل وترك الخروج منه وحبسه عن النظر الى (١) الدنيا بالعمى. وكان متهما في دينه يرى رأي البراهمة لايرى افساد الصورة ولا يأكل لحما ولا يؤمن بالرسل والبعث والنشور وعاش شيئاً وثمانين سنة لم يأكل اللحم منها خمساً واربعين سنة وحدثت انه مرض مرة فوصف الطبيب له الفروج فلما جيء به لمسه بيده وقال استضعفوك فوصفوك هلا وصفوا شبل الاسد وقد اوردنا من شعره مايستدل به على سوء معتقده ويخبرك بنحلته ومستنده. وحدث غرس النعمة ابو الحسن الصابي انه بقي خمساً واربعين سنة لايأكل اللحم ولا البيض ويحرم ايلام الحيوان ويقتصر على ما تنبت الارض ويلبس خشن الثياب ويظهر دوام الصوم قال ولقيه رجل فقال له لم لاتأكل اللحم قال ارحم الحيوان قال فما تقول في السباع التي لاطعام لها الا لحوم الحيوان فان كان

(١) ق ابي

لذلك خالق فما انت بارأف منه وان كانت الطبائع [١] المحدثة لذلك فما انت باحذق منها ولا اتقن عملاً فسكت قال ابن الجوزي وقد كان يمكنه ان لا يذبح رحمة واما ما قد ذبحه غيره فاي رحمة بقيت قال وقد حدثنا عن أبي زكرياء انه قال قال لي المعري ما الذي تعتقد فقلت في نفسي اليوم اقف على [٢] اعتقاده فقلت له ما انا الا شاك فقال وهكذا شيخك. قال القاضي ابو يوسف عبد السلام القزويني قال لي المعري لم اهج احداً قط فقلت له صدقت الا الانبياء عليهم السلام فتغير وجهه. وحدث ابو زكرياء قال لما مات ابو العلاء انشد على قبره بعد موته اربعة [٣] وثمانون شاعراً مراثى من [٤] جملتها ابيات لعلي بن الهمام من قصيدة طويلة

ان كنت لم ترق الدماء زهادة   فلقد ارقت اليوم من جفني دما

سيرت ذكراً في البلاد كأنه   مسك مسامعها [٥] يضمخ اوفما

وترى الحجيج اذا ارادوا ليلة   ذكراك اوجب فدية من احرما

كأنه يقول ان ذكرك طيب والطيب لايحل للمحرم فيجب عليه فدية

ومن شعره في الزهد

ضحكنا وكان الضحك منا سفاهة   وحق لسكان البسيطة ان يبكوا

يحطمنا صرف [٦] الزمان كأننا   زجاج ولكن لايعاد لنا سبك

ومن شعره في الزهد

---

(١) ق للطبائع (٢) ق ـ (٣) ق اربع (٤) ق ـ (٥) مقدمة سقط الزند (طبع مصر ٢) : ق فسامعه (٦) في لزوم ما لا يلزم (طبع مصر ٢ : ١٤٣)

ريب

فلا[١] تشرف بدنيا عنك معرضة　　فما التشرف بالدنيا هو الشرف
واصرف فؤادك عنها مثلما انصرفت　　فكلنا عن مغانيها سينصرف
يا ام دفر لحاك الله والدة　　فيك الخناء وفيك البوس والسرف
لو انك العرس اوقعت الطلاق بها　　لكنك الام مالي عنك منصرف

وحدث ابو الكرم خميس بن علي الحوزي النحوي حدثنا القاضي ابو يوسف القزويني قال قال لي ملحد[٢] المعرة ماسمعت في امر[٣] الحسين ابن علي رضي الله عنهما شيئاً يجب ان يحفظ فقلت له قد قال سوادي من اهل بلادنا ابياتاً لا يقول مثلها تنوخ جدك الاكبر

رأس ابن بنت محمد ووصيه　　للمسلمين على قناة يرفع
والمسلمون لمنظر ولمشهد　　لا جزع فيهم ولا متفجع
كحلت بمنظرك العيون عماية　　واصم رزؤك كل اذن تسمع
ايقظت اجفانا وكنت لها كرى　　وانمت عينا لم تكن بك تهجع
ما روضة الا تمنت انها　　لك تربة ولحظ قبرك مضجع

قال ولم يسم لنا قائلاً . وقال ابو منصور الثعالبي في يتيمة[٤] الدهر وكان حدثني ابو الحسن الدلفي المصيصي الشاعر وهو من لقيته قديما وحديثا في مدة ثلاثين سنة قال لقيت بمعرة النعمان عجباً من العجب رأيت شاعراً ظريفاً يلعب بالشطرنج والزد ويدخل في كل فن من الجد والهزل يكنى ابا العلاء وسمعته يقول انا احمد الله على العمى كما يحمده غيري على البصر قال

(١) هذه الابيات قد ورد بعضها في لزوم ما لا يلزم (طبع مصر ٢ : ٩٧)
(٢) ق محلد (٣) ق امر ابي (٤) الاصح في تتمة اليتيمة

وحضرته يوما وهو يملي في جواب كتاب ورد عليه من بعض الرؤساء

وافى الكتاب فاوجب الشكرا فضممته ولثمته عشرا
وفضضته وقرأته فاذا اجلى كتاب في الورى يقرا
فمحاه دمعي من تحدره شوقاً اليك فلم يدع سطرا

قال وانشدني لنفسه

لست ادري ولا المنجم يدري ما يريد القضاء بالانسان
غير اني اقول قول محق قد يرى الغيب فيه مثل العيان
ان من كان محسنا فابكيه[1] لجميل عواقب الاحسان

حدث ابو سعد السمعاني في كتاب النسب وقد ذكر المعري فقال بعد وصفه وذكر تلميذه ابو زكريا التبريزي انه كان قاعدا في مسجده بمعرة النعمان بين يدي ابي العلاء يقرأ عليه شيئا من تصانيفه قال وكنت قد اقمت عنده سنين ولم ار احداً من اهل بلدي فدخل المسجد مغافصة بعض جيراننا للصلوة فرأيته وعرفته فتغيرت من الفرح فقال لي ابو العلاء ايش اصابك فحكيت له اني رأيت جاراً لي بعد ان لم الق احداً من اهل بلدي سنتين فقال لي قم وكلمه فقلت حتى اتمم السيق[2] فقال قم انا انتظرلك فقمت وكلمته بلسان الاذربية شيئاً كثيراً الى ان سألت عن كل ما اردت فلما رجعت وقعدت بين يديه قال لي اي لسان هذا قلت هذا لسان اهل اذربيجان فقال لي ما عرفت اللسان ولا فهمته غير اني حفظت ما قلتما ثم اعاد على اللفظ بعينه من غير ان ينقص عنه او يزيد

(١) لعله فابكينه (٢) لعله السياق

عليه جميع ما قلت وقال جاري فتعجبت غاية التعجب كيف حفظ ما لم يفهمه قال المؤلف وهذا غاية ليس بعدها شيءٌ في حسن الحفظ . وقال المؤلف وانا كثير الاستحسان لقول ابي العلاء

اسالت اتي الدمع فوق اسيل ... ومالت لظل بالعراق ظليل
ايا جارة البيت الممنع اهله ... غدوت ومن لي عندكم بمقيل
لغيري زكوة من جمال وان تكن ... زكوة جمال فاذكري ابن سبيل
وارسلت طيفا خان لما بعثته ... فلا تثقي من بعده برسول
خيالا ارانا نفسه متجنباً ... وقد زار من صافي الوداد وصول
نسيت مكان العقد من دهش النوى ... فعلقته من وجنة بمسيل
وكنت لاجل البين شمس غدية ... ولكنها للبين شمس اصيل
اسرت اخانا بالخداع وانه ... يعد اذا اشتد الوغى بقبيل
فان تطلقيه تملكي شكر قومه ... وان تقتليه توخذي بقتيل
وان عاش لاقى ذلة واختياره ... وفاة عزيز لا حياة ذليل
وكيف يجر الجيش يطلب غارة ... اسير بمجرور الذيول كحيل

ومن شعره لزوم ما لا يلزم

يامحلى عليك مني سلام ... سوف امضي وينجز الموعود (١)
فلجسمي الى التراب هبوط ... ولروحي الى الهواء صعود
وعلى حالها تدوم الليالي ... فنحوس لمعشر وسعود (٢)

---

(١) ق الموعد. والصواب في لزوم ما لا يلزم طبع مصر ١٨٩١ (١ : ٢٦٨)

(٢) طبع مصر او سعود

اترجون ان اعود اليكم   لا يرجوا فانني لا اعود

قرأت بخط ابي سعد انشدنا الوكيل باصبهان انشدنا عبيد الله القشيري انشدنا ابو الوليد الدربندي قال انشدني ابو العلاء التنوخي في داره عند وداعي اياه

كم بلدة فارقتها ومعاشر   يذرون من اسف علي دموعا
واذا اضاعتني الخطوب فلن ارى   لعهود اخوان الصفاء مضيعا
خاللت توديع الاصادق للنوى   فمتى اودع خلي التوديعا

قال ابن الهبارية انشدني ابو زكريا الخطيب التبريزي قال انشدني ابو العلاء احمد بن عبد الله بن سليمان المغربي (١) لنفسه

ارى جيل التصوف شر جيل   فقل لهم واهون بالحلول
اقال الله حين عبدتموه   كلوا اكل البهائم وارقصوا لي

[وفي هذا الموضع اورد المصنف لابي العلاء اربع رسائل اعدادها ٧ و ٨ و١٠ و١١ في مجموع رسائله المطبوع في اكسفرد ولم نر فائدة في اعادة طبعها ههنا]

ومن شعر ابي العلاء في الغزل

يا ظبية علقتني في تصيدها   اشراكها وهي لم تعلق باشراكي
اعييت قلبي وما راعيت حرمته   فلم رعيت ولا راعيت مرعاك
اتحرقين فؤاداً قد حللت به   بنار حبك عمداً (٢) وهو اواك
اسكنته حين لم يسكن به سكن   وليس يحسن ان يسخى بسكناك

(١) يعني المعري (٢) ق وهو ما

ما بال داعي غرامي حين يامرني   بان اكابد حر الوجد ينهاك

ولم غدا القلب ذا باس وذا طمع   يرجوك ان ترحميه ثم يخشاك

ومن خط ابن العصار قال ابو العلاء في رجل اسمه ابو القاسم

هـذا ابو القاسم اعجوبة   لـكل من يدري ولا يدري

لا ينظم الشعر ولا يحفظ الـ   قرآن وهو الشاعر المقري

قرأت بخط ابي سعد قال سمعت المبارك بن احمد بن الاخوث مذاكرة خرج رجل على سبيل الفرجة فقعد على الجسر فاقبلت امرأة من جانب الرصافة متوجهة الى الجانب الغربي فاستقبلها شاب فقال لها رحم الله علي ابن الجعد (١) فقالت المرأة في الحال رحم الله ابا العلاء المعري ولم يقفا ومرّا مشرقا ومغربة فتتبعت المرأة وقلت لها اخبريني عافاك الله عما قال لك وعما اجبتيه فقالت نعم رحم الله علي بن الجهم اراد قوله

عيون المها بين الرصافة والجسر   جلبن الهوى من حيث ادري ولا ادري

واردت (٢) بترحمي على ابي العلاء قوله

فيـا دارها بالحزن ان مزارها   قريب ولكن دون ذلك اهوال

قال ابو زكريا يحيى بن علي الخطيب التبريزي انشدني ابو العلاء احمد بن عبد الله بن سليمان المعري لنفسه

منك الصدود ومني بالصدود (٣) رضى   من ذا علي بهذا في هواك قضى

بي منك ما لو غدا بالشمس ما طلعت   من الكآبة او بالبرق ما ومضا

---

(١) الصواب ابن الجهم (٢) ق واردات (٣) ق الصدود: والصواب في سقط الزند طبع مصر ١٢٨٦ (١ : ١٣٧)

جربت دهري واهليه فما تركت ... لي التجارب في ود امرئ غرضا

اذا الفتى ذم عيشاً في شبيبته ... ماذا يقول اذا عصر الشباب مضى

وقد تعوضت عن كل بمشبهه ... فما وجدت لايام الصبا عوضا

وله ايضاً

غدوت مريض العقل والدين فالقني ... لتعلم انباء الامور الصحائح

الابيات

قرأت بخط عبد الله بن محمد بن سعيد بن سنان الخفاجي الشاعر في كتاب له الفه في الصدقة زعم فيه ان القرآن لم يخرق العادة بالفصاحة حتى صار معجزة للنبي صلى الله عليه وسلم وان كل فصيح بليغ قادر على الاتيان بمثله الا انهم صرفوا عن ذلك لا ان يكون القرآن في نفسه معجز الفصاحة وهو مذهب الجماعة من المتكلمين والرافضة منهم بشر المريسي والمرتضى ابو القاسم قال في تضاعيفه وقد حمل جماعة من الادباء قول اصحاب [١] انه لا يمكن احد من المعارضة بعد زمان التحدي [٢] على ان نظموا على اسلوب القرآن واظهر ذلك قوم واخفاه آخرون ومما ظهر منه قول ابي العلاء في بعض كلامه اقسم بخالق الخيل * والريح الهابّة بليل * بين الشرط ومطالع سهيل * ان الكافر لطويل الويل * وان العمر لمكفوف الذيل * اتق مدارج السيل * وطالع التوبة من قبيل * تنج وما اخالك بناج * وقوله اذلت العائذة اباها * واصاب الوحدة ورباها * والله بكرمه اجتباها * اولاها الشرف بما حباها * ارسل الشمال وصباها * ولا

(١) سقطت كلمة مثل التفسير (٢) لعله النبي

يخاف عقباها * وقال

ماجار شماسك في كلمة ولا يهوديك بالطامع (١)

والطيلسان اشتق في لفظه (٢) من طلسة المبتكر الخامع

والقس خير لك فيما ارى من خاطب (٣) يخطب في جامع

وله ايضاً

قالوا فلان جيد فاجبتهم (٤) لا تكذبوا ما في البرية جيد

فغنيهم (٥) نال الغناء ببخله وفقيرهم بصلاته يتصيد

والناس في ابي العلاء مختلفون فمنهم من يقول انه كان زنديقاً وينسبون اليه اشياء مما ذكرناها ومنهم من يقول زاهداً عابداً متقللاً ياخذ نفسه بالرياضة والخشونة والقناعة باليسير والاعراض عن اعراض الدنيا قال كمال الدين ابو القاسم عمر بن ابي جرادة قرات بخط ابي اليسر شاكر ابن عبد الله بن سليمان المعري ان المستنصر صاحب مصر بذل لابي العلاء ما ببيت المال بالمعرة من الحلال فلم يقبل منه شيئاً وقال

كانما غايةٌ لي من غنى فعدٍّ عن معدن (٦) اسوان

سرت برغمي عن زمان الصبى يعجلني وقتي واكواني

صد ابي الطيب (٧) لما غدا منصرفاً عن شعب بوان

---

(١) ق الطامع: والصواب في لزوم ما لا يلزم طبع مصر (٢ : ٩٣) (٢) ق من اسمه (٣) طبع مصر من مسلم (٤) طبع مصر (١ : ٢٦٣) لصديقه (٥) الصواب فاميرهم نال الامارة بالخنا وتقيهم الخ (٦) ق معد بن (٧) ابيات المتنبي المعرض بها اوردها ياقوت في معجم البلدان (١ : ٧٥٢) واولها يقول بشعب بوان حصاني الخ

وقال ايضاً

لا اطلب الارزاق والـــمولى يفيض عليّ رزقي
ان اعط بعض القوت اعـــلم ان ذلك ضعف حقي

قال وقرأت بخط ابي اليسر المعري في ذكره وكان رضي الله عنه يرمي من اهل الحسد له بالتعطيل وتعمل تلامذته وغيرهم على لسانه الاشعار يضمنونها اقاويل الملحدة قصداً لهلاكه وايثاراً لاتلاف نفسه فقال رضي الله عنه

حاول اهواني قوم فما واجهتهم الا باهوان
يخرسوني بسعاياتهم فغيروا نية اخواني
لواستطاعوا لوشوا(١) بي الى الـــمريخ في الشهب وكيوان

وقال ايضاً

غريت بدمي امة وبحمد خالقها غريت
وعبدت ربي ما استطعـــت ومن بريته بريت
وفرتني الجهال حا سدةً على وما فريت
سعروا علي فلم احـــس وعندهم اني هريت

فهرست كتبه على ما نقلته من خط احمد(٢) مستملي ابي العلاء. فقال الذي املاه ابو العلاء احمد بن عبد الله بن سليمان التنوخي تجاوز الله عنه من الكتب على ضروب منها ما هو في الزهد وقرأت في نسخة اخرى فهرست كتبه ما صورته قال الشيخ ابو العلاء رضي الله عنه لزمت مسكني منذ

(١) لو شا (٢) لعله احد

سنة اربعمائة واجتهدت على ان اتوفّر على تسبيح الله وتحميده الى ان اضطرّ الى غير ذلك فامليت اشياء وتولّى نسخها الشيخ ابو الحسن علي ابن عبد الله بن ابي هاشم احسن الله معونته فالزمني بذلك حقوقاً جمة وايادي بيضا لانه افنى فيّ زمنه ولم يأخذ عمّا صنع ثمنه والله يحسن له الجزاء ويكفيه حوادث الزمن والارزاء وهي على ضروب مختلفة فمنها ما هو في الزهد والعظات وتمجيد الله سبحانه وتعالى من المنظوم والمنثور فمن ذلك الكتاب المعروف بالفصول والغايات والمراد بالغايات القوافي لانّ القافية غاية البيت اي منتهاه وهو كتاب موضوع على حروف المعجم ما خلا الألف لان فواصله مبنيّة على ان يكون ما قبل الحرف المعتمد فيها الف ومن المحال ان يُجمع بين الفيْن ولكن يجيء الهمزة وقبلها الف مثل العطاء والكساء وكذلك الشراب والسراب في الباء ثم على هذا الترتيب ولم يعتمد فيه ان تكون الحروف التي يبنى عليها مستوية الاعراب بل تجيء مختلفة وفي الكتاب قوافٍ تجيء على نسق واحد وليست المطلقة بالغايات ومجيئها على قري [١] واحد مثل ان يقال عمامها وغلامها وغمامها وأمراً وتمراً وما اشبهه وفيه فنون كثيرة من هذا النوع وقيل انه بدأ بهذا الكتاب قبل رحلته الى بغداد واتمه بعد عوده الى معرة النعمان وهو سبعة اجزاء وفي نسخة مقداره [٢] مائة كراسة. وكتاب الشاذن [٣] انشأه في ذكر غريب هذا الكتاب وما فيه من اللغز مقداره عشرون

---

(١) يعني قرء (٢) ق مقداره (٣) في كشف الظنون السادر : وعند الذهبي السادن ولعله الصواب

كراسة . وكتاب اقليد الغايات لطيف مقصور على تفسير اللغز مقداره عشر كراريس . الكتاب المعروف بالايك والغصون وهو كتاب الهمزة بخطه والردف يُبنى على احدى عشرة حالة الهمزة في حال افرادها واضافتها ومثال ذلك السماء بالرفع السماء بالنصب السماء بالخفض سماء يتبع الهمزة التنوين سماؤه مرفوع مضاف سماءه منصوب مضاف سمائه مخفوض مضاف ثم يجيء سماؤها وسماءها وسمائها على التأنيث ثم همزة بعدها هاء ساكنة مثل عباءه وملاءه فاذا ضربت في حروف المعجم الثمانية والعشرين خرج من ذلك ثلثمائة فصل وثمانية فصول وهي مستوفاة في كتاب الهمزة والردف وذكرت فيه الارداف الاربعة بعد ذكر الالف وهي الواو المضموم ما قبلها والواو التي قبلها فتحة ويذكر لكل جنر[1] من هذه احد عشرة وجهاً كما ذكر للالف ومن غير خطه وهو في العظات وذم الدنيا وهو اثنان وتسعون جزءًا نسخة اخرى ويكون مقدار هذا الكتاب الف ومائتا كراسة. ومن خطه والكتاب المعروف بتضمين الآي وهو كتاب مختلف الفصول فمنه طائفة على حروف المعجم وقبل الحرف المعتمد الف مثل ان يقال في الهمزة بناء ونساء وفي الباء ثياب وعباب ثم على هذا الى آخر الحروف ومنه فصول كثيرة على فاعلين مثل باسطين وقاسطين وعلى فاعلون مثل حامدون وعابدون وفيه ما هو على غير هذا الفن والغرض ان يأتي بعد انقضاء الكلام آية من الكتاب العزيز مثل قوله إِيَّاكَ نَعْبُدُ وَإِيَّاكَ نَسْتَعِينُ وربما اقتصر على بعض الآية او جيء بآيتين

(١) لعله جنس

واكثر منهما اذا كانت الآيات من ذوات القصر كآيات عَبَسَ ونحوها ومقدار هذا الكتاب اربعمائة كراسة وكان السبب في تأليف هذا الكتاب ان بعض الامراء سأله ان يؤلف كتاباً برسمه ولم يؤثر ان يؤلف شيئاً في غير العظات والحث على تقوى الله فاملي هذا الكتاب . كتاب تفسير الهمزة والردف جزء . كتاب سيف الخطبة جزءان يشتمل على خطب السنة فيه خطب للجُمع والعيدين والخسوف والكسوف والاستسقاء وعقد النكاح وهي مؤلفة على حروف من حروف المعجم فيها خطب عمادها الهمزة وخطب بنيت على الباء وخطب على الدال وعلى الراء وعلى اللام وعلى الميم وعلى النون وتركت الجيم والحاء وما يجري مجراها لان الكلام المقول في الجماعات ينبغي ان يكون مسجسجا سهلا ومقداره اربعون كراسة وكان سأله في هذا الكتاب رجل من المتظاهرين بالديانة فصنف له . كتاب نشر شواهد الجمهرة ولم يتمّ ثلاثة اجزاء . كتاب دعاء وحرز الخيل . كتاب مجد الانصار في القوافي . كتاب تاج الحرّة في عظات النساء خاصّة وتختلف فصوله فمنها ما يجيء بعد حرفه الذي يثبت ثبات الرويّ ياء[١] التانيث كقوله شائي وتشائي وتسائي وهابي وترابي ومنه ما هو مبني على الكاف نحو غلامك وكلامك وفيها ما يجيء على تفعلين مثل ترغبين وتذهبين وانواعه كثيرة فيكون هذا الكتاب نحو اربعمائة كراسة . كتاب يعرف بدعاء ساعة . وكتاب اخر يعرف بوقعة[٢] الواعظ . كتاب يعرف بسجع الحمائم يتكلم فيه على السن

(١) ق تاء (٢) لعله برقعة

حمائم اربع وكان بعض الرؤساء سأله ان يصنف له تصنيفاً يذكره فيه
فانشد [١] هذا الكتاب وجعل ما يقونه على لسان الحمامة في العظة والحث
على الزهد قال غيره هو اربعة اجزاء مقداره ثلاثون كراسة . كتاب
يعرف بلزوم ما لا يلزم وهو في المنظوم بني على حروف المعجم يذكر كل
حرف سوى الالف بوجوهه الاربعة وهي الضمة والفتحة والكسرة
والوقف ومعنى لزوم ما لا يلزم ان القافية يردد فيها حرف لو غيّر لم يكن
مخلّا بالنظم كما قال كثير

خليلي هذا ربع عزة فاعقلا   قلوصيكما ثم انزلا حيث حلت

فلزم اللام قبل التاء وذلك لا يلزمه ولم يفعل كما فعل الشنفري في قصيدته ١٧٠
التي على التاء لانه لم يلزم فيها الا [٢] حرفاً واحداً ولكنه خالف بين
الحروف التي قبل الروي فقال

ارى ام عمرو ازمعت فاستقلت   وما ودعت جيرانها يوم ولت

وقال فيها

بريحانة من بيت حلية نورت [٣]   لها ارج ما حولها غير مسنت

وقال فيها

لها وفضة فيها ثلاثون سيحفا [٤]   اذا انست اولى العدى اقشعرت

ومن غير خطه ماهو ثلاثة اجزاء او اربعمائة وعشرون كراسة يحتوي
على احد عشر الف بيت من الشعر . وكتاب زجر النابح يتعلق بلزوم ما لا

---

(١) لعله فانشأ (٢) ق ــ (٣) في ذيل الاغاني (٢١: ١٣٩) اصرعت (٤) ق
سيحفا : فليراجع ذيل الاغاني

يلزم وذلك ان بعض الجهال تكلم على ابيات من لزوم ما لا يلزم يريد بها التشرر والاذية فالزم ابا العلاء اصدقاؤه ان ينشيء هذا فانشأ هذا الكتاب وهو كاره ومن غير خطه ماهو شرح اللزوم وهو جزؤ واحد مقداره اربعون كراسة . كتاب يتعلق بزجر النابح سماه بحر الزجر . كتاب ملقي السبيل صغير فيه نظم ونثر. كتاب الجلي والجلي [١] سأله فيه صديق له من اهل حلب يعرف بابن الحلي مجلد واحد وعشرون كراسة. ومن غير هذا الجنس كتاب لطيف فيه شعر قيل في الدهر الاوّل يعرف بكتاب سقط الزند وابياته ثلاثة آلاف بيت. كتاب يعرف بجامع الاوزان فيه شعر منظوم على معنى اللغز يعم به الاوزان الخمسة عشر التي ذكرها الخليل بجميع ضروبها ويذكر قوافي كل ضرب من ذلك مثاله ان يقال للضرب الاول من الطويل اربع قوافٍ المطلقة المجردة ثم قول القائل

الا يا اسلمي ياهند هند بني بدر   وان كان حنانا عدي آخر الدهر

والقافية المردفة مثل قول امرئ القيس

الا انعم صباحاً ايها الطلل البالي

والمقيدة المجردة وذلك مفقود في الشعر القديم والمحدث وربما جاء به المحدثون على النحو الذي يسمى مقصوراً كما قال بعض الناس وهو في السجن هو صالح [٢] بن عبد القدوس

الى الله اشكو انه موضع الشكوى   وفي يده كشف المصيبة والبلوى

خرجنا من الدنيا ونحن من اهلها   فما نحن بالاحياء فيها ولا الموتى

---

(١) لعله الحلي الحلبي (٢) في اللزوم (٤١:١) من ولد صالح

اذا ما اتانا مخبر عن حديثها   فرحنا وقلنا جاء هذا من الدنيا
وتعجبنا الرويا فحل حديثنا   اذا نحن اصبحنا الحديث عن الرؤيا
فان حسنت لم تأت عجلى وابطلت   وان قبحت لم تحتبس وأتت عجلى

والقافية المقيدة المؤسسة مثل ان يكون العادلْ والقائلْ وذلك مرفوض متروك ثم على هذا النحو الى آخر الكتاب ومقداره ستون كراسة ويكون عدد ابيات شعره نحو تسعة آلاف بيت وهو ثلاثة اجزاء. كتاب يعرف بالسجع السلطاني يشتمل على مخاطبات للجنود والوزراء وغيرهم من الولاة وكان بعض من خدم السلطان وارتفعت طبقته ولا قدم له في الكتبة فسأل ان ينشأ له كتاب مسجوع من اوله الى آخره وهو لا يشعر بما يريد لقلة خبرته (١) بالادب فألّف له هذا الكتاب وهو أربعة اجزاء. وكتاب يعرف بسجع الفقيه جزء ثلاثون كراسة. وكتاب لطيف يعرف بسجع المضطرين عمله لرجل مسافر يستعين به على امور دنياه. وكتاب مختصر يعرف بذكرى حبيب في غريب شعر ابي تمام سأل فيه صديق لابي العلاء من الكتّاب وهو اربعة اجزاء ستون كراسة وهذه الكتب المسئول في تأليفها انما تكلفها مؤلفها من فرط الحياء وهو لتأليفها كاره. وكتاب عبث الوليد فيما يتصل بشعر البحتري وكان سبب انشائه ان بعض الرؤساء انفذ نسخة ليقابل له بها فاثبت مما جرى من الغلط ليعرض ذلك عليه وهو جزء واحد وعشرون كراسة. وكتاب يعرف بالرياش المصطنعي

(١) ق اخبرته

في شرح مواضع من الحماسة الرياشيّة عمل لرجل يلقب بمصطنع [١] الدولة ويخاطب بالامرة واسمه كليب بن علي ويكني ابا غالب انفذ نسخة من الحماسة الرياشية وسال ان يخرج على حواشيها شيئاً لم يذكره ابو رياش مما يحتاج الى تفسيره نخشي ان يضيق الحواشي عن ذلك فصنع هذا الكتاب وجمع فيه ما سنح مما لم يفسره ابو رياش اربعون كراسة. وكتاب يعرف بشرف السيف عمل للرجل الذي كان مقيماً بدمشق وهو المعروف بنشتكين الدزبري وكان السبب في عمله انه كان يوجه الى ابي العلاء بالسلام ويحفي المسئلة عنه فاراد جزاءه على ما فعل جزآن . وكتاب يعرف [٢] بتعليق الجليس مما يتصل بكتاب ابي القاسم عبد الرحمن بن اسحاق الزجاجي المعروف بالجُمل جزء . وكتاب اسعاف الصديق ثلاثة اجزاء يتعلق بالجمل ايضاً .وكتاب قاضي الحق يتصل بالكتاب المعروف بالكافي الذي ألفه ابو جعفر النحاس .وكتاب الحقير النافع مختصر في النحو خمس كراريس . وكتاب يتصل به يعرف بالطل الطاهري انشئ لرجل يعرف بابي طاهر حلبي. وكتاب المختصر الفتحي يتصل بكتاب محمد بن سعدان صنعه لرجل يكنى ابا الفتح محمد بن علي بن ابي هاشم وكان ابو هذا الرجل تولى اثبات ما الفه ابو العلاء من جميع هذه الكتب فالزمه بذلك حقوقا جمة وايادي كثيرة . وكتاب في الرسائل الطوال فيها رسالة الغفران . وكتاب سميته خطب الخيل يتكلم على السنتها ومقداره عشر

(١) هذا يدل على ان اسم المصطنع صواب دون المصطفى كما هو في كشف الظنون (٢) ق ـ

كراريس . كتاب يعرف بخطبة الفصيح يتكلم فيه على ابواب الفصيح مقداره خمس عشرة كراسة . وكتاب شرح فيه ما جاء في الذي قبله من الغريب يعرف بتفسير خطبة الفصيح . وكتاب رسل الراموز نحو ثلاثين كراسة . وكتاب راحة اللزوم ويشرح فيه ما في كتاب لزوم ما لا يلزم من الغريب نحو مائة كراسة . وكتاب لطيف يعرف بخماسية الراح في ذم الخمر ومعنى هذا الوسم انه بني على حروف المعجم فذكر لكل حرف تمكن حركته خمس سجعات مضمومات وخمساً مفتوحات وخمساً مكسورات وخمساً موقوفات يكون مقداره عشر كراريس . وكتاب المواعظ الست وهو لطيف ومعنى هذا التلقيب ان الفصل الاول منه في خطاب رجل والثاني في خطاب اثنين والثالث في خطاب جماعة والرابع في خطاب امرأة والخامس في خطاب امرأتين والسادس في خطاب نسوة نحو خمس عشرة كراسة . كتاب ضوء السقط تفسير غريب سقط الزند مقداره عشرون كراسة . وكتاب الصاهل والشاحج يتكلم فيه على لسان فرس وبغل مقداره اربعون كراسة صنفه لابي شجاع فاتك الملقب بعزيز الدولة والي حلب من قبل المصريين وكان روميّاً . وكتاب[1] منار القائف في تفسير الكتاب الذي قبله فيما جاء فيه من اللغز والغريب عشر كراريس . كتاب دعاء الايّام السبعة . وكتاب رسالة على لسان ملك الموت عليه السلام . وكتاب بعض فضائل امير المؤمنين علي بن أبي طالب كرم الله وجهه . وكتاب ادب العصفورين . وكتاب السجعات العشر موضوع على كل

(١) سقط من هذا الموضع ذكر كتاب اسمه القائف

حرف من حروف المعجم عشر سجعات في المواعظ . كتاب شرح سيبويه لم يتمّ مقداره خمسون كراسة . كتاب يتصل بكتاب الزجاجيّ يعرف بعون الجمل عمل ايضا لابي الفتح محمد بن علي بن ابي هاشم المذكور آنفا وهو آخر شيء املاه. وكتاب في النحو يتصل بالكتاب المعروف بالعضدي ولقبه ظهير العضدي . وكتاب ديوان الرسائل وهو ثلاثة اقسام الاوّل رسائل طوال تجري مجرى الكتب المصنفة مثل كتاب رسالة الملائكة . وكتاب الرسالة السندية جزء . وكتاب رسالة الغفران جزء . وكتاب رسالة الفرض جزء ونحو ذلك . والثاني رسائل دون هذه في الطول (١) مثل كتاب رسالة المنيح. وكتاب (٢) رسالة الاغريض . والثالث كتاب الرسائل القصار كنحو ما يجري به العادة في المكاتبة قيل انه اربعون جزءًا وقيل (٣) انه ثمانمائة كراسة. وكتاب خادم الرسائل في تفسير ما تضمنته هذه الرسائل مما يحتاج اليه المبتدئون في الادب. كتاب تظلم السور. وكتاب عظات السور. وكتاب الراحلة ثلاثة اجزاء في تفسير كتاب لزوم ما لا يلزم . وكتاب في المنظوم يعرف بكتاب استغفر واستغري مقداره مائة وعشرون كراسة فيه نحو من عشرة آلاف (٤) بيت. وكتاب يعرف بالرسالة الحضية. وكتاب رسائل المعونة وهي ما كتبت على السن قوم . وكتاب مثقال النظم في العروض جزء . وكتاب اللامع العزيزي في تفسير شعر المتنبي عمل للامير عزيز الدولة وغرسها ابن تاج الامراء ابي الدوام ثابت بن ثمال بن صالح بن مرداس بن ادريس بن

---

(١) ق الطوال (٢) ق بغير واو (٣) ق بغير واو (٤) ق الف

نصر بن حميد بن شداد بن عبد قيس بن ربيعة بن كعب بن عبد الله ابن أبي بكر بن كلاب بن ربيعة بن عامر بن صعصعة ويقال له ايضا اللامع [١] العزيزي مقداره مائة وعشرون كراسة. هذا ما وجدناه واثبتناه عن جماعة من اصحاب ابي العلاء قالوا وله بعض كتب في العروض والشعر بدأ بها ولم تتمّ وتمت وشذ عنّا اسماؤها. ومن شعره الدال على سوء عقيدته من لزوم ما لا يلزم

ألا فانعموا واحذروا في الحياة ملهى [٢] يسمى زوال النعم
اتوكم باقوالهم [٣] والحسام يسد به زاعم ما زعم
تلوا باطلا وجلوا صارماً وقالوا صدقنا فقلنا [٤] نعم
زخارف ما ثبتت في القلوب عمى عليكم بهن المعم

ومن ذلك ايضا

فقد طال العناء فكم تعانى سطوراً عاد كاتبها بطمس
دعا موسى وزال وقام عيسى وجاء محمد بصلاة خمس
وقيل يجيء دين غير هذا فاودى الناس بين غدوامس
اذا قلت المحال رفعت صوتي وان قلت اليقين اطلت همسي

ومن ذلك ايضا

وجدت الشرع تخلقه الليالي كما خلق الرداء الشرعبي

---

(١) الصواب معجز احمد ذكره الصفدي وهذا العنوان موجود ايضا على نسخة الكتاب التي في لندره (٢) في طبع مصر (٢ : ٣٢٧) ملما ومزيل (٣) طبع مصر باقبالهم ويشد (٤) طبع مصر فقلتم

هي العادات يجري الشيخ منها   على شيم تعودها الصبي
واشوى الحق غاو [1] مشرقي   ولم يرزقه آخر مغربي
فذا عُمَرٌ يقول وذا سواه [2]   كلا الرجلين في الدعوى غبي

ومن ذلك ايضا

اذا ما ذكرنا ادماً وفعاله   وتزويج بنتيه لابنيه في الدنا
علمنا بان الخلق من اصل ريبة   وان جميع الناس من عنصر الزنا

وقال في رسالة الغفران ولما اجلى عمر بن الخطاب اهل الذمة عن جزيرة العرب شق ذلك على الجالين فيقال ان رجلا من يهود خيبر يعرف بسمير بن ادكن قال في ذلك

يصول ابو حفص علينا بدرة   رويدك ان المرء يطفو ويرسب
كانك لا [3] تتبع حمولة ما قط   لتشبع ان الزاد شيء محبب
فلو كان موسى صادقا ما ظهرتم   علينا ولكن [4] دولة ثم تذهب
ونحن سبقناكم الى المين فاعرفوا   لنا رتبة البادي الذي هو اكذب
مشيتم على آثارنا في طريقنا   وبغيتكم في ان تسودوا وترهبوا

وهذا يشبه ان يكون شعره قد نحله هذا اليهودي او ان ايراده لمثل هذا واستلذاذه به من امارات سوء عقيدته وقبح مذهبه ومن اشعاره الدالة على سوء اعتقاده قوله في لزوم ما لا يلزم ايضا

---

(١) طبع مصر رام (٢:٤٢٧) وهو الصواب (٢) طبع مصر علي (٣) في مجلة الجمعية الاسيوية (١٩٠٢ : ٨٢٨) كانك لم (٤) مجلة : ق ـ

وهيهات [١] البرية في ضلال   وقد نظر اللبيب لما اعتراها
تقدم صاحب التوراة موسى   واوقع في الخسار من اقتراها
فقال رجاله وحي اتاه   وقال الناظرون بل افتراها
وما حجى الى احجار بيت   كؤوس الخمر تشرب في ذراها
اذا رجع الحليم الى حجاه   تهاون بالمذاهب وازدراها

ومنها ايضا

خذ المرآة واستخبر نجوماً   تمر [٢] بطعم الاري المشور
تدل على الممات [٣] بلا ارتياب   ولكن لاتدل على النشور

ومنها ايضا

هفت الحنيفة والنصارى ما اهتدوا [٤]   ويهود حارت والمجوس مضلله
أثنان اهل الارض ذو عقل بلا   دين وآخر دين لاعقل له

ومنها ايضا

ان الشرائع القت بيننا احنا   واورثتنا [٥] افانين العداوات
وما [٦] ابيحت نساء الروم عن عرض   للعرب الا باحكام النبوات

ومنها ايضا

تناقض ما لنا الا السكوت له   وان نعوذ بمولانا من النار
يد بخمس مئين عسجد فديت   ما بالها قطعت في ربع دينار

---

(١) الابيات غير موجودة في طبع مصر (٢) طبع مصر (١ : ٣٩٢) : ق تمن (٣) طبع مصر الحمام (٤) طبع مصر (٢ : ٢٠١) اهتدت (٥) طبع مصر (١ : ١٨٦) واودعتنا (٦) طبع مصر وهل

قال المؤلف كانّ المعري حمار لا يفقه شيئا والا فالمراد بهذا بين لو كانت اليد لا تقطع الا في سرقة خمسمائة دينار لكثر سرقة مادونها طمعاً في النجاة ولو كانت اليد تفدى بربع دينار لكثر من يقطعها ويؤدي ربع دينار دية عنها نعوذ بالله من الضلال. ومنها ايضا

ضحكنا وكان الضحك منا سفاهة   وحق لسكان البسيطة ان يبكوا
تحطمنا الايام حتى كاننا [(١)]   زجاج ولكن لا يعاد لنا سبك

ومما يدل على كفره تصريحاً قوله

عقول [(٢)] يستخف بها سطور   ولا يدري الفتى لمن الثبور
كتاب محمد وكتاب موسى   وانجيل ابن مريم والزبور

ومن ذلك ايضا

صرف الزمان مفرق الالفين   فاحكم الهي بين ذاك وبيني
انهيت عن قتل النفوس تعمدا   وبعثت انت لقتلها ملكين
وزعمت ان لها معادا ثانيا   ما كان اغناها عن الحالين

ومن ذلك ايضا

اذا كان لا يحظى برزقك عاقل   وترزق مجنونا وترزق احمقا
فلا ذنب يارب السماء على أمرئ   رأى منك ما لا يشتهي فتزندقا

ومن ذلك ايضا قوله

في كل امرك تقليد تدين به   حتى مقالك ربي واحد احد

---

(١) طبع مصر ريب الزمان كاننا (٢ : ١٤٣) (٢) البيتان غير موجودين في طبع مصر

وقد امرنا بفكر [١] في بدائعه ... فان تفكر فيه معشر لحدوا
لولا التنافس في الدنيا لما وضعت ... كتب التناظر لا المغني [٢] ولا العُمَدُ

ومن ذلك أيضا قوله

قلتم لنا خالق قديم [٣] ... صدقتم هكذا نقول
زعمتموه بلا زمان ... ولا مكان الا تقولوا [٤]
هذا كلام له خبي ... معناه ليست لكم [٥] عقول

ومن ذلك ايضاً قوله

دين وكفر وانباء تقال [٦] وفر ... قان ينص وتوراة وانجيل
في كل جيل اباطيل ملفقة [٧] ... فهل تفرد يوما بالهدى جيل

ومن ذلك ايضا

الحمد لله قد اصبحت في لجج ... مكابدا من هموم الدهر قاموسا
قالت معاشر لم يبعث الاهكم ... الى البرية عيساها ولاموسا
وانما جعلوا الرحمن ما كلة ... وصيروا دينهم للملك [٨] ناموسا
ولو قدرت لعاقبت الذين بغوا ... حتى يعود حليف الغي مغموسا [٩]

ومن ذلك ايضا قوله

ولا تحسب مقال الرسل حقا ... ولكن قول زور سطروه

---

(١) طبع مصر (١:٢٥٢):ق بكفر (٢) قال شارح لزوم ما لا يلزم (١:٢٤٩) العمد اسم كتاب لعبد الجبار القاضي من رؤساء المعتزلة وكذلك المغني اسم كتاب (٣) طبع مصر (٢ : ١٧٩) حكيم قلنا صدقتم كذا نقول (٤) طبع مصر فقولوا (٥) طبع مصر لنا (٦) طبع مصر (١ : ١٧٧) تقص (٧) طبع مصر يدان بها (٨) طبع مصر (٢ : ٢٣) للقوم وجميع الناس (٩) طبع مصر مرموسا

وكان الناس في عيش رغيد   فجاؤوا بالمحال فكدروه

قال المؤلف نقلت هذا كله من تاريخ غرس النعمة محمد بن هلال بن المحسن الصابي وحمدت الله تعالى على ما الهم من صحة الدين وصلاح اليقين واستعذت به من استيلاء الشيطان على العقول . قرأت في كتاب فلك المعاني ان كثيراً من الجهّال يعدّ الموت ظلماً من الباریٔ عز وجل ويستقبحه بما فيه من النعمة والحكمة والراحة والمصلحة وقد قال ابو العلاء احمد بن عبد الله بن سليمان المغربي (١) مع تحذلقه ودعواه الطويلة العريضة وشهرة نفسه بالحكمة ومظاهرته

ونهيت عن قتل النفوس تعمدا   وبعثت أنت لقتلها ملكين

وزعمت أن لنا معاداً ثانياً   ما كان أغناها عن الحالين

وهذا كلام مجنون معتوه يعتقد انّ القتل كالموت والموت كالقتل فليت هذا الجاهل لما حرم الشرع وبردَه والحقّ وحلاوته والهدى ونوره واليقين وراحته لم يدعِ ما هو بريء منه بعيد عنه ولم يقل

غدوت مَريض العقل والرأي فالقني   لتخبر أنباء العقول الصحائح

حتى سلط الله عليه ابا نصر بن ابي عمران داعي الدعاة بمصر فقال له انا ذلك المريض رأياً وعقلاً وقد اتيتك مستشفياً فاشفني وجرت بينهما مكاتبات كثيرة امر في آخرها باحضاره حلب ووعده على الاسلام خيراً من بيت المال فلما علم ابو العلاء انه يحمل للقتل او الاسلام سمّ نفسه ومات وليته لما ادعى العقل خرس ولم يقل مثل هذه الترهات التي

(١) يعني المعرّي

يخلد اليها من لا حاجة لله تعالى فيه . قال المؤلف لما وقفت [١] على هذه القصة اشتهيت ان اقف على صورة ما دار بينهما على وجهه حتى ظفرت بمجلد لطيف وفيه عدّة رسائل من ابي نصر هبة الله بن موسى بن ابي عمران الى المعري في هذا المعنى انقطع الخطاب بينهما على المساكتة ولم يذكر فيها ما يدل على ما ذهب اليه ابن الهبارية من سمّ المعري نفسه ونقلها على الوجه يطول فلخصت منها الغرض دون تفاصح المعري وتشدّقه .

١

﴿ كتب ابن ابي [٢] عمران اليه ﴾

الشيخ احسن الله توفيقه الناطق بلسان الفضل والادب الذي ترك من عداه صامتا مشهودٌ له بهذه الفضيلة من كل من هو فوق البسيطة غير ان الادب الذي هو جالينوس طبه وعنده مفاتح غيبه ليس مما يفيده كبير فائدة في معاشه او معاده سوى الذكر السائر به الركبان مما هو اذا تسامع المذكور به علم انه له بمكانة الجمال والزينة ما دام حيًّا فاذا رمت به يد المنون من ظهر الارض الى بطنها فلا بحسن ذكره ينتفع ولا بقبحه يستضرّ واذا كانت الصورة هذه كان مستحيلاً منه ايده الله مع وفور عقله ان جعل مواده كلها منصبّة الى احكام اللغة العربية والتقعر فيها واستيفاء اقسام الفاظها ومعانيها ووفر عمره على ما لا نتيجة له منها وترك نفسه المتوقدة نارُ ذكائها خلوًا من النظر في شأن معاده وان يمتاز [٣] من

---

(١) لعله وقعت (٢) ق ـ (٣) لعله يختار

عمله ما لا ينفع فيمكث اذا ذهب الزبد جفا من غيره فاذاً هو حرسه الله بمقتضى هذا الحكم مرتوٍ من عذب مشربِ هذا العلم وانما ليس يبوح (١) به لضرب من ضروب السياسة والدليل على كونه ناظراً لمعاده سلوكه سبيل العيش (٢) والتزهد وعدوله عن الملاذ من المأكول والمشروب والملبوس وتعففه عن ان يجعل جوفه للحيوان مدفناً . او ان يذوق من درّها لبناً . او يستطعم من استلذت عليه في حرثه وانشائه وهذه طريقة من يعتقد انه اذا آلمها جوزي بألمها وهذا غاية في الزهد ولما رأيت ذلك وسمعت داعية البيت الذي يعزى اليه وهو

غدوت مريض الدين والعقل فالقني لتعلم أنباء الامور الصحائح

شددت اليه راحلة العليل في دينه وعقله الى الصحيح الذي ينبئني انباء الامور الصحائح وانا اول ملب لدعوته معترف بخبرته وهو حقيق ان لا يوطئني العشواء (٣) فيسلك بي في المجاهل . ولا يعتمد فيما يورده تلبيس الحق بالباطل . واوّل سؤالي عن امر خفيف فان استنشقت نسيم الصبا سقت السؤال الى المهمّ اسأله عن العلة في تحريمه على نفسه اللحم واللبن وكلما يصدر الى الجود من منافع الحيوان فاقول اليس النبات موضوعا للحيوان بمثار (٤) منه و بوجوده وجوده و بقوة في الحيوان حساسة ما استولى على الانتفاع بالنبات ولولم يكن الحيوان لكان موضوع النبات باطلا لا معنى له وعلى هذه القضية (٥) فان القوة الانسانية مستولية على الحيوان استيلاء الحيوان على النبات لرجحانها عليه بالنطق والعقل فهي مسخرة له

(١) ق ينوح (٢) لعله الظلف (٣) لعله العشوة (٤) لعله بمشار (٥) ق القصة

على انواع من التسخير ولولا ذلك لكان موضوع الحيوان باطلا فتجافي الشيخ وفقه الله عن الانتفاع بما هو موضوعٌ له مخلوق لاجله ابطال لتركيب الخلقة ثم امتناعه من اكل الحيوان ليس يخلو القصد به من احد امرين اما انه تأخذه رأفة بها فلا يرى [رأي] تناولها بالمكروه وما ينبغي له ان يكون ارأف بها من خالقها فاذا ادعى ان تحليلها وتحريمها انما كان من بعض البشر يعني به اصحاب الشرائع وان الله لم يبح اراقة دم حيوان واكله كان الدليل على بطلان قوله وقوعُ المشاهدة لجنس السباع وجوارح الطير التي خلقها الله سبحانه على صيغة لاتصلح الا لنتش اللحوم وفسخها وتمزيق الحيوانات واكلها واذا كان هذا الشكل قائم العين في الفطرة كان جنس البشر وسيع العذر في اكل اللحوم وكان من احل لهم ذلك محقا والثاني انه يرى سفك دماء الحيوان خارجاً عن اوضاع الحكمة وذلك اعتراض منه على خالقه الذي اوجده واذا انعم الشيخ وساق اليّ حجة اعتمدها رجوت كشف المرض الذي وقع اعترافي به .

٢

﴿ الجواب من ابي العلاء المعري اليه ﴾

قال العبد الضعيف العاجز احمد بن عبد الله بن سليمان اول ما ابدأ به اني اعدّ سيدنا الرئيس الاجل المؤيد في الدين اطال الله بقاءه ممن ورث حكمة الانبياء . واعدّ نفسي الخاطئة من الاغبياء . وهو بكتابه الي متواضع ومن انا حتى يكتب مثلهُ الى مثلي (١) مثله في ذلك مثل الثريا

(١) ق –

كتب [١] الى الثرى وقد علم الله ان سمعى ثقيل . وبصري عن الابصار نقيل . قضي عليّ وانا ابن اربع . لا افرق بين النازل والربع. [٢] ثم توالت محني . فاشبه شخصي العود المنحني . ومنيت في اخر عمري بالاقعاد . وعداني عن النهضة عاد . واما ما ذكره سيدنا الرئيس الاجل المؤيد في الدين فالعبد الضعيف العاجز يذكر له مما عاياه طرفا فاقول ان الله جلت عظمته حكم عليّ بالازهاد . فطفقت من العدم في جهاد . واما قول العبد الضعيف العاجز

غدوت مريض العقل والدين فالقنى

فانما خاطب به من [٣] هو [٤] في غمرة الجهل. لا من هو للرياسة علم واصل. وقد علم ان الحيوان كله حساس يقع به الالم وقد سمع العبد الضعيف من اختلاف القدماء واول ما يبدأ به لو ان قائلاً من البشر قال اذا بنينا القضية النبوة [٥] المركبة من المسند والمسند اليه ولها واسطتان احداهما نافية والاخرى استثنائية فقلنا الله لا يفعل الا الخير فهذه القضية كاذبة أم صادقة فان قيل انها صادقة فقد رأينا الشرور غالبة [٦] فعلمنا ان ذلك امر [٧] خفي ولم يزل من ينسب الى الدين يرغب في هجران اللحوم لانها لم يوصل اليها الا بايلام حيوان . يفر منه في كل أوان . وان الضائنة تكون في محل القوم وهي حامل فاذا وضعت و بلغ ولدها شهراً او نحوه اعتبطوه فأكلوه ورغبوا في اللبن و باتت أمه ثاغية . لو تقدر سعت له باغية . وقد

(١) لعله تكتب (٢) لعله المربع (٣) ق ـ (٤) ق ـ (٥) لعله البتية (٦) ق غالب (٧) ق مر

تردد في كلام العرب ما يلحق الوحشية من الوجد والناقة اذا فقدت الفصيل فقال قائلهم

فما وجِدت كوجدي أم سقب ... أضلته فرجعت الحنينا

وللسائل ان يقول ان كان الخير لا يريد ربنا سواه فالشر لا يخلو من أحد أمرين اما أن يكون قد علم به او لا فان كان عالماً به فلا يخلو من أحد أمرين اما أن يكون مريداً له او لا فان كان مريداً له فكأنه الفاعل كما ان القائل يقول قطع الامير يد[١] السارق وان لم يباشر ذلك بنفسه وان كان غير مريد فقد جاز عليه ما لا يجوز على أمير مثله في الارض انه اذا فعل في ولايته شيء لا يرضاه أنكره وأمر بزواله وهذه عقدة قد اجتهد المتكلمون في انحلالها[٢] فاعوزهم وقد ذكرت الانبياء ان البارئ جلت عظمته رؤوف رحيم ولو رأف ببني آدم وجب ان يرأف بغيرهم من أصناف الحيوان الذي يجد الالم بأدنى شيء وقد علم ان الوحش الراتعة يبكر اليها الفارس فيطعن العير او الانسان[٣] وهن ما أسدين اليه ذنباً[٤] ولاي حال استوجب من يفعل بها هذا الرقة وهي لم تشرب من الماء بذنوب. ولم تجز ما يكتب من الذنوب. وقد رأيت الجيشين المتنسب كل واحد منهما الى الشرع[٥] المنفرد. يلتقيان وكلاهما في مدد. ويقتل بينهما آلاف عددا. فهذا محسوب من أي الوجهين. فليس عند النظر بهين. فلما بلغ العبد الضعيف العاجز اختلاف الاقوال وبلغ ثلاثين عاماً. سأل ربه انعاماً. ورزقه صوم الدهر. فلم يفطر في السنة ولا الشهر. الا في

---

(١) ق ــ (٢) لعله حاها (٣) لعله الاتان (٤) ق اليهم ذنبا (٥) ق الشروع

العيدين . وصبر على توالي الجديدين . وظن اقتناعه بالنبات يثبت له جميل العافية وقد علم سيدنا الرئيس الاجل المؤيد في الدين ولا ريب انه قد نظر في الكتب المتقدمة وما حكي عن جالينوس وغيره . من اعتقاد يدل على الحيرة . واذا قيل ان الباريء رؤوف رحيم فلم سلط الاسد على افتراس نسمة انسية . ليست بالمفسدة ولا القسية . وكم مات بلدغ الحيات جماعة مشهورة وسلط على الطير الراضية بلقط الحبة البازي والصقر وان القطاة لتدع فراخها ظماء وتبتكر لترد ماء تحمله اليها في حوصلتها فيصادفها دونهن اجدل فيأ كلها فيهلك فراخها عطشاً وذكر أشياء من هذا الباب ثم قال واعوذ بالله واتبرأ من قول الكافر

ألمت بالتحية أم بكر — فحيوا أم بكر بالسلام
وكائن بالطوي طوي بدرٍ — من الاحساب والقوم الكرام
وكائن بالطوي طوي بدرٍ — من الشيزى يكلل بالسنام
ألا يا أم بكرٍ لا تكري — على الكاس بعد أخي هشام
وبعد أخي أبيه وكان قرماً — من الاقوام شراب المدام
ألا من مبلغ الرحمن عني[1] — باني[2] تارك شهر الصيام
اذا ما الرأس زايل منكبيه — فقد شبع الانيس من الطعام
أيوعدنا ابن كبشة أن سنحيي — وكيف حياة[3] اصداء وهام
أيئزل أن يرد الموت عني — ويحييني اذا بليت عظامي

(١) ق ـ والابيات في سيرة ابن هشام (٥٣٠) والمجلة (٨١٨) (٢) ق انى
(٣) ق احياء

ولعن الله القائل ويقال انه الوليد بن يزيد بن عبد الملك

ادنها [١] مني خليلي   عنه لا دون الازار
فلقد أيقنت أني   غير مبعوث لنار
سأروض الناس حتى   يركبوا دين الحمار
وأرى [٢] من يطلب الجنة   يسعى في خسار

وويل لابن رعيان ان كان قال

هي الاولى وقد نعموا [٣] باخرى   وتسويف الظنون من السواف
فان يك بعض [٤] ما قالوه حقاً   فان المبتليك هو المعافي

ومما حثني على ترك أكل الحيوان ان الذي لي في السنة نيف وعشرون ديناراً فاذا أخذ خادمي بعض ما يجب . بقي لي ما لا يعجب . فاقتصرت على فول وبلسن . وما لا يعذب على الالسن . فاما الآن فاذا صار الى من يخدمني كبير عندي وعنده هين فما حظي الا اليسير المتعين . ولست اريد في رزقي زيادة . ولا أوثر لسقمي عيادة . والسلام

٣

الجواب من ابن أبي عمران

حوشي الشيخ ادام الله سلامته من أن يكون ممن قطف [٥] في مرض [٦] دينه وعقله بعلته واجاب دعوة الداعي منه بالبيت الشائع عنه لينال [٧] شفاء

---

(١) ق ادننا : والصواب في الاغاني (٦ : ١٢٣) ادر الكأس يميناً لا تدرها ليسار (٢) ق واركا (٣) لعله زعموا (٤) ق بعد (٥) لعله قذف (٦) لعله عرض (٧) ق لينل

علته جواباً [١] يزيده الى غلته غلةً اذاً يكون كما قال المتنبي

أظمتني الدنيا فلما جئتها　　مستسقياً مطرت علي مصائبا

كان سؤالي له حرسه الله في شيء يختص بنفسه في هجره ما يسد الجسم من اللحم الذي ينبت اللحم فاجاب بما اقول في جوابه اهـذه انباء الخ وهل زاد السقيم بدوائه هذا الا سقما [٢] والاعمى الاصم في دينه وعقله بما قال الا عمى وصمما على ان جميع ما ذكره ينحوه [٣] عن سؤالي الاول ومعزل عنه ولا مناسبة بينها و بينه واما القول بان اللحوم لا يوصل [٤] اليها الا بايلام الحيوان فقد سبق الجواب لا يكونن الشيخ ارأف بها من خالقها فليس يخلو من كونه عادلاً او جائراً فان كان عادلاً فانه سبحانه يقبض ارواح الآكل والمأكول جميعا وذلك مسلم له وان كان جائراً لم ينبغ ان نرجح [٥] على خالقنا بعدلنا وجوره واما قوله وللسائل ان يقول ان كان الخير هو الذي لا يريد ربنا سواه فالشر لايخلو من احد امرين اما ان يكون قد علم به او لا الى آخره فاقول قيل ان انسانا ضاع له مصحف فقيل له اقرأ وَالشَّمْسِ وَضُحَاهَا فانك تجده فقال وهذه السورة ايضا فيه فاقول ايضا ان هـذا ايضا من ذلك وجميعه ظلمات فاين النور وانما قصدنا ان نعرف أنباء الامور الصحائح كما قاله واما قوله لما رأى اختلاف الاقوال . وايقن بنفاد وزوال . سأل ربه ان يرزقه صوم الدهر واقتنع بالنبات فما صحّ لي ان الرب الذي سأله هو الذي يريد الخير وحده او الذي يريد الشر وحده او الذي يريدهما جميعاً والصوم فرع على اصل من شرع

(١) ق ـ (٢) ق سقما (٣) لعله بنجية (٤) ق يصل (٥) ق يرجح

يأتي به رسول والرسول يتعلق بمرسل وقصتنا في المرسل مشتبهة يبعث رسولا يريد ان يطاع ام لايطاع فان كان يريد ان يطاع فهو مغلوب على ارادته لان من لايطيعه اكثر وان كان يريد ان لايطاع فارساله اياه محال وطلبة حجة على الضعفاء ليعذبهم فان كان موضوع صومه على هذا فلم يفعل شيئاً وان كان على غيره مما هو اجلى واوضح فهو الذي اطلبه واما حكايته[١] قول بعض الملحدين واستعاذته بالله ان يكون من المعترضين في قوله تعالى وَإِنهُ أَهلَكَ عاداً ٱلأُولَى وَثمُودَ فمَا أَبْقَى الآيات ان كان البارئ سبحانه خلقهم وهو يعلم انهم مجرمون . وللتوبة والانابة يحرمون . فكان الاولى به وهو الرؤوف الرحيم ان لايخلقهم لئلا يعذبهم وان كان لا يعلم فهو كامثالنا ولا يدري ما يكون منه وقول الشيخ بعده معاذ الله ان نقول ذلك بل نسلم ونتلو الآية مَنْ يَهْدِ ٱللهُ فَهوَ ٱلْمُهْتَدِي وَمَنْ يُضْلِلْ فَلَنْ تَجِدَ لَهُ وَلِيًّا مُرْشِدًا فليس الملحد اذا قال ان السكر حلو والخل حامض لايقبل منه لكونه ملحداً وقوله يقتضي جوابا فان كان عند الشيخ جواب فهو الذي نبغي والا فما التسليم في هذا الموضع الا التسليم للملحد لاشيء غيره واما انشاده

ألمت بالتحية أم عمرو

وما بعده من الاشعار وذمه من قال ولعنه من[٢] الذي اتهمه بشيء من ذلك حاشاه وما الذي اوجب الاذكار بكفريات شعرهم واما ختمه الرسالة بقوله ان الذي حثه على ترك اكل الحيوان ان الذي لي في السنة نيف وعشرون

---

(١) ق حكاية (٢) لعله فمن

ديناراً يصير الى خادمه معظمها ويبقى له ايسرها فتحمل[١] مؤونة القدر الذي يطعمه لو كان ثقيلا لوجب تحمله فكيف وهو الخفيف محمله وقد كاتبت مولاي تاج الامراء حرس الله عزه ان يتقدم بازاحة العلة فيما هو بلغة مثله من الذّ الطعام . ومراعاته به على الادرار والدوام. ليتكشف عنه غاشية هذه الضرورة. ويجري امره في معيشته على احسن ما يكون من الصورة. ثم ان قام من الشيخ نشطة لجواب اعفاني فيه عن قصد الاسجاع ولزوم ما لا يلزم فان ملتمسي فيه المعاني لا الالفاظ *

٤

﴿ الجواب من أبي العلاء ﴾

سيدنا الرئيس الاجل المؤيد في الدين عصمة المؤمنين[٢] هدى الله الامم بهدايته وسلك بهم طريق الخير على يده قد بدأ المعترف بجهله المقرّ بحيرته والداعي الى الله سبحانه ان يرزقه[٣] ما قل من رحمته في اول ما خاطبه به ان ذكر اعتقاده في سيدنا الرئيس الاجل المؤيد في الدين ضوّأ الله الظلم ببصيرته واذهب شكوك الافئدة برأيه وحكمته وما نفسه عليه من الذلة والحقرية عنده وانه يحسبها ساكتة في بعض السوام وعجب ان مثله يطلب الرشد ممن لا رشد عنده فيكون كالقمر الذي هو دائب في خدمة ربه ليلاً ونهاراً يطلب الحقيقة من اقمر بفلاة يرد الماء على الصائد ويصيب قلبه بسهم وقد ذكر ايد الله الحق بحياته بيتا من ابيات على الحاء ذكر[٤] وليه ليعلم غيره ما هو عليه من الاجتهاد في التدين وما حيلته

(١) ق وتحمل (٢) ق المومن (٣) ق رزقه (٤) لعله ذكرها او انشدها

في الآية المنزلة التي هي قوله مَنْ يَهْدِ اللهُ فَهُوَ الْمُهْتَدِي واولها

غدوت مريض العقل والدين فالقنى   لتعلم أنباء الامور الصحائح
فلا تأكلن ما أخرج الماء ظالماً   ولا تبغ قوتاً من غريض الذبائح

ولا يقدر احد يدفع ان الحيوان البحري لايخرج من الماء الا وهو كاره واذا سئل المعقول عن ذلك لم يقبح تركُ اكله وان كان حلالاً لأن المتدينين لم يزالوا يتركون ما هو لهم حلال مطلق

وأبيض أماتٍ[1] أرادت صريحه   لأطفالها دون الغواني الصرائحِ

والمراد بالابيض اللبن ومشهور ان الام اذا ذبح ولدها وجدت عليه وجدا عظيما وسهرت لذلك ليالي وقد اخذ لحمه وتوفر على اصحاب امه ما كان يرضع من لبنها فاي ذنب لمن تحرج عن ذبح السليل ولم يرغب في استعمال اللبن ولا يزعم انه محرم وانما تركه اجتهاداً في التعبد ورحمة للمذبوح رغبة ان يجازى عن ذلك بغفران خالق السموات والارض واذا قيل ان الله سبحانه يساوي بين عباده في الاقسام فاي شيء اسلفته الذبائح من الخطا حتى يمنع حظها من الرأفة والرفق

فلا تفجعن الطير وهي غوافلٌ   بما وضعت فالظلم شر القبائحِ

وقد نهى النبي صلعم عن صيد الليل وذلك احد القولين في قوله عم اقروا الطير في وكناتها وفي الكتاب العزيز يا أَيُّهَا الَّذِينَ آمَنُوا لاَ تَقْتُلُوا الصَّيْدَ وَأَنْتُمْ حُرُمٌ وَمَنْ قَتَلَهُ مِنْكُمْ مُتَعَمِّدًا فَجَزَاءٌ مِثْلُ مَا قَتَلَ مِنَ النَّعَمِ الى غيرها من الآي في المعنى فاذا سمع من له ادنى حس هذا

(١) ق امارات

القول فلا لوم عليه اذا طلب التقرب الى رب السموات والارضين بان يجعل صيد الحل كصيد الحرم وان كان ذلك ليس بمحظور

ودع ضرب النحل الذي بكرت لهُ   كواسب من أزهار نبتٍ فوائحِ

لما كانت النحل تحارب الشارب [١] عن العسل بما تقدر عليه وتجتهد ان ترده من ذلك [٢] فلا غرو ان اعرض عن استعماله رغبة في ان تجعل النحل كغيرها مما يكره ذبح الاكيل وأخذ ما كان يعيش به لتشرب النساء كي يبدنَّ وغيرها من بني آدم وقد وصفت الشعراء ذلك فقال ابو ذئب يصف مشتار العسل

اذا لسعته النحل لم يرج لسعها   وخالفها في بيت لوب عواسلِ

وروي عن علي عم حكاية معناها انه كان له دقيق شعير في وعاء يختم عليه فاذا كان صائماً لم [٣] يختم على شيء من ذلك الدقيق وقد كان عليه السلام يصل الى غلة كثيرة ولكنه كان يتصدق بها ويقتنع أشد اقتناع وروي عن بعض أهل العلم انه قال في بعض خطبه ان غلته تبلغ في السنة خمسين الف دينار وهذا يدل على ان الانبياء والمجتهدين من الائمة يقصرون نفوسهم ويؤثرون بما يفضل منهم أهل الحاجة وقد عدل سيدنا الرئيس الى الايماء بان من ترك اكل اللحم ذميم ولو أخذ بهذا المذهب لوجب على الانسان ان لا يصلي صلاة الا ما افترض عليه لان ما زاد على ذلك اداه الى كلفة والله تبارك وتعالى لا يريد ذلك ولوجب الذي له مال [٤] كثير اذا أخرج عن الذهب ربع العشر لا يحسن به ان يزيد

(١) لعله الشائر (٢) ق ـ (٣) ق ـ (٤) ق ما

على ذلك وقد حث الناس على النفقات في غير موضع من الكتاب الاشرف والعبد الضعيف العاجز قد افتقر الى مثل ذلك ولو مثل بحضرته السامية لعلم انه لم يبق فيه بقيـة لان يسأل ولا ان يجيب لان اعضاءه متخاذلة وقد عجز عن القيام في الصلاة فانما يصلي قاعداً والله المستعان وكيف له أن يكون يصل الى ان يدب على عكاز ثم استشهـد على عجزه باشعار العرب واني لاعجز اذا اضطجعت عن القعود فربما استعنت بانسان فاذا همّ باعانتي وبسط يديه لنهضتي ضربت عظامي لانهن عاريات من كسوة كانت عليهن وأما استشهاده ببيت أبي الطيب فمن استرشد بمثل العبد الضعيف العاجز مثله مثل من طلب في القتادة ثمر النخلة وانما حمل سائله على ذلك حسن الظن الذي هو دليـل على كرم الطبع وشرف النفس وطهارة المولد وخالص(١) الخيم واما ما ذكره من المكاتبة في توسيع الرزق عليّ فيدل على افضال ورثه عن أب فأب وجدّ في أثر جد حتى يصل النسب الى التراب فالعبـد الضعيف العاجز ما له رغبـة في التوسع ومعاودة الاطمة وتركها صار له طبعاً ثانياً وانه(٢) ما أكل شيئاً من حيوان خمساً وأربعين سنة

والشيخ لا يترك أخلاقه حتى يواري(٣) في ثرى رمسه

وقد علم ان السيد الاجلّ تاج الامراء فخر الملك عمدة الامامة وعدّة الدولة ومجدها ذا الفخرين نصيف اولاد سام وحام ويافث وود العبد الضعيف العاجز لو ان قلعـة حلب وجميع جبال الشام جعلها الله ذهباً

(١) لعله خالصة (٢) ق وله (٣) ق يتوارى

لينفقه تاج الامراء نصير الدولة النبوية على امامها السلام وكذلك على الأئمة الطاهرين من آبائه من غير ان يصير الى العبد الضعيف من ذلك قيراط وهو يستحي من حضرة تاج الامراء ان ينظر اليه بعين من رغب في العاجلة بعد ما ذهب وهو رضي ان يلقى الله جلت قدرته وهو لا يطالب الا بما فعل من اجتناب اللحوم فان وصل الى هذه الرتبة فقد سعد ثم اعتذر عن السجع باخبار أوردها واحتجاجات ذكرها وسيدنا الرئيس الاجل المؤيد في الدين لا زالت حجته باهرة ودولته عالية كما قال ثعلبة بن صعير

ولرب قوم ظالمين ذوي شذًى ... تغلي صدورهم بهترٍ هاترِ

لا كارتهم [1] على ما ساءهم ... وخسأت باطلهم بحقٍ ظاهرِ

ولو ناظر ارسطاليس لجاز ان يفحمه او افلاطون لنبذ حججه خلفه والله يجمل بحياته الشريعة وينصر بحججه الملة وحسبي الله ونعم الوكيل *

٥

﴿ الجواب من ابن [2] أبي عمران ﴾

ما فاتحت الشيخ أحسن اليه توفيقه بالقول الا مفاتحة متناكر عليه فيه مؤثر لان يخفى من أين جاء السؤال فيكون الجواب عنه باستدلال ورفض حشمة وحذف تكلف للخطاب بسيدنا والرئيس وما يجري هذا المجرى اذ كان حكم ما يتجارى فيه موجباً ان لا يتخلله شيءٌ من زخارف الدنيا ولانني اعتقد ان سيدي بالحقيقة من يستقل دون يده يداي

(١) كذا بالاصل (٢) ق ـ

حدا منه[١] للدنيا او تمتار[٢] نفسي من نفسه استفادة من معالم الاخرى فما أدري[٣] كيف انكشفت الحال حتى صار الشيخ ادام الله تأييده يخاطبني بسيدنا والرئيس ولست مفضلا عليه في دنيا ولا دين بل شاد راحلتي اليه لاستفادة ان وردت موردها او صادفت بهراً او علامتها قابلتها بالشكر لنعمته والاسجال على نفسي باستاذيته وبعد فاني أعلمه ادام الله سلامته اني شققت جيب الارض من اقصى دياري الى مصر وشاهدت الناس بين رجلين اما منتحل لشريعة صبا اليها ولهج بها الى الحدّ الذي ان قيل له من أخبار شرعه ان فيلا طار او جملا باض لما قابله الا بالقبول والتصديق ولكان يكفر من يرى غير رأيه فيه ويسفهه ويلعنه والعقل عند من هذه سبيله في مهواة وفي مضيعة فليس يكاد ينبعث ان هذه الشريعة التي هو منتحلها لم يطوق طوقها ولم يسور سوارها الا بعد لموع نور العقل منه فكيف يصح توليه أولا وعزله آخراً فلما رمت بي المرامي الى الشام وسمعت ان الشيخ وفقه الله يفضل في الادب والعلم قد اتفقت عليه الاقاويل. ووضح به البرهان والدليل. ورأيت الناس في ما يتعلق بدينه مختلفين. وفي أمره مبتلين. فكل يذهب فيه مذهباً وحضرت مجلساً جليلا أجري فيه ذكره فقال الحاضرون فيه غثاً وثميناً لحفظته في الغيب. وقلت ان المعلوم من صلابته في زهده يحميه من الظنة والريب. وقام في نفسي ان عنده من حقائق دين الله سرّاً. قد أسبل عليه من البقية ستراً. وأمراً يميز به عن قوم يكفر بعضهم بعضاً ولما سمعت

(١) لعله جدّاً مني (٢) ق تمتاز (٣) ق –

البيت غدوت مريض العقل توثقت من خلدي فيما حدثت عقوده . وتأكدت عهوده . وقلت ان لساناً يستطيع بمثل هذه الدعوى نطقاً . ويفتق من هذا الفخر العظيم رتقاً . للسان صامت عنده كل ناطق . من ذروة من جبل العلم شاهق. فقصدته قصد موسى للطور اقتبس منه ناراً واحاول ان ارفع بالفخر مناراً . لمعرفة ما تخلف عن معرفته المتخلفون. واختلف في حقيقته المختلفون. فأدليت دلوي بالمسئلة الخفيفة التي سالت عنها ترقياً من دون الى فوق وتدرجا من صغرى الى (١) كبير فكان جوابه انه يصغر عن أن يكون للاسترشاد محلاً فقلت هذه زيادة في فضله وما يجوز صدور (٢) مثله عن مثله ثم انتهى الى الاحالة على كون الناس ممن تقدم او تأخر في وادي الحيرة تائهين. وفي اذياله متعثرين. من قائل يقول ان الخير والشر من الله ومجيب يجيبه هل كان (٣) ما كان يستعيذ منه رسول الله صلى الله عليه وسلم من وعث السفر وكل مستعاذ منه خيراً او شراً فان كان خيراً فالاستعاذة منه باطلة وان كان شراً والله مريده فالاستعاذة منه كذلك فضول وزيادة في المعنى وسؤال من يسأل هل كان سمّ الحسن وقتل الحسين عليهما السلام خيراً او شرّاً فان كان خيراً فاللعنة على القاتل من أي جهة وان كان شراً والله مريده زال اللوم عن القاتل وقائل يقول ان الخير من الله والشر من غيره ومجيب يجيب بالجواب الذي يقطع به الاسباب وغير ذلك مما اطال به الخطاب من أشعار الملحدة وأقوالهم فكان جوابي ادام الله سلامته انني من

(١) ق — (٢) ق صدر (٣) ق —

هؤلاء الذين (١) تبريت اليك. وتطايحت عليك. وان كلامهم عندي قبل (٢) ان علّلته عليل. وهو على مسامع القبول مني ثقيل. فافتح لي الى ما عندك باباً. وافتح لي من لدنك جناباً. فلم يفعل ثم خاطبته على امتناعه من اكل اللحوم فاحتج بكونه متحرجا من قصدها اعني البهائم بالمضرة والايلام متعففاً عنها لهذه الجهة فقطعت لسان حجته بعد تناهيها وقلت اذا كان الله تعالى سلط بعضها لتأكل بعضاً وهو أعرف بوجوه الحكمة وأرأف بالخليقة فلا يكن أرأف بها من ربها ولا أعدل فيها من خالقها ثم عدل (٣) الى قصور يد الاستطاعة دون ذلك اذ كان القدر الذي هو له في السنة منصرفاً الى من يتولى خدمته اكثره وخالصاً له أقله فقطعت الحجة في هذا الباب أيضاً وعينت له على جهة كريمة من الذين لا يتبعون ما أنفقوا منا ولا أذى يقوم بقدر كفايته من أطيب ما يأكلون. وازكى ما في البيوت يذخرون. فتجافت نفسه وقاها الله السوء عن هذا الباب أيضاً وكتب في الجواب الثاني بانه لا يؤثر ذلك ولا يرغب فيه ولا يخرق عادته المستمرة في الترك وابتدأ يقول اني طلبت الرشد ممن لا رشد (٤) عنده وان البيت الذي قاله مما تعلقت به وجعلته محجة الى استقراء طريقته ومذهبه انما أراد الاعلام باجتهاده في التديّن وما حيلته في الآية المنزلة مَنْ يَهْدِ ٱللهُ فَهُوَ ٱلْمُهْتَدِي وَمَنْ يُضْلِلْ فَلَنْ تَجِدَ لَهُ وَلِيًّا مُرْشِدًا فجمع بين المتضادّين في كلمة واحدة انه ان كانت الآية حقاً كان الاجتهاد باطلاً وقال ان لله سبحانه اسراراً لا يقف عليها الا الاولياء فنحن على

(١) لعله سقط ذكرتهم (٢) ق قل (٣) ق عدله (٤) ق يرشد

ذلك السر ندور وعلى باب من هو عنـده نطوف فان قلنا انه حرسه الله من أصحابه بدعوى صحته في دينه وعقله ومرض الناس على موجب قوله قال لا رشد عندي فنظمه في هذا المعنى يناقض نثره ونثره يخالف نظمه فكيف الحيلة ثم قال ان البيت المقول

غدوت مريض العقل والدين فالقني　　　لتعلم انباء العقول الصحائح

يؤدى معناه البيت الثاني

فلا تأكلن ما أخرج الماء ظالما　　　ولا تبغ قوتاً من غريض الذبائح

فكان مرض الدين والعقل من جهة أكل اللحوم وشرب الالبان وتناول العسل فمن ترك هذه المطاعم كان صحيحاً دينـه وعقله وهو يعلم ان مصحة الاديان والعقول لا تقوم بذلك ولا يجوز ان يكون هـذا البيت الثاني ناسخا لحكم الاوّل فيكون محصول دعواه في فقر الناس الى ان يصح دينهم وعقلهم هو ان يقول لهم لا تأكلوا اللحم واللبن واما قوله ان الحيوان البحري كاره ان يخرج الى البرّ وانه ليس يقبح في العقول ترك اكله وان كان حلالاً لان المتدينين لم يزالوا يتركون ما لهم طلق فما من حيوان بحري ولا بريّ هو اجلّ من هذا الانسان الحي العاقل وهو كاره للموت فيموت وكاره لان يأكله شيء والدود تأكله في قبره فان كان ذلك صادرا (١) عن موضع حكمة كان ما ذكره من الحيوان البري والبحري جارياً في مضمار هذا مثلا بمثل وان كان معدولا به عن وجه الحكمة كان محالا ان يكون صانعي سفيها واكون وانا مصنوعه حكيما

(١) ق صادر

واما قوله ان النبي صلعم صلى الى ان تقرحت قدماه فقيل له فيه فقال افلا احب ان اكون عبداً شكوراً فما هذا مما نحن عليه في شئ والانسان له ان يصلي ما شاء من الصلوات في الاوقات التي تجوز فيها الصلوة على ان لا يزيد في الفرائض ولا ينقص منها وهذا الكلام شرعي وكانت النصبة للتكلم على العقليات واما قوله انه عم حرم صيد الحرم وان لغيره ان يحرم صيد الحل تقربا الى الله سبحانه فليس لاحد ان يحلل او يحرم غيره واما قوله ان علياً عم لما قدم الخبيص سأل هل اكل النبي صلعم منه فلما قالوا لا رفعه ولم يأكله فهذه الحجة عليه لا له فان الناس مجمعون على ان النبي صلعم لم يفارق اكل اللحم وهو يهجره دهره وذلك بالضد سواء ولو انه حرسه الله لم يستظهر عليّ بالشريعة ولم يتجاوز نصبة العقل لصنته عن هذا الجواب الذي عسى ان يستغل سره ويعز عليّ ذلك واما ما شكاه من ضعفه وتضور حركته وانه لم يبق فيه بقية لان يسال ولا ان يجيب فما هو حرسه الله على علاته من الضعف والقوة الا من محاسن الزمان. وممن سارت بذكر فضله الركبان. الا انه على عدوان الدهر عليه [1] عدا على نفسه بحرمانها ملاذ دنياها فان وثقت نفسه بملاذ تعتاض عنها مما هو خير وابقى منها فما خسرت صفقته وقام مصداق قوله بالبيت المقدم ذكره وان كان يوسم بميسم الشح بمنع المنتجعين ورد السائلين وان كان شق على نفسه من غير بصيرة كما يدعيه الآن خوضا مَعَ الْخائضين. وتحيرا مع امثالنا من المتحيرين. فقد اضاعها وجنى عليها

(١) ق عليهم

وادعى في البيت المقدم ذكره ما لا برهان له والغرض في السؤال والجواب الفائدة واذا عدمت فقد خفف الله عنه ان يتكلف جوابا واما الاسجاع ومسألتي التخلي عنها فما كانت الاسجاع [1] بالمعاني ان نضل بتتبعها ولانني اذا تتبعت فضله بصنعاته في الادب والشعر وجدت في ارضه مراغماً كثيراً وسعة ومن اين لي ان اظهر على مكنون جواهر علوم دينه كظهوري على مصنفات ادبه وشعره وقبل وبعد فانا اعتذر عن سر له ادم الله حراسته آذيته وزمان منه بالقراءة والاجابة شغلته لانني من حيث ما نفعته ضررته والله تعالى يعلم اني ما قصدت به غير الاستفادة من علمه ولاغتراف من بحره والسلام*

وكنا بحضرة القاضي الاكرم الوزير جمال الدين أبي الحسن علي بن يوسف ابن ابراهيم الشيباني حرس الله مجده وفيه جماعة من اهل الفضل والادب فقال ابو الحسن علي بن عدلان النحوي الموصلي حضرت بدمشق عند محمد بن نصر بن عنين الشاعر وزير المعظم فجاءته رقعة طويلة عريضة خالية من معنى فارغة من فائدة فالقاها اليّ قائلاً هل رأيت قط رقعة اسقط او ادبر من هذه مع طول وعرض فتناولتها فوجدتها كما قال وشرعت اخاطبه فاومأ اليّ بالسكوت وهو مفكر ثم انشدني لنفسه

وردت منك رقعة اسأمتني ... وثنت صدري الحمول ملولا

كنهار المصيف ثقلا وكربا ... وليالي الشتاء بركا وطولا

فاستحسن اهل المجلس هذه البديهة وعجبوا من حسن المعنى فقال القاضي

---

(١) ق الاشحا

الاكرم ما زلت استحسن كلاماً وجدته على ظهر كتاب ديوان الاعشى في مدينة [١] قفط في سنة ٨٥ يتضمن لابي العلاء المعري [٢] يشبه ما في هذين البيتين من المقابلة ضدا بضد في موضعين ولعل هـذين البيتين يفضلان على ذلك فقلنا له وما ذلك الكلام فقال حكي ان صالح بن مرداس صاحب حلب نزل على معرة النعمان محاصراً ونصب عليها المناجيق واشتد في الحصار لاهلها فجاء اهل المدينة الى الشيخ ابي العلاء لعجزهم عن مقاومته لانه جاءهم بما لا قبل لهم به وسألوا ابا العلاء تلافى الامر بالخروج اليه بنفسه وتدبير الامر برأيه اما باموال يبذلونها او طاعة يعطونها فخرج ويده في يد قائده وفتح له بابا من ابواب معرة النعمان وخرج منه شيخ قصير يقوده رجل فقال صالح هو ابو العلاء فجيئوني به فلما مثل بين يديه سلم عليه ثم قال الامير اطال الله بقاءه كالنهار الماتع قاظ وسطه وطاب ابراده او كالسيف القاطع لان متنه وخشن حداه خُذِ ٱلْعَفْوَ وَأْمُرْ بِٱلْعُرْفِ وَأَعْرِضْ عَنِ ٱلْجَاهِلِينَ فقال صالح لَا تَثْرِيبَ عَلَيْكُمُ ٱلْيَوْمَ قد وهبت لك المعرة واهلها وامر [٣] بتقويض الخيام والمناجيق فنقضت ورحل ورجع أبو العلاء [٤] وهو يقول

نجى المعرة [٥] من براثن صالح ... رب يعافي كل داء معضل

ماكان لي فيها جناح بعوضة ... الله الحفهم [٦] جناح تفضل

قال ابو غالب بن مهذب المعري في تاريخه في سنة ٤١٧ صاحت امرأة

(١) ق مدسا (٢) لعله سقط شعراً (٣) ق ـ (٤) ق يقول (٥) طبع مصر (٢٣٤:٢) المعاشر ويفرج (٦) طبع مصر البسهم

يوم الجمعة في جامع المعرة وذكرت ان صاحب الماخور اراد ان يغتصبها نفسها فنفر كل من في الجامع وهدموا الماخور واخـذوا خشبه ونهبوه وكان اسد الدولة في نواحي صيدا فوصل الامير اسد الدولة فاعتقل من اعيانها سبعين رجلا وذلك برأي وزيره تادرس بن الحسن الاستاذ واوهمه ان في ذلك اقامة للهيبة قال ولقـد بلغني انه دعي لهؤلاء المعتقلين بآمد وميافارقين على المنابر وقطع تادرس عليهم الف دينار وخرج الشيخ ابو العلاء المعري الى اسد الدولة صالح وهو بظاهر المعرة وقال له الشيخ ابو العلاء مولانا السيد الاجل اسـد الدولة ومقدمها وناصحها كالنهار الماتع اشتد هجيره وطاب ابراده وكالسيف القاطع لان صفحه وخشن حـداه خُذ ٱلْعَفْوَ وَامُرْ بِٱلْعُرْفِ وَأَعْرِضْ عَنِ ٱلْجَاهِلِينَ فقال صالح قد وهبتهم لك ايها الشيخ ولم يعلم ابو العلاء ان المال قد قطع عليهم والا كان قد سال فيه ثم قال الشيخ ابو العلاء بعد ذلك شعرا وهو

تغيبت في مـنزلي برهـة ستير العيون [1] فقيد الحسد
فلما مضى العمر الا الاقل وحم لروحي فراق [2] الجسد
بعثت شفيعا الى صالح وذاك من القوم رأي فسد
فيسمع مـني سجع الحمام واسمع منـه زئير الاسـد
فلا يعجبني هـذا النفاق فكم نفقت محنة ما كسد

﴿ أحمد بن عبد الرحمن بن نخيل الحميري ﴾

أبو العباس الشنتمري يقول فيه أبو العباس احمد بن عبد العزيز بن غنزوان

(١) طبع مصر (١ : ٣٠٢) العيوب (٢) ق فراد

الكاتب الشنتمري وقد حضر القراءة عليه هو وجماعة من طلبة بشنتمرية

ومجلس ليس لعمر [١] به	باع وباع الخير فيه مديد
وربما تقضي حياة [٢] به	وينثني العالم فيه بليد
يزينه في جمعه فتية	غر كما تدري صباح الخدود
ما منهم في جمعهم واحد	الا أخو نبل وذهن حديد
تجمعوا حول فقيه حوى	حلماً وعلماً معَ رأي سديد
ان [٣] جاءك النكر في مشكل	فأين [٤] من يبلغ ما قد تريد
وان يقل كان الذي قاله	ولم يكن فيه لخلق مزيد
كأنه بين تلاميذه	بدر بدا بين نجوم السعود

﴿ احمد بن عبد الله المهاباذي الضرير ﴾

من تلاميد عبد القاهر الجرجاني له شرح كتاب اللمع

﴿ احمد بن عبد السيد بن علي ﴾

يعرف بابن الاشقر النحوي أبو الفضل متأخر من ساكني قطيعة باب الازج ذكره أبو عبد الله بن الدبيثي [٥] في كتابه الذي ذيله على تاريخ السمعاني وقال هو أديب فاضل قرأ على أبي زكريا يحيى بن علي الخطيب التبريزي ولازمه حتى برع في فنه وسمع على علو سنه من أبي الفضل محمد بن ناصر السلامي قال وسمعت من يذكر انه رأى أبا محمد بن الخشاب النحوي بالقطيعة من باب الازج وهو يسأله عن مسائل من النحو ويباحثه وقد روى الاشقر واقرأ العربية الا ان الروايات عنه قليلة

(١) لعله لتنر (٢) ق حسا (٣) ق اذا (٤) لعله فانّ (٥) ق ديبس

﴿ أحمد بن عبد الملك بن احمد بن عبد الملك ﴾

ابن عمر بن محمد بن عيسى بن شهيد ابو عامر اشجعي النسب من ولد الوضاح بن رزاح الذي كان مع الضحاك يوم المرج ذكره الحميدي وقال انه مات في جمادى الاولى سنة ٤٢٦ بقرطبة ومولده سنة ٣١٢ وابوه عبد الملك بن احمد شيخ من شيوخ وزراء الدولة العامرية ومن اهل الادب والشعر وجده احمد بن عبد الملك ذو الوزارتين من اهل الادب وكان في ايام عبد الرحمن الناصر له شعر وبديهة ولم يخلف لنفسه نظيراً في علمي النظم والنثر قال وهو من العلماء بالادب ومعاني الشعر واقسام البلاغة وله حظ من ذلك بسق فيه ولم ير لنفسه في البلاغة احدا يجاريه وله كتاب حانوت عطار في نحو من ذلك وسائر رسائله وكتبه نافعة الجد كثيرة الهزل وشعره كثير مشهور وقد ذكره ابو محمد علي بن احمد مفتخراً به فقال ولنا من البلغاء احمد بن عبد الملك بن شهيد وله من التصرف في وجوه البلاغة وشعابها مقدار ينطق (١) فيه بلسان مركب من لساني عمرو (٢) وسهل ومن شعر أبي عامر المختار

وما الان قناتي غمز حادثة ... ولا استخف بحلمي قط انسان
امضي على الهول قدما لا ينهنهني ... وانثني لسفيهي وهو حردان
ولا اقارض جهالا بجهلهم ... والامر امري والايام (٣) اعوان
اهيب بالصبر والشحناء ثائرة ... وا كظم الغيظ والاحقاد نيران

---

(١) الحميدي : ق ينطلق : والضبي ينتق (٢) ق بن سهل : ولعله يريد سهل ابن هارون والجاحظ (٣) الضبي والاعوان

وقوله

المت بالحب حتى لو [١] دنا اجلي   لما وجدت لطعم الموت من الم
وذادني كرمي عمن ولهت به [٢]   ويلي من الحب او ويلي من الكرم

قال وقال ابو محمد علي بن احمد ولم يعقب ابو عامر وانقرض عقب الوزير ابيه [٣] بموته وكان جوادا لا يُليق شيئاً ولا ياسى على فائت عزيز النفس مائلا الى الهزل وكان له من علم الطب نصيب وافر

﴿ احمد بن عبد الملك بن علي بن احمد ﴾

ابن عبد الصمد بن بكر المؤذن ابو صالح النيسابوري الحافظ الامين المنفر النفه [٤] المحدث الصوفي نسيج وحده في طريقته وجمعه وافادته ولد في سنة ٣٨٨ ومات لتسع خلون من شهر رمضان سنة ٤٧٠ وكان [٥] ابو سعد [٦] السمعاني في المذيل فقال ومن خطه نقلت كان عليه الاعتماد في الودائع من كتب الحديث المجموعة في الخزائن الموروثة عن المشائخ الموقوفة على اصحاب الحديث وكان يصونها ويتعهد حفظها ويتولى اوقاف المحدثين من الحبر والكاغد وغير ذلك ويقوم بتفرقتها عليهم وايصالها اليهم وكان يؤذن على منارة المدرسة البيهقية سنين احتسابا ووعظ المسلمين وذكرهم وكان يأخذ صدقات الرؤساء والتجار ويوصلها الى ذوي الحاجات ويقيم مجالس الحديث وكان اذا فرغ جمع وصنف وافاد وكان حافظاً ثقة دينا خيرا كثير السماع واسع الرواية جمع بين الحفظ والافادة [٧] والرحلة

---

(١) الحميدي : ق ـ (٢) الحميدي : ق وزادني كرمي هو واهب به (٣) ق ابنه (٤) لعله المفسر الفقيه (٥) لعله ذكره (٦) ق سعيد (٧) ق وله افادة

وكتب الكثير بخطه ثم ذكر ابو سعد جماعة كثيرة ممن سمع عليه بجرجان والري والعراق والحجاز والشام ثم قال كما ينطق به تصانيفه وتخريجاته (١) ولم يتفرغ للاملاء اشتغاله (٢) بالمهمات التي هو بصددها ثم ذكر جماعة روي (٣) له عنه ثم قال وصنف التصانيف وجمع الفوائد وعمل التواريخ منها كتاب التاريخ لبلدنا مرو ومسودته عندنا بخطه واثنى عليه ثناءً طويلا وذكر ان الخطيب ابا بكر ذكره في تاريخه وانه كتب عنه وكتب هو عن الخطيب ووصفه بالحفظ والمعرفة والذب عن حديث النبي صلى الله عليه وسلم ثم روى عنه اخبارا واسانيد لغيره منها ما اسنده اليه وقال انشد الشريف ابو الحسن عمران بن موسى المغربي لنفسه

حذيت وفائي منك غدرا وخنتني ... كذاك بدور التم شيمتها الغدر
وحاولت عند البدر والشمس سلوة ... فلم يسلني يا بدر شمس ولا بدر
وفي الصدر مني لوعة لو تصورت ... بصورة شخص ضاق عن حملها الصدر
امنت اقتدار البين من بعد بينكم ... فما لفراق بعد فرقتكم قدر

﴿ احمد بن عبد الوهاب بن هبة الله ﴾

ابن محمد بن علي بن الحسين بن يحيى بن السيني (٤) ابو البركات بن ابي الفرج مؤدب الخلفاء كانت له معرفة حسنة بالآداب ومات في سادس عشري المحرم سنة ٥١٤ عن ٥٦ سنة وثلاثة اشهر قال ابو الفرج بن الجوزي كان ابو البركات يعلم اولاد المستظهر وكان له انس بالمسترشد فلما قبض على

---

(١) ق وبحر بحاه (٢) لعله لاشتغاله (٣) لعله رووا (٤) عند ابن الاثير السبي : وعند سبط ابن الجزري السبتي

ابن الجزري صاحب المخزن ولي ابن السيني مكانه النظر في المخزن سنة وثمانية اشهر وكان عالما بالادب والشعر كثير الافضال على اهل العلم وخلف من المال ما حزر بمائة الف دينار وقف وقوفا على مكة والمدينة

﴿ احمد بن عبيد بن ناصح بن بلنجر ﴾

ابو جعفر النحوي الكوفي يعرف بابي عصيدة ديلمي الاصل من موالي بني هاشم حدث عن الواقدي والاصمعي وأبي داود الطيالسي وزيد بن هارون وغيرهم وروى عنه القاسم بن محمد بن بشار الانباري واحمد بن حسن بن شهير ومات فيما ذكره ابو عبد الله محمد بن شعبان بن هارون ابن بنت الفريابي في تاريخ الوفيات له في سنة ٢٧٣ قالوا وكان ضعيفا فيما يرويه وله من التصانيف كتاب المقصور والممدود. وكتاب المذكر والمؤنث. وكتاب الزيادات في معاني الشعر لابن السكيت في اصلاحه. وكتاب عيون الاخبار والاشعار. وحدث محمد بن اسحاق النديم قال كان ابو عصيدة وابن قادم يؤدبان ولد المتوكل قال لما اراد المتوكل ان يتخذ المؤدبين لولده جعل ذلك الى ايتاخ فامر ايتاخ كاتبه ان يتولى ذلك فبعث الى الطوال[1] والاحمر وابن قادم وابي عصيدة هذا وغيرهم من ادباء ذلك العصر فاحضرهم مجلسه وجاء ابو عصيدة فقعد في آخر الناس فقال له من قرب منه لو ارتفعت فقال بل اجلس[2] حيث انتهى بي المجلس فلما اجتمعوا قال لهم الكاتب لو تذاكرتم وقفنا على موضعكم من العلم واخترنا فالقوا بينهم بيت ابن عنقاء الفزاري

(١) اسم رجل ذكره صاحب فهرست (٢) فهرست ـ

ذرني انما خطأي وصوبي   علي وانما انفقت مالُ

فقالوا لو [١] ارتفع مال بانما اذ كانت ما[٢] بمعنى الذي ثم سكتوا فقال لهم احمد بن عبيد من آخر الناس هذا الاعراب فما المعنى فاحجم الناس عن القول فقيل له فما المعنى عندك قال اراد ما لومك اياي وانما انفقت مال ولم انفق عرضا فالمال لا أُلام على انفاقه فجاءه خادم من صدر المجلس فاخذ بيده حتى تخطى به الى اعلاه وقال له ليس هذا موضعك فقال لان اكون في مجلس أُرفع منه الى اعلاه احب الي من ان اكون في مجلس احط عنه فاختير هو وابنُ قادم . بخط عبد السلام البصري حدثنا ابو الحسن محمد بن يوسف بن موسى سط [٣] قال حدثنا ابو القاسم عبيد الله ابن محمد بن جعفر الازدي قال سمعت احمد بن عبيد بن ناصح يقول لما اراد المتوكل ان يعقد للمعتز ولاية العهد حطته عن مرتبته قليلا واخرت غداءه عن وقته فلما كان وقت الانصراف قلت للخادم احمله فضربته من غير ذنب فكتب بذلك الى المتوكل فانا في الطريق منصرفا اذ لحقني صاحب رسالة فقال امير المؤمنين يدعوك فدخلت على المتوكل وهو جالس على كرسي والغضب يبين في وجهه والفتح قائم بين يديه متكئاً على السيف فقال ما هذا الذي فعلته يا ابا عبد الله قلت أقول يا امير المؤمنين فقال قل انما سألتك لتقول قلت بلغني ما عزم عليه امير المؤمنين

---

(١) لعله زائد وفي الفهرست فقال ارتفع مال فانما هذه كانت موضع الذي

(٢) ق — (٣) كذا بالاصل ولعله سبط فلان

اطال الله بقاءه ودعوت[1] وحططت منزلته ليعرف هذا المقدار[2] فلا يعجل بزوال نعمة احد واخرت غداءه ليعرف هذا المقدار من الجوع فاذا شكى اليه الجوع عرف ذلك وضربته من غير ذنب ليعرف مقدار الظلم فلا يعجل على احد قال فقال احسنت وامر لي بعشرة آلاف درهم ثم لحقني رسول قبيحة بعشرة آلاف اخرى فانصرفت بعشرين الف قال وحدثنا ابو القاسم الازدي قال سمعت احمد بن عبيد بن ناصح يحدث قال قال لي المعتز يوما يا مؤدبي تصلي جالسا وتضربني قائما فقلت له وضربك من الفروض ولا أؤدي فرضي الا قائماً . وقال عبد الله بن عدي الحافظ احمد بن عبيد ابو عصيدة النحوي كان بسر من رأى يحدث عن الاصمعي ومحمد بن مصعب القرقساني بمناكير وقال ابو احمد الحافظ النيسابوري وذكره فقال لايتابع على جل حديثه قال ابو بكر محمد بن القاسم الانباري انشدني ابي قال انشدنا احمد بن عبيد

ضعفت عن التسليم يوم فراقنا ... فودعتها بالطرف والعين تدمع
وامسكت عن رد السلام فمن رأى ... محباً بطرف العين قبلي يودع
رأيت سيوف البين عند فراقنا ... بأيدي جنود الشوق بالموت تلمع
عليك سلام الله مني مضاعفاً ... الى أن تغيب الشمس من حيث تطلع

﴿ أحمد بن عبيد الله بن محمد بن عمار أبو العباس ﴾

الثقفي الكاتب المعروف بحمار العزير كذا قال الخطيب قال وله مصنفات في مقاتل الطالبيين وغير ذلك وكان يتشيع ومات في سنة ٣١٤ حدث عن

(١) لعله سقط ولي عهده (٢) سقط من الاهانة او نحوه

عثمان بن أبي شيبة وسليمان بن أبي شيخ وعمر بن شبة ومحمد بن داود بن الجراح وغيرهم روى عنه القاضي الجعابي وابن زنجي الكاتب وأبو عمرو ابن حيويه وابو الفرج علي بن الحسين الاصفهاني وغيرهم وفيه يقول ابن الرومي

وفي ابن عمار عزيرية ... يخاصم الله بها والقدر
ما كان لم كان وما لم يكن ... لم لم يكن فهو وكيل البشر
لا بل فتى خاصم في نفسه ... لم لم يفز قدماً وفاز البقر
وكل من كان له ناظر ... صاف فلا بدّ له من نظر

هذا ماذكره الخطيب. ووجدت في كتاب ألفه ابو الحسن علي بن عبيد الله ابن المسيب الكاتب في أخبار ابن الرومي وكان ابن المسيب هذا صديقاً لابن الرومي وخليطاً له قال كان احمد بن محمد بن عبيد الله بن عمار (هكذا قال في نسبه بتقديم محمد على عبيد الله) صديقاً لابن الرومي كثير الملازمة له وكان ابن الرومي يعمل له الاشعار وينحله اياها يستعطف بها من يصحبه وكان ابن عمار محدوداً فقيراً وقاعة في الاحرار. وكان أيام افتقاره كثير السخط لما يجري به الاقدار. في آناء الليل والنهار. حتى عرف بذلك فقال له علي بن العباس بن الرومي يوماً يا أبا العباس قد سميتك العزير قال له وكيف وقعت لي على هذا الاسم قال لان العزير خاصم ربه بان أسال من دماء بني اسرائيل على يدي [1] بخت نصر سبعين الف دم فأوحى الله لئن لم تترك مجادلتي في قضائي لامحونك من ديوان النبوة وقال فيه

(١) ق بني اسرائيل غلى يدى

وفي ابن عمار عزيرية

وذكر البيتين اللذين في كتاب الخطيب وزاد [١]

لا بل فتى خاصم في نفسه ... لم لم يفز قدماً وفاز البقر

وكل من كان له ناظر ... صاف فلابدّ له من نظر

وكتب ابن الرومي الى احمد بن محمد بن بشر المرثدي قصيدة يمدحه بها
ويهنئه بمولود ولد له ويحضه [٢] على بر ابن عمار والاقبال عليه يقول فيها

ولي لديكم صاحب فاضل ... احب ان يبقى [٣] وأن يصحبا

مبارك الطائر ميمونه ... خبرني عن ذاك من جربا

بل عندكم من يمنه [٤] شاهد ... قد افصح القول وقد اعربا

جاء فجاءت معه غرة ... تقبل الناس بها كوكبا

ان أبا العباس مستصحب ... يرضي أبا العباس مستصحبا

لكن في الشيخ عزيرية ... قد تركته شرساً [٥] مشغبا

فاشدد أبا العباس كفا به ... فقد ثقفت المحطب [٦] المجوبا

باقعة ان أنت خاطبته ... اعرب او فاكهته اغربا

أدبه الدهر بتصريفه ... فأحسن التأديب اذ ادبا

وقد غدا [٧] ينشر نعماءكم ... في كل ناد موجزاً مطنبا

والقصيدة طويلة. قال وصار محمد بن داود بن الجراح يوماً الى ابن الرومي

---

(١) قد سبقت هذه الزيادة والتناقض ظاهر (٢) ق ويحطه (٣) في نسخة
من ديوان ابن الرومي طبعت ولم تنشر يرعى (٤) المطبوع : ق يمينه (٥) المطبوع
حرسا (٦) المطبوع المخطب المحربا (٧) المطبوع : ق بدا

مسلماً عليه فصادف عنده ابا العباس احمد بن محمد بن عمار وكان من الضيق والاملاق في النهاية وكان علي بن العباس مغموماً به فقال محمد بن داود لابن الرومي ولابي عثمان الناجم لو صرتما الي وكثرتما بما عندي لانس بعضنا ببعض فاقبل ابن[١] الرومي على محمد بن داود فقال انا في بقية علة وابو عثمان مشغول بخدمة صاحبه يعني اسماعيل بن بلبل وهذا ابو العباس ابن عمار له موضع من الرواية والادب وهو على غاية الامتاع والايناس بمشاهدته وانا احب ان تعرف مثله وفي العاجل خذه معك لتقف على صدق القول فيه فاقبل محمد بن داود على احمد بن عمار وقال له تفضل بالمصير الي في هذا اليوم وقبله مقبولاً [٢] ضعيفاً فصار اليه ابن عمار في ذلك اليوم ورجع الى[٣] ابن الرومي فقال له اني اقمت عند الرجل وبت واريد ان تقصده وتشكره وتؤكد أمري معه ومحمد بن داود في هذا الوقت متعطل ملازم منزله فصار اليه واكد له الامر معه وطال اختلافه اليه الى ان ولي عبيد الله بن سليمان وزارة المعتضد واستكتب محمد بن داود بن الجراح واشخصه معه وقد خرج الى الجبل ورجع وقد زوجه بعض بناته وولاه ديوان المشرق فاستخرج لابن عمار اقساطا اغناه بها واجرى عليه ايضاً من ماله ولم يزل يختلف اليه ايام حياة محمد بن داود وكان السبب في ان نعشه الله بعد العثار . وانتاشه من الاقبار . ابن الرومي فما شكر[٤] ذلك له وجعل يتخلفه ويقع فيه ويعيبه وبلغ ابن الرومى ذلك فهجاه باهاج كثيرة منها وهو مصحف

(١) ق ـ (٢) لعله قبولا (٣) ق ـ (٤) ق شكره

ألا قل لابن عمار الا تعظم قدري
بحر أختك وحر والد تك لاتعرض لشعري
وتذكر حين تنسى حر عمتك وايري
واذ فتى فرح الرو حة منقاد لامري
حر خالتك للجيـ ـران لكن لست تدري

قال ابن المسيب ومن عجيب أمر عزير هذا انه كان ينتقص ابن الرومي في حياته ويزري على شعره ويتعرض لهجائه فلما مات ابن الرومي عمل كتاباً في تفضيله ومختار شعره وجلس يمليه على الناس . وذكره محمد بن اسحاق النديم في كتاب الفهرست فقال كان يصحب محمد بن داود بن الجراح ويروي عنه ثم توكل للقاسم بن عبيد الله بن سليمان وولده وله من الكتب كتاب المبيضة وهو مقاتل الطالبين . كتاب الانواء . كتاب مثالب ابي نواس [١] . كتاب اخبار سليمان بن ابي شيخ. كتاب الزيادة فى اخبار الوزراء لابن الجراح [٢] . كتاب اخبار حجر بن عدي. كتاب اخبار ابي نواس. كتاب اخبار ابن الرومي ومختار شعره. كتاب المناقضات. كتاب اخبار ابي العتاهية. كتاب الرسالة في بني امية. كتاب الرسالة في تفضيل بني هاشم ومواليهم [٣] وذم بني امية واتباعهم . كتاب الرسالة في المحدب والمحدب [٤] . كتاب اخبار عبد الله بن معاوية الجعدي [٥] . كتاب الرسالة في مثالب معاوية. وذكره ابو عبد الله المرزباني في كتاب المعجم فقال [٦]

---

(١) فهرست (١٤٨) خراش (٢) فهرست ـ (٣) فهرست اوليائهم
(٤) فهرست في امر ابن المحرز المحدث (٥) فهرست ابن جعفر (٦) لعله زائد

وذكر انه مات فى سنة ٣١٠ قال وهو القائل

اعيرتني النقصان والنقص شامل ... ومن ذا الذي يعطى الكمال فيكمل
واقسم اني ناقص غير انني ... اذا قيس بي قوم كثير تقللوا
تفاضل هذا الخلق بالعلم والحجى ... ففي ايما هذين انت فتفضل
ولو منح الله الكمال ابن آدم ... لخلده والله ما شاء يفعل

وذكر ابن زنجي ابو القاسم الكاتب قال كان الوزير ابو الحسن علي بن محمد بن الفرات قد اطلق في وزارته الاخيرة للمحدثين عشرين الف درهم فاخذت لابي العباس احمد ابن عبيد الله بن عمار لانه كان يجيئني ويقيم عندي وسمعت منه اخبار المبيضة ومقتل حجر وكتاب صفين وكتاب الجمل واخبار المقدمي واخبار سليمان بن أبي شيخ وغير ذلك خمس مائة درهم

﴿ احمد بن عبيد الله بن احمد ابو الحسين ﴾

الكلوذاني المعروف بابن قرعة من اهل الادب والفضل العزيز كتب بخطه الكثير من المصنفات الطوال ولازم ابا بكر الصولي وتضلع عليه من أدبه وروى عنه وطلب الادب طول عمره ثم عاد الى بلده كلواذى فاقام بها طول عمره وقصده الناس فكان أديبها وفاضلها ولم يزل بها الى آخر عمره

﴿ احمد بن عبيد الله بن الحسن بن شقيرا ﴾

ابو العلاء البغدادي ذكره الحافظ ابو القاسم في تاريخ دمشق وقال حدث عن ابي بكر محمد بن هارون بن المحدو وحامد بن شعيب البلخي والهيثم بن خلف وابي بكر الباغندي والبغوي وأبي عمر الزاهد وأبي بكر

ابن الانباري وابن دريد واحمد بن فارس وأبي بكر احمد بن عبد الله
سيف السجستاني روى عنه تمام الرازي ومكي بن محمد بن الغمر
وابو نصر عبد الوهاب بن عبد الله بن الحيان ومحمد بن عبد الله بن
الحسن الدوري

﴿ احمد بن علي بن يحيى بن أبي منصور ﴾

المنجم أبو عيسى نذكر كل واحد من آبائه واعمامه واهل بيته في بابه ان
شاء الله تعالى وحده واما نسبهم وولاؤهم واوليتهم فنذكره في باب جده
يحيى بن أبي منصور المنجم ان شاء الله وكان احمد هذا نبيلا فاضلا
وذكره محمد بن اسحاق النديم فقال وله كتاب تاريخ سني العالم

﴿ احمد بن علي أبو بكر الميموني ﴾

البرزندي النحوي ذكره ابو الفتح منصور بن المعذر النحوي الاصفهاني
المتكلم وقد ذكر جماعة من المعتزلة النحويين فذكر ابا سعيد السيرافي
وابا علي الفارسي وعلي بن عيسى الرماني وغيرهم ثم قال وابو بكر احمد بن
علي النحوي البرزندي الشافعي النحوي المعتزلي القائل

اذا مت فانعيني الى العلم والنهى   وما حبرت كفي بما في المحابر
فاني من قوم بهم يضحو(1) الهدى   اذا أظلمت بالقوم طرق البصائر

﴿ احمد بن علي بن وصيف المعروف بابن خشكنانجه ﴾

يكنى ابا الحسين وكان ابوه علي الملقب بخشكنانجه فاضلا وقد ذكر في

(1) لعله يصبح

بابه مات احمد ببغداد وذكره [١] محمد بن اسحاق النديم وقال كان كاتبا بليغا فصيحاً شاعراً وله من الكتب كتاب النثر الموصول بالنظم . كتاب صناعة البلاغة . كتاب الفوائد .

﴿احمد بن علي القاساني اللغوي﴾

ابو العباس يعرف بلوه وقيل بابن لوه لا اعرف من امره الا ما قرأته بخط بديع بن عبد الله فيما كتبه عن أبي الحسين احمد بن فارس اللغوي انشدني احمد بن علي بن القاساني اللغوي

اغسل يديك من الثقات ۰ فاصرمهمُ صرم البتات ۰
واصحب اخاك على هوا ه وداره بالترهات ۰
ما الود الا باللسا ن فكن لساني الصفات ۰

وقال في موضع آخر منه سمعت ابا العباس احمد بن علي القاساني يقول سمعت اعرابيا بالبادية يقول

قل لدنيا اصبحت تلعب بي سلط الله عليك الآخره

قلت انا هذا البيت معروف للحسين بن الضحاك مع بيت آخر هو

ان اكن ابرد من قنينة او من الريش [٢] فامي فاجره

وقال في موضع آخر اخبرني ابو العباس احمد بن علي القاساني يعرف بلوه وقال في موضع آخر يعرف بابن لوه بقزوين قال كنت بالبصرة وبها ابو بكر بن دريد فبينا نحن في مجلسه . ورد علينا رجل من اهل الكوفة

(١) في النسخة المطبوعة من الفهرست انما جرى ذكر ابيه المنسوب له تلك الكتب (٢) في الاغاني (٦ : ٢٠١) ومن الريش

فجعل يسأله عن مسائل يظهر[١] فيها لنا انه يتعنته ويتسقطه فاقبل عليه ابو بكر فقال له يا هذا قد عرفت مغزاك واحب ان تجمع ماتريد ان تسألني عنه في قرطاس وتأتيني به وتأخذ مني الجواب بديهة ان شئت او روية فمضى الرجل وجاءه بعد ثلاث وقد جمع له فما سأله عن مسألة الا وابو بكر يبادره بالجواب والرجل يكتب ثم انا سألنا الرجل فاعطانا المسائل والجواب فكتبتها وهي هذه سماعي من أبي بكر لفظا . القهوسة مشية بسرعة. القعسرة الصلابة والشدة . القعسنة الانتصاب في الجلسة .ويقال القفعسة[٢] ان يرفع الرجل رأسه وصدره. القعوسة التذلل.الفقعسة استرخاء وبلادة في الانسان . البحدلة القصر . بهدل طائر . الكهدل الشابة الناعمة . غطمش من قولنا تغطمش علينا اذا ظلمنا . هجعم من الهجعمة وهي الجرءة . خضارع من الخضرعة وهي التسمح باكثر ماعند الانسان. التخثم الانقباض الخثعمة التلطخ بالدم.الشعفر[٣] المرءة الحسناء . الكلحبة العبوس ويقال كلحبت النار اذا مدت اسانها. سنبس من الصلابة واليبس. البلندى الغليظ الصلب .القرثعة تقرد الصوف في حروف نحو هذه. قال ابن فارس انشدني ابو العباس احمد بن علي القاساني وكان يعرف بابن لوه قال انشدني ابو عبد الله نفطويه لبعض الاعراب

اذا واله حنت من الليل حنة ... الى الفها جاوبتها بحنين

هنالك لاروادهم يبلغوننا ... ولا خبر يجلو العمى بيقين

وقال قال ابو العباس حججت فوقفت على اعرابية فقلت لها كيف

(١) ق يظر (٢) لعله القعفسة (٣) في القاموس الشغفر

اصبحت فقالت

بخير على ان النوى مطمئنة   بليلي وان العين باد معينها
واني لباك من تفرق شملهم   فمن مسعد للعين ام من يعينها

قال وانشدني

ألا ليت شعري هل أبيتن ليلة   بواد به الجثجاث والسلم والنضر

قال ابن فارس وانشدني احمد بن علي القاساني

وامست احب الناس قربا ورؤية   الى قلبه سلمى وان لم تحبب
حبيت اليه كل واد تحله   سليمى خصيبا كان اوغير مخصب

قال وانشدني

واذا دعا داع بها فديتها   وعضضت من جزع لفرقتها يدي
لايبعدن تلك الشمائل والحلى   منها وان سكنت محل الابّد

﴿احمد بن علي بن هارون﴾

ابن علي بن يحيي بن أبي منصور المنجم والمنجم ابو الفتح احد من سلك سبيل آبائه في طرق الآداب واهتدى بهديهم في تلك الى الفضائل من كل روى عنه ابو علي التنوخي في نشواره فاكثر ووصفه بالفضل وما قصر وانشد له اشعارا قال انشدني ابو الفتح احمد بن علي بن هارون بن يحيي المنجم في الوزير أبي الفرج محمد بن العباس بن فسانجس في وزارته وقد عمل على الانحدار الى الاهواز لنفسه

قل للوزير سليل المجد والكرم   ومن له قامت الدنيا على قدم
ومن يداه معا تجدي ندى وردى   يجريهما عدل حكم السيف والقلم

ومن اذا هم ان تمضي عزائمه ... رأيت ما تفعل الاقدار في الامم
ومن عوارفه تهمي وعادته ... في رب بداته تنمي على القدم
لانت اشهر في رعي الذمام وفي ... حكم التكرم من نار على علم
والعبد عبدك في قرب وفي بعد ... وانت مولاه ان تظعن وان تقم
فره يتبعك اولا فاعتمده بما ... تجري به عادة الملاك في الخدم

قال وانشدني لنفسه وذكر انه لايوجد لها قافية رابعة من جنسها في الحلاوة

سيدي أنت ومن عادته ... باعتداء وبجور جاريه
انصف المظلوم وارحم عبرة ... بدموع ودماء جاريه
ربما اكني بقول سيدي ... عندشكواي الهوا عن جاريه

قال وانشدني لنفسه والقافية كلها عود باختلاف المعنى

العيش عافية والريح والعود ... فكل من حاز هذا فهو مسعود
هذا الذي لكم في مجلس انق ... شجارة العنبر الهندي والعود
وقينة وعدها بالخلف مقترن ... بما يؤمله راج وموعود
وفتية كنجوم الليل دأبهم ... اعمال كاس حذاها النار والعود
فاعدوا علي بكاس الراح مترعة ... عودا وبدءا فان احمدتم عودوا

﴿ احمد بن على ابو الحسن البتي الكاتب ﴾

كان يكتب للقادر بالله عند مقامه بالبطيحة ولما وصلته البيعة كتب عنه الى بهاء الدولة وكان البتي حافظاً للقرآن تالياً له مليح المذاكرة بالاخبار والآداب عجيب النادرة ظريف المزح والمجون . قال ابن عبد الرحيم كان

البتي في بدء أمره يلبس الطيلسان ويسمع الحديث ويقرأ القرآن على شيوخ عصره وكان يذكر انه قرأ القرآن على زيد بن أبي بلال وكان غاية في جمع خلال الادب يتعلق بصدور وافرة من فنون العلم ويكتب خطاً جيداً ويترسل ترسلاً لا بأس به وينظم شعراً دون ما كان حظي به من العلم ثم لبس من بعدُ الدرّاعة وسلك في لبسه مذهب الكتاب القدماء وكان يلبس الخفين والمبطنة ويتعمم العمة الثغرية وان لبس لالجة[1] لم تكن الا مربدية وكان لا يتعرض لحلق شعره جرياً على السنة السالفة وكتب من بعد في ديوان الخلافة وكان له حرمة بالقادر بالله رعاها له ثم غلب على اخلاقه الهزل وتجافى الجد بالواحدة وانقطع الى اللعب وكان شكله ولفظه وما يورده من النوادر يدعو الى مكاثرته والرغبة الى مخالطته فحضر مجلس بهاء الدولة في جملة الندماء ونفق عليه نفاقاً لا مزيد عليه ولم يكن لاحد من الرؤساء مسرة تتم ولا انس يكمل الا بحضوره فكانوا يتداولونه ولا يفارقونه ونادم الوزراء حتى انتهى الى منادمة فخر الملك واعجب به غاية الاعجاب وأحسن اليه غاية الاحسان ومات في أيامه وكانت له نوادر مضحكة وجوابات سريعة لا يكاد يلحقه فيها أحد وتعرض لغيبة الناس تعرضاً قل ما اخل به على الوجه المضحك الذي يكون سبباً الى تدارك تلك المنقصة وطريقاً[2] الى زلته فيها بما اعتمده من التطايب وكان يذهب مذهب المعتزلة ويميل الى فقه أبي حنيفة ويتعصب للطائي تعصباً شديداً ويفضل البحتري على أبي تمام ويغلو فيه غاية الغلو . فمن نوادره الشائعة انه

(١) كلمة فارسية تكتب لالك (٢) لعل كلمة مثل « استقالة » قد سقطت ههنا

انحدر مع الرضي والمرتضى وابن أبي الريان الوزير وجماعة من الاكابر لاستقبال بعض الملوك فخرج عليهم اللصوص ورموهم بالحراقات[١] وجعلوا يقولون ادخلوا بأزواج القحاب فقال البتي ما خرج هؤلاء علينا الا بعين قالوا ومن أين علمت قال والا فمن أين علموا انا أزواج قحاب . وكان البتي صاحب الخبر والبريد في الديوان القادري ومات في شعبان سنة ٤٠٣ وله تصانيف منها كتاب القادري وكتاب العميدي. كتاب الفخري . قال الوزير أبو القاسم المغربي كان ابو الحسن البتي احد المتفننين في العلوم لا يكاد يجاري فى فن من العلوم فيعجز عنه . وكان مليح المحاضرة كثير المذاكرة طيب النادرة مقبول المشاهدة رأيته على باب احد رؤساء العمال وقد حجب عنه فكتب اليه

على أي باب اطلب الاذن بعدما حجبت عن الباب الذي أنا حاجبه

فخرج الاذن له في الحال. وحدث الرئيس أبو الحسين هلال بن المحسن قال كنت مع فخر الملك أبي غالب بن خلف بالاهواز فكتب الى أبي ياسر عماد بن أحمد الصيرفي احمل الى أبي الحسن البتي مائتي دينار مع امرأة لا يعرفها واكتب معها رقعة غير مترجمة وقل فيها قد دعاني ما آثرته من مخالطتك ورغبت فيه من مودتك الى استدعاء المواصلة منك وافتتاح باب الملاطفة بيني وبينك وقد انفذت مع الرسول مائتي دينار فاخذها أبو الحسن وكتب على ظهر الرقعة ما لا أعرف مهديه فاشكر له ما يوليه الا انه[٢] صادف اضاقة دعت الى أخذه والاستعانة في بعض

(١) ق بالحداقات (٢) ص : ق اولا ما

الامور به وقلت

ولم أدر من التى عليه رداءه   سوى انه قد سل عن ماجد محض

واذا سهل الله لي اتساعا رددت العوض موفوراً وكان المبتدئ بالبر مشكوراً وكان أبو الحسن قد فطن للقصة وكتب ما كتب على بصيرة ولما أنفذ أبو ياسر بالجواب اقرانيه نخر الملك فاستحسنت وقوع هذا البيت موقعه من التمثل . ومن شعر الرضي الموسوي اليه الابيات المشهورة

أبا حسن أتحسب ان شوقي   يقل على مكاثرة[1] الخطوب

يهش لكم على العرفان قلبي   هشاشته الى الزور الغريب

والفظ غيركم ويسوغ عندي   ودادكم مع الماء الشروب

ورثاه الرضى الموسوي بقوله

ما للهموم كأنها   نار على قلبي تشب

والدمع لا يرقى له   غرب كأن العين غرب

ما كنت أحسب انني   جلد على الارزاء صعب

ما أخطأتك النائبا   ت اذا اصابت من تحب

ورثاه المرتضى أخو الرضي بقوله

عرج على الدار مغبرا جوانبها   فاسأل بها عجلا عن ساكن الدار

وقل لها أين ما كنا نراه على   مر المدى بك من نقض وامرار

وأين أوعية الآداب فاهقة   تجري خلالك جري الجدول الجاري

يا أحمد بن علي والردى عرض   يزور بالرغم منا كل زوار

---

(١) في ديوان الرضي (طبع بيروت ١٥٤) معارضة

علقت بالحبل (١) منك غير منتكث (٢) عند الحفاظ وعود غير خوار
وقد بلوتك في سخط وعند رضى وبين طي لانباء واظهار
فلم تفدنيَ الا ما أضن به ولم تزدنيَ الا طيب اخبار
لا عار فيما شربت اليوم غصته من المنون وهل بالموت من عار
ولم ينلك سوى ما نال كل فتى عالي المكان ولاقى كل جبار

وأمر بهاء الدولة أبا الحسن البتي أن يعمل شعراً يكتب على تكة ابريسم فقال

لم لا اتيهُ ومضجعي بين الروادف والخصور
وان اتشحت فانني بين الترائب والنحور
ولقد نشأت صغيرة الفالربات (٣) الخدور

وله يصف كوز الفقاع

يا رب ثدي مصصته بكراً وقد عراني خمار مغبوق
له هدير اذا شربت به مثل هدير الفحول في النوق
كأن ترجيعه اذا رشف الـ ـراشف فيه صياح مخنوق

وله أيضاً

ما أحمرت العين من دمع اضر بها في عرصتي طلل او أثر مرتحل
لكن رآها الذي يهوى وقد نظرت في وجه آخر فاحمرت من الخجل

قال ابن عبد الرحيم وكان القادر بالله استتر عنده لما طلبه الطائع قبل انحداره واخذ يده ان يستلينه فلما ولي وقضى الامر صرف ابن حاجب

(١) ق لحبل (٢) ق منكث (٣) ق يألف ربات

النعمان ورتبه في كتابته واتفق ان كان ذلك في وقت الاضحى فخرج اليه خادم على العادة في مثل ذلك فقال له رسم ان تحصي اسقاط الاضاحي فقال لغلامه خذ الدواة فان القوم يريد كيرعانيا [١] ولا يريدون كاتباً وانصرف بهذا المزح من الخدمة وكان الهزل قد غلب عليه وعزب عنه الجد جملة وكان بينه و بين الرضي مقارضة لكلام جرى بينهما فاتفق ان اجتاز بقرب دار الرضي عند مسجد الانباري فقال لغلامه مل بنا عن تلك الدار فاني اكره المرور بها فالتفت فوقعت عينه على الرضي فتمم كلامه من غير ان يقطعه وقال فانني لا وجه [٢] لي في لقائه لطول جفائه فاستحسن هذا من بديهته ودخل دار الرضى واصطلحا

ومن نوادره انه سمع يوماً اصوات الملاحين وارتفاع ضجة فقال ما هذا فقالوا هؤلاء أولاد ابي الفضل بن حاجب النعمان وأبي سعيد بن أبي الخطاب وجماعة أولادهم فقال ما بيننا و بين هؤلاء الاموات الآباء . ورأى معلماً قبيح الوجه يعرف بنفاط الجن وكان وحشاً انكشفت سوءته فقال له يا هذا استر عورتك السفلى فانك قد أدليت . ولكن بغير حجة. واستقبل أبا عبد الله بن الذراع [٣] في ميدان بستان فخر الدولة وهو متكئ على يد غلام اسود فقال أبو عبد الله هذا الاسود يصلح لخدمة سيدنا فقال البتي أي الخدم فقال خدمة الفراش فقال اللهم غفراً ارمي بالبغاء وليس في منزلي خنفساء ويعرى منه سيدنا وفي داره جميع بني حام . بشر ابن الحواري بمولود وكان ابن الحواري سمج الخلقة فقال له البتي ان كان هذا المولود

(١) لعله يريدون كراعيا (٢) ص لا وجد (٣) ص الدارع

يشبهك فويه ثم ويه. وسقاه الفقاعي في دار فخر الدولة فقاعا فلم يستطبه فرد الكوز مفكراً فقال له الفقاعي في أي شيء تفكر فقال في دقة صنعتك كيف امكنك ان تخرى في هذه الكيزان كلها مع ضيق رأسها. واتاه غلامه في مجلس حفل فقال له ان ابنك وقع من ثلاث درج فقال ويلك من ثلاث بقين او خلون فلم يفهم عنه فقال ان كان خلون فسهل وان بقين فيحتاج الى نائحة. ودخل الرقي العلوي على فخر الملك فقال أطال الله بقاء مولانا واسعده بهذا اليوم فقال له وأي يوم هذا فقال ايلون فقال البتي بالنون فقال ما قرأت النحو فقال البتي أنت اذاً معذور فانك ثلاثة أرباع رقيع أراد رقي اذا ألحقت به العين وهو الحرف الرابع صار رقيع. قال ابن عبد الرحيم وكان بين البتي وبين أبي القاسم بن فهد ملاحاة ومنابذة ثم أصلح فخر الملك بينهما فعمل فيه أبياتاً يقول فيها

قلت للبتي لما … رام صلحي من بعيد

وكان يرمي بالبخر ويزن بالابنة ايضاً وقال فيه أيضاً

وكل شرط للصلح أقبله … ان أنت أعفيتني من القبل

وحدث ابن عبد الرحيم قال وكان البتي مقبولاً مستملحاً في جميع أحواله ولم يكن فيه اقل من شعره فانه كان في غاية البرد وعدم الطبع وكان قد عمل في فخر الملك وهو يسد بثق النهروان قصيدة يصف فيها السكر قال فيها

اذا أتاه الماء من جانب … عاجله بالسد من جانب

فقال له هذا والله أيها الاستاذ بارد واعاده فحكى البيت وتأمله وقال نعم

والله هو بارد وجعل يعوج على نفسه ويكرر الانشاد مستبرداً له فضحك نخر الملك منه وقطع الانشاد ولم يتمه . قال ولم يكن يسلم أحد من لسانه وتعويجه وثلبه له واذا اتفق ان يسمعه من يقول ذلك فيه التفت اليه كالمعتذر وقال مولاي ههنا ما علمت بحضوره ويجعل كونه ما علم بحضوره اعتذاراً كأنه مباح له ثلبه بالغيبة . قال وكان مع ذكائه وتوقده وكثرة طنزه وتولعه اشد الناس غباوة في الامور الجديات وابعدهم من تصورها وكان له معرفة تامة بالغناء وصنعته ولا تكاد المغنية تغني بصوت الا ذكر صنعته وشاعره وجميع ما قيل في معناه . وله من قصيدة في ابن صالحان

سل الربع بالخبتين كيف معاهده | وأنى ترجع [١] القول منه هوامده
عفت حقباً بعد الانيس رسومه | فلم يبق الا نوؤه وخوالده
ديار نزفت الدمع في عرصاتها | تؤاما الى ان اقرح الجفن فارده
ارقت دما بعد الدموع نزحته | من القلب حتى غيضته شوارده [٢]
سأستعتب الدهر الخؤون بسيد | يرد جماح الدهر اذ هو قائده
سواء عليه طارف المال في الندى | اذا ما انتحاه السائلون وتالده

وله فيه

قرم اذا اعتذرت نوافل بره | لم يلف دافع حقها بمعاذر [٣]
من معشر ورثوا المكارم والعلى | وتقسموها كابراً عن كابر
قوم يقوم حديثهم بقديمهم | ويسير اولهم بمجد الآخر

(١) لعله تعيد (٢) لعله موارده (٣) ق بمعار

وكان ابو اسحاق الصائي قد عمل لابي بشر بن طاراد نسخة كتاب اراد نشاءه ونحله اياه فكتب اليه ابو الحسن البتي يعرض بذلك

زكاة العلوم زكاة الندى	وعرف المعارف بذل الحجى
ولكن يجرّ به أهله	فاجر بذيلك فضل التقى
لئن كنت اوجبته قربة	لما وقع الموقع المرتضى
وما صدقاتك مقبولة	اذا ما تنكبت فيها الهدى

قد عرفت اطال الله بقاء سيدي العارية والمستعير وكيف جرى الامر في ذلك وما ظننت ان هذا يجري مجرى الماعون الذي لا يحسن منعه ولا يقع المعرض موقعه بل ساء(1) لوقته عن لابسه

﴿ احمد بن علي بن محمد أبو عبد الله ﴾

الرماني النحوي المعروف بابن الشرابي ذكره أبو القاسم فقال سمع عبد الوهاب بن حسن الكلابي وأبا الفرج الهيثم بن احمد الفقيه وأبا القاسم عبد الرحمن بن الحسين بن الحسن بن علي بن يعقوب بن أبي العقب حدث بكتاب اصلاح المنطق ليعقوب بن السكيت عن أبي جعفر محمد بن احمد الجرجاني عن أبي علي الحسن بن ابراهيم الآمدي عن أبي الحسن علي بن سليمان الاخفش عن ثعلب عن ابن السكيت روى عنه أبو نصر بن طلاب الخطيب قال ابن الاكفاني حدثنا عبد العزيز بن أحمد الكناني توفي أبو عبد الله احمد بن علي الرماني الشرابي النحوي يوم الجمعة ليومين مضيا من ربيع الآخر سنة ٤١٥

(1) لعله سل

﴿ احمد بن علي بن خيران الكاتب ﴾

المصري أبو محمد الملقب بولي الدولة صاحب ديوان الانشاء بمصر بعد أبيه وكان أبوه أيضاً فاضلاً بليغاً أعظم قدراً من أبيه واكثر علماً وكان أبو محمد هذا يتقلد ديوان الانشاء للظاهر ثم للمستنصر وكان رزقه في كل سنة ثلاثة آلاف دينار وله عن كل ما يكتبه من السجلات والعهودات وكتب التقليدات رسوم يستوفيها من كل شيء بحسبه وكان شاباً حسن الوجه جميل المروءة واسع النعمة طويل اللسان جيد العارضة وسلم الى أبي منصور بن الشيرازي رسول النجار[١] الى مصر من بغداد جزئين من شعره ورسائله واستصحبهما الى بغداد ليعرضهما على الشريف المرتضى أبي القاسم وغيره ممن يأنس به من رؤساء البلد ويستشير في تخليدهما دار العلم لينفذ بقية الديوان والرسائل ان علم ان ما أنفذه منها ارتضي واستجيد وانه فارقه حياً ثم ورد الخبر بانه مات في شهر رمضان سنة ٤٣١ في أيام المستنصر قال ابن عبد الرحيم ووقع الى الحروب[٢] الشعر فتأملته فما وجدته طائلاً وعرفني الرئيس أبو الحسن هلال بن الحسن[٣] ان الرسائل صالحة سليمة قال وقد انتزعت من المظلوم[٤] على خلوة الامن الوزن والقافية فمن شعره

عشق الزمان بنوه جهلا منهم　　وعلمت سوء صنيعه فشنئته

نظروه نظرة جاهلين فغرهم　　ونظرته نظر الخبير فخفته

ولقد آتاني طائعاً فعصيته　　واباحني احلى جناه فعفته

---

(١) لعله ابي كالنجار (٢) لعله الجزء من الشعر (٣) يريد المحسن (٤) لعله المنظوم

ومن شعره أيضا

ولي لسان صارم حده   يدمي اذا شئت ولا يدمى
ومنطق ينظم شمل العلى   ويستميل العرب والعجما
ولو دجا (١) الليل على اهله   فاظلموا كنت لهم نجما

ومن شعره أيضاً

اخذ المجد يميني ليفيضن يميني   ثم لا ارجئ احسانا الى بريجيني (٢)

ومن شعره ايضاً

ولقد سموت على الامام بخاطر   الله اجرى منه بحراً زاخرا
فاذا نظمت نظمت روضاً حالياً   واذا نثرت نثرت دراً فاخرا

وقال على لسان بعض العلويين يخاطب العباسيين

وينطقنا فضل البدار الى الهدى   ويخرسكم عن ذكر فضل (٣) بدر
وقد كانت الشورى علينا غضاضة   ولو كنتم فيها استطاركم الكبر

ومن شعره ايضاً

يا من اذا ابصرت طلعته   سدت علي مطالع الحزم
قد كف لحظي عنك مذ كثرت   فينا الظنون فكف عن ظلمي

ومن شعره ايضاً

حيوا الديار التي اقوت مغانيها   واقضوا حقوق هواها بالبكا فيها
ديار فاترة الالحاظ فانية (٤)   جنت عليك ولجت في تجنيها
ظلت تسح دموعي في معاهدها   سح السحاب اذا جادت عزاليها

---

(١) ص : ق جاء (٢) لعله الى من يرتجيني (٣) لعله فضلكم (٤) لعله غانية

ومن شعره ايضاً

ايها المغتاب لي حسداً   مت بداء البغي والحسد
حافظي من كل معتقد   فيّ سوءا حسن معتقَدي

ومن شعره ايضاً

اما ترى الليل قد ولت كواكبه   والصبح قد لاح وانبثت مواكبه
ومنهل العيش قد طابت موارده   والدهر وسنان قد اغفت نوائبه
فقم بنا نغتنم صفو الزمان فما   صفا الزمان لمخلوق يصاحبه

ومن شعره ايضاً

خلقت يدي للمكرمات ومنطقي   للمعجزات ومفرقي للتاج
وسموت للعلياء اطلب غاية   يشقى بها الغاوي ويحظى الراجي

ومن شعره

انا شيعيّ لآل المصطفى   غير اني لا أرى سب السلف
اقصد الاجماع في الدين ومن   قصد الاجماع لم يخش التلف
لي بنفسي شغل عن كل من   للهوى قرظ قوماً او قذف

ومن شعره

فقام ينادي[1] غرة الشمس نوره   وينصف من ظلم الزمان عزائمه
أعزّ له في العدل شرعَ يقيمه   وليس له في الفضل ند يقاومه

وقال على لسان ذلك الملك يخاطب الظاهر لاعزاز دين الله حين أمر بالختم على جميع ماله هـذين البيتين وكانا السبب في الاخراج عما أخذ

---

(١) لعله يناوي : ص يناجي

منه والرضى عنه

من شيم المولى الشريف العلي الا يرى مطرحاً عبده
وما جزا من جن من حكم ان تسلبوه فضلكم عنده

وكان ابن خيران قد خرج الى الحيرة متنزهاً ومعه جماعة من اصحابه المتقدمين في الادب والشعر والكتابة وقد احتفوا به يميناً وشمالاً فادى بهم السير الى مخاضة محفوفة (١) فلما رأى احجام الجماعة من الفرسان عنها وظهور جزعهم منها قنع بغلته فولجها حتى قطعها وانثنى قائلاً مرتجلاً

ومخاضة يلقى الردى من خاضها كنت الغداة الى العدا خواضها
وبذلت نفسي في مهاول خوضها (٢) حتى تنال من العلى اغراضها

وله أيضاً

من كان بالسيف يسطو عند قدرته على الاعادي ولا يبغي على احد
فان سيفي الذي اسطو به ابداً فعل الجميل وترك البغي والحسد

وله أيضاً

قد علم السيف وحد القنا ان لساني منهما أقطع
والقلم الاشرف لي شاهد بانني فارسه المصقع

قال ابن عبد الرحيم وهو كثير الوصف لشعره والثناء على براعته ولسنه وجميع ما في الجزء بعد ما ذكرته لا حظ فيه وليس فيه مدح الا في سلطانهم المستنصر والباقي على نحو ما ذكرته في مراثي اهل البيت عليهم السلام ولو كان فيه ما يختار لاخترته

(١) لعله مخوفة (٢) ق خوفها

﴿ احمد بن علي بن ثابت بن احمد بن مهدي ﴾

الخطيب ابو بكر البغدادي الفقيه الحافظ احد الأئمة المشهورين المصنفين المكثرين والحفاظ المتبرزين ومن ختم به ديوان المحدثين سمع ببغداد شيوخ وقته وبالبصرة وبالدينور وبالكوفة ورحل الى نيسابور في سنة ٤١٥ حاجا فسمع بها ثم قدمها بعد فتنة البساسيري لاضطراب الاحوال ببغداد فآذاه الحنابلة بجامع المنصور سنة ٥١ فسكنها مدة وحدث بها بعامة كتبه ومصنفاته الى صفر سنة ٥٧ فقصد صور[1] فاقام بها وكان يتردد الى القدس للزيارة ثم يعود الى صور الى ان خرج من صور في سنة ٤٦٢ وتوجه الى طرابلس وحلب فاقام في كل واحدة من البلدتين اياما قلائل ثم عاد الى بغداد في اعقاب سنة ٦٢ واقام بها سنة الى ان توفي وحينئذ روى تاريخ بغداد وروى عنه من شيوخه ابو بكر البرقاني والازهري وغيرهما وقال غيث بن علي الصوري سألت أبا بكر الخطيب عن مولده فقال ولدت يوم الخميس لست بقين من جمادي الآخرة سنة ٣٩٢ وكان الخطيب يذكر انه لما حج شرب من ماء زمزم ثلاث شربات وسأل الله عز وجل ثلاث حاجات اخذا بقول النبي صلعم ماء زمزم لما شرب له فالحاجة الاولى ان يحدث بتاريخ بغداد والثانية ان يملي الحديث بجامع المنصور والثالثة ان يدفن اذا مات عند قبر بشر الحافي فلما عاد الى بغداد حدث بالتاريخ بها ووقع اليه جزء فيه سماع الخليفة القائم بامر الله فحمل الجزء ومضى الى باب حجرة الخليفة وسأل ان يؤذن له في قراءة الجزء فقال الخليفة[2] هذا

---

(١) ص : ق ــ (٢) ص : ق ــ

رجل كبير في الحديث فليس له الى السماع مني حاجة ولعل له حاجة اراد ان يتوصل اليها بذلك فسلوه ماحاجته فسئل فقال حاجتي ان يؤذن لي ان املي بجامع المنصور فتقدم الخليفة الى نقيب النقباء بان يؤذن له في ذلك فحضر النقيب فلما مات ارادوا دفنه عند قبر بشر بوصية منه قال ابن عساكر فذكر شيخنا اسماعيل بن أبي سعد الصوفي وكان الموضع الذي بجنب بشر قد حفر فيه ابو بكر احمد بن علي الطرثيثي(١) قبراً لنفسه وكان يمضي الى ذلك الموضع فيختم فيه القرآن ويدعو ومضى على ذلك عدة سنين فلما مات الخطيب سألوه ان يدفنوه فيه فامتنع فقال هذا قبري قد حفرته وختمت فيه عدة ختمات ولا امكن احداً من الدفن فيه وهذا مما لا يتصور فانتهى الخبر الى والدي(٢) فقال له ياشيخ لو كان بشر في الاحياء ودخلت انت والخطيب اليه ايكما كان يقعد الى جنبه انت او الخطيب فقال لا بل الخطيب فقال له كذا ينبغي ان يكون في حالة الموت فانه احق به منك فطاب قلبه ورضي بان يدفن الخطيب فى ذلك الموضع فدفن فيه وقال المؤتمن الساجي ما اخرجت بغداد بعد الدارقطني احفظ من الخطيب. وذكر في المنتظم ان الخطيب لقى في مكة ابا عبد الله بن سلامة القضاعي فسمع منه بها وقرأ صحيح البخاري على كريمة بنت احمد المروزي في خمسة ايام ورجع الى بغداد فقرب من رئيس الرؤساء أبي القاسم بن مسلمة وزير القائم بامر الله تعالى وكان قد اظهر بعض اليهود كتاباً وادعى انه كتاب رسول الله صلعم باسقاط الجزية عن اهل خيبر

(١) في وفيات الاعيان ابو بكر بن زهراء الصوفي (٢) ص ابي سعد الصوفي

وفيه شهادات الصحابة وانه خط علي بن أبي طالب رضي الله عنه فعرضه رئيس الرؤساء على ابي بكر الخطيب فقال هذا مزور فقيل له من اين لك ذلك قال في الكتاب شهادة معاوية بن ابي سفيان ومعاوية اسلم يوم الفتح وخيبر كانت في سنة سبع وفيه شهادة سعد بن معاذ وكان قد مات يوم الخندق فى سنة خمس فاستحسن ذلك منه. وذكر محمد بن عبد الملك الهمذاني ان رئيس الرؤساء تقدم الى القصاص والوعاظ ان لا يورد احد حديثا عن رسول الله صلعم حتى يعرضه على أبي بكر الخطيب فما امرهم بايراده اوردوه وما منعهم منه الغوه. ومن [1] المنتظم قال ولما جاءت نوبة البساسيري [2] استتر الخطيب وخرج من بغداد الى الشام واقام بدمشق ثم خرج الى صور ثم الى طرابلس والى حلب ثم عاد الى بغداد في سنة ٦٢ فاقام بها سنة ثم مات قال وله ستة وخمسون مصنفا بعيدة المثل منها كتاب تاريخ بغداد . كتاب شرف اصحاب الحديث . كتاب الجامع لاخلاق الراوي وآداب السامع . كتاب الكفاية في معرفة علم الرواية كتاب المتفق والمفترق . كتاب السابق واللاحق . كتاب تلخيص المتشابه في الرسم . كتاب في التلخيص . كتاب الفصل والوصل. كتاب المكمل في بيان المهمل . كتاب الفقيه والمتفقه . كتاب الدلائل والشواهد على صحة العمل باليمين مع الشاهد . كتاب غنية المقتبس في تميز الملتبس. كتاب الاسماء المبهمة في الانباء المحكمة . كتاب الموضح وهو اوهام الجمع والتفريق . كتاب المؤتنف تكملة المختلف والمؤتلف . كتاب نهج

(١) لعله في (٢) ق القساسيري

الصواب في ان التسمية من فاتحة الكتاب . كتاب الجهر بالبسملة . كتاب الخيل. كتاب رافع الارتياب في القلوب من الاسماء والالقاب. كتاب القنوت . كتاب التبيين لاسماء المدلسين . كتاب تمييز المزيد في متصل الاسانيد . كتاب من وافق كنيته اسم أبيه . كتاب من حدث فنسي . كتاب رواية الآباء عن الابناء . كتاب الرحلة في طلب الحديث . كتاب الرواة عن مالك بن انس . كتاب الاحتجاج للشافعي فيما اسند اليه والرد على الجاهلين بطعنهم عليه . كتاب التفصيل لمبهم المراسيل . كتاب اقتضاء العلم العمل . كتاب تقييد العلم . كتاب القول في علم النجوم . كتاب روايات الصحابة عن التابعين . كتاب صلاة التسبيح . كتاب مسند نعيم بن هماز جزء . كتاب النهي عن صوم يوم الشك. كتاب الاجازة للمعلوم والمجهول. كتاب روايات السنة من التابعين. كتاب البخلاء . كتاب الطفيليين . كتاب الدلائل والشواهد . كتاب التنبيه والتوقيف على فضائل الخريف . قال ابن الجوزي فهذا الذي ظهر لنا من تصانيفه ومن نظر فيها عرف قدر الرجل وما هيء له مما لم يهيأ لمن كان احفظ منه كالدارقطني وغيره . وحدث ابو سعد السمعاني قرأت بخط والدي سمعت ابا الحسين بن الطيوري ببغداد يقول اكثر كتب الخطيب سوى التاريخ مستفاد من كتب الصوري كان الصوري بدأ بها ولم يتمها وكانت للصوري اخت بصور مات وخلف عندها اثني عشر عدلا محزوما من الكتب فلما خرج الخطيب الى الشام حصل من كتبه ما صنف منها كتبه قال وكان سبب وفاة الصوري انه افتصد وكان

الطبيب الذي فصده قد اعطي مبضعا مسموما ليفصد به غيره فغلط فقصده فقتله قال ابن الجوزي عند[١] سماع هذه الحكاية وقد يضع الانسان طريقا فيسلكه وما قصر الخطيب على كل حال وكان حريصا على علم الحديث كان يمشي في الطريق وفي يده جزء يطالعه وكان حسن القراءة فصيح اللهجة عارفاً بالادب يقول الشعر الحسن قال ابن الجوزي ونقلت من خطه من شعره قوله

لعمرك ما شجاني رسم دار — وقفت بها ولا ذكر المغاني
ولا أثر الخيام اراق دمعي — لاجل تذكري عهد الغواني
ولا ملك الهوى يوما فنادى[٢] — ولا عاصيته فثنى عناني
رأيت فعاله بذوي التصابي — وما يلقون من ذل الهوان
فلم اطمعه[٣] في وكم قتيل — له في الناس لا يحصى وعان
طلبت اخا صحيح الود محضا — سليم الغيب مأمون اللسان
فلم اعرف من الاخوان الا — نفاقاً في التباعد والتداني
وعالم دهرنا لا خير فيه — ترى صوراً تروق بلا معاني
ووصف جميعهم هذا فما ان — اقول سوى فلان او فلان
ولما لم اجد حراً يؤاتي — على ما ناب من صرف الزمان
صبرت تكرماً لفراغ دهري — ولم اجزع لما منه دهاني
ولم اك في الشدائد مستكيناً — اقول لها الا كفي كفاني
ولكني صليب العود عَوْدٌ — ربيط الجاش مجتمع الجنان

(١) ق عن (٢) لعله فؤادي (٣) ق اطعمه

ابيّ النفس لا اختار رزقاً ... يجيء بغير سيفي او سناني
لعز في لظى باغيه يشوى ... الذ من المذلة في الجنان
ومن طلب المعالي وابتغاها ... ادار لها رحا الحرب العوان

ومن شعره ايضاً

لا تغبطن اخا الدنيا بزخرفها ... ولا للذة وقت عجلت فرحا
فالدهر اسرع شيء في تقلبه ... وفعله بين للخلق قد وضحا
كم شارب عسلاً فيه منيته ... وكم تقلد سيفاً من به ذبحا

قال ابو الفرج وكان الخطيب قديماً على مذهب احمد بن حنبل فمال عليه(١) اصحابنا لما رأوا من ميله الى المبتدعة وآذوه فانتقل الى مذهب الشافعي وتعصب في تصانيفه عليهم فرمز الى ذمهم فصرح بقدر ما امكنه فقال في ترجمة احمد بن حنبل سيد المحدثين وفي ترجمة الشافعي تاج الفقهاء فلم يذكر احمد بالفقه وقال في ترجمة حسين الكرابيسي انه قال عن احمد ايش تعمل بهذا الصبي ان قلنا لفظنا بالقرآن مخلوق قال بدعة وان قلنا غير مخلوق قال بدعة ثم التفت الى اصحاب احمد فقدح فيهم بما امكن وله دسائس في ذمهم عجيبة وذكر شيئاً مما زعم ابو الفرج انه قدح في الحنابلة وتاول له ثم قال انبأنا ابو زرعة طاهر بن محمد بن طاهر المقدسي عن ابيه قال سمعت اسماعيل بن أبي الفضل القومسي وكان من اهل المعرفة بالحديث يقول ثلاثة من الحفاظ لا احبهم لشدة تعصبهم وقلة انصافهم الحاكم ابو عبد الله وأبو نعيم الاصبهاني وابو بكر الخطيب قال ابو الفرج

(١) لعله عنه

وصدق اسماعيل وكان من اهل المعرفة فان الحاكم كان متشيعا ظاهر التشيع والآخران كانا يتعصبان للمتكلمين والاشاعرة قال وما يليق هذا باصحاب الحديث لان الحديث جاء في ذم الكلام وقد اكد الشافعي في هذا حتى قال رايي في اصحاب الكلام ان يحملوا على البغال ويطاف بهم. قال وكان للخطيب شيء من المال فكتب الى القائم بامر الله اني اذا مت كان مالي لبيت المال وانا استاذن ان افرقه على من شئت فاذن له ففرقه على اصحاب الحديث وكان مائتي دينار ووقف كتبه على المسلمين وسلمها الى أبي الفضل بن خيرون (١) فكان يعزها ثم صارت الى ابنه الفضل فاحترقت في داره ووصى الخطيب ان يتصدق بجميع ما عليه من الثياب. قال ابن طاهر سألت ابا القاسم هبة الله بن (٢) عبدالوارث الشيرازي قلت هل كان ابو بكر الخطيب كتصانيفه في الحفظ فقال لا كنا اذا سألناه عن شيء اجابنا بعد ايام وان الححنا عليه غضب وكانت له بادرة وحشة واما تصانيفه فمصنوعة مهذبة ولم يكن حفظه على قدر تصانيفه. وذكر ابو سعد السمعاني في ترجمة عبد الرحمن بن محمد بن عبد الواحد القزاز قال سمع جميع كتاب تاريخ مدينة السلام من مصنفه أبي بكر الخطيب الحافظ الا الجزء السادس والثلاثين فانه قال توفيت والدتي واشتغلت بدفنها والصلاة عليها ففاتني هذا الجزء وما اعيد لي لان الخطيب كان قد شرط في الابتداء ان لايعاد الفوت لاحد فبقي الجزء غير مسموع قال السمعاني لما رجعت الى خراسان حصل لي تاريخ الخطيب بخط شجاع بن فارس الذهلي

(١) ق حزون (٢) ق —

الاصل الذي كتبه بخطه لابي غالب محمد بن عبد الواحد القزاز وعلى وجه كل واحد من الاجزاء مكتوب سماع لابي غالب ولابنه أبي منصور عبد الرحمن [١] ولاخيه عبد المحسن الا هذا الجزء السادس والثلاثين [٢] فانه كتب على وجهها اجازة لابي غالب وابنه أبي منصور وشجاع اعرف الناس فيكون قد فاته الجزآن المذكوران لا جزء واحد. ونقلت من خط أبي سعد السمعاني ومنتخبه لمعجم شيوخ عبد العزيز بن محمد النخشبي قال ومنهم ابو بكر احمد بن علي بن ثابت الخطيب يخطب في بعض قرى بغداد حافظ فهم ولكنه كان يتهم بشرب الخمر كنت كلما لقيته بدأني بالسلام فلقيته في بعض الايام فلم يسلم علي ولقيته شبه المتغير فلما جاز عني لحقني بعض اصحابنا وقال لي لقيت ابا بكر الخطيب سكران فقلت له قد لقيته متغيراً واستنكرت حاله ولم اعلم انه سكران ولعله قد تاب ان شاء الله قال السمعاني ولم يذكر عن الخطيب رحمه الله هذا الا النخشبي مع اني لحقت جماعة كثيرة من اصحابه وقال في المذيل والخطيب في درجة القدماء من الحفاظ والائمة الكبار كيحيي بن معين وعلي بن المديني واحمد ابن أبي خيثمة وطبقتهم وكان علامة العصر اكتسى به هذا الشان غضارة وبهجة ونضارة وكان مهيبا ووقورا نبيلا خطيرا ثقة صدوقا متحريا حجة فيما يصنفه ويقوله وينقله ويجمعه حسن النقل والخط كثير الشكل والضبط قارئاً للحديث فصيحا وكان في درجة الكمال والرتبة العليا خلقا وخلقا وهيئة ومنظرا انتهى اليه معرفة علم الحديث وحفظه وختم به الحفاظ رحمه

(١) ق وعبد (٢) سقط ذكر الجزء الثاني

الله بدأ بسماع الحديث سنة ٤٠٣ وقد بلغ ١١ سنة من عمره [1] انه قال وسمعت بعض مشايخي يقول دخل بعض الاكابر جامع دمشق او صور ورأى حلقة عظيمة للخطيب والمجلس غاص يسمعون منه الحديث فصعد الى جانبه وكأنه استكثر الجمع فقال له الخطيب القعود في جامع [2] المنصور مع نفر يسير احب الي من هذا قال وسمعت ابا الفتح مسعود بن محمد بن احمد أبي نصر الخطيب بمرو يقول سمعت عمر النسوي يعرف بليلى يقول كنت في جامع صور عند الخطيب فدخل عليه بعض العلوية وفي كمه دنانير وقال للخطيب فلان وذكر بعض المحتشمين من اهل صور يسلم عليك ويقول هذا تصرفه في بعض مهماتك فقال الخطيب لا حاجة لي فيه وقطب وجهه فقال العلوي فتصرفه الى بعض اصحابك قال قل له يصرفه الى من يريد فقال العلوي كأنك تستقله ونفض كمه على سجادة الخطيب وطرح الدنانير عليها وقال هذه ٣٠٠ دينار فقام الخطيب محمر الوجه واخذ السجادة ونفض الدنانير على الارض وخرج من المسجد قال الفضل بن أبي ليلى ما أنسى عز خروج الخطيب وذل ذلك العلوي وهو قاعد على الارض يلتقط الدنانير من شقوق الحصر ويجمعها. وحدث باسناد رفعه الى الخطيب قال حدثت ولي عشرون سنة حين قدمت من البصرة كتب عني شيخنا ابو القاسم الازهري أشياء أدخلها في تصانيفه وسألني فقرأتها عليه وذلك في سنة ٤١٢ وحدث قال ذكر ابو الفضل ناصر السلامي قال كان أبو بكر الخطيب من ذوي المروآت حدثني ابو

(١) لعله سقط ثم (٢) ص : ق جانب

زكريا يحي بن علي الخطيب اللغوي قال لما دخلت دمشق في سنة ٥٦ كان بها اذ ذاك الامام أبو بكر الحافظ وكانت له حلقة كبيرة يجتمعون في بكرة كل يوم فيقرأ لهم وكنت اقرأ عليه الكتب الادبية المسموعة له فكان اذا مر في كتابه شيء يحتاج الى اصلاح يصلحه ويقول انت تريد مني الرواية وانا اريد منك الدراية وكنت اسكن منارة الجامع فصعد الي يوماً وسط النهار وقال احببت ان ازورك في بيتك وقعد عندي وتحدثنا ساعة ثم اخرج قرطاساً فيه شيء وقال لي الهدية مستحبة واسألك ان تشتري به الاقلام ونهض ففتحت القرطاس بعد خروجه فاذا فيه خمسة دنانير صحاح مصرية ثم انه مرة ثانية صعد وحمل اليّ ذهباً وقال لي تشتري به كاغداً وكان نحواً من الاول او اكثر قال وكان اذا قرأ الحديث في جامع دمشق فسمع صوته في آخر الجامع وكان يقرأ معها صحيحاً . وقال ابو طاهر احمد بن محمد بن احمد السلفي الحافظ الاصبهاني يمدح مؤلفات الخطيب

تصانيف ابن ثابت الخطيب	الذ من الصبى الغض الرطيب
تراها اذا [1] حواها من رواها	رياضاً تركها [2] راس الذنوب
ويأخذ حسن ما قد صاغ منها	بقلب الحافظ الفطن الاريب
فايّة راحة ونعيم عيش	يوازي كتبه ام اي طيب

وحدث محمد بن طاهر المقدسي سمعت ابا القاسم مكي بن عبد السلام الرميلي كان يقول سبب خروج أبي بكر الخطيب من دمشق الى صور

(١) لعله اذ رواها من حواها (٢) ص راسها ترك الذنوب

انه كان يختلف اليه صبي صبيح الوجه وقد سماه مكي انا نكبت عن ذكره فتكلم الناس في ذلك وكان امير البلدة رافضياً متعصباً فبلغه القصة فجعل ذلك سبباً للفتك به فامر صاحب شرطته ان يأخذه بالليل ويقتله وكان صاحب الشرطة من اهل السنة فقصده صاحب الشرطة تلك الليلة مع جماعة من اصحابه ولم يمكنه ان يخالف الامير فأخذه وقال له قد امرت بكذا وكذا ولا اجد لك حيلة الا اني اعبر بك على دار الشريف ابن أبي الحسن العلوي فاذا حاذيت الباب فادخل الدار فاني ارجع الى الامير واخبره بالقصة ففعل ذلك ودخل دار الشريف وذهب صاحب الشرطة الى الامير واخبره الخبر فبعث الامير الى الشريف ان يبعث به فقال الشريف ايها الامير انت تعرف اعتقادي فيه وفي امثاله ولكن ليس في قتله مصلحة هذا رجل مشهور بالعراق وان قتلته قتل به جماعة من الشيعة بالعراق وخربت المشاهد قال فما ترى قال ارى ان يخرج من بلدك فامر باخراجه فخرج الى صور وبقي بها مدة الى ان رجع الى بغداد فاقام بها الى ان مات. ومن شعر الخطيب ايضا

قد شاب رأسي وقلبي ما يغيره ... كر الدهور عن الاسهاب في الغزل
وكم زمانا طويلا ظلت اعذله ... فقال قولا صحيحا صادق المثل
حكم الهوى يترك الالباب حائرة ... ويورث الصب طول السقم والعلل
وحبك الشيء يعمي عن مقابحه ... ويمنع الاذن ان تصغي الى العذل
لا اسمع العذل في ترك الصبى ابدا ... جهدي فما ذاك من همي ولا شغلي
من ادعى الحب لم تظهر دلائله ... فحبه كذب قول بلا عمل

وله ايضا

تغيب الخلق عن عيني سوى قمر　　حسبي من الخلق طرا ذلك القمر
محله في فؤادي قد تملكه　　وحاز روحي وما لي عنه مصطبر
فالشمس اقرب منه في تناولها　　وغاية الحظ منها للورى النظر
اردت تقبيله يوما مخالسة　　فصار من خاطري في خده اثر
وكم حليما رآه ظنه ملكا　　وراجع الفكر فيه انه بشر

قال عبد الخالق بن يوسف انشدني من لفظه الشيخ ابو العز احمد بن عبد الله بن كادش عن الخطيب وقال هي في أبي منصور بن النفور

الشمس تشبهه والبدر[1] يحكيه　　والدر يضحك والمرجان من فيه
ومن سرى وظلام الليل معتكر　　فوجهه عن ضياء البدر يغنيه
روى له الحسن حتى حاز احسنه　　لنفسه وبقي للخلق باقيه
فالعقل يعجز عن تحديد غايته　　والوحي يقصر عن فحوى معانيه
يدعو القلوب فتأتيه مسارعة　　مطيعة الامر منه ليس تعصيه
سألته زورة يوما فاعجزني　　واظهر الغضب المقرون بالتيه
وقال لي دون ما تبغي وتطلبه　　تناول الفلك الاعلى وما فيه
رضيت يامعشر العشاق منه بان　　اصبحت تعلم اني من محبيه
وان يكون فؤادي في يديه لكي　　يميته بالهوى منه ويحييه

وله ايضا

بنفسي عاتب في كل حال　　وما لمحبه ذنب جناه

(١) ق والدر

حفظت عهوده ورعيت منه ذما ما مثله لي من (١) رعاه
حرمت وصاله ان كنت يوما جرى لي خاطر يهوى سواه
ولو تلفي رضاه لهان عندي خروج الروح في طلبي رضاه

وله ايضا

خمار الهوى يربي على نشوة الخمر وذو الحزم فيه ليس يصحو من السكر
وللحب في الاحشاء حر اقله وابرده يوفي على لهب الجمر
أخبركم يا أيها الناس انني عليم باحوال المحبين ذو خبر
سبيل الهوى سهل يسير سلوكه ولكنه يفضي الى مسلكٍ وعر
ويجمع أوصاف الهوى ونعوته لحرفين سعد الوصل او شقوة الهجر

وله أيضاً

الى الله اشكو من زماني حوادثاً رمت بسهام البين في غرض الوصل
اصابت بها قلبي ولم اقض منيتي ولو قتلتني كان أجمل بالفعل
متى تمايل (٢) يبن قتل وفرقة تجد فرقة الاحباب شراً من القتل

قال ابو بكر الخطيب كتب معي ابو بكر البرقاني الى ابي نعيم الاصبهاني الحافظ كتاباً يقول في فصل منه وقد نفذ الى ما عندك عمداً متعمداً اخونا ابو بكر احمد بن علي بن ثابت أيده الله وسلمه ليقتبس من علومك ويستفيد من حديثك وهو بحمد الله من له في هذا الشان سابقة حسنة وقدم ثابت وفهم حسن وقد رحل فيه وفي طلبه وحصل له منه ما لم يحصل لكثير من امثاله الطالبين له وسيظهر لك منه عند الاجتماع من ذلك مع

(١) لعله ما (٢) ق تمايل

التورع والتحفظ وصحة التحصيل ما يحسن لديك موقعه ويجمل عندك منزلته وانا ارجو اذا صحت منه لديك هذه الصفة ان تلين له جانبك وان تتوفر له وتحتمل منه ما عساه يورده من تثقيل في الاستكثار او زيادة في الاصطبار فقديماً حمل السلف عن الخلف ما ربما ثقل وتوفروا على المستحق منهم بالتخصيص والتقديم والتفضيل ما لم ينله الكل منهم

وقال الرئيس ابو الخطاب بن الجراح يمدح الخطيب

فاق الخطيب الورى صدقاً ومعرفةً ... واعجز الناس في تصنيفه الكتبا
حمى الشريعة من غاد يدنسها ... بوضعه ونفى التدليس والكذبا
جلا محاسن بغداد فأودعها ... تاريخه ملخصاً (١) لله محتسبا
وقال (٢) في الناس بالقسطاس منزويا ... عن الهوى وازال الشك والريبا
سقى ثراك ابا بكر على ظمأ ... جون ركام يسح الواكف السربا
ونلت فوزاً ورضواناً ومغفرةً ... اذا تحقق وعد الله واقتربا
يا أحمد بن علي طبت مضطجعاً ... وباء شانيك بالاوزار محتقبا

وقال أبو القاسم حدثني ابو محمد بن الاكفاني حدثني ابو القاسم مكي بن عبد السلام المقدسي قال مرض الشيخ ابو بكر الخطيب ببغداد في نصف رمضان الى ان اشتد به الحال عن (٣) ذي الحجة وايسنا منه واوصى الى أبي الفضل بن خيرون ووقف كتبه على يده وفرق جميع ماله في وجوه البر وعلى اهل العلم والحديث واخرجت جنازته من حجرة تلي المدرسة النظامية من نهر المعلى وتبعه الفقهاء والخلق العظيم وعبر الجنازة على الجسر وحملت

(١) لعله مخلصاً (٢) لعله وكال (٣) لعله في

الى جامع المنصور وكان بين يدي الجنازة جماعة ينادون هـذا الذي كان يذب عن رسول الله صلى الله عليه وسلم هذا الذي كان ينفي الكذب عن رسول الله هذا الذي كان يحفظ حديث رسول الله وعبرت الجنازة بالكرخ ومعها ذلك الخلق العظيم

﴿ احمد بن علي بن قدامة ابو المعالي ﴾

قاضي الانبار احد العلماء بهـذا الشان المعروفين المشهورين به وله من الـكتب كتاب في علم القوافي. كتاب في النحو. مات في شوّال سنة ٤٨٦

﴿ ابراهيم بن العباس الصولي ﴾

ابو اسحاق الكاتب هو ابراهيم بن العباس بن محمد بن صول مولى يزيد ابن المهلب كنيته ابو اسحاق مات في شعبان سنة ٢٤٣ بسامرا وهو يتولى ديوان النفقات والضياع مولده سنة ١٧٦ وقيل سنة ٦٧ وكان صول رجلاً تركياً وكان هو واخوه فيروز ملكي[1] جرجان وتمجسا بعد التركية وتشبها بالفرس فلما حضر يزيد بن المهلب بن ابي صفرة جرجان آمنهما فأسلم صول على يده ولم يزل معه حتى قتل يزيد يوم العقر وكان يزيد بن المهلب لما دعا الى نفسه لحق به صول وغيره فصادفه قد قتل وذكر الصولي ان صولا شهد الحرب مع يزيد بن المهلب وان يزيد وجد مقتولا بلا طعنة ولا ضربة انسدت اذناه ومنخراه وامتـلأ فمه بغبار العسكر فمات فلا يعرف مثله قتيل غبار قال ومعه قتل صول وجماعة من أصحابه وغلمانه

(١) ق ملكا : وفي الاغاني (٩ : ٢١) ملكا على : واكثر الروايات الموجودة في هذه الترجمة خرجها صاحب الاغاني

وقيل بل انحاز الى العباس بن الوليد في جماعة من غلمانه فاعطاه العباس امانًا وبعض اولاد المهلب معه فلما حصلا في يده غدر بهم وقتلهم جميعاً وكان يقاتل كل من بينه وبين يزيد (١) من جيوش بني امية ويكتب على سهامه صول يدعوكم الى كتاب الله وسنة نبيه فبلغ ذلك يزيد بن عبد الملك فاغتاظ وجعل يقول ويلي على ابن الغلفاء ما له وللدعاء الى كتاب الله وسنة نبيه ولعله لا يفقه صلاته وكان محمد بن صول من رجال الدولة العباسية ودعاتها وكان يكنى ابا عمارة وقتله (٢) عبد الله بن علي لما خالف مع مقاتل بن حكيم العكي (٣) وكان بعض اهليهم ادعوا انهم عرب وان العباس بن الاحنف الشاعر خالهم وكان ابراهيم بن العباس واخوه عبد الله من وجوه الكتاب وكان عبد الله اسنهما واشدهما تقدماً وكان ابراهيم آدبهما وأحسنهما شعراً وكان اذا قال شعراً اختاره واسقط رذله واثبت نخبته فمن ذلك قوله

ولكن الجواد ابا هشام ... وفيّ العهد مأمون المغيب
بطيء عند ما استغنيت عنه ... وطلاع عليك مع الخطوب

وهذا من نادر الشعر وجيده ومن ذلك قوله لاخيه عبد الله

ولكن عبد الله لما حوى الغنى ... وصار له من بين اخوانه مال
رأى خلة منهم تسد بماله ... فساهمهم حتى استوت بهم الحال

وهذا يدل على ان قبله غيره ولولا ان يكون قبله غيره لقال الا ان الجواد ابا هشام والا ان عبد الله اويكون قصد الايهام بمدح قد تقدم هذه

(١) الاغاني : ق مرثد (٢) الاغاني : ق قتل (٣) الاغاني : ق العتكي

الابيات من جملته والله اعلم وكان ابراهيم كاتباً حاذقاً بليغاً فصيحاً منشئا وابراهيم واخوه عبد الله من صنائع ذي الرياستين الفضل بن سهل اتصلا به فرفع منهما وتنقل ابراهيم في الاعمال الجليلة والدواوين الى ان مات وهو متولي ديوان الضياع والنفقات بسر من رأى سنة ٢٤٣ للنصف من شعبان وكان دعبل يقول لو تكسب ابراهيم بالشعر لتركنا في غير[١] شيء وتعجب من قوله

ان امرءاً ضن بمعروفه عني لمبذول له عذري
ما انا بالراغب في خيره[٢] ان كان لا يرغب في شكري

وكان ابراهيم صديقاً لمحمد بن عبد الملك الزيات فولي محمد الوزارة وابراهيم على الاهواز فقصده ووجه اليه بابي الجهم احمد بن سيف وامره بكشفه فتحامل عليه تحاملاً شديداً فكتب ابراهيم الى محمد بن عبد الملك

واني لارجو بعد هذا محمداً لافضل مايرجى اخ ووزير

فاقام محمد على امره ولح ابو الجهم في التحامل عليه فكتب ابراهيم الى ابن الزيات يشكو اليه ابا الجهم ويقول هو كافر لايبالي ما عمل[٣] وهو القائل لما مات غلامه يخاطب ملك الموت

تركت عبيد بني طاهر وقد ملأوا الارض عرضاً وطولا
واقبلت تسعى الى واحدي ضرارا كان قد قتلت الرسولا
فسوف ادين بترك الصلاة واصطبح الخمر صرفاً شمولا

فكان محمد لعصبيته على ابراهيم وقصده له يقول ليس هذا الشعر لابي

(١) الاغاني : ق ـ (٢) الاغاني عرفه (٣) الاغاني : ق ـ

الجهم وانما ابراهيم قاله ونسبه الى ابي الجهم وكتب ابراهيم الى ابن الزيات يستعطفه كتبت وقد بلغت المدية المحز وعدت الايام على بعد عدواي بك عليها وكان اسوء الظن (١) واكثر خوفي ان تسكن في وقت حركتها وتكف عند اذاتها (٢) فصرت اضر علي منها فكف الصديق عن نصرتي خوفاً منك وبادر الى العدو تقربا اليك وكتب تحت ذلك

أخ بيني وبين الدهـ | ـر صاحب أينا غلبا
صديقي ما استقام وان | نبا دهر على نبـا
وثبت على الزمان به | فعاد به وقـد وثبا
ولو عاد الزمان لنـا | لعاد به أخا حدبا

وكتب اليه أما والله لو آمنت ودك لقلت ولكني اخاف منك عتباً لا تنصفني فيه واخشى من نفسي لائمة لا تحتملها لي وما قدر فهو كائن عن كل حادثة أحدوثة وما استبدلت بحالة (٣) كنت فيها مغتبطاً حالاً انا في مكروهها ولكنها (٤) أشد علي من أني فزعت الى ناصري عند ظلم لحقني فوجدت من ظلمني اخف نية في ظلمي منه وأحمد الله كثيراً وكتب تحتها

وكنت أخي باخاء الزمان | فلما نبا صرت حربا عوانا
وكنت اذم اليك الزمان | فأصبحت فيك اذم الزمانا
وكنت اعدك للنائبات | فها أنا اطلب منك الامانا

قال ثم وقف الواثق على تحامله عليه فرفع يده عنـه وامره ان يقبل منـه

---

(١) الاغاني ظني (٢) ق ارادتها : والاغاني اذاها (٣) الاغاني : ق حالة
(٤) الاغاني المها

ما رفعه ويرد الى الحضرة مصونا فلما احس ابراهيم بذلك بسط لسانه في ابن الزيات وهجاه هجاءً كثيراً منه

قدرت فلم تضرر عدوا بقدرة　　وسمت بها اخوانك الذل والرغما
وكنت ملياً بالتي قد يعافها　　من الناس من يأبى الدنية والذما

وقال ايضاً فيه

ابا جعفر خف خفضة بعد رفعة　　وقصر قليلاً عن مدى غلوائكا
فان كنت قد اوتيت عزاً ورفعة　　فان رجائي في غد كرجائكا

وقال ايضاً فيه

دعوتك في بلوى ألمت صروفها　　فأوقدت من ضغن علي سعيرها
واني اذا ادعوك عند ملمة　　كداعية بين القبور نصيرها

ولما مات ابن الزيات قال ابراهيم

لما اتاني خبر الزيات
وانه قد عد في الاموات　　ايقنت ان موته حياتي

ولما انحرف محمد بن عبد الملك عن ابراهيم تحاماه الناس ان تلقوه وكان الحرث بن بشخير الزريم المغني صديقاً له مصافياً وهجره في من هجره من الاخوان فكتب اليه

تغير لي فيمن تغير حارث　　وكم من اخ قد غيرته الحوادث
احارث ان شوركت فيك فطالما　　غنينا وما بيني وبينك ثالث

ومن مستحسن شعر ابراهيم بن العباس قوله

خل النفاق لاهله　　وعليك فالتمس الطريقا

وارغب [١] بنفسك ان ترى   الا عدواً او صديقا

ومنه

اميل مع الصديق [٢] على ابن امي   واقضي [٣] للصديق على الشقيق
وافرق بين معروفي ومني   واجمع بين مالي والحقوق
فان الفيتني حراً مطاعا   فانك واجدي عبد الصديق

وكان ابراهيم يهوى جارية لبعض المغنين بسر من رأى يقال لها ساهر [٤] شُهِرَ بها وكان منزله لا يخلو منها ثم دعيت في وليمة لبعض اهلها فغابت عنه ثلاثة ايام ثم جاءته ومعها جاريتان لمولاها وقالت له قد اهديت صاحبتي اليك عوضاً عن مغيبي عنك فقال

اقبلن يحففن مثل الشمس طالعة   قد حسن الله اولاها وأخراها
ما كنت فيهن الا كنت واسطة   وكن دونك يمناها ويسراها

وجلس يوماً مع اخوانه للشرب وبعث خلفها فابطأت عليه فتنغص عليه وعلى جلسائه يومه وكان عندهم عدة من القيان ثم وافت فسرى عنه وطابت نفسه وشرب وطرب وقال

الم ترنا [٥] يومنا اذ نات   ولم تأت من بين اترابها
وقد غمرتنا دواعي السرور   باشعالها وبالهابها
ونحن فتور الى ان بدت   وبدر الدجى تحت اثوابها
ولما نأت كيف كنا بها   ولما دنت كيف صرنا بها

---

(١) لعله وأربأ : والاغاني واذهب (٢) الاغاني الذمام (٣) الاغاني وآخذ
(٤) الاغاني سامر (٥) الاغاني : تر

فتغضبت فقالت ما القصة كما ذكرت وقد كنتم في قصفكم مع من حضر وانما تجملتم لي [١] لما حضرت فقال

يا من حنيني اليه ومن فؤادي لديه ... ومن اذا غاب من بينهم اسفت عليه
اذا حضرت فمن بينهم أصب اليه ... من غاب غيرك منهم فاذنه [٢] في يديه

فرضيت. فاقاموا يومهم على احسن حال ثم طال العهد بينهما فملها وكانت شاعرة وكانت تهواه ايضاً فكتبت اليه تعاتبه

بالله يا ناقض العهود بمن ... بعدك من اهل ودنا نثق
واسوءتا واستحييت لي ابداً ... ان ذكر العاشقون من عشقوا
لا غرني كاتب له ادب ... ولا ظريف مهذب لبق
كنت بذاك اللسان تختلني ... دهراً ولم ادر انه ملق

فاعتذر اليها وراجعها فلم تر منه ما تكره حتى فرق الموت بينهما. وحدث علي بن الحسين الاسكافي قال كان لابراهيم ابن قد يفع وترعرع وكان به معجباً فاعتل علة لم تطل حتى مات فرثاه مراثي كثيرة وجزع عليه جزعاً شديداً فمن مراثيه فيه

أنت السواد لمقلة ... تبكي عليك وناظر
من شاء بعدك فليمت ... فعليك كنت احاذر

وقال ايضاً فيه

وما زلت مذ لد اعطيته ... ادافع عنه حمام الاجل
اعوذه دائباً بالقران ... وارمي بطرفي الى حيث حل

---

(١) الاغاني : ق ـ (٢) الاغاني فامره

فاضحت يدي قصدها واحد   الى حيث حل فلم يرتحل

ومر ابراهيم برجل يستثقله فسلم عليه فقال لبعض من معه انه جرمي فقال له ماكان عندي الا انه من أهل السواد فضحك ابراهيم وقال انما اردت قول الشاعر

يسائل عن أخي جرم   ثقيل والذي خلقه

وكتب ابراهيم شفاعة لرجل الى بعض اخوانه فلان ممن يزكو شكره[1]

ويعنيني امره والصنيعة عنده واجدة موضعها[2] وسالكة طريقها

وافضل ما يأتيه ذو الدين والحجى   اصابة شكر لم يضع معه أجر

ونظر ابراهيم الى الحسن بن وهب وهو مخمور فقال له

عيناك قد حكتا مبيـ   ـتك كيف كنت وكيف كانا

ولرب عين قد ارتـ   ـك مبيت صاحبها عيانا

قال ورفع احمد بن المدبر على بعض عمال ابراهيم فحضر ابراهيم دار المتوكل فرأى هلال الشهر على وجهه ودعا له وضحك وقال له ان احمد بن المدبر رفع على عاملك كذا وكذا فاصدقني عنه قال ابراهيم فضاقت علي الحجة وخفت ان احقق قوله ان اعترفت ثم لا أرجع منه الى شيء فيعود علي الغرم[3] فعدلت عن الحجة الى الحيلة فقلت انا في هذا يا أمير المؤمنين كما قلت فيك

رد قولي وصدق الاقوالا   واطاع الوشاة والعذالا

---

(١) الاغاني ويحسن ذكره ويعين أمره (٢) الاغاني واقعة موقعها (٣) الاغاني : ق العزيز

اتراه (١) يكون شهر صدود ... وعلى وجهه رأيت الهلالا

فقال لا يكون ذلك والله لا يكون ذلك ابداً والتفت الى الوزير وقال له كيف تقبل في المال قول صاحبه. وكان احمد بن يحيي ثعلب يقول ابراهيم ابن العباس اشعر المحدثين وما روى شعر كاتب غيره وكان يستجيد قوله

لنا ابل كوم يضيق بها الفضا ... ويفتر عنها ارضها وسماؤها

فمن دونها (٢) ان يستباح دماؤنا ... ومن دوننا ان يستذم (٣) دماؤها

حمى وقرى فالموت دون مرامها ... وايسر خطب يوم حق فناؤها

ويقول والله لو ان هذا لبعض الاوائل لا ستجيد له. وقال ابراهيم في قينة كان يهواها

وعلمتني كيف الهوى وجهلته ... وعلمكم صبري على (٤) ظلمكم ظلمي

واعلم مالي عندكم فيردني ... هواي الى جهلي فارجع (٥) عن علمي

ومن احسن ما قيل في قصر الليل قول ابراهيم بن العباس

وليلة من الليالي الزهر ... قابلت فيها بدرها ببدر

لم تك غير شفق وفجر ... حتى تولت وهي بكر الدهر

وقال ابو الغيث كنت عند ابراهيم بن العباس وهو يكتب كتاباً فنقطت القلم نقطة مفسدة فمسحها بكمه فعجبت فقال لا تعجب المال فرع والقلم اصل ومن هذا السواد جاءت هذه الثياب والاصل احوج الى المراعاة من الفرع ثم فكر قليلاً وقال

---

(١) ق الا تراه (٢) ق دوننا (٣) الاغاني تستباح (٤) الاغاني : ق ـ (٥) الاغاني ق قصر

اذا ما الفكر ولد حسن لفظ … واسلمه الوجود الى العيان
ووشاه فنمنمه بيان [١] … فصيح في المقال بلا لسان
ترى حلل البيان منشرات … تجلى بينها حلل [٢] المعاني

وقال ابراهيم في الفضل بن سهل

يقضي [٣] الامور على بديهته … وتريه فكرته عواقبها
فيظل يصدرها ويوردها … فيعم حاضرها وغائبها
واذا ألمت صعبة عظمت … فيها الرزيئة كان صاحبها
المستقل بها وقد رسبت … ولوت على الايام جانبها
وعدلتها بالعدل فاعتدلت … ووسعت راغبها وراهبها
واذا الحروب علت بعثت لها … رأياً تفل به كتائبها
رأياً اذابت السيوف مضى … عزم به فشفى مضاربها
اجرى الى فئة بدولتها … واقام في اخرى نوادبها
واذا الخطوب تاثلت ورست … هدت فواضله نوائبها
واذا جرت بضميره يده … ابدت له الدنيا مناقبها

قال واجتمع هارون بن محمد بن عبد الملك بن الزيات وابن برد الخباز في مجلس عبيد الله بن سليمان فجعل هارون ينشد من شعر أبيه ومحاسنه ويفضله ويقدمه فقال له ابن برد الخباز ان كان لأبيك مثل قول ابراهيم ابن العباس الصولي

اسد ضار اذا هيجته … وأب بر اذا ما قدرا

(١) الاغاني مسد (٢) الاغاني صور (٣) الاغاني يمضي

يعرف الابعدان اثرى(١) ولا ... يعرف الادنى اذا افتقرا

او مثل قوله

تلج السنون بيوتهم وترى لهم ... عن جار بيتهم ازورار مناكب

وتراهم بسيوفهم وشفارهم ... مستشرفين لراغب او راهب

حامين او قارين حيث لقيتهم ... نهب العفاة ونزهة للراغب

فاذكره وفاخر به والا فاقلل فخجل هارون قال ودخل عليه احمد بن المدبر بعد خلاصه من النكبة مهنئا(٢) وكان استعان به في أمر النكبة فقعد عنه وبلغه انه كان يسعى ويحرض عليه ابن الزيات(٣)

وكنت أخي بالدهر حتى اذا نبا ... نبوت فلما عاد عدت مع(٤) الدهر

فلا يوم اقبالي عددتك طائلا ... ولا يوم ادباري عددتك من(٥) وتر

وما كنت الا مثل احلام نائم ... كلا حالتيك من وفاء ومن غدر

وله ايضاً فيه

لو قيل لي خذ امانا ... من اعظم الحدثان

لما اخذت امانا ... الا من الخلان(٦)

افانا استحسن قوله

حتى متى انا في حزن وفي غصص ... اذا تجدد حزن هون الماضي

وقد غضبت فما باليتم غضبي ... حتى رجعت بقلب ساخط راضي

ومما كتب ابراهيم بن العباس الى ابن الزيات

---

(١) الاغاني : ق انتهى (٢) الاغاني : ق منهيا (٣) سقط « فقال » او « فانشده »
(٤) الاغاني : ق على (٥) الاغاني في (٦) الاغاني الاخوان

من رأى في المنام مثل أخ لي　　كان عوني على الزمان وخلي

رفعت حاله فحاول حطي　　وابى الا ان يعز بذلي

وكتب اليه يستعطفه

فهبني مسيئاً مثل ما قلت ظالماً　　فعفواً جميلاً كي يكون لك الفضل

فان لم اكن بالعفو منك لسوء ما　　جنيت به أهلاً فأنت لها أهل

ومن منثور كلامه اتاني فلان في وقت استثقل فيه لحظة الفرح. وحدث الصولي عن العباس بن محمد قال انشدني ابراهيم بن العباس في مجلسه في ديوان الضياع

ربما تجزع النفوس من الامـــــر لها فرجة كحل العقال

ونكت بقلمه ثم قال

ولرب نازلة يضيق بها الفتى　　ذرعاً وعند الله منها المخرج

كملت[1] فلما استحكمت حلقاتها　　فرجت وكان يظنها لا تفرج

قال فعجبنا من سرعة طبعه وجودة قريحته . وحدث الصولي عن احمد بن يزيد المهلبي قال حدثني أبي قال لما قرأ ابراهيم بن العباس على المتوكل رسالته الى أهل حمص اما بعد فان امير المؤمنين يرى من يحق[2] الله عليه مما قوم به من اود وعدل به من زيغ ولم به من منتشر استعمال ثلث يقدم بعضهن امام بعض اولاهن ما يتقدم به من تنبيه وتوقيف ثم يستظهر به في تحذير وتوقيف[3] ثم التي لا يقع بحسم الداء غيرها[4]

---

(١) في الوفيات ضاقت (٢) لعله حق (٣) لعله ما يستظهر به من تحذير وتفريق
(٤) لعله لا يقع حسم الداء بغيرها

اناة فان لم تغن عقب بعدها   وعيداً فان لم يغن اغنت عزائمه

عجب المتوكل من حسن ذلك وأومأ الى عبيد الله اما تسمع فقال يا أمير المؤمنين ان ابراهيم فضيلة خباها الله لك واحتبسها على ايامك وهذا اول شعر نفذ في كتاب عن خلفاء بني العباس .وحدث عن ميمون بن هارون عن ابيه قال قلت لابراهيم بن العباس ان فلاناً يحب أن يكون لك ولياً فقال لي أنا والله أحب أن يكون الناس جميعاً اخواني ولكني لا آخذ منهم الا من اطيق قضاء حقه والا استحالوا اعداءً وما مثلهم الا كمثل النار قليلها مقنع وكثيرها محرق.وقال الحسين بن علي الباقطائي شاورت أبا الصقر قبل وزارته في أمر لي فعرفني الصواب فيه فقلت له أنت أيدك الله كما قال ابراهيم بن العباس في هذا المعنى

أتيتك شتي الرأي لابس حيرة   فشددتني حتى رأيت العواقبا

على حين القى الرأي دوني[1] حجابه   لجبت الخطوب واعتسفت المذاهبا

فقال لا تبرح والله حتى اكتب البيتين فكتبتهما له بين يديه بخطي. وحدث ابو ذكوان قال لما توفي المعتصم بالله وقام ابنه الواثق خليفة بعده كتب اليه ابراهيم بن العباس يعزيه بابيه ويهنئه بالخلافة ان أحق الناس بالشكر من جاء به عن الله واولاهم بالصبر من كل سلفة[2] رسول الله وامير المؤمنين اعزه الله واباؤه نصرهم الله اولو الكتاب الناطق عن الله بالشكر وعترة رسوله المخصوصون بالصبر وفي كتاب الله أعظم الشفاء وفي رسوله أحسن العزاء وقد كان من وفاة أمير المؤمنين

(١) ق دونه (٢) لعله كان سلفه

المعتصم بالله ومن مشيئة الله في ولاية امير المؤمنين الواثق بالله ما عفا على اوله آخره وتلافت بدأته عاقبته فحق الله في الاولى الصبر وفرضه في الاخرى الشكر فان رأى أمير المؤمنين ان يستنجز ثواب الله بصبره ويستدعي زيادته بشكره فعل ان شاء الله تعالى وحده . ومن كلامه ووجد اعداء الله زخرف باطلهم وتمويه كذبهم سرابا بقيعة يحسبها الظمآن ماءً حتى اذا جاءه لم يجده شيئاً وكوميض برق عرض فاسرع ولمع فاطمع حتى انحسرت مسترقة [١] مغاربه وتشعبت مولية مذاهبه وايقن راجيه وطالبه الا ملاذ ولا وزر ولا مورد ولا صدر ولا من الحرب محصر [٢] هنالك ظهرت عواقب الحق منجية وخواتم الباطل مردية سنة الله فيما ازاله واذا له ولن تجد لسنة الله تبديلا ولا عن قضائه تحويلا . وحدثني الصولي قال حدثني يحي بن البحتري قال رأيت ابي يذاكر جماعة من شعراء الشام بمعان من الشعر فمر فيها قلة نوم العاشق وما قيل في ذلك فانشدوا انشادات فيها فقال لهم ابي فرغ من هذا كاتب العراق ابراهيم ابن العباس فقال

احسب النوم حكاكا [٣] — اذ رأى منك جفاكا

مني الصبر ومنك الـهجر — فابلغ بي مداكا

كذبت همة عين — طمعت في ان تراكا

او ما حظ لعين — ان ترى ما قد رآكا

ليت حظي منك ان تعـلم — ما بي من هواكا

---

(١) لعله مشرقة (٢) كذا بالاصل (٣) ق حاكا

ثم قال البحتري تصرفت هذه الابيات في معان من الشعر احسن في جميعها قال فكتبتها عنه اجمعهم [١] ومما رأى [٢] له الصولي

اولى البرية [٣] طرا ان تواسيه ... عندالسرور الذي واساك في الحزن
ان الكرام اذا ما اسهلوا ذكروا ... من كان يألفهم في المنزل الخشن

وروى له وهو في الحماسة

لا يمنعنك خفض العيش في دعة ... نزوع نفس الى اهل واوطان
تلقى بكل بلاد ان حللت بها ... ارضاً بارض وجيراناً بجيران

قال الصولي حدثني جرير بن احمد بن ابي دؤاد قال كان ابراهيم اصدق الناس لابي فعتب على ابنه ابي الوليد في شيء فقال فيه احسن قول ذمه فمدح اباه وما ان [٤] هذا من جهة جرير

عفت مساو تبدت منك واضحة ... على محاسن نقاها ابوك لكا
لئن تقدمت ابناء الكرام به ... فقد [٥] تقدم آباء الكرام بكا

ويروي لابراهيم في [٦] محمد بن عبد الملك

ان كان رزقي عليك فارم به ... في ما صفى حبه على رصد
لوكنت حراً كما زعمت وقد ... كررتني بالمطال لم اعد
لكنني عدت ثم عدت فان ... عدت الى مثلها اذا فعد
اعتقني سوء ما اتيت [٧] من الا ... رق فيا بردها على كبدي
فصرت عبداً للسوء فيك وما ... احسن سوء قبلي على احد

---

(١) لعله اجمعها (٢) لعله روى (٣) الوفيات:ق البر (٤) لعله ما أحسن
(٥) ق لقد (٦) ق بن (٧) ق ابيت

وله فيه

وقائل لا ابدا ان جدا وان هزلا   فهو اذا اضطر الى قول نعم قال بلا
تعودوا منه لما ضمن بالا [١] قول لا

ومما يستحسن من شعر ابراهيم بن العباس

ابتداء بالتجني وقضاء بالتظني   واشتفاء بتجنيك لاعدائك مني
بابي قل لي لكي اعلم لم اعرضت عني   قد تمنى ذاك اعدائي فقد نالوا التمني

وقال أبو زيد البلخي وذكر ابراهيم بن العباس فقال كان من ابلغ الناس في الكتابة حتى صار كلامه مثلا كتب كتاب فتح عجيبا اثنى على الله وحمده ثم قال في خلال ذلك وقسم الله الفاسق أقساماً ثلاثة روحا معجلة الى نار الله وجثة منصوبة بفناء معقله وهامة منقولة الى دار خلافته. وحدث الجهشياري عن وهب بن سليمان بن وهب قال كنت اكتب لابراهيم بن العباس على ديوان الضياع وكان رجلاً بليغاً ولم يكن له في الخراج تقدم وكان بينه وبين احمد بن المدبر تباعد وكان احمد مقدماً في الكتابة فقال احمد بن المدبر للمتوكل قلدت ابراهيم بن العباس ديوان الضياع وهو متخلف آية من الآيات لا يحسن قليلاً ولا كثيراً وطعن عليه طعناً قبيحاً فقال المتوكل في غد اجمع بينكما واتصل الخبر بابراهيم فأيقن بحلول المكروه وعلم انه لا يفي باحمد بن المدبر في صناعته وغدا الى دار السلطان آيساً من نفسه ونعمته وحضر احمد فقال له المتوكل قد حضر ابراهيم وحضرت ومن اجلكم قعدتُ فهات اذكر ما كنت فيه امس

(١) ق ضمن بالامن

فقال احمد اي شيء اذ كر عنه فانه لا يعرف اسماء عماله في النواحي ولا يعلم ما في دساترهم من تقديراتهم وكيولهم وحمل ما حمل منهم ومن لم يحمل ولا يعرف اسماء النواحي التي تقلدها وقد اقتطع صاحبه بناحية كذا كذا الفاً واختلت ناحية كذا في العمارة واطال في ذكر هذه الامور فالتفت المتوكل الى ابراهيم فقال ما سكوتك فقال يا امير المؤمنين جوابي في بيتي شعر قلتهما فان أذن أمير المؤمنين انشدتهما فقال هات فانشده البيتين المذكورين * رد قولي وصدق الاقوالا * فقال المتوكل زه زه أحسنت ايتوني بمن يعمل في هذا لحناً وهاتوا ما نأكل وجيئوا بالنساء ودعونا من فضول ابن المدبر واخلعوا على ابراهيم بن العباس نخلع عليه وانصرف الى منزله قال الحسن فمكث يومه مغموماً فقلت له هذا يوم سرور وجذل بما جدد الله لك من الانتصار على خصمك فقال يا بني الحق اولى بمثلي واشبه اني لم ادفع احمد بحجة ولا كذب فى شيء مما ذكر ولا انا ممن يعشره في الخراج كما[1] انه لا يعشرني في البلاغة وانما فلجت بُرطازة ومخرقة فلا[2] ابكي فضلاً عن[3] ان اغتم من زمان يدفع ذلك كله . وقال الجهشياري رأيت دفتراً بخط ابراهيم بن العباس الصولي فيه شعره قال[4] في حبس موسى بن عبد الملك اياه يصف غليظ ما هو فيه من الحبس وثقل الحديد والقيد ويذكر موسى في شعره وكان يكنى بابي الحسن فكناه بابي عمران فقال في قصيدة طويلة

كم ترى يبقى على ذا بدني قد بلي من طول همي وفني

(١) ق كانما (٢) لعله افلا (٣) ق من (٤) لعله قاله

انا في أسر واسباب ردى　　وحـديد فادح يكلمني

وابو عمران موسى حنق　　حاقد يطلبني بالأحن

ليس يشفيه سوى سفك دمي　　او يراني مدرجاً في كفني

وقد كتب احمد بن مدبر بخطه في ظهر هذا الدفتر

ابا اسحاق ان تكن الليالي　　عطفن عليك بالخطب الجسيم

فلم ار صرف هذا الدهر يجري　　بمكروه على غير الكريم

ولابراهيم بن العباس من التصانيف فيما ذكره محمد بن اسحاق النديم كتاب ديوان رسائله . كتاب ديوان شعره . كتاب الدولة كبير . كتاب الطبيخ . كتاب العطر . ومات ابراهيم بن العباس الصولي في سنة ٢٤٣ في شعبان وهو يتولى ديوان الضياع والنفقات بسامرا

﴿ ابراهيم بن عبد الله النجيرمي ﴾

ابو اسحاق النحوي اللغوي اخذ عنه ابو الحسين المهلبي وجنادة اللغوي الهروي وكثير من اهل العلم وكان مقامه بمصر قال ابو سعد السمعاني النجيرمي نسبة الى نجيرم ويقال نجارم وهي محلة بالبصرة قال المؤلف لم يصب السمعاني في قوله الا أن يكون طائفة من اهل هذا الموضع اقاموا بموضع من محال البصرة فنسب اليهم ونجيرم قرية كبيرة على ساحل بحر فارس بينها وبين سيراف نحو خمسة عشر فرسخاً رأيتها يسمونها اهلها والتجار نيرم فيسقطون الجيم تخفيفاً او تخلفاً وليس مثلها يحتمل ان يكون لاهلها محلة بالبصرة وهم فرس من فرس الحال اكثر اكلهم النبق والسمك حدثني بعض اهل مصر عند كوني بها في ٦١٢ قال حدثت ان

الفضل بن عباس دخل على كافور الاخشيدي فقال له ادام الله ايام سيدنا الاستاذ نخفض الايام فتبسم كافور الى ابي اسحاق النجيرمي فقال ابو اسحاق

لا غرو ان لحن الداعي لسيدنا ... وغص من هيبة بالريق والبهر
فمثل سيدنا حالت مهابته ... بين البليغ وبين القول بالحصر
فان يكن خفض الايام عن دهش ... من شدة الخوف لا من قلة البصر
فقد تفاءلت في هذا لسيدنا ... والفال ناثره عن سيد البشر
بان ايامه خفض بلا نصب ... وان دولته صفو بلا كدر

قال فأمر له بثلاثمائة دينار ولابن عباس بمثلها هكذا اخبرني المصري في خبر هذا الشعر وانه لابي اسحاق النجيرمي . ووجدت في اخبار رواها ابو الجوائز الواسطي قال حدثني ابو الحسين بن ادين النحوي وكان شيخاً قد نيف على الثمانين في سنة ٤٠٠ قال حضرت مع والدي وانا طفل مجلس كافور الاخشيدي وهو غاص باهله فدخل رجل غريب فسلم ودعا له وذكر القصة ولم يذكر الفضل بن عباس قال فقام رجل فانشد ولم يذكر النجيرمي وانشد الشعر بعينه وجهل الرجلين . قرأت في كتاب من املاء النجيرمي قال كاتبها انشدني ابو اسحاق وهي له

بدلني الدهر اميرا معورا ... بسيد كان خضما كوثرا
اذا شممت كفه مؤملا ... شممت منها غمراً (١) مقترا
بما اشم مسكا وعنبرا (٢) ... يا بدلا كان لقاء اعورا

(١) ق عزما (٢) لعله مسكها والعنبرا

وانشدهم ايضاً لنفسه

وانى فتى صبر على الاين والوحى | اذا اعتصروا للوح ماء فظاظها
اذا ضربوها ساعة بدمائها | وحل عن الكوماء عقد شظاظها
فانك ضحاك الى كل صاحب | وانطق من قس غداة عكاظها
اذا اشتغب المولى مشاغب مغشم | فعذره فيها آخذ بكظاظها

﴿ ابراهيم بن عبد الله الغزال اللغوي ﴾

لا اعرف من حاله شيئاً الا ان السلفي قال انشدني ابو القسم الحسن بن الفتح بن حمزة بن الفتح الهمذاني قال انشدني ابراهيم بن عبد الله الغزال اللغوي لنفسه وكان يتبجح بهما

والبرق في الديجور[1] اهطل مزنة | ابدت نباتا ارضها كالزرنب
فوجدت بحرا فيه نار فوقه | غيم يرى فيه بليل غيهب

﴿ ابراهيم بن عبد الرحيم العروضي ﴾

حكى عنه ابو العباس احمد بن محمد النامي في كتاب القوافي فهو من طبقة ابن درستويه وعلي بن سليمان الاخفش

﴿ ابراهيم بن عثمان ابو القاسم بن الوزان ﴾

القيرواني النحوي على[2] فقيها على مذهب العراقيين واماما في النحو واللغة والعربية والعروض غير مدافع مع قلة ادعاء وخفض جناح وكان عبدالله بن محمد المكفوف يقر له بالفضل وانتهى من العلم الى ما لعله لم يبلغه

---

(١) ص : ق ابطل (٢) لعله كان

عنه بعض تلاميذه الذين يقرأون عليه واذا به قد ركب عليها اسنادا لا حقيقة له اعتبر فوجد موضوعا مركبا بعض رجاله اقدم ممن روى عنه ولم يكن الخطيب علم بذلك ولا وقف عليه فلذلك وثقه قال وهذه التعليقة فهي في امالي أبي القاسم عبد الرحمن بن اسحاق الزجاجي النحوي نحو من عشرة اسطر فجعلها هذا الشيخ ابراهيم قريبا من عشرة اوراق وله كتاب في النحو رأيته قدر اللمع وقد اجاز فيه

﴿ ابراهيم بن الفضل الهاشمي اللغوي ﴾

قال الحاكم في تاريخ نيسابور ابو اسحاق الاديب اللغوي اقام بنيسابور سنة ٣٧٥ وسمعته يذكر جماعة من أبي محمد بن صاعد واقرانه وسمعته يقول سمعت ابا بكر بن دريد ينشد لنفسه

ودعته حين لا تودعه ... نفسي ولكنها تسير معه
ثم افترقنا وفي القلوب له ... ضيق مكان وفي الدموع سعه

﴿ ابراهيم بن قطن المهري القيرواني ﴾

اخو أبي الوليد عبد الملك المذكور في بابه ذكره الزبيدي في كتابه وقال قرأ ابراهيم النحو قبل اخيه أبي الوليد وكان سبب طلب أبي الوليد النحو ان اخاه ابراهيم رآه يوما وقد مد يده الى بعض كتبه يقلبها فاخذ ابو الوليد كتابا منها ينظر فيه فجذبه من يده وقال له مالك ولهذا واسمعه كلاما فغضب ابو الوليد لما قابله به اخوه واخذ في طلب العلم حتى علا عليه وعلى اهل زمانه كلهم واشتهر ذكره وسما قدره فليس احد يجهل امره ولا يعرف ابراهيم الا القليل من الناس وكان ابراهيم يرى رأي

الخوارج الاباضية [١]

﴿ ابراهيم بن ماهويه الفارسي ﴾

رجل اديب لا اعرف من حاله الا ما ذكره المسعودي فقال له كتاب عارض فيه المبرد في كتابه الملقب بالكامل

﴿ ابراهيم بن محمد بن أبي حصن ﴾

الحرث بن اسماء بن خارجة بن حصن بن حذيفة بن بدر الفزاري ابو اسحاق كوفي الاصل نزل ثغر المصيصة حتى مات به في عدة روايات ذكرها ابن عساكر في تاريخ دمشق اصحها انه مات سنة ٨٨ [٢] وقد روي انه مات سنة ست وقيل سنة خمس وثمانين وكان خيرا فاضلا ورعا صاحب سنة وامر بالمعروف ونهى عن المنكر وله فضائل جمة يذكر منها في هذا الكتاب ما انتخبناه من كتاب دمشق وكان ابو اسحاق مع ما اشتهر من فضله كثير الغلط وله كتاب السيرة في الاخبار والاحداث رواه عنه ابو عمرو معوية بن عمرو الرومي وتوفي ابو عمرو هذا ببغداد سنة ٣١٥ قال ابن عساكر ابو اسحق احد أئمة المسلمين واعلام الدين روى عن الاعمش وسليمان البتي وابي اسحاق سليمان بن فيروز الشيباني وعبد الملك بن عمير وعطاء بن السائب ويحي بن سعيد الانصاري وموسى ابن عقبة وهشام بن عروة وحميد الطويل وسفيان الثوري وذكر خلقا كثيرا وروى عنه سفيان الثوري وابو عمرو عبد الرحمن بن عمرو الاوزاعي وهما اكبر منه وذكر خلقا رووا عنه وحدث فيما رفعه الى رباح

(١) قال الصفدي وكان في حدود ٢٥٠ تقريباً (٢) يعني ١٨٨

ابن الفرج الدمشقي قال سمعت ابا مسهر يقول قدم علينا ابراهيم بن الفزاري فاجتمع الناس يسمعون منه فقال لي اخرج الى الناس فقل لهم من يرى رأي القدرية فلا يحضر مجلسنا ومن كان يأتي السلطان فلا يحضر مجلسنا قال فخرجت فاخبرت الناس قال وقال عبد الرحمن النسائي ابو اسحاق الفزاري ثقة مأمون احد الائمة وكان يكون^(١) بالشام روى عنه ابن المبارك وحدث الاوزاعي بحديث فقال رجل من حدثك يا ابا عمرو فقال حدثني الصادق المصدق ابو اسحاق ابراهيم الفزاري وحدث فيما رفعه الى أبي صالح محبوب بن موسى الفراء قال سألت ابن عيينة قلت حديث سمعت ابا اسحاق رواه عنك احببت ان اسمعه منك فغضب علي فانتهرني وقال لايقنعك ان تسمعه من أبي اسحاق والله ما رأيت احدا اقدمه على أبي اسحاق وقال أبو صالح ايضا ولقيت الفضيل بن عياض فعزاني بابي اسحاق وقال لي والله لربما اشتقت الى المصيصة ما لي فضل الرباط الا لأرى ابا اسحاق وحدث فيما رفعه الى أبي مسلم صالح بن احمد العجلي عن ابيه قال ابو اسحاق الفزاري كوفي اسمه ابراهيم بن محمد نزل الثغر بالمصيصة وكان ثقة رجلا صالحا صاحب سنة وهو الذي أدب اهل الثغر وعلمهم السنة وكان يأمر وينهى واذا دخل الثغر رجل مبتدع اخرجه وكان كثير الحديث وكان له فقه امر سلطانا يوما ونهاه فضربه مائتي سوط وتكلم فيه وسئل عنه يحيي بن معين فقال ثقة ثقة قال ابو صالح الحسين ابن محمد بن موسى الفراء سمعت علي بن بكار يقول لقيت الرجال الذين

(١) لعله يسكن

لقيهم ابو اسحاق ابن عون وغيرهم والله ما رأيت فيهم افقه منه قال ابو صالح قال عطاء الخفاف كنت عند الاوزاعي فاراد ان يكتب الى أبي اسحاق فقال للكاتب اكتب اليه وابدأ به فانه والله خير مني قال وكنت عند الثوري فاراد ان يكتب الى أبي اسحاق فقال للكاتب اكتب اليه فابدأ به فانه والله خير مني وحدث فيما رفعه الى اسماعيل بن ابراهيم قال اخذ الرشيد زنديقا فامر بضرب عنقه فقال له الزنديق لم تضرب عنقي يا امير المؤمنين قال اريح الناس منك قال فاين انت عن الف حديث وضعتها على رسول الله صلى الله عليه وسلم لما فيها حرف نطق به رسول الله صلى الله عليه وسلم قال فاين انت ياعدو الله من أبي اسحاق الفزاري وعبد الله بن المبارك يتخلانها نخلا فيخرجانها حرفاً حرفاً وحدث فيما رفعه الى عبد الرحمن بن مهدي قال كان الاوزاعي والفزاري امامين في السنة اذا رأيت الشامي يذكر الاوزاعي والفزاري فاطمئن اليه كان هؤلاء الائمة في السنة .وحدث ابو علي الروذباري كان اربعة زمانهم واحد كان احدهم لايقبل من السلطان ولا من الاخوان يوسف بن اسباط ورث سبعين الف درهم لم يأخذ منها شيئاً وكان يعمل الخوص بيده وآخر كان يقبل من الاخوان والسلطان جميعا ابو اسحاق الفزاري فكان ما يأخذه من الاخوان ينفقه في المستورين الذين لا يتحركون والذي يأخذه من السلطان ينفقه في اهل طرسوس والثالث كان يأخذ من الاخوان ولا يأخذ من السلطان وهو عبد الله بن المبارك يأخذ من الاخوان ويكافي عليه والرابع كان يأخذ من السلطان ولا يأخذ من الاخوان وهو مخلد بن

الحسين كان يقول السلطان لا يمن والاخوان يمنون .وحدث ابن عساكر فيما رفعه الى الاصمعي قال كنت جالسا بين يدي هارون الرشيد انشده شعرا وابو يوسف القاضي جالس على يساره فدخل الفضل بن الربيع فقال بالباب ابو اسحاق الفزاري فقال ادخله فلما دخل قال السلام عليك يا امير المؤمنين ورحمة الله و بركاته فقال له الرشيد لا سلم الله عليك ولا قرب دارك ولا حيا مزارك قال لم يا امير المؤمنين قال انت الذي تحرم السواد فقال يا امير المؤمنين من اخبرك بهذا لعل هذا اخبرك واشار الى أبي يوسف وذكر كلمة والله يا امير المؤمنين لقد خرج ابراهيم على جدك المنصور فخرج اخي معه وعزمت على الغزو فاتيت ابا حنيفة فذكرت له ذلك فقال لي مخرج اخيك احب اليّ مما عزمت عليه من الغزو ووالله ما حرمت السواد فقال الرشيد فسلم الله عليك وقرب دارك وحيا مزارك اجلس ابا اسحاق يامسرور ثلاثة آلاف دينار لابي اسحاق فاتى بها فوضعت في يده وانصرف بها فلقيه ابن المبارك فقال له من اين اقبلت قال من عند أمير المؤمنين وقد اعطاني هذه الدنانير وانا عنها غني قال فان كان في نفسك منها شيء فتصدق بها فما خرج من سوق الرافقة حتى تصدق بها كلها .وفضائل أبي اسحاق كثيرة اختصرت منها حسب ما شرطت من الايجاز من تاريخ دمشق لابن عساكر

﴿ابراهيم بن محمد بن سعدان بن المبارك﴾

النحوي أحد من كتب وصحح ونظر وحقق وروى وصدق وقد صنف

كتباً حسنة منها كتاب الخيل [١] لطيف كتاب حروف القرآن وابوه محمد ابن سعدان المكفوف احد اعيان اهل العلم من القراء وله باب يذكر فيه

﴿ ابراهيم بن القاسم الكاتب ﴾

يعرف بالرقيق القيرواني والرقيق لقب له رجل فاضل له تصانيف كثيرة في علم الاخبار ومنها كتاب تاريخ افريقية والمغرب عدة مجلدات. وكتاب النساء كبير. وكتاب الراح والارتياح. كتاب نظم السلوك في مسامرة الملوك اربع مجلدات. وذكره ابن رشيق [٢] فقال هو شاعر سهل الكلام محكمه لطيف الطبع قويه تلوح الكتابة على الفاظه قليل صنعة الشعر غلب عليه اسم الكتابة وعلم التاريخ وتأليف الاخبار وهو بذلك احذق الناس وكاتب الحضرة منذ نيف وعشرين سنة الى الآن ومن شعره جوابا عن ابيات كتبها اليه عمار بن جميل وقد انقطع عن مجالس الشراب

قريض كابتسام الرو ض جمشه نسيم صبا [٣]
كعقد من جمان الط ل منظوم وما ثقبا
ومنثور كنثر الد ر من اسلاكه انسربا
فاهدي نشر زهرته فتيت المسك منتهبا
اذا اثماره جنيت جنيت العلم والادبا
بهزل حين ينشده كأنك منتش طربا
حباك به اخ يرعى من العهد الذي وجبا
صديق مثل صفو الما ء بالصهباء قد [٤] قطبا

(١) الفهرست : ق الخليل (٢) ص : ق رشتق (٣) ق الصبا (٤) ق وقد

كنزت مودة منه ... كفت ان اكنز الذهبا
اذا عد[١] امرؤ حسبا ... فحسبي ذكره نسبا
الذ من الحياة لد ... يّ لكن قلبه قلبا
فهان عليه ما القى ... وظن تجلدي لعبا
جفوت الراح عن سبب ... وكان لجفوتي سببا
فصرت لوحدتي كلا[٢] ... على الاخوان مجتنبا
وذاك لتوبة امل ... ت ان اقضي بها اربا
فها انا تائب منها ... فزرني تبصر العجبا

وكان قدم مصر في سنة ٣٨٨ بهدية من نصير الدولة باديس بن زيري الى الحاكم فقال قصيدة يذكر فيها المناهل ثم قال

اذا ما ابن شهر قد لبسنا شبابه ... بدا آخر من جانب الافق يطلع
الى ان اقرت جيزة النيل اعينا ... كما قر عينا ظاعن حين يرجع

يقول فيها بعد مدح كثير ووصف جميل

هدية مأمون السريرة ناصح ... امين اذا خان الامين المضيع
وما مثل باديس ظهير خلافة ... اذا اختير يوماً للظهيرة موضع
نصير لها من دولة حاتمية ... اذا ناب خطب او تفاقم مقطع
حسام امير المؤمنين وسهمه ... وسم ذعاف في اعاديه منقع

قال ومن مليح كلامه قوله من قصيدة

اذا ارجحنت بما[٣] تحوي مآزرها ... وخف من فوقها خصر ومنتطق

(١) ق عدا (٢) ق كيلا (٣) ص : ق ما

ثنى الصبا غصنا قد غازلته صبا — على كثيب له من ديمة لثق

للشمس ما سترت عنا معاجرها — وللغزال احورار العين والعنق

مظلومة ان يقال البدر يشبهها — والبدر يكسف احياناً ويمحق

يجلل المتن وحف من ذوائبها — جبينها تحت داجي ليلة فلق

كانها روضة زهراء حالية — بنورها يرتعي في حسنها الحدق

قال ومن اعجب ما سمعت له قوله من قصيدة يمدح محمد بن ابي العرب

اظالمة العينين يخالطها سحر — وان ظلم الخدان واهتضم الخصر

اعوذ ببرد من (١) ثناياك قد ثنى — اليك قلوباً حشو اثنائها جمر

لقد ضمنت ان (٢) ضمانتي — ستبرى عظامي بالنحول ولا تبرو

ومام ساجي الطرف خفاقة الحشا — اطاع لها الحوذان والسلم النضر

اذا ما رعاها نصت الجيد نحوه — اغن قصير الخطو في لحظه فتر

باملح منها ناظراً ومقلداً — ولكن عداني عن تقنصها الهجر

يقول في مديحها

تصباه ابكار العلى ليس انها — منعمة هيفاء او غادة بكر

يخال بان العرض غير موفر — عن الذم لا ان يدال له الوفر

يقول فيها يصف بلاغته وكتابته

يوشح ديباج البلاغة احرفا — يكاد يرى روضا (٣) يوشحه الزهر

ويفصح لفظاً خطها من فصاحة — ويشرق من تحبير الفاظها الحبر

يصيب عيون المشكلات بديهة — وتبدي له اعقاب ما غيب الفكر

---

(١) ق ببرد حضر (٢) بياض بالاصل (٣) ق روضه

ثم ذكر الممدوح فقال

وملمومة شهباء يسعى امامها ... شهاب عزيم من طلائعه الذعر
يزجي بنات الاعوجية شزبا ... عليها بنو الهيجا دروعهم الصبر
اسود وغى تحت العجاجة غابها ... سريجية بيض وخطية سمر
صبحت بها دهماء قوم ارتهم ... وجوه الردى حمرا خوافقها الصفر

قال ومثل هذه القصيدة في الجودة قصيدة طويلة يشوق فيها اخوانه بمصر وهي

هل الريح ان سارت مشرقة تسري ... تودي تحياتي الى ساكني مصر
فما خطرت الا بكيت صبابة ... وحملتها ما ضاق عن حملها صدري
تراني اذا هبت قبولا بنشرهم ... شممت نسيم المسك في ذلك النشر
وما انس من شيء خلا العهد دونه ... فليس بخال من ضميري ولا فكري
ليال انسناها على غرة الصبى ... فطابت لنا اذ وافت(1) غرة الدهر
لعمري لئن كانت قصارا اعدها ... فلست بمعتد سواها من العمر
اخلاع(2) دهري ان يعود بفرصة ... فينقذ روح الوصل من راحة الهجر
وترجع ايام(3) خلت بمعاهد ... من اللهو لا تنفك مني على ذكر
فكم لي بالاهرام او دير نهية ... مصايد غزلان المكابد(4) والقفر
الى الجيزة الدنيا وما قد تضمنت ... جزيرتها ذات المواخير والجسر
وبالمقس فالبستان للعين منظر ... أنيق الى شاطي الخليج الى القصر

(1) لعله وافقت (2) لعله اخادع (3) ق ايانا (4) المقريزي (الخطط ١:٣٧١) المكايد

وفي سردوس [١] مستراد وملعب … الى دير مرحنا الى ساحل البحر
وكم بين بستان الامير وقصره … الى البركة الزهراء [٢] من زهر نضر
تراها كمرآة بدت في رفارف … من السندس الموشي ينشر للتجر
وكم بت في دير القصير مواصلا … نهاري بليلي لا افيق من السكر
تبادرني بالراح بكر عزيزة … اذا هتف الناقوس في غرة الفجر
مسيحية [٣] خوطية كلما انثنت … تشكت اذى الزنار من دقة الخصر
وكم ليلة لي [٤] بالقرافة خلتها … لما نلت من لذاتها ليلة القدر
سقى الله صوب القصر تلك مغانيا … وان غنيت بالنيل من سبل القطر

وله ايضاً في الغزل

رئم اذا ما معاريض المنى خطرت … اجله المتمني عن امانيه [٥]
يا اخوتي أأقاحي فيه اقبل لي … أم خط رائين من مسك على فيه
أم حسن ذاك التراخي في تكلمه … أم حسن ذاك التهادي في تثنيه
أم سخطه أم رضاه أم تجنبه … أم عطفه ام نواه ام تدانيه
نفسي فداؤك ما لي عنك مصطبر … يا قاتلي كل معنى من معانيه

وقال يرثي

اهون ما القى وليس بهين … بان المنايا للنفوس بمرصد
واني وان لم القك اليوم رائحا … لصرف رزاياها [٦] لقيتك في غد
فلا يبعدنك الله مينا بفقره [٧] … معفر خد في الثرى لم يوسد

---

(١) المقريزي بئر دوس (٢) المقريزى النضراء (٣) ق مسيحة (٤) المقريزي : ق ــ (٥) ص : ق يمينه (٦) ق رزياها (٧) لعله منا بقفرة

تردى نجيعاً حين بزت ثيابه — كان على اعطافه فضل مجسد

مضاء سنان في سنان مذلق — وفيك حسام في حسام مهند

﴿ابراهيم بن محمد بن عبيد الله بن المدبر (١) ابو اسحاق الكاتب﴾

الاديب الفاضل الشاعر الجواد المترسل صاحب النجم (٢) الرائق والنثر الفائق تولى الولايات الجليلة ثم وزر للمعتمد على الله لما خرج من سر من راى يريد مصر ومات في سنة ٢٧٩ وهو يتقلد للمعتضد ديوان الضياع ببغداد واصلهم من ستمسيان (٣) وكان يدعي انه من ضبة واخوه احمد من حيلة (٤) وافاضلهم وكرامهم وحسدته الكتاب على منزلته من السلطان فاغروه به حتى اخرجه الى دمشق متولياً عليها وناظراً في تحصيل اموالها وقبله ابن طولون في امر قد ذكرته في كتابي التاريخ وابراهيم بن المدبر هو القائل في ابراهيم بن العباس الصولي يهجوه

عز الطويل عن الازمه — لا زده ربي بذمه

ان كان طال فانه — من اقصر الثقلين همه

هب كنت صولا نفسه — من كان صول ناك أمه

ومن شعره ايضاً

يا كاشف الكرب بعد شدته — ومنزل الغيث بعد ما قنطوا

لا تبل قلبي بشحط بينهم — فالموت دان اذا هم شحطوا

من كتاب نظم الجمان للمنذري قال العطوي الشاعر اتيت ابراهيم بن المدبر فاستأذنت عليه فلم يأذن لي حاجبه فاخذت ورقة وكتبت فيها

---

(١) ص : ق ـ (٢) لعله النظم (٣) لعله سلمسين (٤) لعله من جلة الكتاب

اتيتك مشتاقا فلم ار جالسا ولا ناظرا الا بوجه قطوب
كأني غريم مقتض او كأنني نهوض حبيب او حضور رقيب

فسألت الحاجب حتى اوصلها اليه فلما قرأها قال ويحك ادخل علي هذا الرجل فدخلت فاكرمني وقضى حوائجي .قال ابو علي سمعت ابا محمد المهلبي يتحدث وهو وزير في مجلس أنس ان رجلا كان ينادم بعض الكتاب الظراف واحسبه قال ابن المدبر قال كنت عنده ذات يوم فرجع غلام له انفذه في شيء لا ادري ما هو فقال له رب الدار ما صنعت فقال ذهبت ولم يكن فقام يجيء فجاء فلم يجيء فجئت قال فتبينت في رب الدار تغيرا وهما ولم يقل للغلام شيئاً فعجبت من ذلك ثم أخذ بيدي وقال قد ضيق صدري ما جاء به هذا الغلام فقم حتى ندور في البستان الذي في دارنا ونتفرج فلعله يخف ما بي فقلت والله لقد توهمت ان صدرك قد ضاق بانقلاب كلام الغلام عليك وقد فهمته وهو ظريف فقال ان هذا الغلام من احصف [1] واظرف غلام يكون وذاك انني ممتحن بعشق غلام امرد وهو ابن نجاد في جيراننا والغلام يساعدني عليه وابوه يغار عليه ويمنعه مني فوجهت هذا الغلام وقلت ان لم يكن ابوه هناك فقل له يصير الينا فرجع فلما رآك عندي قدر اني لم [2] فرد هذا الجواب الظريف الذي سمعته فقلت اعده عليّ انت لافهمه فقال انه يقول ذهبت الى الغلام ولم يكن ابوه هناك فقام الغلام يجيء فجاء ابوه فلم يجيء الغلام فجئت انا فقلت له هذا الغلام يجب ان يكون اخاً وصديقاً لا غلاماً وقال مخلد بن علي

(١) ق اخصف (٢) يظهر انه قد سقط بعض كلمات

الشامي الحوراني يهجو ابن المدبر

على ابوابه من كل وجه　　　قصدت له اخو مر بن اد

يعني ضبة بن اد يعني ابوابه مضببة باللؤم او محكمة عن الخير وكان ابن المنكدر (١) ينسب الى ضبة

اخو لخم اعارك منه ثوبا　　　هنيئاً بالقميص لك الاجد

واخو لخم يريد جذاما

ابوك اراد أمك حين زفت　　　فلم توجد لأمك بنت سعد

بنت سعد يريد عذرة بن سعد بن هذيم القبيلة المعروفة

وزيد في الهجاء بغير دال　　　احب اليك من عسل بزبد

رأيتك لا تحب الود الا　　　اذا ما كان من عصب وجلد

اراني الله عرك في الجعبي　　　وعينك عين بشار بن برد

العر الجرب والجعبي الاست وعين بشار يعني اعمى لان بشار بن برد كان اعمى

﴿ابراهيم بن محمد بن سعيد بن هلال﴾

ابن عاصم بن سعد بن مسعود بن عمرو بن عمير بن عوف بن عقدة بن غبرة بن عوف بن ثقيف الثقفي اصله كوفي وسعد بن مسعود هو اخو عبيد بن مسعود صاحب يوم الجسر في ايام عمر بن الخطاب مع الفرس وسعد هو عم المختار بن أبي عبيد الثقفي ولاه علي كرم الله وجهه المدائن وهو الذي لجأ اليه الحسن يوم ساباط وكنية ابراهيم ابو اسحاق وكان

(١) لعله المدبر

جبارا من مشهوري الامامية ذكره[١] ابو جعفر محمد بن الحسين الطوسي في مصنفي الامامية وذكر انه مات في سنة ٢٨٣ قال وانتقل من الكوفة الى اصفهان واقام بها وكان زيديا اوّلا وانتقل الى القول بالامامية وله مصنفات كثيرة منها كتاب المغازي . كتاب السقيفة . كتاب الردة. كتاب مقتل عثمان. كتاب الشورى . كتاب بيعة امير المؤمنين. كتاب الجمل . كتاب صفين . كتاب الحكمين . كتاب النهر[٢] . كتاب الغارات. كتاب مقتل أمير المؤمنين. كتاب رسائل أمير المؤمنين واخباره وحروبه غير ما تقدم. كتاب قيام الحسن بن علي رضي الله عنهما . كتاب مقتل الحسين. كتاب التوابين وعين الوردة. كتاب اخبار المختار . كتاب فدك . كتاب الحجة في فعل[٣] المكرمين. كتاب السرائر . كتاب المودة في ذوي القربى . كتاب المعرفة . كتاب الحوض والشفاعة . كتاب الجامع الكبير في الفقه . كتاب الجامع الصغير . كتاب ما نزل من القرآن في أمير المؤمنين . كتاب فضل الكوفة ومن نزلها من الصحابة. كتاب[٤] الامامة كبير . كتاب الامامة صغير . كتاب المتعتين[٥] كتاب الجنائز . كتاب الوصية . كتاب المبتدا . كتاب اخبار عمر. كتاب اخبار عثمان. كتاب الدار . كتاب الاحداث. كتاب الحروري[٦] كتاب الاستيفاء[٧] والغارات . كتاب السير. كتاب[٨] يزيد . كتاب

---

(١) فهرسة كتب الشيعة ١٦ (٢) فهرسة النهروان (٣) فهرسة فضل (٤) فهرسة في (٥) ق المتعنين (٦) فهرسة الجزور (٧) فهرسة الاسفار (٨) فهرسة اخبار

ابن الزبير. كتاب التعبير [١] . كتاب التاريخ . كتاب الرؤيا . كتاب الاشربة الكبير والصغير [٢] . كتاب محمد وابراهيم . كتاب من قتل من آل محمد . كتاب الخطب [٣]

﴿ ابراهيم بن محمد بن احمد بن أبي عون ﴾

ابن هلال أبي النجم الكاتب أبو اسحاق صاحب كتاب التشبيهات لابن أبي عون وكان من اصحاب أبي جعفر محمد بن علي الشلمغاني [٤] المعروف بابن العزاقر [٥] واحد ثقاته وممن كان يغلو في امره و يدعي انه الهه تعالى الله عن ذلك وكان ابن أبي العزاقر من أهل قرية من قرى واسط تعرف بشلمغان وكان كاتبا ببغداد ذكر ثابت ان المحسن [٦] بن الفرات كان له عناية به فاستخلفه ببغداد لجماعة من العمال بنواحي السلطان وكانت صورته صورة الحلاج وكان له قوم يدعون انه الههم وان روح الله عز وجل حل في آدم ثم في شيث ثم في واحد واحد من الانبياء والاوصياء والائمة حتى حل في الحسن بن علي العسكري وانه حل فيه ووضع كتاباً سماه الحاسة [٧] السادسة واباح الزنا والفجور فظفر به الراضي بالله فقتله في سنة ٣٢٢ وكان قد استغوى جماعة منهم ابن أبي عون صاحب كتاب التشبيهات وكانوا يبيحونه حرمهم وأموالهم يتحكم فيها وكان يتعاطى

---

(١) فهرسة التفسير (٢) فهرسة كتاب زيد واخباره (٣) فهرسة المعربات
(٤) ق الشلمغان والصواب في معجم البلدان (٣١٤:٣) (٥) كذا ضبط ياقوت الاسم في معجم البلدان فلما ثبت الصواب لم نذكر اغلاط كاتب نسختنا في كتابته
(٦) ق من : والمحسن هذا ذكره هلال وعريب (٧) ق الحماسة والصواب في مابعد

الكيمياء وله كتب معروفة ولما أخذ ابن ابي العزاقر أخذ معه فلما قتل ابن أبي العزاقر عرض على ابراهيم بن أبي عون ان يشتمه او يبصق عليه وأبى وارعد واظهر خوفاً من ذلك الجبن والشقاء فقتل والحق بصاحبه وكان من اهل الادب وتأليف الكتب وكان ناقص العقل متهوّراً قال ثابت قيل ان أبا جعفر محمد بن علي الشلمغاني المعروف بابن ابي العزاقر ادعى الربوبية فقتل هو وابراهيم بن محمد بن احمد بن أبي النجم المعروف بابن أبي عون صاحبه ضربا بالسوط ثم ضربت اعناقهما وصلبا ثم احرقت جثتهما وذلك يوم الثلاثاء لليلة خلت من ذي القعدة سنة ٣٢٢ نقلته من خطه . وله من التصانيف كتاب النواحي والبلدان [١] . كتاب الجوابات المسكتة. كتاب التشبيهات . كتاب بيت مال السرور. كتاب الدواوين. كتاب الرسائل قال المرزباني: أبو عون احمد بن أبي النجم الكاتب الانباري مولى لبني سليم وأبو عون وعماه صالح وماجد ابنا أبي النجم شعراء كلهم وماجد يكنى ابا الدميل وأبو عون هو القائل في حاتم بن الفرج وكان ابو شبل البرجمي الشاعر في قدمته سر من راى يدل عليه وكان ابو شبل اهتم فقال فيه ابو عون

لحاتم في بخله فطنة أدق حسا من خطى النمل
قد جعل الهمان ضيفانه فصار في أمن من الا كل
ليس على خبز امرئ ضيعة آكله عصم [٢] ابو شبل

---

(١) في الفهرست في اخبار البلدان (٢) كان اسم الرجل عاصما والابيات موجودة في الاغاني (١٣: ٢٦١)

كم قدر ما تحمله كفه　　الى فم من سنه عطل
فحاتم الجود اخو طيّئ　　كان وهذا حاتم البخل

وذكر أبو محمد عبد الله بن احمد الفرغاني وكان ابن أبي عون احد القواد ممن قد (١) اليه أبو الهيثم العباس بن محمد بن ثوابة واكسبه مالا فلماقبض على أبي الهيثم صار ابن أبي عون عونا عليه مع اعدائه وكان في من وكله (٢) بدار أبي الهيثم ولم يحسن اليه أبو الهيثم الا على بصيرة فيه بظلمه وفسقه فسلطه الله عليه كما كان هو يسلطه على الناس. قال ابن أبي عون اظن ان أبا الهيثم كان يهوديا قيل وكيف ذلك قال لاني أخذت غلاما له ففسقت به في دبره وسكرت وطلبت ام ولده لا فجر بها ولم اقدر عليها ولو كان ابو الهيثم مسلما لغضب الله له وهذا قول ممرد على الله مستغر بامهال (٣) الله تعالى له ولم يهمله الله عز وجل ثم أخذه بسوء عمله وكان ممن آمن بالحلاج وآمن بربوبيته وأخذ مع من اخذ من اصحاب الحلاج وقتل شر قتلة كذا قال الحلاج انما هو ابن ابي العزاقر وان كانت علتهما واحدة. وقرأت بمرو رسالة كتبت من بغداد عن أمير المؤمنين الراضي رضي الله عنه الى أبي الحسين نصر بن احمد الساماني الى خراسان بقتل العزاقري لخصت مايتعلق بابن أبي عون قال فيها بعد ان ذكر اول من ابدع مذهباً في الاسلام من الرافضة واهل الاهواء وآخر من اضطر (٤) الله منهم به وانتقم المقتدر بالله رحمه الله من المعروف بالحلاج وخبره ارفع واشهر من ان يوصف ويذكر واراق دمه وازال تمويهه وحسمه ولما ورث امير

(١) لعله قدمه ابو الهيثم (٢) لعله وكل (٣) ق الهلال (٤) كذا بالاصل

المؤمنين ميراث اوليائه واحله [١] محل خلفائه اقتدى بسنتهم وجرى على شاكلتهم في كل أمر قاد الى مصلحة ودفع ضرر وعاد الى الاسلام واهله بمنفعة وجعل الغرض الذي يرجو الاصابة بتيممه والمثوبة بتعمده ان يتتبع هذه الطبقة من الكفار ويطهر الارض من بقيتهم الفجار فيبحث عن اخبارهم وامر بتقصص [٢] آثارهم وان ينهى اليه مايصح من امورهم ويحصل له من يظهر عليه من جمهورهم فلم يبعد ان احضر ابو علي محمد وزير أمير المؤمنين رجلاً يقال له محمد بن علي الشلمغاني ويعرف بابن ابي العزاقر فاعلم امير المؤمنين انه من غمار الناس وصغارهم ووجوه الكفار وكبارهم وانه قد استزل خلقاً من المسلمين واشرك طوائف من العمهين وان الطلب قد كان لحقه في الايام الخالية فلم يدرك واودعت المحابس قوماً ضل واشرك فلما رفع حكمه عنه واذن في استنقاذ العباد منه واطلع من أبي علي على [٣] صفاء نية ونقاء طوية في ابتغاء الاجر وطلابه ورضى الله عز وجل واكتسابه والامتعاض من ان ينازع في الالهية او يضاهي في الربوبية انسه بناحيته فاسترسل وحينه بالمصير الى حضرته فتعجل ففحص أمير المؤمنين عنه ووكل همه ففتش أمره بتفتيش الحائط للملكة المحامي عن الحوزة القائم بما فوضه الله اليه من رعاية الامة ووفق أمير المؤمنين على انه لم يزل يدخل على العقول من كل مدخل ويتوصل الى ما فيها من كل متوصل ويعتزي الى الملة وهو لايعتقدها وينتمي الى الخلة وهو عار منها ويدعي العلوم الالهية وهو عمٍ عنها ويتحقق استخراج الحكم الغامضة

(١) لعله سقط اسم الجلالة (٢) ق بنقض (٣) ق ـ

وهو جاهل بها ويتسم بالقدرة على المعجزات وهو عاجز عن ممكن الاشياء ومتهيئها وينتحل الثقة في دين آل محمد وهو يضمر التبرؤ منها ويشناه ويسبه صلى الله عليه وسلم ويعضهه برمق ظاهرة العيون فينصرف (١) عنه الظنون الى ادلته الحيلة والمكر والغيلة على قوم من ذوي الجدة واليسار والثروة والاحتكار قد ترفهم النعيم فبطروا والهاهم فاشروا ولججهم في بحار اللذة وتولجوها على كل علة والتمسوا في ذلك رخصة يجعلونها لانفسهم عمدة وعصمة وآخرين لاجدة عندهم ولا سعة قد قويت شهواتهم وضعفت حالاتهم فهم يطلبون اقواتهم بالحق والباطل ويخوضون في مثلها مع الجادّ والهازل فاباحهم المحظورات واحل لهم المحرمات وامتطى لهم مركب الغرور وتهور بهم غايات الامور ولم يدع فنا من الفنون ولا نوعا من الانواع المخزية الا فسح لهم فيه وشحذ عزائمهم عليه حتى اذان له واتبعه واطاعه وشايعه خلق رين على قلوبهم فهم لا يفقهون وضرب على آذانهم فهم لايسمعون وغطي على اعينهم فهم لا يبصرون وحيل بينهم وبين الرشد فهم لا يرعوون وانسوا التدبر والتفكر في خلق انفسهم والسماء التي تظلهم والارض التي تقلهم فاصفقوا باجمعهم على انه خالقهم وربهم ورازقهم ومحييهم يحل فيما شاء من الصور ويحدث ماشاء من الغير ويفعل ما يريد ولا يجزعه قريب ولا بعيد وادّعوا له الدعاوي الباطلة وزعموا انهم (٢) عاينوا منه الآيات المعضلة واستظهر أمير المؤمنين بان تقدم الى أبي علي بموافقة هذا اللعين على تمويهاته وقبائح تلبيساته ليكون اقامة أمير

(١) لعله فيصرف (٢) ق انه

المؤمنين حد الله عليه بعد الانعام في الاستبصار وانكشاف الشبهة فيه عن القلوب والابصار فتجرد أبو علي في ذلك وتشمر وبلغ منه وما قصر وانثال عليه كل من اطلع على الحقيقة وتعرف جلية الصورة فوقف أبو علي على ان [١] العزاقري يدعي انه لحق الحق وانه اله الآلهة الاول القديم الظاهر الباطن الخالق الرازق التام الموصى اليه بكل معنى ويدعى بالمسيح كما كانت بنو اسرائيل تسمي الله عز وجل المسيح ويقول ان الله جل وعلا يحل في [٢] كل شيء على قدر ما يحتمل وانه خلق الضد ليدل به على مضدوده فمن ذلك انه جلي في آدم عليه السلام لما خلقه وفي ابليس وكلاهما لصاحبه يدل عليه لمضادته اياه في معناه وان الدليل على الحق افضل من الحق وان الضد أقرب الى الشيء من شبهه وان الله عز وجل اذا حل في هيكل جسد ناسوتي اظهر من القدرة المعجزة ما يدل على انه هو وانه لما غاب آدم عليه السلام ظهر اللاهوت في خمسة ناسوتية كلما غاب منهم واحد ظهر مكانه غيره وفي خمسة ابالسة اضداد لتلك الخمسة ثم اجتمعت اللاهوتية في ادريس عليه السلام وابليسه وتفرقت بعدهما كما تفرقت بعد آدم عليه السلام واجتمعت في نوح عليه السلام وابليسه وتفرقت عند غيبتهما حسب ما تقدم ذكره واجتمعت في صالح وابليسه عاقر الناقة وتفرقت بعدهما واجتمعت في ابراهيم وابليسه نمرود وتفرقت بعدهما واجتمعت في هارون وابليسه فرعون وتفرقت على الرسم بعدهما واجتمعت في داوود عليه السلام وابليسه جالوت وتفرقت لما غابا

(١) ق ابو علي ابن العزاقرى (٢) ق ـ

واجتمعت في سليمان عليه السلام وابليسه وتفرقت [١] بعادتهما بعدهما واجتمعت في عيسى عليه السلام وابليسه ولما غابا تفرقت في تلامذة عيسى كلهم عليهم السلام والابالسة معهم واجتمعت في علي بن أبي طالب وابليسه وتفرقت بعدهما الى ان اجتمعت في ابن ابي العزاقر وابليسه ويصف ان الله عز وجل يظهر في كل شيء بكل معنى وانه في كل احد بالخاطر الذي يخطر بقلبه فيتصور له ما يغيب عنه كأنه يشاهده وان الله اسم لمعنى ومن احتاج اليه الناس فهو لهم [٢] وبهذا يستوجب كل لغة [٣] ان يسمى الله وان كل واحد من اشياعه لعنه الله يقول انه رب [٤] دون درجته وان الرجل منهم يقول اني رب فلان وفلان رب فلان حتى الانتهاء الى ابن أبي العزاقر لعنه الله فيقول انا رب الارباب واله الآلهة لا ربوبية لرب بعدي وانهم لا ينسبون الحسن والحسين رضي الله عنهما الى علي بن أبي طالب رضي الله عنه لان من اجتمعت له اللاهوتية لم يكن له والد ولا ولد وانهم يسمون موسى ومحمدا صلى الله عليهما الخائنين لانهم يدعون ان هارون ارسل موسى عليهما السلام وان عليا رضي الله عنه ارسل محمدا صلى الله عليه وسلم فخاناهما ويزعمون ان علياً امهل النبي صلى الله عليه وسلم عدة ايام اصحاب الكهف سنين فاذا انقضت هذه المدة وهي ٣٥٠ سنة تنقلب الشريعة ويصفون ان الملائكة كل من ملك نفسه وعرف الحق ورآه وان الحق حقهم وان الجنة معرفتهم وانتحال نحلتهم [٥]

---

(١) ق – (٢) لعله الهم (٣) كذا بالاصل (٤) لعله سقط لمن هو
(٥) ق تحليهم

والنار الجهل بهم والصدود [١] عن مذهبهم ويغتفرون ترك الصلاة والصيام والاغتسال ويذكرون ان من نعم الله على العبد ان يجمع له اللذتين وانهم لايتنا لحون بتزويج على السنة ولا بحال تاول او رخصة ويبيحون الفروج ويقولون ان محمدا عليه السلام بعث الى كبراء قريش وجبابرة العرب وقلوبهم قاسية ونفوسهم آبية فكان من الحكمة ماطالبهم به من السجود وان من الحكمة الآن ان يمتحن الناس في اباحة فروج حرمهم وان لاشيء عندهم في ملامسة الرجل نساء ذوى رحمه ومن حرم صديقه وابيه بعد ان يكون على مذهبه ولا ينكرون ان يطلب احدهم من صاحبه حرمته ويردها اليه فيبعث بها طيبةً نفسُه وانه لابد للفاضل منهم ان ينكح المفضول ليولج النور فيه وابن أبي العزاقر له في هذه الخصلة كتاب [٢] سماه كتاب الحاسة السادسة وقال انه متى أبى ذلك آب قلب في الكون الذي يجيء بعد هذا امرأةً اذ كان يخفق الناسخ [٣] وانه ومن معه يرون ابارة [٤] الطالبيين كما يرونها في [٥] العباسيين ويدعون الى انفسهم دون غيرهم اذ كان الحق عندهم ويظهر فيهم . ووجد كتابٌ من الحسين بن القاسم بن عبيد الله بن سليمان بن وهب قيل انه الى ابراهيم بن محمد بن احمد بن أبي النجم المعروف بابن أبي عون احد وجوه العزاقرية ترجمته الى مولاى بشرى من غلامه مرزوق الثلاج المسكين الفقير الذي بفضل الله يجمع الله بينه وبينه في خير وعافية برحمته يقول

(١) ق والصدوق (٢) ق كتابا (٣) لعله يتحقق التناسخ (٤) لعله البراءة من الطالبيين الخ (٥) لعله من

في فصل منه [١] على مولاي اعتمد وهو حسبي وفي فصل آخر ومولاي اهل للتفضل عليّ ورحمة ضعفي وارجو الا يتأخر بفضله عني وينجزني وعده وعيني ممدودة الى تفضل مولاي واسأله به اعانتي . فسئل ابن أبي العزاقر عن ذلك الكتاب فكتب بيده انه بخط الحسين بن علي بن القاسم الى ابن أبي عون ووافق ابن أبي عون على ذلك لان الله اظفر به ومكن منه ورداه رداء ما عمل ووفاه غاية ما كتب له من المهل واعترف بانه كتاب الحسين بن علي بن القاسم اليه وان ما على عنوانه [٢] صحيح وانه هو بشرى وان مرزوقا الثلاج هو الحسين بن القاسم وكتب ذلك بخطه واشهد جماعة من العدول على ما اعترف به. ووجدت رقعة لابن أبي عون هذا بخطه الى بعض نظرائه يخاطبه فيها كما يخاطب الانسان ربه تبارك وتعالى ويقول في بعض فصولها لك الحمد وكل شيء وما شئت كان ربي وفي فصل آخر منها ولك الحمد على تشريفك وتقريبك . فوقف عليها واعترف بها واشهد على نفسه عدة من العدول بصحتها . ووجدت رقعة من المعروف بابن شيب [٣] الزيات الى ابن أبي عون هذا يقول فيها يامولاي عوائد مولاي عندي لطيفة ورحمته وتفضله وجميل احسانه بامتنانه علي [٤] على كل حال وأتناسى تفضلٌ منه ورحمة فاسأله بجوده ان يتمم ما تفضل به ولا يسلبني اياه فان نعمه عليّ ظاهرة وباطنة قد البسني عافيته واصلح شأني واصلح ولدي ورزقني القناعة وفي ذلك الغناء الاكبر واكبر منه تفضله علي بامر عظيم لايجازى بشكر ولا يسعه الا تفضله فان مولاي

(١) ق متى فضل منه (٢) ق عوانه (٣) لعله شيث (٤) ق ــ

الـكبير دعاني ابتداءً فصرت اليه فقربني وادناني ومن علي بحديثه وسقاني بعد جهد بيده وقربني غاية القرب ومع هـذه الحالة العظيمة واعطائه لي الملك الخفي فقد صحا (١) قلبي عن كل كسر كان فيـه وكل شدة جرت وفعل بي ما لم يفعله بالثلاج وارجو ان يمن مولاي باتمام صلاحي دينا ودنيا والمنة لمولاي واسأل مولاي الاحسان والتفضل فاني فقـير على كل حال وارجو منه توسعة في كل ضيق وأمنـا في كل خوف وعزاً في كل ذل وامانا لشدائد وما هو اولى به ما لا اعلمه وهو القادر عليه والرحيم فيه بمنه وجميل احسانه وهو حسبي ونعم الوكيل. واعترف ابن أبي عون انها اليه وان المخاطبة فيهـا له وان ابن شيب اراد بقوله مولاي الـكبير ابن أبي العزاقر و بقوله الثلاج الحسين بن القاسم واعطى بذلك خطه واشهد به.

ووجد هذا الرجل مستبصرا في كفره مستظهرا في امره مستقصيا في طريق غيه ماضيا في ضمان شركه وافكه حتى انه كلف التبرؤ من ابن أبي العزاقر لعنـه الله ونيله بمهنة (٢) يصغر بها قدره فامتنع من ذلك وأبى وحاد عنـه واستعصى الى ان لم يجد محيصا فمد يده الى لحيته على سبيل توقـير وتكريم واجلال وتعظيم وصرف تعدٍ واماطة الأذى وقال معلنا غير مخافت مولاي مولاي. هذا الى ما وجد بخطه وخطوط نظرائه من الـكبائر التي لاتسوغ في الدين ولا يحتملها ذو يقين والى ما رسمته هذه الفرقة من الادعية التي موهت بها على اهل الوكالة والغباوة واذا تأملتها أولو الروية والرواية وجدت مباينة لما الف في الشريعة مشوبة بالمكر

(١) لعله جبر (٢) لعله باهانة

والتدليس مشحونة بالختل والتلبيس محلة دم مبتدعها والمتمسك بها. واستفتى ابو علي القضاة والفقهاء في امر ابن أبي العزاقر وصاحبه هذا الكافر وسائر من على مذهبه ممن وجدت له كتب ومخاطبة ومن لم يوجد له ذلك فافتى من استفتى منهم بقتلهم واباحوا دماءهم وكتبوا بذلك خطوطهم فامر أمير المؤمنين باحضار أبن ابي العزاقر اللعين وابن أبي عون صاحبه وضربيه وتابعه وان يجلدا ليراهما من سمع بهما ويتعظ بما نزل من العذاب بساحتهما ويتبين من دان بربوبية ابن ابي العزاقر عجزه عن حراسة نفسه وانه لو كان قادراً لدفع عن مهجته ولو كان خالقاً دفع وكشف الضر عن جسده ولو كان رباً لقبض الايدي عن نكيه (١) وجدد امير المؤمنين الاستظهار والحزم والروية فيما يمضيه من العزم واحضر عمر بن محمد القاضي بمدينة السلام (٢) والعدول بها والفقهاء من اهل مجلسه وسألهم عما عندهم مما انكشف من امر ان ابي العزاقر وامور اهل دعوته وغيه وضلالته فاقامت الكافة على رايها في قتله وتطهير الارض من رجسه ورجس مثله وزال الشك في ذلك عن امير المؤمنين بالفتيا واجماع القاضي والفقهاء وبما وضح من اذلال هذا الضلال المسلمين وافساد الدين وذلك اعظم واثقل وزراً من الافساد في الارض والسعي فيها بغير الحق وقد استحق من جرى هذا المجرى القتل فاوعز امير المؤمنين بصلبه وصلب ابن ابي عون بحيث يراهما المنكر والعارف ويلحظهما المجتاز والواقف فصلبا في احد جانبي مدينة السلام

(١) لعله نكايته (٢) ق الاسلام

ونودي عليهما بما حاولاه من ابطال الشريعة ورأياه من افساد الديانة ثم تقدم امير المؤمنين بقتلهما ونصب رؤسهما واحراق اجسامهما ففعل ذلك بمشهد من الخاصة والعامة والنظارة والمارة

﴿ ابراهيم بن محمد نفطويه ﴾

هو ابراهيم بن محمد بن عرفة بن سليمان بن المغيرة بن حبيب بن المهلب بن ابي صفرة العتكي الازدي من اهل واسط وكنيته ابو عبدالله قال الثعالبي [١] لقب نفطويه تشبيهاً اياه بالنفط لذمامته[٢] وادمته وقدر اللقب على مثال سيبويه لانه كان ينسب في النحو اليه ويجري في طريقته ويدرس شرح كتابه وانشدوا

لو انزل النحو على نفطويه

قال وقد صيره ابن بسام نفطويه بضم الطاء وتسكين الواو وفتح الياء فقال

رأيت في النوم ابي آدما … صلى عليه الله ذو الفضل
فقـال ابلغ ولدى كلهم … من كان في حزن وفي سهل
بان حوّا امهم طـالق … ان كان نفطوية من نسلي

كان عالماً بالعربية واللغة والحديث اخذ عن ثعلب والمبرد وغيرهما روى عنه ابو عبيد الله المرزباني وابو الفرج الاصفهاني وابن حيويه وغيرهم ذكره المرزباني في المقتبس فقال ولد في سنة ٢٤٤ قال ومات رحمه الله يوم الاربعاء لاثنتي عشرة ليلة خلت من شهر[٣] ربيع الاول

(١) في لطائف المعارف (طبع ليدن ١٨٦٧) ص ٣٤ (٢) الثعالبي—(٣) ق شهور

سنة ٣٢٣ وحضرت جنازته عشاء ودفن في مقابر باب الكوفة وصلى عليه البربهاري [١] وكان يخضب بالوسمة قال وكان من طهارة الاخلاق وحسن المجالسة والصدق فيما يرويه على حال ما شاهدت عليها احدا ممن لقيناه وكان يقول جلست الى هذه الاسطوانة مذ خمسون يعني محلته بجامع المدينة وكان حسن الحفظ للقرآن اول مايبتدئ به في مجلسه بمسجد الانباريين بالغدوات الى ان يقرئ القرآن على قراءة عاصم ثم الكتب بعده وكان فقيهاً عالماً بمذهب داوود الاصبهاني راساً فيه يسلم له ذلك جميع اصحابه وكان مسندا في الحديث من اهل طبقته ثقة صدوقاً لا يتعلق عليه شيء من سائر مارووه وكان حسن المجالسة للخلفاء [٢] والوزراء متقن الحفظ للسيرة وايام الناس وتواريخ الزمان ووفاة العلماء وكانت له مروءة وفتوة وظرف ولقد هجم علينا يوما ونحن في بستان كان له بالزبيدية [٣] في سنة عشرين او احدى وعشرين وثلاثمائة فرآنا على حال تبذل فانقبضت وذهبت اعتذر اليه فقال في التغافل على التبدد [٤] سخف ثم انشدنا لنفسه

لنا صديق غير عالي الهمم ... يحصي على القوم سقاط الكلم

ما استمتع الناس بشيء كما ... يستمتع الناس بحسم الحشم

قال المرزباني وكان يقول من الشعر المقطعات في الغزل وما جرى مجراهما كما يقول المتأدبون وسنورد من ذلك فيما بعد ان شاء الله حسب الكفاية وكان بين أبي عبد الله نفطويه وبين محمد بن داوود الاصبهاني مودة

---

(١) في الفهرست (٨١) ابن الربهارى وكلا الاسمين محرف ولعله البهاري
(٢) ق للخفا (٣) اسم محلتين في بغداد (٤) لعله التبذل

اكيدة وتصافٍ تام وكان ابن داوود يهوى ابا الحسين محمد بن جامع الصيدلاني هوىً افضى به الى التلف وكان ابن عرفة نفطويه (١) فدخلت عليه في مرضه الذي مات فيه فقلت ياسيدي مابك فقال حب من تعلم اورثني ماترى فقلت ما يمنعك من الاستمتاع به مع القدرة عليه فقال الاستمتاع نوعان محظور ومباح اما المحظور فمعاذ الله منه واما المباح فهو الذي صيرني الى ما ترى. ثم قال حدثني سويد بن سعيد الحدثاني عن أبي يحيي القتات عن مجاهد عن ابن عباس ان النبي صلى الله عليه وسلم قال من حب فعف وكتم ثم مات مات شهيداً ثم غشي عليه ساعة وافاق ففتح عينيه فقلت له ارى قلبك قد سكن وعرق جبينك قد انقطع وهذا امارة العافية فانشأ يقول

أقول لصاحبي وسلياني	وغرهما سكون حمى جبيني
تسلوا بالتعزي عن اخيكم	وخوضوا في الدعاء ودعوني
فلم ادع الانين لضعف سقم	ولكني ضعفت عن الانين

ثم مات من ليلته وذلك في سنة ٢٩٧ فيقال ان نفطويه تفجع عليه وجزع جزعا عظيما ولم يجلس للناس سنة كاملة ثم ظهر بعد السنة فجلس فقيل له في ذلك فقال ان أبا بكر بن داوود قال لي يوما وقد تجارينا حفظ عهود الاصدقاء فقال اقل مايجب للصديق ان يتسلب على صديقه سنة كاملة عملا بقول لبيد

الى الحول ثم اسم السلام عليكما	ومن يبك حولا كاملا فقد اعتذر

(١) سقط بعض الفاظ

لحزنا عليه سنة كما شرط . قال المؤلف لهذا الكتاب واخبار أبي بكر بن داوود كثيرة مليحة رائقة وقد افردنا له باباً في هذا الكتاب فقف عليه تطرب وتعجب . قال المرزباني ومما انشدنا لنفسه في سنة ٣٢٢

غنج الفتور يجول في لحظاته ... والورد غض النبت في وجناته
وتكل السنة الورى عن وصفه ... او ان تروم بلوغ بعض صفاته
لايعرف الاسعاف الا خطرة ... لكن طول الصد من عزماته
لايستطيع نعم ولا يعتادها ... بل لايسوغ لعل في لهواته

قال وانشدنا لنفسه

تشكو الفراق وانت تزمع رحلة ... هلا اقمت ولو على جمر الغضا
قلان (١) عد بالصبر او مت حسرة ... فعسى يرد لك النوى ما قد مضى

قال وانشدنا لنفسه

اتخالني من زلة اتعتب ... قلبي عليك ارق مما تحسب
قلبي وروحي في يديك وانما ... انت الحياة فاين منك المذهب (٢)

قال مؤلف الكتاب ولم يورد أبو عبيد الله الا هذين البيتين وانشدني بعض الاصدقاء البيت الاول منهما واتبعه بما لا اعلم اهو من قول نفطويه او غيره وهو

لا يوحشنك ما صنعت فتنثني ... متجنبا فهواك لا يتجنب
انت البريء من الاساءة كلها ... ولك الرضى وانا المسيء المذنب
وحياة وجهك وهو بدر طالع ... وسواد شعرك وهو ليل غيهب

(١) كذا بالاصل ولعله كلا فعذ (٢) لعله المرهب

ما انت الا مهجتي وهي التي   احيا بها اترى على من اغضب

قال المرزباني وانشدني لنفسه

كفى بالهوى بلوى و بالحب محنة   وبالهم تعذيبا وبالعزل مغرما
اما والذي يقضي الامور بامره   فما شاء امضاه وما شاء أحكما
لقد حملتني صبوتي وصبابتي   من الشوق(١) ما اضنى الفؤاد وتيما

قال وانشدنا لنفسه

تجل بلواى عن البلوى   ويذهل القلب عن الشكوى
يظلمني من لا ارى ظلمه   وما عليه لِيَ من عدوى
عذبني الحب ولكنني   لا اطلب الراحة بالبلوى
سلط من اهوى علي الضنى   لا واخذ الله الذي اهوى

قال وله

لك خدّ تذيبه الابصار   يخجل الورد منه والجلنار
لا تغبني عن ناظريّ فاني   انا من لحظتي عليك اغار

وكان بين نفطويه وابن دريد مماظة فقال فيه لما صنف كتاب الجمهرة

ابن دريد بقره   وفيه لؤم وشره
قد ادّعى بجهله   جمع كتاب الجمهره
وهو كتاب العين ا لا انه قد غيره

فبلغ ذلك ابن دريد فقال يجيبه

لو انزل الوحي على نفطويه   لكان ذاك الوحي سخطا عليه

---

(١) ق الشقوق

وشاعر يدعى بنصف اسمه　　مستاهل للصفع في اخدعيه
احرقه الله بنصف اسمه　　وصير الباقي صراخا عليه

وحدث ابن شاذان قال بكر نفطويه يوما الى درب الرواسين فلم يعرف الموضع فتقدم الى رجل يبيع البقل فقال له ايها الشيخ كيف الطريق الى درب الرواسين قال فالتفت البقلي الى جار له فقال يا فلان الا ترى الى الغلام فعل الله به وصنع قد احتبس علي فقال وما الذي تريد منه فقال عوق السلق علي فما عندي ما اصفع (١) به هذا العاض بظر امه فانسل ابن عرفة ولم يجبه . وانشد الخطيب لنفطويه

كم (٢) قدخلوت بمن اهوى فيمنعني　　منه الحياء وخوف الله والحذر
كم قد خلوت بمن اهوى فيقنعني　　منه الفكاهة والتحديث والنظر
اهوى الملاح واهوى ان اجالسهم　　وليس لي في امر آخر (٣) منهم وطر
كذلك الحب لا اتيان معصية　　لاخير في لذة من بعدها سقر

ومنه

استغفر الله مما يعلم الله　　ان الشقي لمن لم يرحم الله
هبه تجاوز لي عن كل مظلمة　　وا سوءتا من حياة يوم القاه

وذكره الزبيدي في كتابه فقال كان بخيلا ضيقا في النحو واسع العلم بالشعر. قال ابو هلال في كتاب الاوائل حدثني ابواحمد قال كنا في مجلس نفطويه وهو يملي فدخل غلام وضيء الوجه وقال قال رجل من

---

(١) ض:ق الصفع (٢) ق كم خلوت : وفي مصارع العشاق (طبع قسطنطينية ١٣٠١ ص ١٠٢) كم قد ظفرت (٣) لعله في سواه : والبيت تركه صاحب المصارع

اهل عصرنا

كم خاس ميعادك يا مخلف كم تخلف الوعد وكم تخلف
قدصرت لا ادعو على كاذب ولا ظلوم الفعل لا ينصف

فما شك احد من حضر ان الغلام كان وعده واخلفه وان الشعر له . وكان نفطويه مع كونه من اعيان العلماء وعلماء الاعيان غير مكترث باصلاح نفسه فكان يفرط به الصنان فلا يغيره فحضر يوما مجلس حامد بن العباس وزير المقتدر فتأذى هو وجلساؤه بكثرة صنانه فقال حامد ياغلام احضرنا مرتكا فجاء به فبدأ الوزير بنفسه فتمرتك واداره على الجلساء فتمرتكوا وفطنوا ما اراد بنفطويه وانه اراد من نفطويه ان يتمرتك فيزول صنانه من غير ان يجبهه بما يكره فقال نفطويه لا حاجة بي اليه فراجعه فأبى فاحتد حامد واغتاظ وقال له ياعاض كذا من أمه انما تمرتكنا جميعاً لتأذينا بصنانك قم لا اقام الله لك وزنا ثم قال اخرجوه عني او ابعدوه الى حيث لا اتأذى به. وقال ابن بشران ابو محمد عبيد الله في تاريخه ومن شعر نفطويه

الجد انفع من عقل وتأديب ان الزمان ليأتي بالاعاجيب
كم من أديب يزال الدهر يقصده بالنائبات ذوات الكره والحوب
وأمرئ غير ذي دين ولا أدب معمر بين تأهيل وترحيب
ما الرزق من حيلة يحتالها فطن لكنه من عطاء غير محسوب

قال وكان كثير النوادر ومن نوادره قيل لبهلول في كم يوسوس الانسان فقال ذاك الى صبيان المحلة . قال وقيل لبعض الشيعة معاوية خالك فقال لا أدري أمي نصرانية والامر اليه. بخط الوزير المغربي قال نفطويه اما

سائر العلوم فهاهنا من يشركنا فيها واما الشعر فاذا مت [١] مات علي الحقيقة وقال من اغرب علي ببيت لجرير لا اعرفه فانا عبده . وقال ابن خالويه وقال لي يوما وقد حضرته الوفاة قد جالستني فما رأيت منك الا خيرا فادع لي ثم قال وضئوني وقد كنت آخذ بيده فمر بمسجد هشام بن خلف البزار فقال هذا مسجد هشام مقرئ اهل بغداد والله ما كان باعلم مني ولكنه اطاع الله فرفع وعصيت الله فوضع مني . قال الحسين بن أبي قيراط انصرفت من عند أبي عبد الله نفطويه وقد كتبت عنه شيئاً فجئت الى ابي اسحاق ابراهيم بن السري الزجاج فقال لي ما هذا الكتاب فاريته اياه وكان على ظهره مقطوعتان انشدنيهما نفطويه لنفسه فلما قرأهما الزجاج استحسنهما وكتبهما بخطه على ظهر كتاب غريب الحديث وكان بحضرته

تواصلنا على الايام باق ولكن هجرنا مطر الربيع
يروعك [٢] صوته لكن تراه على روعاته داني النزوع
كذا العشاق هجرهم دلال ومرجع وصلهم حسن الرجوع
معاذ الله ان نلقى غضابا سوى ذاك المطاع على المطيع

والاخرى

وقالوا شانه الجدري فانظر الى وجه به أثر الكلوم
فقلت ملاحة نثرت عليه وما حسن السماء بلا نجوم

وذكر الفرغاني ان نفطويه كان يقول بقول الحنابلة ان الاسم هو المسمى

---

(١) ق مات : والصواب في روضات الجنات (٤٣) (٢) ق يدعوك

وجرت بينه وبين الزجاج مناظرة انكر الزجاج عليه موافقته الحنابلة على ذلك. قرأت في تاريخ خوارزم قال أبو سعد الحمدلجي سمعت نفطويه يقول اذا سلمت على اليهودي والنصراني فقلت له اطال الله بقاءك وادام سلامتك واتم نعمته عليك فانما اريد به الحكاية أي ان الله قد فعل بك الى هذا الوقت واعتقد به الدعاء للمسلم قال الحمدلجي وأنشدنا نفطويه لنفسه

اذا ما الارض جانبها الاعادي ... وطاب الماء فيها والهواء
وساعد من تحب بها وتهوى ... فتلك الارض طاب بها الثواء(١)
يرى الاحباب ضنك العيش وسعاً ... ولا يسع البغيضين الفضاء
وعقل المرء أحسن حليتيه ... وزين المرء في الدنيا الحياء

قال محمد بن اسحاق النديم وله من الكتب. كتاب التاريخ. كتاب الاقتصارات*(٢). كتاب البارع. كتاب غريب القرآن. كتاب المقنع في النحو. كتاب الاستثناء والشرط في القراءة. كتاب* الوزراء. كتاب الملح. كتاب الامثال. كتاب الشهادات. كتاب المصادر. كتاب القوافي. كتاب* امثال القرآن. كتاب الرد على من يزعم ان العرب يشتق كلامها بعضه من بعض. كتاب الرد على من قال بخلق القرآن. كتاب الرد على المفضل بن سلمة في نقضه على الخليل. كتاب في ان العرب تتكلم طبعاً لا تعلماً

﴿ ابراهيم بن محمد الكلابزي ﴾

ادرك المازني واخذ عن المبرد ومات في سنة ٣١٦ قال الزبيدي وابراهيم

---

(١) ق الهواء (٢) النجيم يدل على ان الكتاب لم يرد اسمه في نسخة الفهرست المطبوعة

ابن محمد [١] العلاء الكلابزي اللغوي من اهل العراق بصري المذهب حكي عن المبرد انه قال في تلاميذ أبي رجلان أحدهما يسفل والآخر يعلو فقيل ومن هما قال المبرمان يقرأ على أبي ويأخذ عنه كتاب سيبويه ثم يقول قال الزجاج فهذا يسفل والكلابزي يقرأ عليه ثم يقول قال المازني فهذا يعلو وكان الكلابزي قد ادرك المازني فقال ابن بشران ابراهيم بن حميد الكلابزي مات بالبصرة سنة ٣١٢ وكان متقدماً في النحو واللغة وقد ولي القضاء بالشام

﴿ ابراهيم بن محمد بن زكريا ﴾

الزهري الاندلسي أبو القاسم يعرف بابن الاقليلي [٢] حدث عن أبي بكر محمد بن الحسن الزبيدي النحوي بكتاب النوادر عن القالي وكان متصدراً في العلم ببلده يقرأ عليه الادب ويختلف اليه وله كتاب شرح معاني شعر المتنبي حسن جيد قال الحميدي وكان مع علمه بالنحو واللغة يتكلم في معاني الشعر واقسام البلاغة والنقد لها [٣] روى عنه جماعة وحكي عنه باسناد له انه قال [٤] كان شيوخنا من اهل الادب يتعالمون ان الحرف اذا كتب عليه [٥] صح بصاد وحاء ان ذلك علامة لصحة الحرف لئلا يتوهم متوهم عليه خللاً ولا نقصاً فوضع حرف كامل على حرف صحيح واذا كان عليه صاد ممدودة دون حاء كان علامة ان الحرف سقيم اذ [٦] وضع عليه حرف غير تام ليدل نقص الحرف على اختلال الحرف ويسمى ذلك الحرف ايضاً ضبة اي ان الحرف مقفل بها لم [٧] تتجه لقراءة كما ان الضبة

---

(١) لعله سقط ابو (٢) في بعض الكتب الافليلي (٣) الضبي (١٩٩) لهما
(٤) الضبي : ق ـ (٥) الضبي : ق ـ (٦) ق اذا (٧) ص : ق ـ

مقفل بها. قال المؤلف وهـذا كلام على طلاوة من غـير فائدة تامة وانما قصـدوا بكتبهم على الحرف صح ان كان شا كا في صحة اللفظة فلما صحت له بالبحث خشي ان يعاوده الشك فكتب عليها صح ليزول شكه فيما بعد ويعلم هو انه لم يكتب عليها صح الا وقد انقضى اجتهاده في تصحيحها واما الضبة التي صورتها (ﺻ) فانما هو نصف صح كتبه على شيء فيه شك ليبحث عنه فيما يستأنفه فاذا صحت له اتمها بحاء فيصير صح ولو علّم عليها بغير هذه العلامة لتكلف الكشط واعادة كتبة صح مكانها. قال ابو سروان بن حيان كان ابو القاسم المعروف بابن الافليلي فريد اهل زمانه بقرطبـة في علم اللسان العربي والضبط لغريب اللغة في الفاظ الاشعار الجاهلية والاسلامية والمشاركة في بعض معانيها وكان غيوراً على ما يحمل من ذلك الفن كثيرُ الحسد فيه راكبا راسه في الخطا البين اذا تقلده او نشب فيـه يجادل عنه ولا يصرفه صارف عنه وعدم علم العروض ومعرفته مع احتياجه اليه واكمال[1] صناعته به ولو لم يكن له شروع فيه وكان لحق الفتنة البزيدية بقرطبـة ومضى الناس بين حائر وطاعن فازدلف الى الامراء المتداولين بقرطبـة من آل حمود ومن تلاهم الى ان نال الجاه واستكتبه محمد بن عبد الرحمن المستلفي بعد ابن برد فوقع كلامه جانباً من البلاغة لانه كان على طريقة المعلمين المتكلمين فلم يجر في اساليب الكتاب المطبوعين فزهد فيه وما بلغني انه الف في شيء من فنون المعرفة الا كتابه في شعر المتنبي لاغـير فلحقته تهمة في دينـه في أيام هشام المرواني في جملة من تتبع من

(١) لعله لا كمال صناعته به ولم يكن الخ

الاطباء في وقته كابن عاصم والسنابسي والخمار وغيرهم وطلب ابن الاقليلي وسجن بالمطبق ثم انطلق وفيه يقول موسى بن الطائف من قصيدة

يا مبصراً عميت فواطن فهمه ... عن كنه عرضي في البديع وطولي
لوكنت تعقل ماجهلت مقاومي ... من ضاق فرسخه بخطوة قيلي
ولئن ثلبْتُ الشعر وهو اباطل ... فلقد ثلبْتَ حقائق التنزيل
وخلعتَ ربق الدين عنك منابذا ... ولبستَ ثوبِ الزيغ والتعطيل
فاقمت للجهال مثلك في العنا ... علما مشيت امامه برعيل
ومن المغالط ان تكون مقلدا ... علماً ولو مقدار وزن فتيل
تعتل في الامر الصحيح معانْدا ... ابداً وفهمك علة المعلول
وتظن انك من فنوني موسر ... وكثير شأنك لايفي بقليلي
ستسيل روحك من خبيث قذارة ... تأثير هذا الصارم المصقول
واحض سيف الدولة الملك الرضى ... ليعيد عقد رباطك المحلول
واريك رأى العين انك ذرة ... عبثت بها مني قوائم فيل

﴿ ابراهيم بن محمد بن محمد بن احمد ﴾

ابن علي بن الحسين بن علي بن حمزة بن يحيي بن الحسين بن زيد بن علي ابن الحسين بن علي بن أبي طالب ابو علي والد أبي البركات عمر النحوي صاحب كتاب شرح اللمع من أهل الكوفة له معرفة حسنة بالنحو واللغة والادب وحظ من الشعر جيد من مثله[1] مات فيما ذكره السمعاني عن ابنه أبي البركات في شوّال سنة ٤٦٦ ودفن بمسجد السهلة عن ست وستين

(١) ص ـ : ولعله ندر مثله

سنة وكان قد سافر الى الشام ومصر وأقام بها مدة ونفق على الخلفاء بمصر ثم رجع الى وطنه الكوفة الى ان مات بها. وجدت بخط أبي سعد السمعاني سمعت أبا البركات عمر بن ابراهيم سمعت والدي يقول كنت بمصر وضاق صدري بها فقلت

فان تسأليني كيف أنت فانني ... تنكرت دهري والمعاهد والصبرا
وأصبحت في مصر كما لا يسرني ... بعيداً من الاوطان متنزحا عزبا
واني فيها كامرئ القيس مرة ... وصاحبه لما بكى ورأى الدربا
فان أنج من بابي زويلا فتوبة ... الى الله ان لامس خفي لها تربا

قال السمعاني قال لي الشريف قال أبي قلت هذه الابيات بمصر وما كنتَ ضيق اليد وكان قد حصل لي من المستنصر خمسة آلاف دينار مصرية قال وقال الشريف مرض أبي اما بدمشق او بحلب فرأيته يبكي ويجزع فقلت له يا سيدي ما هذا الجزع فان الموت لا بد منه قال اعرف ولكني اشتهي ان اموت بالكوفة وادفن بها حتى اذا نشرت يوم القيامة اخرج راسي من التراب فارى بني عمي ووجوهاً اعرفها قال الشريف وبلغ ما اراد قال وانشدني ابو البركات لوالده

أرخ لها زمامها والانسعا ... ورم بها من العلى ما شسعا.
واجل بها مغتربا عن العدا ... توطئك من ارض العدا متسعا
يا رائد الظعن باكناف العدا ... بلغ سلامي ان وصلت لعلعا
وحيّ خدرا بأثيلات الغضا ... عهدت فيه قمراً مبرقعا
كان وقوعي في يديه ولعا ... وأول العشق يكون ولعا

ماذا عليها لو رثت لساهر لولا انتظار طيفها ما هجعا
تمنعت من وصله فكلما زاد غراماً زادها تمنعا
انا ابن سادات قريش وابن من لم يبق في قوس الفخار منزعا
وابن علي والحسين وهما أبر من حج ولبى وسعى
نحن بنو زيد وما زاحمنا في المجد الا من غدا مدفعا
الاكثرين في المساعي عددا والاطولين في الضراب اذرعا
من كل بسام المحيا لم يكن عند المعالي والعوالي ورعا
طابت أصول مجدنا في هاشم فطال فيها عودنا وفرعا

قال وانشدني لابيه

لما ارقت بجلّق واقضّ فيها مضجعي
نادمتُ بدر سمائها[1] بنواظر لم تهجع
وسألته بتوجع وتخضع وتفجع
صف للاحبة ما ترى من فعل[2] بينهم معي
واقر[3] السلام على الحبيـ ـب ومن بتلك الاربع

﴿ابراهيم بن محمد بن ابراهيم النسوي﴾

ابو اسحاق الشيخ العميد مات فجاءة في شهور سنة ٥١٩ بنيسابور رجل فاضل شاعر كاتب حسن المحاورة كريم الصحبة سمع الحديث الكثير في اسفاره وصنف في غريب الحديث لابي عبيد تصنيفاً مفيداً

---

(١) ق سمياها (٢) ق ــ (٣) وُاقرأ

﴿ ابراهيم بن مسعود بن حسان ﴾

المعروف بالوجيه الصغير ويعرف جده بالشاعر وانما سمي بالوجيه الصغير لانه كان ببغداد حينئذ نحوي آخر يعرف بالوجيه الكبير وهو شيخي رحمه الله وقد ذكرته في باب المبارك بن المبارك وكانا ضريرين معا وكان هذا من أهل الرصافة ببغداد وكان عجباً في الذكاء وسرعة الحفظ وكان قد حفظ كتاب سيبويه وقيل بل حفظ اكثره وكان يحفظ غير ذلك من كتب الادب وأخذ النحو عن مصدق بن شبيب وكان اعلم منه واصفى ذهناً واعتبط [١] شاباً في جمادى الاولى سنة ٥٩٠ ولو قدر الله ان يعيش لكان آية من الآيات

﴿ ابراهيم بن محمد بن حيدر بن علي ابو اسحاق ﴾

نظام الدين المؤذي الخوارزمي سألته عن مولده فقال كانت ولادتي في ذي الحجة سنة ٥٥٩ وله من التصانيف كتاب ديوان الانبياء . كتاب شرح كليله بالفارسية . كتاب الوسائل الى الرسائل من نثره . كتاب ديوان شعره بالفارسية. كتاب الخطب في دعوات ختم القرآن سماها يتيمة اليتيمة . كتاب الطرفة في التحفة بالفارسية . رسائل . وكتاب اساس نامه فى المواعظ بالفارسية . كتاب تعريف شواهد التصريف . كتاب انموذار نامه يشتمل على ابيات غريبة من كليله ودمنه شرحها بالفارسية. كتاب كفتار نامه منطق . كتاب مرتع الوسائل ومربع الرسائل

(١) ق واغتبط

﴿ ابراهيم بن ممشاذ ابو اسحاق المتوكلي ﴾

الاصبهاني قال حمزة ومن بلغاء اصبهان ابو اسحاق المتوكلي وكان من رستاق جي [١] من قرية اسيجان نخرج الى العراق وكتب للمتوكل ثم صار من ندمائه فسمي المتوكلي ولم يكن بالعراق في ايامه ابلغ منه وله رسالة طويلة في تقريظ المتوكل والفتح بن خاقان يتداولها كتاب العراق الى الآن وتسخط صحبة اولاد المتوكل فتركهم ولحق بيعقوب بن الليث وقال حمزة ايضاً فيما رواه عن عمارة بن حمزة حضر المتوكلي مجلس المتوكل وقد نثر على المنتصر [٢] مال جليل تناهبه الامراء والقواد بين يديه وابراهيم لايتحرك فقال له المتوكل ولم لاتنبسط فيه فقال جلالة امير المؤمنين تمنعني منه ونعمته على اغنتني عنه فاقطعه اقطاعات وكان احد البلغاء في زمانه حتى لم يتقدمه احد ونفذ في ايام المعتمد رسولا عنه وعن الموفق الى يعقوب بن الليث فاحتبسه عنده [٣] وقدمه على كل من ببابه حتى حسده قواد يعقوب وحاشيته فاخبروا يعقوب انه يكاتب الموفق في السر فقتله قلت والاولى من هاتين الروايتين اوضح في انه هو الذي لحق بيعقوب يدل على ذلك انه كتب من عند يعقوب الى المعتمد

انا ابن الاكارم من نسل جم　　وحائز ارث ملوك العجم
ومحيي الذي باد من عزهم　　وعفى عليه طوال القدم
وطالب اوتارهم جهرة　　فمن نام عن حقهم لم انم
يهم الانام [٤] بلذاته [٥]　　ونفسي تهم بسوق الهمم

(١) ق الحي واللام مشطوب (٢) لعله المحضر (٣) ق عنه (٤) ق الايام (٥) لعله بلذاتهم

الى كل امرٍ رفيع العماد	طويل النجاد منيف العلم
واني لآمل من ذي العلا	بلوغ مرادي بخير النسم
معي عَلَمَ الكائنات الذي	به ارتجي ان اسود الامم
فقل لبني هاشم اجمعين	هلموا الى الخلع قبل الندم
ملكناكم عنوة بالرما	ح طعناً وضرباً بسيف حذم
واولاكم الملك آباؤنا	فما ان وفيتم بشكر النعم
فعودوا الى ارضكم بالحجاز	لاكل الضباب ورعي الغنم
فاني سأعلو سرير الملوك	بحد الحسام وحرف القلم

وقال يرثي الفضل بن العباس بن مافروخ[1]

اخ لم تلدني امه كان واحدي	وانسي وهمي في الفراغ وفي الشغل
مضى فرطا لما استتم شبابه	ومن قبل ان يحتل منزلة الكهل
فعلمني كيف البكاء من الجوى	وكيف حزازات الفؤاد من الثكل
اذا ندب الاقوام اخوان دهرهم	بكيت اخي فضلا اخا الجود والفضل

وقال يهجو اسحاق بن سعد القطربلي عامل اصبهان وقد كان اساء معاملة اخوته باصبهان

اين الذين تقوّلوا[2] ان لا يروا	ضدين مختلفين في ذا العالم
هذا ابن سعد قد ازال قياسكم	واباد حجتكم بغير تخاصم
ابدى لنا متحركاً في ساكن	منه واظهر قائماً في نائم
واذا تذكر اصلعا[3] هشم استه	يبكي يقول فديت اصلع هاشم

(١) حصل هنا في الاصل اضطراب فاصلحناه (٢) ص : ق يقولون (٣) ق صلعا

بالله ما اتخذ الامامة مذهبا الا لكي يبكي لذكر القائم

قال حمزة ومن هذا اخذ ابن الناصر قوله

قل لمن كان اماميا الى كم تتردد
اله التمس ما في سراويل فتى الناصر احمد
فهو القائم يامغرور من آل محمد

﴿ ابراهيم بن موسى الواسطي الكاتب ﴾

له كتاب في اخبار الوزراء عارض فيه كتاب محمد بن داود بن الجراح في الوزراء قاله المسعودي

﴿ ابراهيم بن هلال بن زهرون ﴾

أبو اسحاق الحراني اوحد الدنيا في انشاء الرسائل والاشتمال على جهات الفضائل مات يوم الخميس لاثنتي عشرة ليلة خلت من شوّال سنة ٣٨٤ عن احدى وسبعين سنة ومولده في سنة ٣١٣ كذا ذكره حفيده ابو الحسين هلال بن المحسن بن ابراهيم في تاريخه وكان قد خدم الخلفاء والامراء من بني بويه والوزراء وتقلد اعمالا جليلة ومدحه الشعراء وعرض عليه عز الدولة بختيار بن معز الدولة بن بويه الوزارة ان اسلم فامتنع [1] وكان حسن العشرة للمسلمين عفيفاً في مذهبه وكان ينوب اولاً عن الوزير أبي محمد المهلبي في ديوان الانشاء وامور الوزارة ولما ورد عضد الدولة الى بغداد في سنة ٣٦٧ نقم عليه أشياء من مكتوباته عن الخليفة وعن عز

---

(١) قال الصفدي حرص عليه عز الدولة ان يسلم فلم يفعل وقيل بذل له الف دينار على ان يأكل الفول فلم يفعل قلت الصابئون يحرمون الفول والحمام

الدولة بختيار فحبسه فسئل فيه وعرف بفضله وقيل له مثل مولانا لا ينتقم على مثله ما كان منه فانه كان في خدمة قوم لا يمكنه الا المبالغة في نصحهم ولو أمره مولانا بمثل ذلك اذا استخدمه في أبيه ما أمكنه المخالفة فقال عضد الدولة قد سوغته نفسه فان عمل كتاباً في مآثرنا وتاريخنا أطلقته فشرع في محبسه في كتاب التاجي في اخبار بني بويه وقيل ان بعض اصدقائه دخل عليه الحبس وهو في تبييض وتسويد في هذا الكتاب فسأله عما يعمله[1] فقال اباطيل انمقها واكاذيب الفقها فخرج الرجل وانهى ذلك الى عضد الدولة فامر بالقائه تحت ارجل الفيلة فاكب أبو القاسم عبد العزيز بن يوسف ونصر بن هارون على الارض يقبلانها ويشفعون اليه في أمره حتى أمر باستحيائه وأخذ أمواله واستصفائه وتخليد السجن بدمائه فبقي في السجن بضع سنين الى ان تخلص في أيام صمصام الدولة ابن عضد الدولة وكان بينه وبين الصاحب أبي القاسم اسماعيل بن عباد مراسلات ومواصلات ومتاحفات وكذلك بينه وبين الرضي أبي الحسن محمد بن الحسين الموسوي[2] مودة ومكاتبات اذكر منها[3] ما يليق باختصارنا هذا مع اختلاف الملل وتباين النحل وانما كان ينظمهم سلك الادب مع تبدد الدين والنسب. وذكر أبو منصور الثعالبي في كتابه انه بلغ من العمر تسعين سنة[4] والذي أوردته من تاريخ حفيده وهو

(١) ق يعلمه (٢) ق الموسي (٣) لم يف المصنف بوعده هذا او قد وفي به وترك كاتب نسختنا لذكر المكاتبات في هذه الصفحة بياضاً (٤) انما قال الثعالبي انه خنق التسعين اي قاربها

أعلم به فاما بلاغته وحسن الفاظه فقد اغنتنا شهرتها عن صفتها وذكرتها الشعراء فقال [١]

أصبحت مشتاقاً حليف صبابة … برسائل الصابي أبى اسحاق
صوب البلاغة والحلاوة والحجى … ذوب البراعة سلوة العشاق
طوراً كما رق النسيم وتارة … يحكي لنا الاطواق في الاعناق
لا يبلغ البلغاء شاو مبرزٍ … كتبت بدائعه على الاحداق

ولآخر فيه

يا بؤس من يمنى بدمع ساجم … يحمي على حجب [٢] الفؤاد الواجم
لولا تعلله بكاس مدامة … ورسائل الصابي وشعر كشاجم

قال ابو منصور وكان يصوم شهر رمضان مساعدة وموافقة للمسلمين وحسن عشرة منه لهم ويحفظ القرآن حفظاً يدور على طرف لسانه وبرهان ذلك في رسائله قال وكان أبو اسحاق في عنفوان شبابه أحسن حالا منه في أيام اكتهاله [٣] وفي ذلك يقول

عجباً لحظي اذ أراه مصالحي … عصر الشباب وفي المشيب مغاضبي
امن الغواني كان حتى خانني [٤] … شيخاً وكان على هواي [٥] مصاحبي
امع التضعضع ملنى متجنباً … ومع الترعرع كان غير مجانبي
ياليت صبوته اليّ تأخرت … حتى تكون ذخيرة لعواقبي

---

(١) لعله سقط بعضهم (٢) لعله خلب (٣) في اليتيمة (٢:٢٥) استكماله
(٤) اليتيمة ملنى (٥) اليتيمة صباي وهو الصواب

[١] من قصيدة في فنها فريدة كتبها الى الصاحب يشكو فيها عجره وبجره ويستمطر سحبه ودرره بعد ان كان يخاطبه بالكاف ولا يرفعه عن رتبة الاكفاء وكان المهلبي لا يرى الا [٢] به الدنيا ويحن الى براعته ويصطنعه لنفسه ويستدعيه في اوقات انسه وتوفي المهلبي وأبو اسحاق يلي ديوان الرسائل والخلافة على [٣] ديوان الوزارة لان المهلبي مات بعمان وكان قد مضى لافتتاحها واستخلف ابا اسحاق على ديوان الوزارة [٤] فاعتقل في جملة عمال المهلبي وأصحابه فقال وهو معتقل

يا أيها الرؤساء دعوة خادم … اربت رسائله على التعديد
ايجوز في حكم المروءة عندكم … حبسي وطول تهددي ووعيدي
قلدت ديوان الرسائل فانظروا … اعدلت في لفظي عن التسديد
اعلي رفع حساب [٥] ما انشأته … فاقيم فيه ادلتي وشهودي
انسيتم كتباً شحنت فصولها … بفصول در عندكم منضود
ورسائلاً نفذت الى اطرافكم … عبد الحميد بهن غير حميد

قال وكانت الرسالة التي ينقمها عليه عضد الدولة كتاباً انشاه عن الخليفة في شأن عز الدولة بختيار وهو «وقد جدد له امير المؤمنين مع هذه المساعي السوابق والمعالي السوامق التي يلزم كل دان وقاص وعام وخاص ان يعرف له حق ما كرم به منها ويتزحزح له عن رتبة المماثلة فيها» فان عضد الدولة انكر هذه اللفظة اشد الانكار واسرها في نفسه الى ان ملك

---

(١) اليتيمة بثه وحزنه والسجع يدل على انه تحريف (٢) اليتيمة: ق ـ (٣) اليتيمة مع (٤) ترك طابع اليتيمة كل ما بين الوزارتين (٥) اليتيمة حسام وهو تحريف

العراق فحبسه كما تقدم ذكره. وقال حفيده هلال بن المحسن في اخبار الوزراء حدثني ابو اسحاق جدي قال لما توفي ابو الحسين هلال أبي جاءني ابو محمد المهلبي معزياً به فحين عرفت خبره في تقديمه مشرعة داري الشاطية بالزاهر بادرت لتلقيه واستعفيته من الصعود فامتنع من الاجابة الى ذلك وصعد وجلس ساعة يخاطبني فيها بكل ما يقوي النفس ويشرح الصدر ويصف والدي ويقرظه لي[1] ما مات من كنت له خلفاً ولا فقد من كنت منه عوضاً ولقد قررت عين ابيك بك في حياته وسكنت مضاجعه الى مكانك بعد وفاته فقبلت يده ورجله واكثرت من الثناء عليه والدعاء له وحضرتني في الحال ثلاثة أبيات أنشدته اياها وهي

لو وثقنا بان عمرك يمتد باعمارنا قتلنا النفوسا
قد تركت الموت الزؤام مغيظا يتلظى لجرحه كيف يوسا
ففدت عندنا المصيبة نعمى باياديك وهي من قبل بوسا

ثم نهض واقسم علينا الا يتبعه احد منا وانفذ الي في بقية ذلك اليوم خمسة آلاف درهم فقال استعن بهذا على أمرك ولم يبق أحد من أهل الدولة الا جاءني بعده معزياً ثم اجتاز بي من الغد في طيارة ووقف واستدعاني وامرني بالنزول معه فبعد جهد ما تركني بقية اليوم. حدث ابو منصور قال حكي ابو اسحاق الصابئ قال طلب مني رسول سيف الدولة بن حمدان عند قدومه الحضرة شيئاً من شعري وذكر ان صاحبه رسم له ذلك فدافعته اياماً ثم ألح علي وقت الخروج[2] فاعطيته هذه الثلاثة الابيات

(١) لعله سقط بقوله (٢) في اليتيمة (١٤:١) الوداع

ان كنت خنتك في المودة[1] ساعة   فذممت سيف الدولة المحمودا
وزعمت ان له شريكا في العلا   وجحدته في فضله التوحيدا
قسما لو أني حالف بغموسها   لغريم داين ماراد مزيدا

فلما عاد الرسول الى الحضرة ودخلت عليه مسلما اخرج لي كيسا بختم سيف الدولة مكتوبا عليه اسمي وفيه ثلثمائة دينار. ووجدت بخط أبي علي بن أبي اسحاق قال لما غني ابن حمدان بهذا الشعر سأله عن قائله فعرفه قال والدي رحمه الله فانفذ اليّ في الوقت عشرة دنانير من دنانير الصلة وزنها خمسمائة مثقال واضاف الى ذلك رسماً كان ينفذه اليّ في كل سنة الى ان مات رحمه الله. قال واهدى ابو اسحاق الصابئ الى عضد الدولة في يوم مهرجان اصطرلابا بقدر الدرهم محكم الصنعة وكتب اليه (وفي كتاب الوزراء لحفيده انه اهدى الاصطرلاب الى المطهر بن عبد الله وزير عضد الدولة وكتب اليه) بهذه الابيات

اهدى اليك بنو الحاجات واختلفوا   في مهرجان عظيم انت مبليه
لكن عبدك ابراهيم حين رأى   علو قدرك لاشيء يساميه
لم يرض بالارض يهديها اليك فقد   اهدى لك الفلك الاعلى بما فيه

ولقابوس ابيات تشبه هذه مذكورة في بابه

ذكر القبض على أبي اسحاق الصابئ والسبب فيه وما جرى عليه من امره الى ان اطلق

قال هلال بن المحسن قبض عليه في يوم السبت لاربع بقين من

---

(١) اليتيمة الامانة

ذي القعدة سنة ٣٦٧ وافرج عنه يوم الاربعاء لعشر بقين من جمادي الاولى سنة ٣٧١ فكان مدة حبسه ثلاث سنين وسبعة اشهر واربعة عشر يوما قال وكان السبب في القبض عليه انه كان قد خدم عضد الدولة عند كونه بفارس بالشعر والمكاتبة والقيام بما يعرض من أموره بالحضرة فقبله وانفق[1] عليه وارفده في اكثر نكباته بمال حمله اليه وورد عضد الدولة في سنة ٣٦٤ فزاد قربه منه وخصوصه به وتأكد حاله عنده فلما اراد العود الى فارس عمل على الخروج معه اشفاقا من المقام بعده ثم علم انه متى فعل ذلك اسلم اهله وولده وتعجل منهم ما عسى الله ان يدفعه عنه فاستظهر له عضد الدولة بان ذكره في الاتفاق الذي كتب بينه وبين عز الدولة وعهد بها اخيه[2] واليمين التي[3] حلفا بها وشرط عليهما حراسته في نفسه وماله وترك تتبعه في شيء من احواله وانحدر عضد الدولة فلم يأمن على نفسه من عز الدولة وأبي طاهر بن بقية وزيره واستتر واقام على الاستتار مدة ثم توسط ابو محمد بن معروف امره معهما واخذ له العهد عليهما والامان منهما واستوثق بغاية ما يستوثق به من مثلهما وظهر فتركاه مُدَيدة ثم قبضا عليه وذلك باغراء ابن السراج لهما به وتجدد منه في العداوة له امور تجنى فيها عليه وجرت له في هذه النكبة خطوب اشفى فيها على ذهاب النفس ثم كفاه الله بان فسد امر ابن السراج مع ابن بقية بما عامله بالعلة التي عرضت له فقبض عليه ونقل القيد من رجل أبي اسحاق الى رجله وعاد الى خدمة عز الدولة وكتب عنه في ايام المباينة بينه وبين عضد الدولة الكتب التي

(١) ق وتفق (٢) لعله وعهد به اليه (٣) ق الذي

تضمنت الوقيعة والاستهتار عليه ومنها الكتاب عن الطائع لله بتقديم عز الدولة وانزاله منزلة ركن الدولة وهو اعظم ما نقمه عليه. فلما ورد عضد الدولة الى بغداد في الدفعة الثانية وحصل بواسط استظهر بان خرج الى أبي سعد بهرام بن اردشير وهو يتردد في الرسائل بما يتخوفه من تشعب رأي عضد الدولة وسأله اجراء ذكره واقامة عذره والاحتياط له بامان تسكن اليه نفسه وكتب على يده كتاباً عاد جوابه بما نسخته « كتابنا ايدك الله من المعسكر بجيل يوم الجمعة لست ليال بقين من شهر ربيع الاول عن سلامة ونعمة والحمد لله رب العالمين ووصل كتابك ايدك الله وفهمنا وعرفنا ما يحمل واستمعنا من أبي سعد بهرام بن اردشير اعزه الله ما اورده عنك ومن كانت به حاجة الى اقامة معذرة واستقالة من عثرة او الاستظهار في مثل هذه الاحوال بوثيقة فانت مستغنٍ عن ذلك بسابقتك في الخدمة ومنزلتك من الثقة وموقعك لدينا من الخصوص والزلفة وذكر ابو سعد اعزه الله التماسك ايامًا [1] فقد بذلناه لك على غناك عنه وانت آمن على نفسك ودمك وشعرك وبشرك واهلك وولدك وسائر ما تحويه يدك حالتي في كل حال بكنف الاثرة والخصوص والاحسان والقبول عند [2] محروس في جاهك وموقفك وحالك فاسكن الى ذلك واعتمده ولك علينا الوفاء به عهد الله وميثاقه وقد حملنا ابا سعد اعزه الله في هذا الباب ما يذكره لك والله نستعين على النية فيك وهو حسبنا والتوقيع بخط عضد الدولة اعتمد ذلك واسكن اليه وثق به ان شاء الله تعالى » ودخل عضد الدولة الى

---

(١) لعله امانا (٢) لعله عندنا

بغداد فاجراه على رسمه ووقع باقرار اقطاعه وامضاء تقريراته فلما حصل بالموصل كتب الى أبي القاسم المطهر بالقبض عليه . فحدثني أبو الحسن فهد بن عبيد الله وكان يكتب لابي عمرو بن [١] * عند نظره في الموصل قال اخرج [٢] في الموصل الى الديوان ما وجد في قلاع أبي ثعلب من الحسابات ليتأمل ويميز وكان فيها الشيء الكثير من كتب عز الدولة الى أبي ثعلب بخط أبي اسحاق جدك فكان أبو عمرو اذا رأى ما فيه ذكر عضد الدولة ايام المباينة بينه وبين عز الدولة [٣] حتى جمع من [٤] ذلك شيئاً كثيراً وحمله الى عضد الدولة لعداوة كانت بينه [٥] وبينه فاظن ما وقف عليه حرك ما كان في نفسه حتى كتب من هناك بالقبض عليه . قال وحدثني جدي قال كنت جالسا بحضرة أبي القاسم المطهر بن عبد الله وزير عضد الدولة في يوم القبض علي اذ وردت النوبة فقضت [٦] بين يديه وبدأ منها بقراءة كتاب عضد الدولة فلما انتهى الى فصل منه وجم وجوما بان في وجهه فقال لي أبو العلاء صاعد بن ثابت اظن في هذا الكتاب ما ضاق صدرا به وقمت من مجلسه لانصرف فتبعني بعض حجابه وعدل بي الى بيت من داره ووكل بي وارسلني [٧] يقول لعلك قد عرفت مني الانزعاج عند الوقوف على الكتاب الوارد من الحضرة اليوم وكان ذلك لما تضمن من القبض عليك واخذ مائة الف درهم منك وينبغي ان تكتب خطك بهذا المال ولا تراجع فيه فوالله لا تركت ممكنا في معونتك

(١) كذا بالاصل (٢) ق خرج (٣) لعله سقط يجمعه (٤) ق منه من
(٥) ق ــ (٦) لعله ففضت (٧) لعله وارسل يقول لي

وتخليصك الا بذلته وقد جعلت اعتقالك في داري ومقامك في ضيافتي فطب نفسا بقولي وثق بما يتبعه من فعلي . وقبض على ولديه [١] أبي علي المحسن والدي وأبي سعيد سنان عمي فلما تقدم عضد الدولة الى أبي القاسم المطهر بالانحدار لقتال صاحب البطيحة سأل عضدالدولة اطلاقه والاذن له في استخلافه بحضرته فقال له اما العفو فقد شفعناك فيه وينبغي ان تعرّفه ذلك وتقول له اننا قد غفرنا لك عن ذنب لم نعف عما دونه لاهلنا يعني عز الدولة والديلم ولاولاد بيتنا يعني ابا الحسن محمد بن عمر وابا احمد الموسى [٢] ولكنا وهبنا اساءتك لخدمتك وعلينا المحافظة فيك على الحفيظة منك واما استخلافك اياه بحضرتنا فكيف يجوز ان ننقله من السخط والنكبة الى النظر في الوزارة ولنا في أمره تدبير وبالعاجل فتحمل اليه من عندك ثياباً ونفقة وتطلق ولديه وتقدم اليه عنا بعمل كتاب في مفاخرنا فحمل اليه المطهر ثياباً ونفقة واطلق ولديه والدي وعمي ورسم له تأليف الكتاب في الدولة الديلمية وانحدر المطهر وبقي ابو اسحاق في مجلسه وعمل الكتاب فكان اذا ارتفع جزء منه حمل الى الحضرة العضدية حتى يقرأه ويتصفحه ويزيد فيه وينقص منه فلما تكامل على ما أراده حرّر وحمل كلاماً محرراً فيقال انه قرئ عليه في اسبوع وتركه في الحبس بعد ذلك سنة واتفق ان خرج الى الزيارة وعاد فعمل فيه قصيدة يهنئه فيها بمقدمه ويذكره بامره منها

اهلا باشرف [٣] اوبة واجلها   لاجلّ ذي قدم يلاذ بنعلها

---

(١) ق والديه (٢) لعله الموسوي (٣) ق: باشراف :والصواب في اليتيمة (٢:٥٢)

شاهانشاه تاج ملته التي ... زيدت به في قدرها ومحلها
يا خير من زهت المنابر باسمه ... في دولة علقت يداه بحبلها
واقمت فينا سيرة عضدية ... هيهات لا تأتي الملوك بمثلها
يردى غويٌ فاجر في بأسها ... ويعيش برٌّ صالح في فضلها
مولاي عبدك حالف لك حلفة ... يعيي مناكب يذبل عن حملها
لقد انتهى شوقي اليك الى التي ... لا أستطيع أقلها من (١) ثقلها
طوبى لعين أبصرتك ومن لها ... بغبار دارك جازياً عن كحلها
لو بعتني بجميع عمري لفظة ... او لحظة بالطرف لم استغلها
اترى أمر بخطرة من بالها ... اترى اعود الى كثافة ظلها
لى ذمة محفوظة في ضمنها ... ووثائق محروسة في كفلها
واذا رأيت سحائباً لك ترة ... تروي النفوس الحائمات بهطلها
لا في الرجال الناقعين بوبلها ... كلا ولا في القانعين بطلها
قابلت بالزفرات (٢) هبة ريحها ... وحكيت بالعبرات درة سجلها
فلو أن عيني راهنت بدموعها ... يمناك في السقيا لفزت (٣) بخصلها

قال قد كان ابو اسحاق يكاتب عضد الدولة في الحبس بالاشعار ويرققه فما رققه شيء كقصيدته القافية ومنها

اجل في البنين الزهر طرفك أنهم ... حووا كل مرأى للاحبة مؤنق
وتمت لك النعمى بقرب كبيرهم ... فاهلاً به من طارق خير مطرق

---

(١) ق : نقلها (٢) ق الزفرات (٣) ق : لقرب وفي اليتيمة وردت ثلاثة أبيات من هذه القصيدة غير التي أوردها ياقوت

موال لنا مثل النجوم مطيفة … بمولى موال منك كالبدر مشرق
وقد ضمهم شمل لديك مؤلف … فأرث لذي الشمل الشتيت المفرق
وان كنت يوماً عنهم متصدقاً … فمن مثل ما خولت فيهم تصدق
فلي مقلة تقذى اذا ما مددتها … الى حلة ممن اعول ودورق
اناث وذكران ابيت من اجلهم … على كمد بين الحجابين مقلق
رسائلهم تأتي بما يلدغ الحشا … ويصدع قلب النازع المتشوق
فباكية ترثى اباها ولم يمت … وبائسة من بعلها لم تطاق
وزغب من الاطفال ابناء منزل … شوارد عنه كالقطا المتمزق
اذا حرقوا قلبي بنجواهم انثنت … عداك تناجيني فتطفي تحرقي
شهدت لئن انكرت انك صنتني … ولم ارع ما اوليتني من ترفق
لقد ضيع المعروف عندي واصبحت … ودائعه مودوعة عند احمق
وحبسك لي جاه عريض ورفعة … وقيدك في ساقي تاج لمفرقي
وما موثق لم تطرحه بموثق … ولا مطلق لم تصطنعه بمطلق
خلا ان اعواماً كملن ثلاثة … تعرقت النصا [١] اشد تعرق
وقد ظمئت عيني التي انت نورها … الى نظرة من وجهك المتالق
فيا فرحتي ان القه قبل ميتتي … ويا حسرتي ان مت من [٢] قبل نلتقي
خدمتك مذ عشرون عاماً موفقا … فهب لي يوماً واحداً لم اوفق
فان يك ذنب ضاق عندي عذره … فعندك عفو واسع غير ضيق

قال وسمعت ابا الزءان احمد بن محمد الوزير يقول لجدي وهما في مجلس

(١) لعله البقيا (٢) ق ـ

أنس وانا حاضر معهما لما انفذت القصيدة اللامية بالتهنئة عن قدوم عضد الدولة من الزيارة عرضتها عليه في وقت كان عبد العزيز بن يوسف غير حاضر فيه فقرأها ثم رفع رأسه الي والى عبد الله بن سعدان وكنت آمنه عليك واعلم ان اعتقاده يوافق اعتقادي فيك فقال قد طال حبس هذا المسكين ومحنته فقبلت انا وهو الارض عند ذلك فقال لنا كأنكما تؤثران اطلاقه قلنا ان من أعظم حقوقه علينا وذرائعه عندنا ان عرفناه في خدمتك وخالطناه في ايامك قال فاذا كان هذا رأيكما فيه فانفذا وافرجا عنه وتقدما اليه عنا بملازمة منزله الى ان يرسم له ما يمثله[1] قال ابو ريان فخرجت مبادراً وانفذت لشكرستان صاحبي وانفذ ابن سعدان محمدا لاواتيه وانتظرت عودهما بما فعلاه من صرفك الى دارك فابطآ علي وكنت اعرف من عادة عضد الدولة انه يتقدم بالامر ثم يسأل عنه فان كان قد فعل امضاه ولم يرجع وان تأخر فربما بدا له رأي مستأنف في التوقف عنه فدخلت الى عضد الدولة في عرض ما اطالعه به[2] سمع الله في مولانا ما دعي له فقال ما تجدد قلت شاهد الناس ابا اسحاق الصابئ وقد أخرج من محبسه ومضى الى داره فاكثروا من الدعاء والشكر فسكت وشغلت عضد الدولة علة[3] وما افضى اليه من منيته عن النظر في أمره الا انه وصل الى حضرته فيما بين الاطلاق واشتداد العلة في أيام متفرقة فتفقده بثياب ونفقات عدة دفعات . وكان الصاحب ابن عباد يحبه أشد الحب ويتعصب له ويتعاهده على بعد الدار بالمنح وكان الصابئ منذ حبسه

(١) لعله ما يليق بمثله (٢) سقط فقلت له (٣) لعله علته

عضد الدولة متعطلاً الى ان مات فكان يواصل حضرة الصاحب بالمدح قال ابو منصور فقرأت له فصلاً من كتاب في ذكر صلة وصلت منه اليه استطرفته جداً وهو « ورد اطال الله بقاء سيدنا ابو العباس احمد بن الحسن وابو محمد جعفر بن شعيب حاجيّن فعرجا اليّ مليّن وعاجا اليّ مسلمين فحين عرفتهما فقبل ان ارد السلام عليهما مددت اليد * الى ما معهما[١] كما مدها حسان بن ثابت الى رسول جبلة بن الايهم ثقة مني بصلته وتشوقاً الى تكرمته واعتياداً لاحسانه والفا لموارد انعامه وتيقنا ان الخطرة مني على باله مقرونة بالنصيب من ماله وان ذكراه لي مشفوعة بجدواه علي وقمت عند ذلك قائماً وقبلت الارض ساجداً وكررت الدعاء والثناء مجتهداً وسألت الله ان يطيل له البقاء كطول يده بالعطاء ويمد له[٢] في العمر كامتداد ظله[٣] على الحر وان يحرس هذا البدد القليل[٤] العدد من مشيخة الكتاب ومنتحلي الآداب ما كنفهم به من ذراه وافاءه عليهم من نداه واسامهم فيه من مراتعه واعذبه لهم من شرائعه التي هم محلاون[٥] الا منها ومحرومون[٦] الا عنها.» وكان الصاحب يتمنى انحياز أبي اسحاق الى جنبته وقدومه الى حضرته ويضمن له الرغائب على ذلك اما تشوقا واما تشرفا[٧] وكان ابو اسحاق يحتمل ثقل الخلة وسوء أثر العطلة ولا يتواضع للاتصال بجملة الصاحب بعد كونه من نظرائه وتحليه بالرياسة في ايامه. قال واخبرني ثقات منهم ابو القاسم علي بن محمد الكرخي وكان شديد

---

(١) في اليتيمة (٢ : ٢٧) اليهما (٢) اليتيمة : ق — (٣) اليتيمة : ق يده (٤) اليتيمة : ق والعدد (٥) اليتيمة محلون (٦) اليتيمة ومحرمون (٧) اليتيمة تفوقا

الاختصاص بالصاحب انه كثيراً ما كان يقول كتاب الدنيا وبلغاء العصر اربعة الاستاذ ابن العميد وابو القاسم عبد العزيز بن يوسف وابو اسحاق الصابئ ولو شئت لذكرت الرابع يعني نفسه . فاما الترجيح بين هذين الصدرين اعني الصاحب والصابئ في الكتابة فقد خاض فيه الخائضون* واطنب المحصلون[١] ومن اشفى[٢] ما سمعته في ذلك ان الصاحب كان يكتب كما يريد وابو اسحاق يكتب كما يؤمر وبين الحالين بون بعيد وكيف جرى الامر فهما هما ولقد وقف فلك البلاغة بعدهما. ومما يدل على اناخة كلكل الزمان عليه وصرف صروفه[٣] بعد النباهة اليه فصل كتبه الى صديق له يستميحه وهو

ولما صارت صروف الدهر تتوغل[٤] بعد التطريف وتجحف بعد التحيف وصادف ما تجدد علي في هذا الوقت منها اشلاء مني منهوكة واعظاماً مبرية وحشاشة مشفية وبقية مودية جعلت اختار الجهات واعتام الجنبات لانحو منها ما لا يعاب سائله اذا سأل ولا يخيب آمله اذا امل وكان سيدي اولها اذا عددت واولاها اذا[٥] اعتمدت وكتبت كتابي هذا بيد يكاد وجهي يتظلم منها اذ تخطه اشفاقاً على مائه مما يريقه[٦] لولا الثقة بانه يحقن مياه الوجوه ويحميها ويجمها ولا يقذيها

فصل من كتاب الى عضد الدولة في تهنئة بتحويل سنته

---

(١) اليتيمة اخب فيه المخبون (٢) واليتيمة اشف (٣) ق صرفه (٤) اليتيمة تنوء على: ورواية اليتيمة هنا (٢:٣٢) كثيرة التحريف (٥) ق بما : والصواب في اليتيمة وفي رسائل الصابئ ٢٨١ (طبع بعبدا ١٨٩٨) (٦) رسائل يهريقه

اسأل الله مبتهلاً لديه مادًّا يدي اليـه ان يحيل على مولانا هذه السنة وما يتلوها من اخواتها بالصالحات الباقيات والزيادات [١] الغامرات ليكون كل دهر يستقبله وامد يستأنفه موفرا [٢] على المتقـدم له قاصرا عن المتأخر عنـه ويوفيه من العمر اطوله وابعده ومن العيش اعذبه وارغده عزيزًا منصورًا محمياً منصورًا [٣] باسطا يده فلا يقبضها الا على نواصي اعداء وحساد سامياً طرفه فلا يغضـه الا على لذة غمض ورقاد مستريحة ركابه فلا يعملها الا لاستضافة عز وملك فائزة قداحه فلا يجيلها الا لحيازة مال وملك [٤] حتى ينال اقصى مايتوجه اليه امنيته جامحة وتسمو له همته طامحة. وحدث هلال بن المحسن حدثني جدي ابو اسحاق ثم وجدت هـذا الخبر بخط المحسن بن ابراهيم قال حدثني والدي ابو اسحاق قال كان والدي ابو الحسن يلزمني في الحداثة والصبى قراءة كتب الطب والتحلي بصناعته وينهاني عن التعرض لغير ذلك فقويت فيها قوة شديدة وجعل لي برسم الخدمة في البيمارستان عشرون دينارًا في كل شهر وكنت اتردد الى جماعة من الرؤساء خلافة له ونيابة عنه وانا مع ذلك كاره للطب ومائل الى قراءة كتب الادب كاللغة والشعر والنحو والرسائل والادب وكان اذا أحس بهـذا مني يعاتبني عليه وينهاني عنـه ويقول يا بني لا تعدل عن صناعة اسلافك فلما كان في بعض الايام ورد عليـه كتاب من بعض وزراء خراسان يتضمن أشياء كثيرة كلفه اياها

(١) في اليتيمة وبالزائدات (٢) اليتيمة موفيا (٣) اليتيمة موفورا : ولعله مسرورا (٤) اليتيمة : ق ـ

ومسائل في الطب وغيره سأله عنها وكان الكتاب طويلاً بليغاً قد تأنق منشئه وتغارب فاجاب عن تلك المسائل وعمل جملاً لما يريده وانفذها على يدي الى كاتب لم يكن في ذلك العصر أبلغ منه وسأله انشاء الجواب عنه قال فمضيت وانشأت أنا الجواب واطلته وحررته وجئت به اليه فلما قرأه قال يا بني سبحان الله ما أفضل هذا الرجل وابلغه قلت له هذا من انشائي فكاد يطير فرحاً وضمني اليه وقبل بين عيني وقال قد أذنت لك الآن فامض فكن كاتباً كان ابو اسحاق الصابئ واقفا بين يدي عضد الدولة وبين يديه كتب قد وردت عليه من ابن سمجور صاحب خراسان (١) وعلى رأسه غلام تركي حسن الوجه جميل الخليقة وكان مائلاً اليه ورأيت الشمس اذا وجبت (٢) عليه حجبه عنها الى ان استتم قراءة ما كان في يده ثم التفت اليه فقال له هل قلت شيئاً يا ابراهيم فقال

وقفت لتحجبني عن الشمس نفس اعز علي من نفسي
ظلت تظللني ومن عجب شمس تقنعني عن الشمس

فسُرّ بذلك وطوى الكتب وجعله مجلساً للقرب والقى على الجواري الستائر فغنوا به في ذلك اليوم وهو في الخامس من شوّال سنة ٣٦١ وكتب. الي بعض اصدقائه ولو حملت نفسي على الاستشفاع (٣) والسؤال لضاق علي فيه المرتكض والمجال لان الناس عندنا ما خلا الاعيان الشواذ الذين انت بحمد الله اولهم طائفتان مجاملة ترى انها قد وفتك خيرها اذا كفتك شرها واجزلت لك رفدها اذا اجنبتك كيدها ومكاشفة تنزو الى القبيح

(١) ق عليه وعلى (٢) كذا بالاصل (٣) ق الاستشعاف

نزو الجنادب او تدب دبيب العقارب فان عوتبوا حسروا قناع الشقاق وان غولظوا تلثموا بلثام النفاق والفريقان في ذاك كما قلت منذ ايام

ايا رب كل الناس ابناء علة ... اما تعثر الدنيا لنا بصديق
وجوه بها من مضمر الغل شاهد ... ذوات اديم في النفاق صفيق
اذا اعترضوا عند اللقاء فانهم ... قذى لعيون او شجا لحلوق
وان أظهروا برد الودود وظله ... اسروا من الشحناء حر حريق
اخو وحدة قد آنستني كأنني ... بها نازل في معشر ورفيق
فذلك خير للفتى من ثوائه ... بمسبعة من صاحب وصديق

ومن خط أبي علي المحسن بن ابراهيم بن هلال حدثني والدي رحمه الله قال وصفت وانا حدث للوزير أبي محمد المهلبي وهو يومئذ يخاطب بالاستاذ فاستدعى عمي ابا الحسن ثابت بن ابراهيم وسأله عني والتمس[1] منه ووعده فيَّ بكل جميل فخاطبني عمي في ذلك واشار عليَّ به فامتنعت لانقطاعي الى النظر في العلوم وكنت مع هذه الحال شديد الحاجة الى التصرف لقرب العهد بالنكبة من توزون التي أتت على أموالنا فلم يزل بي أبي حتى حملني اليه فلما رآني تقبلني واقبل علي ورسم لي الملازمة وبحضرته في ذلك الوقت جماعة من شيوخ الكتاب فلما كان في بعض الايام وردت عليه عدة كتب من جهات مختلفة فاستدعاني وسلمها الي وذكر لي المعاني التي تتضمنها الاجوبة واطال القول فمضيت واجبت عن جميعها من غير ان اخل بشيء من المعاني التي ذكرها فقرأها حتى أتى على آخرها وتقدم الي

(١) لعله والتمسني

في الحال باحضار دواتي والجلوس بين يديه متقدماً على الجماعة فلزم بعضهم منزله وجداً وغضباً وأظهر بعضهم التعالل فلم ازل اتلطف واداري واغضي على قوارص تبلغني حتى صارت الجماعة اخواني واصدقائي . وقرأت بخطه أيضاً وفي كتاب الوزراء لابنـه قال المحسن حدثني والدي وقال هـلال حدثني جـدي واللفظ والمعنى يزيد وينقص والاعتماد على ما في كتاب هلال [1] لانه اتم قال ابو اسحاق كنت في مجلس الوزير أبي محمد المهلبي في بعض أيام الحداثة جالساً في مجلس أنسه وبين يديه ابو الفضل العباس ابن الحسين وابو احمد الفضل بن عبـد الرحمن وابو علي الحسين بن محمد الانباري وابو الفرج بن ابي هشام وغيرهم من خلفائه وكتابه وقد اخذ الشراب من الجماعة وزاد بهم على حد النشوة وكانت لي في ذلك مزية لانني شربت معه ارطالا عدة اذ حضر رسول الامير معز الدولة يذكر ان معه مهماً فقال ابو محمد يدخل فدخل وقال الامـير يقول تكتب عني الساعة كتاباً الى محمد بن الياس صاحب كرمان تخطب فيه ابنته لبختيار فقال الوزير هذا كتاب يحتاج الى تأمل وتثبت وما في الكتّاب من فيه مع السكر فضل له ثم التفت الى ابي علي الانباري فقال له تتمكن يا ابا علي من كتبه فقال اما الليلة وعلى مثل هذه الحالة والصورة فلا ورآني الوزير مصغيا الى القول متشوفاً لما يرسمه لي في ذلك فقال تكتبه يا ابا اسحاق قلت نعم قال افعل فقمت الى صفة يشاهدني فيها واستدعيت دواتي ودرجا منصوريا وكتبت كتابا اقتضبته بغير روية ولا نسخـة والوزير

(١) ق بلال

والحاضرون يلاحظوني ويعجبون من اقدامي ثم اقتضابي واطالتي فلما فرغت منه اصلحته وعنونته وحملته اليه فوقف عليه ووجهه متهلل في اثناء القراءة والتأمل ورمى به الى ابي علي بن الانباري ثم قال للجماعة هنا كتاب حسن دال على الكفاية المبرزة ولو كتبه صاحيا مرويا لكان عجبا فكيف اذ يكتبه منتشيا مقتضبا ولكنه كاتبي وصنيعتي قم يا ابا اسحاق من موضعك واجلس هاهنا حيث اجلستك الكفاية واوما الى جانب ابي الغنائم ابنه فقبلت يده ورجله وشكرته ودعوت له وجلست بحيث اجلسني وشرب لي سارا ثم استدعى حاجبه وقال يقدم دابته الى حيث يقدم دواب خلفائي ويوفى من الاكبار والاكرام مايوفونه فحسدني على ذلك كل من كان حاضراً ووفوني من الغد حكم المساواة في المخاطبة والمعاملة واستشعروا عندها اسباب العداوة والمنافسة ثم قلدني دواوين الرسائل والمظالم والمعاون تقليداً سلطانيا كتب به عن المطيع لله الى اصحاب الاطراف. وحدث هلال بن المحسن قال حدثني جدي ابو اسحاق قال كان ابو طاهر بن بقية واقفا بين يدي عضد الدولة في سنة ٣٦٤ التي ورد فيها للمعاونة على الاتراك [١] فقال لي عضد الدولة لو [٢] عرضت علينا ابياتك الى أبي القاسم عبد العزيز بن يوسف التي هي وانشدها وكانت

يا راكب الجسرة العيرانة الاجد　　تدمي مناسمها في الحزن والجدد
أبلغ أبا قاسم نفسي الفداء له　　مقالة من أخ للحق معتمد
أنصفتُ فيها ولم أظلم وماحسنٌ　　بالمرء [٣] الا مقال الحق والسدد

(١) ق الانزال (٢) ق ـ (٣) ق المرو

في كل يوم لكم فتح له خطر … يشاد فيه بذكر السيد العضد
وما لنا مثله لكننا ابداً … نجيبكم بجواب الحاسد الكمد
فانت اكتب مني في الفتوح وما … تجري مجيباً الى شاوي ولا امدي
اذ لست تعرفها تأتيك من أحد … ولست أعرفها تمضي الى أحد
وما ذممت ابتدائي اذ بدأتكم … ولا جوابكم في القرب والبعد
وانما رمت ان اثني على ملك … مستطرد بدليل فيه مطرد

قال فلما استمها قال لابي طاهر ما قصد ابو اسحاق في هذه الابيات وسمعها ابو طاهر صفحاً وقد كان شرب اقداحاً ولم يعلق بذكره من الامر الا ذكر المجلس واشتهر خبرها عند كل أحد فلما عاد عضد الدولة الى شيراز سألني ابو طاهر بن بقية عنها وطالبني بانشادها اياه فلم يمكنني انكارها فغيرتها في الحال على هذا (١)

يا راكب الجسرة العيرانة الاجد … تدمي مناسمها في الحزن والجدد
ابلغ أبا قاسم نفسي الفداء له … مقالة من أخ للود معتقد
أنصفت فيها ولم أظلم ولا حسن … بالمرء الا مقال الحق والسدد
قد اعجبتك فتوح انت كاتبها … تردد السجع فيها غير متئد
خلا لك الجو اذ أصبحت منتشياً … تشدو بها طربا كالطائر الغرد
تروعني كل يوم منك رائعة … تبغي الجواب لهامن موجع كمد
فانت (٢) اكتب مني في الفتوح وما … تجري مجيباً الى شاوي ولا امدي
اعطتني شر قسميها وفزت بما … فيه الفوائد من قرب ومن بعد

---

(١) لعله سقط الوجه (٢) ق فاكتب

فاشكر الاهك واعذرني[١] فقد صديت* قريحتي من زمان مقرف تلد

ثم سُعي بابي اسحاق الى عز الدولة حتى قبض عليه بعد ان اعطانا امانًا كتبه ابن بقية بيده ولم يستقص ابن بقيـة عليه لحق كان قد اوجبه عليه ايام كون عضد الدولة ببغداد فكتب ابو اسحاق الى ابن بقية من الحبس

ألا يا نصير الدين والدولة الذي ... رددت اليها العز اذ فات رده
أيعجزك استخلاص عبدك بعدما ... تخلصت مولاك الذي انت عبده

وكتب ابو اسحاق الى المطهر بن عبدالله وزير عضد الدولة وقد عرضت له شكاة

لو استطعت اخذت علة جسمه ... فقرنتها مني بعلة حالي
وجعلت صحتي التي لم تصف لي ... بدلا له من صحة الاقبال
فتكون عندي العلتان كلاهما ... والصحتان له بغير زوال

قرأت بخط أبي علي بن ابراهيم الصابئ كتب والدي الى بعض اخوانه كانت رقعتك يا سيـدي وصلت اليّ مشتملة من لطيف تفضلك وبرك وَانيق نظمك ونثرك على ما شغلني الاستحسان له والاستروراح اليـه وتكرير الطرف في مبانيه والفكرة في معانيه على[٢] الشروع في الاجابة عنه ثم تعاطيتها فوجدتني بين حالين اما اوجزت ايجازاً يظن معه التقصير او اطلت اطالة يظهر منها القصور فرأيت أولى الامرين بذل الممكن واستنفاد المجهود بعد تقديم الاقرار لك والاعتراف بفضلك

فسبحان رب كريم حباك ... بطول اللسان وطول البنان

(١) ق واعتذرني (٢) لعله عن

ووفاك من فضل انعامه كمالاً تقصر عنه الاماني

فما كنت احسب ان الزمان يزان بمثلك لولا عياني

ومن خطه حدثني والدي ابو اسحاق قال راسلت ابا الطيب المتنبي رحمه الله في ان يمدحني بقصيدتين واعطيه خمسة آلاف درهم ووسطت بيني وبينه رجلاً من وجوه التجار فقال له قل والله ما رأيت بالعراق من يستحق المدح غيرك ولا اوجب عليَّ في هذه البلاد احد من الحق ما اوجبت وان انا مدحتك تنكر لك الوزير يعني ابا محمد المهلبي وتغير عليك لانني لم امدحه فان كنت لا تبالي هذه الحال فانا اجيبك الى ما التمست وما اريد منك مالاً ولا عن شعري عوضاً قال والدي فتنبهت على موضع الغلط وعلمت انه قد نصح فلم اعاوده ومن شعر ابي اسحاق قوله

جرت الجفون دماً وكاسي في يدي شوقاً الى من لج في هجراني

فتخالف الفعلان شارب قهوة يبكي دماً وتشا كل اللونان

فكأن ما في الجفن من كاسي جرى وكأن ما في الكاس من أجفاني

وله ايضاً

ايها اللائم المضيّق صدري لا تلمني فكثرة اللوم تغري

قد اقام القوام حجة عشقي وابان العذار في الحب عذري

وله ايضاً في غاية الجودة

حذّرت قلبي ان يعود الى الهوى لما تبدل بالنزاع نزوعا

فاجابني لاتخش مني بعد ما افلتّ من شرك الغرام وقوعا

حتى اذا داعٍ دعاه الى الهوى اصغى اليه سامعا ومطيعا

كذبالة اخمدتها فكما دنا منها الضرام تعلقته سريعا

وله ايضا

مرضت من الهوى حتى اذا ما بدا ما بي لاخواني الحضور
تكنفني ذوو الاشفاق منهم ولاذوا بالدعاء وبالنذور
وقالوا للطبيب اشر فانا نعدك للعظيم من الامور
فقال شفاؤه الرمان مما تضمنه حشاه من السعير
فقلت لهم اصاب بغير قصد ولكن ذاك رمان الصدور

وله ايضا

الى الله اشكو ما لقيت من الهوى بجارية امسى بها القلب يلهج
اذا امتزجت انفاسنا بالتثامنا[1] توهمت ان الروح بالروح يمزج
كأني وقد قبلتها بعد هجعة وَوَجدي ما بين الجوانح يلعج
اضفت الى النفس التي بين اضلعي بانفاسها نفسا الى الصدر تولج
فان قيل لي اختر ايما شئت منهما فاني الى النفس الجديدة احوج

وله ايضا

اقول وقد جردتها من ثيابها وعانقتها كالبدر في ليلة التم
وقد آلمت صدري لشدة ضمها لقد جبرت قلبي وان اوهنت عظمي

وله ايضا

ان نحن قسناك بالغصن الرطيب فقد خفنا عليك به ظلما وعدوانا
لان احسن ما نلقاه مكتسيا وانت احسن ما نلقاك عريانا

(١) في اليتيمة (٢ : ٣٧) التزامنا

وله ايضا

فديت [١] من لاحظني طرفها ... من خيفة الناس بتسليمته

لما رأت بدر الدجى تائها ... وغاظها ذلك من شيمته

سرت له البرقع من وجهها ... فردت البدر الى قيمته

وكتب ابو اسحاق الى الوزير أبي نصر سابور بن اردشير جوابا عن كتاب اليه

اتتني على بعد المدى منك نعمة ... تشا كل ما قدمت من نعم عندي

كتابك مطويا على كل منة ... يمن بها المولى الكريم على العبد

فقبلت اجلالا له الارض ساجدا ... وعفرت قدام الرسول به خدي

وقابلت ما فيه من الطَول والندى ... بما فيَ من شكر عليه ومن حمد

وعاليت نحو العرش طرفيَ باسطاً ... يدي بدعاء قد بذلت به جهدي

وكم لك عندي من يد قد حفظتها ... ولم يُنسِنيها ما تطاول من عهد

وقال في غلام له اسمه رشد اسود

قد قال رشد وهو أسود للذي [٢] ... ببياضه * يعلو علو الخائن [٣]

ما فخر خدك بالبياض وهل ترى ... ان قد افدت به مزيد محاسن

ولو أنَّ مني فيه خالا زانه ... ولو أن منه فيَّ خالا شانني

وله فيه ايضا

لك وجه كانَّ يمناي خطته [٤] ... بلفظ تُملّه آمالي

---

(١) هذه القطعة لم ترد في اليتيمة دون مامر (٢) ق الذي: والصواب في اليتيمة (٢:٤٥) (٣) في اليتيمة استعلى علو مباين (٤) ق خطه : والصواب في اليتيمة

فيه معنى من البدور ولكن　　نفضت صبغها عليها الليالي
لم يشنك السواد بل زاد حسنا　　انما يلبس السواد الموالي [١]

وله في البق

وليلة لم اذق من حرها وسنا　　كان في جوها النيران تشتعل
احاط بي عسكر للبق ذو لجب　　ما فيه الا شجاع فاتك بطل
من كل شائكة الخرطوم طاعنة　　لا تحجب السجف مسراها ولا الكلل
طافوا علينا وحر الصيف يطبخنا　　حتى اذا انضجت اجسادنا اكلوا

وقال يذم البصرة وكان قد خرج اليها لاستيفاء مال السلطان

ليس يغنيك في التطهر [٢] بالبصـ　　ـرة ان حانت الصلاة اجتهاد
ان تطهرت فالمياه سلاح　　او تيممت فالصعيد سماد

وقال عند رحيله عنها

توليت عن ارض البصرة راحلا　　وافئدة الفتيان حشو حقائبي
منازل يقري ضيفها كل ليلة　　بامثال غزلان الصريم الربائب
أقمت بها سوق الصبى والندى معا　　لعاشقة حيرى وحيران راغب [٣]
فما يظهر الاسواق الا صنائعي　　ولا يستر الجدران الا حبائبي

وقال وقد عتب على بعض ولده

ارضى عن ابني اذا ما عقني حدبا [٤]　　عليه ان يغضب الرحمان من غضبي
ولست أدري لما استحققت من ولدي　　اقذاء عيني وقد اقررت عين أبي

---

(١) ق الوالي : والصواب في اليتيمة　(٢) في اليتيمة الطهارة　(٣) في اليتيمة (٢ : ٤٧) لاعب　(٤) في اليتيمة حذرا

وكتب الى بعض الرؤساء يلتمس منه اشغال بعض ولده واجراء رزق عليه

وما انا الا دوحة قد غرستها   وسقيتها حتى تراخى بها المدى
فلما اقشعر العود[1] منها وصوحت   اتتك باغصان لها تطلب الندى

وكتب اليه أبو علي المحسن ابنه تسلية في احدى نكباته

لا تأس للمال ان غالتك غائلة   ففي جنانك من فقد اللهى عوض
اذ انت جوهرنا الاعلى وما جمعت   يداك من طارف او تالد عرض

واجابه ابو اسحاق

يادرة انا من دون الورى[2] صدف   لها اقيها المنايا حين تعترض
قد قلتُ للدهر قولا كان مصدره   عن نية لم يشب اخلاصها مرض
دع المحسن يحيي فهو جوهرة   جواهر الارض طرا عندها عرض
والنفس لي عوض عما اصيب به   وان اصبت بنفسي فهو لي عوض
اتركه لي واخاه ثم خذ سلبي   ومهجتي فهما مغزاي والغرض

وقال يمدح المهلبي

وكم من يد بيضاء حازت جمالها   يدلك لا تسودّ الا من النقس
اذا رقشت بيض الصحائف خلتها   تطرز بالظلماء اردية الشمس

وله فيه وقد فُصِدَ من غير علة

لهجت يمينك بالندى فبنانها   ابدا يفيض على العفاة عطاءَ
حتى فصدت وما بجسمك علة —   كيما تسيب للطبيب حباءَ
ولقد ارقت دما زكيا من يد   حقنت بتدبير الامور دماءَ

(١) في اليتيمة الجلد (٢) في اليتيمة الردي وهو تحريف

يجري العلا في عرقه جري الندى — في عوده فهو اللباب صفاء
لو تقدر الاحرار حين ارقته — جعلوا له حب القلوب وعاء
فانعم وعش في صحة وسلامة — تحيي الولي وتكبت الاعداء

وله ايضا فيه

لا يحسب الملك الذي أُعطيته — يفضي وان طال الزمان الى مدى
كالروح في افق [١] السماء فروعه — وعروقه متولجات في الندى [٢]
في كل عام يستجد شبيبة — فيعود ماء العود فيه كما بدا
حتى كأنك دائر في حلقة — فلكية في منتهاها المبتدا

وله في ابن سعدان

وما زلت من قبل الوزارة جابري — فكن رائشي اذ انت ناهٍ وآمر
أمنت بك المحذور اذ كنت شافعا — فبلغني المأمول اذ انت قادر
لعمري لقد نلت المنى بك كلها — وطرفي الى نيل المنى بك ناظر

عكس قول المهلبي

بلغت الذي قد كنت آمله بكم — وان كنت لم ابلغ لكم ما أؤمل

وله الى الصاحب

لما وضعت صحيفتي — في بطن كف رسولها
قبلتها لتمسها — يمناك عند وصولها
وتود عيني انها اقـــترنت [٣] ببعض فصولها

---

(١) ق أثر : والصواب في اليتيمة (٢:٥٣) (٢) ق الثرى : والصواب في اليتيمة
(٣) في اليتيمة قرنت

حتى ترى في وجهك المـــيمون غاية سولها

وقال لابي القاسم عبد العزيز بن يوسف

أبو قاسم عبد العزيز بن يوسف عليه من العلياء عين تراقبه
روى ورعي لما راى[1] قول قائل «وشبع الفتى لؤم اذا جاع صاحبه»

وله تهنئة بالعيد

ياسيداً اضحى الزما نُ باسره منه ربيعا
ايام دهرك لم تزل للناس اعياداً جميعا
حتى لاوشك بينها عيد[2] الحقيقة ان يضيعا
فاسلم لنا ما اشرقت شمس على افق طلوعا
واسعد بعيد ما يزا ل اليك معتقدا رجوعا

وله ايضا يهنئ عضد الدولة بالاضحى

صلّ ياذا العلى لربك وانحر كل ضد وشانئ لك ابتر
انت اعلى من أن تكون اضاحيـــك قروما من الجمالة تعقر
بل قروما من الملوك ذوي السو دد تيجانها امامك تنثر
كلما خرّ ساجداً لك راس منهمُ قال سيفك الله اكبر

وله ايضا

ولما رأيت الله يهدي وخلقه تجاسرت واستفرغت جهد جهيد
فكان احتفالي في الهدية درهما يطير على الانفاس يوم ركود
وجزءا لطيفا ذرعه ذرع محبسي وتقييده بالشكل مثل قيودي

(١) في اليتيمة روى (٢) في اليتيمة عند

الاطف مولانا وكالماء طبعه ... تسلسل من عذب(١) النطاف برود

وكتب الى الوزير أبي نصر سابور بن اردشير وقد اعيد الى الوزارة

قد كنت طلقت الوزارة بعد ما ... زلت بها قدم وساء صنيعها

فغدت بغيرك تستحل(٢) ضرورة ... كيما يحل الى ذراك رجوعها

والآن آلت ثم آلت حلفة ... الا يبيت سواك وهو ضجيعها

وله يهجو

أيها النابح الذي يتصدى ... بقبيح يقوله لجوابي

لا تؤمل اني اقول لك اخسأ ... لست اسخو بها لكل الكلاب

وله يهجو

وراكب فوق طرف ... كأنه فوق طرفي

له قذال متين(٣) ... يجل عن كل وصف

يذوب شوقا اليه ... نعلي وخفي وكفي

وله يهجو

يبدي اللواط مغالطا وعجانه ... ابدا لاعواد الورى مستهدف

فكأنه ثعبان موسى اذ غدا ... لحبالهم وعصيهم يتلقف

وله يصف الشعر

لقد شان شأن الشعر قوم كلامهم ... اذا نظموا شعراً من الثلج ابرد

فيا رب ان لم تهدهم لصوابه ... فاضللهمُ عن وزن ما لم يجودو

---

(١) ق عطف : والصواب في اليتيمة (٢) في اليتيمة تستحيل (٣) في اليتيمة عريض

وله ايضا

اذا جمعت بين امرءين صناعة ... فاحببت ان تدري الذي هو احذق
فلا تتفقد منهما غير ما جرت ... به لهما الارزاق حين تفرق
فحيث يكون النقص فالرزق واسع ... وحيث يكون الفضل فالرزق ضيق

وله ايضا

كل الورى من مسلم ومعاهد ... للدين منه فيك اعدل شاهد
فاذا رآك المسلمون تيقنوا ... حور الجنان لدى النعيم الخالد
واذا رأى منك النصارى ظبية ... تعطو ببدر فوق غصن مائد
أثنوا على تثليثهم واستشهدوا ... بك اذ جمعت ثلاثة في واحد
واذا اليهود رأوا جبينك لامعاً ... قالوا لدافع دينهم والجاحد
هذا سنا الرحمن حين ابانه ... لكليمه موسى النبي العابد
ويرى المجوس ضياء وجهك فوقه ... مسود فرع كالظلام الراكد
فتقوم بين ظلام ذاك ونور ذا ... حجج [1] اعدوها لكل معاند
اصبحت شمسهم فكم لك فيهم ... من راكع عند الظلام وساجد
والصابئون يرون انك فردة ... في الحسن اقراراً لفرد ماجد
كالزهرة الزهراء انت لديهم ... مسعودة بالمشتري وعطارد
فعلى يديك جميعهم مستبصر ... في الدين من غاوي [2] السبيل وراشد
اصلحتهم [3] وفتنتني فتركتني ... من بينهم اسعى بدين فاسد

---

(١) ق حجب : والصواب في اليتيمة (٢ : ٣٩) (٢) ق ما غاوي السبيل كراشد : والصواب في اليتيمة (٣) ق اصلحتني : والصواب في اليتيمة

قرأت بخط أبي علي المحسن بن ابراهيم بن هلال الصابئ حدثني أبو الحسن محمد بن عبد الله ابن سكرة الهاشمي الشاعر قال اعانني والدك ابو اسحاق ابراهيم بن هلال في هجائي خمرة المجنونة بالشيء الكثير فمن ذلك

لخمرة(١) عندي حديث يطول ... رأتني ابول فكادت تبول
وقالت تقول بنا يا فتي ... فقلت وادليت لم لا اقول
فلما نهضت اتتني رقاع ... وجاءت هدايا ووافى رسول

ومن ذلك ايضا

نام ايرى وقد تولج فيها (٢) ... قائلا فيه من هجير وحر
بيت خيش في برده ونداه ... سجفت دونه شريحة بظر
نعم مستبرد الغراميل لولا ... انه منتن خبيث المقر

ومن ذلك ايضا

ألا هل قائل مني لخمره ... فقدتك كل شيء منك عبره
ألا كل النوى في البسر يخفى ... وقد اخفت نواتك كل بسره
اذا وردتك فيشة ذي جمام ... ترف نضارة وتروق حمره
تولت عنك صفراء النواحي ... عليها من ثياب حشاك صدره
فتدخل وهي فيشة جيسوان ... وتخرج وهي كالبرني صفره

ومن خط أبي علي المحسن حدثني السري بن احمد الشاعر الرفاء قال انشدني والدك لنفسه

---

(١) ق لخمزة : والصواب في اليتيمة (٢:١٩٧) (٢) ق فيها حرها

مازلت في سكري المع كفها[١] وذراعها بالقرص والآثار
حتى تركت اديمها وكأنما غرس البنفسج منه في الجمار

واخذت هذا المعنى فقلت

احبب[٢] الي بفتية نادمتهم بين المحلة والقباب البيض
من كل محض الجاهلية معرق في الخرمية بالعدى عرّيض
وسموا الاكف بخضرة فكأنما غرسوابها الريحان في الاغريض

ومن خطه لابي الحسن بن سكرة الهاشمي من قصيدة الى والدي وعمي أبي العلاء رحمهما[٣] الله

ايمنوا[٥] يا بني هلال جميعا نُوَب[٤] الدهر والزمان المعاند
وارتقوا كيف شئتمُ في المعالي واذلوا واهبطوا كل حاسد
لكمُ في أبي العلاء علوّ وصعود ببدره التم صاعد
زاد في عزكم وما زال منكم كل يوم يزيد في الصيد واحد

وكتب من الحبس الى ابنه المحسن وهو اكثر من هذا في ترجمة ابيه

كتبت اقيك السوء من مجلس ضنك
وعين عدوي رحمة منه لي تبكي
وقد ملكتني كف فظ مسلط
قليل التقى ضار على الفتك والافك

---

(١) ص : ق كفاها (٢) ص : ق احببت (٣) ق رحمهم (٤) ق امنوا
(٥) ق ذنوب

صليت بنار الهم فازددت صفوة
كذا الذهب الابريز يصفو على السبك

وكتب الى صديق له من الحبس

نفسي فداؤك غير معتدٍّ بها ... اذ قد مللت حياتها وبقاءها
ولو أن لي مالا سواها لم اكن ... ارضى لنفسك ان تكون ازاءها
لكن صفرت فلم اجد الا التي ... قد آن لي ان استطيل ذماءها
واذا شكرت لمن فداك فانني ... لك شاكر ان قد قبلت فداءها
وكأنني المفدي حين ارحتني ... من نائبات ما اطيق لقاءها

وقال في الحبس

اذا لم يكن للمرء بدٌّ من الردى ... فاسهله ما جاء والعيش انكد
واصعبه ماجاءه وهو رائع ... تطيف به اللذات والحظ مسعد
فان الك شر العيشتين اعيشها ... فاني الى خير المماتين اقصد
وسيان يوما شقوة وسعادة ... اذا كان غبا واحداً لهما الغد

وقال في الشيب

يقول الناس لي في الشيب عز ... يزيد به جلال المرء ضعفا
ولولا انه ذل وهون ... لما احتكم المزين فيه نتفا

اخذه من ابن الرومي

كفاك من ذلتي للشيب حين أتى[1] ... اني توليت نتف لحيتي بيدي

(١) في اليتيمة (٢ : ٧٤) بدا

وله يضا

وجع المفاصل وهو ايـ　　سر ما لقيت من الاذى
جعل الذي استحسنته　　والناس من خطي كذا
والعمر مثل الكاس ير　　سب في اواخرها القذى

حدث الرئيس ابو الحسن هلال قال قلت لجدي أبي اسحاق تجاوز الله عنه وهو يشكو زمانه ياسيدي ما نحن بحمد الله تعالى الا في خير وعافية ونعمة كافية فما معنى هذه الشكوى التي تواصلها ويضيق صدرك بها وينتغص عيشك معها فضحك وقال يابني نحن كدود العسل قد نقلنا منه الى الخل فهو ذا نحس بحموضته ونأسى ونحزن على ما كنا فيه من العسل ولذته وانتم كدود الخل ما ذقتم حلاوة غيره ولا رأيتم طلاوة ضده . ولابي اسحاق من التصانيف كتاب رسائله وهو مشهور نحو الف ورقة . كتاب التاجي في اخبار اهل بويه . كتاب اخبار اهله . كتاب اختيار شعر المهلبي . كتاب ديوان شعره

﴿ ابراهيم بن علي الحصري القيرواني الانصاري ﴾

قال ابن رشيق [١] مات بالمنصورة من ارض القيروان سنة ٤١٣ [٢] وقد جاوز الاشد قال وكان شاعرا نقادا عالما بتنزيل الكلام وتفصيل النظام يحب المجانسة والمطابقة ويرغب في الاستعارة تشبهاً بابي تمام في اشعاره

---

(١) في كتاب الانموذج (ص) (٢) قال الصفدي وذكر القاضي الرشيد ابن الزبير في كتاب الجنان ان الحصري الف كتاب زهر الآداب سنة ٤٥٠ وهذا يدل على صحة ما قاله ابن بسام من انه مات سنة ٤٥٣

وتتبعاً لآثاره وعنده من الطبع مالو ارسله على سجيته لجرى جري الماء ورق رقة الهواء كقوله في بعض مقطعاته

يا هل بكيت كما بكت ورق الحمائم في الغصون
هتفت سحيراً والربي للقطر رافعة الجفون
فكأنها صاغت على شجوى شجى تلك اللحون
ذكرتي عهداً مضى للانس منقطع القرين
فتصرمت ايامها وكأنها رجع الجفون

وله في الغزل

كتمت هواك حتى عيل صبري (١) وادنتني مكاتمتي لرمسي
ولم اقدر على اخفاء حال يحول بها الاسى دون التأسي
وحبك مالك لحظي ولفظي واظهاري واضماري وحسي
فان انطق ففيك جميع نطقي وان اسكت ففيك حديث نفسي

وقوله ايضا

اني احبك حباً ليس يبلغه همي ولا ينتهي فهمي الى صفته
اقصى نهاية علمي فيه معرفتي بالعجز مني عن ادراك معرفته

وله تآليف جيدة في ملح الشعر والخبر قال ابن رشيق وقد كان اخذ في عمل طبقات الشعراء على رتب الاسنان وكنت اصغر القوم سنا فصنعت

رفقا ابا اسحاق بالعالم حصلت في اضيق من خاتم
لو كان فضل السبق مندوحة فُضّل ابليس على آدم

(١) ق صدري

فبلغه البيتان فامسك عنه واعتذر منه ومات وقد سد عليه باب الفكرة فيه ولم يصنع شيئاً والذي اعرف انا من تصانيفه . كتاب زهرة الآداب. وكتاب النورين (١) اختصره منها وهما يتضمنان اخبارا واشعارا حسانا . وكتاب المصون والدر المكنون . وله عندي كتاب الجواهر في الملح والنوادر كتبه عبد القادر البغدادي

﴿ابراهيم بن يحيي بن المبارك بن المغيرة﴾

اليزيدي (٢) ابو اسحاق بن أبي محمد العدوي قد ذكر السبب الذي من اجله سمي باليزيدي (٣) في خبر ابيه وكان ابراهيم عالما بالادب شاعرا مجيدا نادم الخلفاء وقدم دمشق صحبة المأمون كذا ذكر ابن عساكر في تاريخ دمشق مات فيما ذكره ابو الفرج بن الجوزي في كتاب المنتظم سنة ٢٢٥ قال ابن عساكر وكان قد سمع اباه أبا محمد اليزيدي وابا زيد سعيد ابن أوس الانصاري والاصمعي روى عنه اخوه أبو علي اسماعيل بن يحيي ابن المبارك وابنا اخيه احمد وعبيد الله ابنا محمد بن أبي محمد قال الخطيب وهو بصري سكن بغداد وكان ذا قدر وفضل وحظ وافر من الادب وله كتاب مصنف يفتخر به اليزيديون وهو ما اتفق لفظه واختلف معناه نحو من سبعمائة ورقة رواه عنه ابن اخيه عبيد الله بن محمد بن أبي محمد وذكر ابراهيم انه بدأ بعمله وهو ابن سبع عشرة سنة ولم يزل يعمله الى ان اتت عليه ستون سنة. وله كتاب مصادر القرآن قال ابن النديم (٤)

---

(١) قال الصفدي ان اسمه نور الظرف ونور الطرف (٢) ص البريدي (٣) قد ذكر صاحب الفهرست (٥٠) السبب في ذلك (٤) في الفهرست (٥١)

يبلغ فيه الى سورة الحديد ومات. وكتاب في بناء الكعبة واخبارها. وكتاب النقط والشكل. وله كتاب المقصور والممدود. حدث ابن عساكر في تاريخه باسناد رفعه الى ابراهيم بن أبي احمد عن أبيه قال كنت مع أبي عمرو بن العلاء في مجلس ابراهيم بن عبد الله بن حسن بن حسن بن علي ابن أبي طالب عليه السلام فسأل عن رجل من اصحابه فقده فقال لبعض من حضره اذهب فاسأل عنه فرجع فقال تركته يريد ان يموت فقال فضحك منه بعض القوم وقال في الدنيا انسان يريد ان يموت فقال ابراهيم لقد ضحكتم منها عربيةً اذ يريد ههنا بمعنى يكاد قال الله تعالى يُرِيدُ أَنْ يَنْقَضَّ قال فقال أبو عمرو بن العلاء لا نزال بخير ما دام فينا مثلك. وحدث ايضا قال قال ابراهيم اليزيدي كنت يوماً عند المأمون وليس معنا الا المعتصم قال فذكر كلاما فلم احتمله منه يعني من المعتصم واجبته قال فاخفى ذلك المأمون ولم يظهره ذلك الاظهار فلما صرت من غد الى المأمون كما كنت اصير قال لي الحاجب أُمرت ان لا آذن لك فدعوت بدواة وقرطاس فكتبت

انا المذنب الخطاء والعفو واسع
ولو[1] لم يكن ذنب لما عرف العفو
سكرت[2] فابدت مني الكاس بعض ما
كرهت وما ان يستوي السكر والصحو
ولا سيما اذ كنت عند خليفة
وفي مجلس ما ان يليق به اللغو

(١) ق — : والصواب في الاغاني (١٨ : ٨٩) (٢) الاغاني ثملت

ولولا حميا الكاس كان احتمال ما
بدهت [١] به لا شك فيه هو السرو [١]

تنصلت من ذنبي تنصل ضارع
الى من لديه [٢] يغفر العمد والسهو

فان تعف عني تلف خطويَ واسعا
والا يكن عفو فقد قصر الخطو

قال فادخلها الحاجب ثم خرج اليّ فادخلني فمد المأمون باعيه فا كببت على يديه فقبلتهما فضمني اليه واجلسني. قال المرزباني ان المأمون وقع على ظهر هذه الابيات

انما مجلس الندامى بساط ... للمودات بينهم وَضَعُوهُ
فاذا ما انتهوا الى ما ارادوا ... من حديث ولذة رفعوه

وحدث ابو الفرج الاصبهاني في كتابه [٣] ورفعه الى ابراهيم بن اليزيدي قال كنت مع المأمون في بلد الروم فبينا انا اسير في ليلة مظلمة شاتية ذات غيم وريح والى جانبي قبة اذ برقت بارقة فاذا في القبة عريب المغنية جارية المأمون فقالت ابراهيم بن اليزيدي فقلت لبيك فقالت قل في هذا البرق ابياتاً اغني فيها فقلت

ماذا بقلبي من اليم الخفق ... اذا رأيت لمعان البرق
من قبل الاردن او دمشق ... لان من اهوى بذاك الافق
فارقته وهو اعز الخلق ... علي والزور خلاف الحق

(١) ق يذهب وفيه الشر:والصواب في الاغاني (٢) ق اليه (٣) الاغاني (١٨:٨٧)

ذاك الذي يملك مني رقي   ولست ابغي ما حييت عتقي

فتنفست نفسا ظننت انه قد قطع حيازيمها فقلت ويحك على من هذا فضحكت وقالت على الوطن فقلت هيهات ليس هذا كله للوطن فقالت ويحك اقتراك ظننت انك تستفزني والله لقد نظرت نظرة مريبة في مجلس فادعاها اكثر من ثلاثين رئيساً والله ما علم احد منهم لمن كانت الى هذا الوقت . ووجدت في بعض الكتب ان ابراهيم اليزيدي دخل يوما على المأمون وعنده يحيي بن اكتم القاضي فاقبل يحيي على ابراهيم يمازحه وهم على الشراب فقال له فيما قال ما بال المعلمين ينيكون الصبيان فرفع ابراهيم رأسه فاذا المأمون يحرض يحيي على العبث به فغاظ ذلك ابراهيم فقال امير المؤمنين اعلم خلق الله بهذا فان أبي ادبه فقام المأمون من مجلسه مغضبا ورفعت الملاهي وكل ما كان بحضرته فاقبل يحيي بن اكتم على ابراهيم فقال له أتدري ما خرج من رأسك اني لارى هذه الكلمة سبباً في انقراضكم يا آل اليزيدي قال ابراهيم فزال عني السكر وسألت من احضر لي دواة ورقعة فاحضرهما وكتبت اليه معتذرا بقولي

انا المذنب الخطاء والعفو واسع

الابيات المتقدمة قال فرضي وعفا عنه. قال ابراهيم وكنت يوماً بحضرة المأمون فقالت لي عريب على سبيل الولع يا سلعوس قال وكان من يريد العبث بابراهيم لقبه سلعوس قال ابراهيم فقلت لها

قل لعريب لا تكوني مسلعسه   وكوني كنزّيف[1] وكوني كمونسه

(١) في الاغاني (١٨ : ٩١) كتنريف

هذه اسماء جواري المأمون قال فقال المأمون على الفور
فان كثرت[١] منك الاقاويل لم يكن   هنالك شك ان ذلك وسوسه
فقال ابراهيم كذا والله يا امير المؤمنين قدرت واياه اردت وعجبت من فطنة المأمون وذهنه

﴿ الأثرم[٢] الفابجاني الاصبهاني ﴾

ذكره في كتاب اصبهان فقال كان احد علماء اللغة وممن حال[٣] بلدان العراق يجمع اللغة والشعر وتصحيحهما عن علمائهما

﴿ احمد بن ابان بن السيد اللغوي الاندلسي ﴾

أخذ عن أبي علي القالي[٤] وغيره من علماء بلاده وكان عالمًا حاذقًا اديبًا مات فيما ذكره أبو القاسم خلف بن عبد الملك بن بشكوال القطبي[٥] في تاريخه في سنة ٣٨٢ وكان يعرف بصاحب الشرطة. قال ابو نصر الحميدي في آخر كتابه في باب من يعرف باحد آبائه ابن سيد امام في اللغة والعربية وكان في ايام الحكم المستنصر وهو مصنف كتاب العالم في اللغة في نحو مائة مجلد مرتب على الاجناس[٦] بدأ بالفلك وختم بالذرة وله في العربيـة كتاب العالم والمعلم على المسئلة والجواب وكتاب شرح كتاب الاخفش *وله غير ذلك[٧] ذكره ابو محمد علي بن احمد[٨] واثنى عليه ولم يسمه لنا ولعله احمد بن ابان بن سيد المذكور في بابه

---

(١) ق فاكثرت (٢) اسمه عند الصفدي علي بن المغيرة واخباره مذكورة في الفهرست (٥٦) (٣) لعله جاب (٤) الضبي (٥٩) : ق العالي (٥) ق القرظي (٦) الحميدي: ق على من بدا (٧) الحميدي ــ (٨) يعني ابن حزم الظاهري

﴿ احمد بن ابراهيم بن اسماعيل بن داود بن حمدون ﴾

النديم أبو عبد الله ذكره أبو جعفر الطوسي في مصنفي الامامية وقال هو شيخ اهل اللغة ووجههم واستاذ أبي العباس ثعلب [١] قرأ عليه قبل ابن الاعرابي وتخرج من يده وكان خصيصا بابي محمد الحسن بن علي عليهما السلام وأبي الحسن قبله وله معه مسائل واخبار وله كتب منها كتاب اسماء الجبال والمياه والاودية . كتاب بني مرة بن عوف. كتاب بني نمر بن قاسط . كتاب بني عقيل . كتاب بني عبد الله بن غطفان. كتاب طيئ كتاب شعر العجير السلولي [٢] وصنعته . كتاب شعر ثابت بن قطنة. [٣] قال الشابشتي وكان خصيصا بالمتوكل ونديما له وانكر منه المتوكل ما اوجب نفيه عن بغداد ثم قطع اذنه وكان السبب في ذلك ان الفتح بن خاقان كان يعشق شلهيك [٤] خادم المتوكل واشتهر الامر فيه حتى بلغه وله فيه اشعار ذكرت بعضها في ترجمة الفتح وكان أبو عبد الله يسعى فيما يحبه الفتح ونمى الخبر الى المتوكل فاستدعا ابا عبد الله وقال له انما اردتك لتنادمني ليس لتقود على غلماني فانكر ذلك وحلف يمينا حنث فيها فطلق من كانت حرة من نسائه واعتق من كان مملوكا ولزمه حج ثلاثين سنة فكان يحج في كل عام . قال فامر المتوكل بنفيه الى تكريت فاقام فيها اياما ثم جاءه زرافة في الليل على البريد فبلغه ذلك فظن ان المتوكل لما شرب بالليل وسكر امر بقتله فاستسلم لامر الله فلما

---

(١) الطوسي – (٢) الروايات عند الطوسى مختلفة المعجز والعجز الشلولي والسلوني (٣) طوسى قطنة وصنعته (٤) ص : ق شلك

دخل اليه قال له قد جئتك في شيء ما كنت احب ان اخرج في مثله قال وما هو قال أمير المؤمنين أمر بقطع اذنك وقال قل له لست اعاملك الا كما يعامل الفتيان فرأى ذلك هينا في جنب ما كان توهمه من اذهاب مهجته فقطع غطروف اذنه من خارج ولم يستقصه وجعله في كافور كان معه وانصرف به وبقي منفيا مدة ثم حدر الى بغداد فاقام بمنزله مدة. قال أبو عبد الله فلقيت اسحاق بن ابراهيم الموصلي ثمَّ لما كف بصره فسألني عن اخبار الناس والسلطان فاخبرته ثم شكوت اليه غمي بقطع اذني فجعل يسليني [١] ويعزيني ثم قال لي من المتقدم اليوم عند أمير المؤمنين الخاص من ندمائه قلت محمد بن عمر البازيار قال من هذا الرجل وما مقدار علمه وادبه فقلت اما ادبه فلا ادري ولكني اخبرك بما سمعت منه منذ قريب حضرنا الدار يوم عقد المتوكل لاولاده الثلاثة فدخل مروان بن أبي الجنوب ابن أبي حفصة فانشده قصيدته التي يقول فيها

بيضاء في وجناتها [٢] ورد فكيف لنا بشمّه

فسر المتوكل بذلك سروراً كثيراً شديداً وامر فنثر عليه بدرة دنانير وان [٣] تلقط وتطرح في حجره وامره بالجلوس وعقد له على اليمامة والبحرين فقال يا أمير المؤمنين ما رأيت كاليوم ولا ارى ابقاك الله ما دامت السماوات والارض فقال محمد بن عمر هذا بعد طول ان شاء الله وقبلُ قال له فما تقول في ادبه فقال اأ كثر من ان يقول للخليفة ابقاك الله يا أمير المؤمنين الى يوم القيامة وبعد القيامة بشيء كثير فقال اسحاق ويلك

---

(١) ق يسألنى (٢) ق وجنتها (٣) لعله وامر ان

جزعت على اذنك وغمك قطعها حتى لا تسمع مثل هذا الكلام ثم قال لو ان لك مكوك آذان ايش كان ينفعك مع هؤلاء . قال ثم اعاده المتوكل الى خدمته وكان اذا دعاه قال له ياعبيد على جهة المزاح وقال له يوماً هل لك في جارية اهبها لك فاكبر ذلك وانكره فوهب له جارية يقال لها صاحب من جواريه حسنة كاملة الا ان بعض الخدم رد بيده على فمها وقد ارادت ان تدميه فصدع ثنيتها[(١)] فاسودت فشانها ذلك عنده وحمل كل ما كان لها وكان شيئاً كثيراً عظيماً فلما مات ابو عبد الله تزوجت صاحب بعض العلويين قال علي بن يحيي بن المنجم فرأيته في النوم وهو يقول

ايا علي اما [(٢)] ترى العجائبا — اصبح جسمي في التراب غائبا

واستبدلت صاحب بعدي صاحبا

ومن شعر أبي عبيد الله يكاتب فيه علي بن يحيي

من عذيري من أبي حسن — حين يجفوني ويصرمني

كان لي خلا وكنت له — كامتزاج الروح بالبدن

فوشى واش فغيره — وعليه كان يحسدني

انما يزداد معرفة — بودادي حين يفقدني

قال واتصل بنجاح بن سلمة ان ابا عبد الله بن حمدون يذكره بحضرة المتوكل ويتبادر به فلقيه نجاح يوماً فقال له يا [(٣)] ابا عبد الله قد بلغني ذكرك لي بغير الجميل في حضرة أمير المؤمنين اتحب ان انمي اليه قولك اذا خلوت

(١) ص : ق بيتها (٢) ص : ق ابا علي (٣) ق –

« اتراني احبه وقد فعل بي ما فعل والله ما وضعت يدي على اذني الا تجددت له عندي بغضة » فقال ابن حمدون الطلاق لي لازم ان كان قال[(١)] هذا قط وامرأته طالق ان ذكره بغير ما يحبه ابداً . وكان ابوه ابراهيم واظن انه الملقب بحمدون ينادم المعتصم ثم الواثق بعده وكان يعاتب المتوكل في ايام اخيه الواثق وجاءه مرة بحية واخرج رأسها من كمه تعريضا بانه شجاع وكان ذلك يعجب الواثق ولما مات الواثق نادم حمدون المتوكل فلما كان في بعض الايام امر المتوكل باحضار فريدة جارية اخيه الواثق فاحضرت مكرهة ودفع اليها عود فغنت غناء كالندبة فغضب المتوكل وامرها ان تغني غناء فغنت بتحزن وشجى فزاد ذلك في طيب غنائها فوجم حمدون للرقة التي تداخلته فغضب المتوكل ورأى انه فعل ذلك بسبب اخيه الواثق حزنا عليه وكان يبغض كل من مال اليه فامر بنفيه الى السند وضربه ثلثمائة سوط فسال ان يكون الضرب من فوق الثياب لضعفه عن ذلك فاجيب الى ذلك واقام منفيا ثلاث سنين وتزوج المتوكل فريدة بعد ذلك فولدت له ابنه ابا الحسن . وحدث حمدون بن اسماعيل قال دعاني المعتصم يوماً فدخلت اليه وهو في بعض مجالسه والى جنبه باب صغير فحادثته مليا الى أن رأيت الباب قد حرك وخرجت منه جارية بيضاء مقدودة حسنة الوجه وبيدها رطل وعلى عنقها منديل فأخذ الرطل من يدها فشربه ثم قال اخرج يا حمدون فخرجت فكنت في دهليز الحجرة فلم ألبث أن دعاني فدخلت وهو على حاله فحادثته ملياً ثم حرك

(١) لعله ان كنت قلت الخ

ذلك الباب فخرجت جارية كاحسن ما يكون من النساء سمراء رقيقة اللون بيدها رطل فأخذه وشربه وقال ارجع الى مكانك فخرجت فلبثت ساعة هناك ثم دعاني فأتيته وحادثته ساعة وحرك الباب فخرجت أحسن الثلاث بيدها رطل ومعها منديل فأخذ الرطل فشربه وقال ارجع الى مكانك فخرجت فلبثت ساعة ثم دعاني فدخلت فقال لي أتعرف هؤلاء قلت معاذ الله أن أعرف أحداً ممن هو داخل دار أمير المؤمنين فقال احداهن ابنة بابك الخرمي والأخرى ابنة المازيار (١) والثالثة ابنة بطريق عمورية افترعتهن الساعة وهذا نهاية الملك يا حمدون . واما ابو محمد بن حمدون فذكر خطه ان مولده في سنة ٢٣٧ وتوفي ببغداد في رمضان سنة ٣٠٩ ونادم المعتمد وخص به وكان من ثقاته المتقدمين عنده وله معه أخبار. واما ابو العبيس بن ابي عبد الله بن حمدون احد المشهورين بجودة الغناء والصنعة فيه وابنه ابراهيم بن أبي العبيس أيضاً من المجيدين في الغناء وشجاء الصوت فهؤلاء المعروفون بمنادمة الخلفاء من بني حمدون . وحدث احمد بن أبي طاهر أن ابن حمدون النديم حدثه أن الواثق بالله بسط جلاسه وأمرهم أن لا ينقبضوا في مجلسه وأن يجروا النادرة على ما اتفقت عليه غير محتشمين وان اتفق وقوعها عليه احتمل قال فعبرنا على ذلك مدة وكان على احدى عيني الواثق نكتة بياض فلما كان في بعض الأيام أنشد الواثق أبيات أبي حية النميري (٢)

نظرت كأني من وراء زجاجة … الى الدار من ماء الصبابة أنظر

(١) ق المازيان (٢) ق النمري: ومثل هذه الحكاية في ذيل الاغاني (٢١:٢٥٦)

فقلت والى غير الدار يا أمير المؤمنين فتبسم ثم قال لوزيره قد قابلني هذا الرجل بما لا أطيق أن أنظر اليه بعدها فأنظر كم مبلغ جاريه وجرايته وأرزاقه وصلاته فأجمعها واقطعه بها اقطاعا بالأهواز واخرجه اليها ليبعد عن ناظري ففعل قال وأخرجت اليها وتبيغ بي الدم فالتمست حجاماً كان في خدمتي فقيل لم يخرج في الصحبة لعلة لحقته فقلت التمسوا حجاماً نظيفاً حاذقاً وتقدموا اليه بقلة الكلام وترك الأنبساط فأتوني بشيخ حسن على غاية النظافة وطيب الريح فجلس بين يدي وأخذ الغلام المرآة فلما أخذ في اصلاح وجهي قلت له اترك في هذا الموضع واحذف في هذا الموضع وعدل هذه الشعرات وسرح هذا المكان وأطلت الكلام وهو ساكت فلما قعد للحجامة قلت له اشرط في الجانب الأيمن اثنتي عشرة شرطة وفي الجانب الأيسر أربع عشرة شرطة فان الدم في الجانب الأيسر أقل منه في الايمن لان الكبد في الايمن والحرارة هناك اوفر والدم اغزر فاذا زدت في شرط الايمن اعتدل خروج الدم من الجانبين ففعل وهو مع ذلك ساكت فعجبت من صمته وقلت للغلام ادفع اليه دينارا فدفعه أليه فرده فقلت استقله ولعمري ان العيون الى مثلي ممتدة والطمع مستحكم في(١) نديم الخليفة وصاحب اقطاعه اعطه ديناراً آخر ففعل فردهما وابى ان يأخذهما فاغتظت وقلت قبحك الله انت حجام سواد واكثر من يجلس بين يديك يدفع لك نصف درهم وانت تستقل ما دفعت اليك فقال وحقك ما رددتها استقلالاً ولكن نحن اهل صناعة واحدة وانت احذق مني وما

---

(١) ق في مستحكم

كان الله ليراني وانا آخذ من اهل صناعتي اجرة ابداً فاخجلني وانصرف ولم يأخذ شيئا فلما كان في العام القابل خرجت لمثل ما خرجت اليه في العام الماضي واحتجت الى نقص الدم فقلت لغلامي اذهب فجئنا بذلك الحجام فقد عرف الخدمة وقد انصرف تلك الدفعة ولم يأخذ شيئاً ولعله ايضاً قد نسيها فيقع برنا منه على حاجة منه اليه قال فلما جلس بين يدي واصلح وجهي الاصلاح الذي كنت اوقفته عليه وحجمني احسن حجامة فلما فرغ قلت سبحان الله انت صانع سواد فمن اين لك هذا الحذق بهذه الصنعة فقال وحقك ما كنت احسن من هذا شيئاً ولكن حجام الخليفة اجتاز بنا بهذا الموضع في العام الماضي فتعلمت منه هذا فضحكت منه وامرت له بثلاثين ديناراً مع ماتم له من معاريض كلامه في الدفعتين جميعاً. وانشد جحظة في اماليه لنفسه يرثي حمدون النديم كذا قال ولم يعينه

ايعذب من بعد ابن حمدون مشرب ... لقد كدرت بعد الصفاء المشارب
اصبنا به فاستأسد الضبع بعده ... ودبت الينا من اناس عقارب
وقطب وجه الدهر بعد وفاته ... فمن اي وجه جئته فهو قاطب
بمن الج الباب السديد حجابه ... اذا ازدحمت يوما عليه المواكب
بمن ابلغ الغيات ام من بجاهه ... انال واهوى (١) كل ما انا طالب
فاصبحت حلف البيت خلف جداره ... وبالامر مني يستعيذ النجائب

وقال جحظة في أبي جعفر بن حمدون ولا اعرفه الا انه كذا اورده في اماليه

---

(١) لعله واحوى

ابا جعفر لاتنال العلى ... بتيهك في المجلس الحاشد
ولا بغلام كبدر التما ... م ركّب في غصنٍ مائد
ولا باز يار اذا ما اتاك ... يخطر بالذر والصائد
فكيف وما لك من شاكر ... وكيف وما لك من حامد
اتذكر اذ انت تحت الزمان ... وحيد بلا درهم واحد

وتحدث جحظة في اماليه قال قال لي ابو عبد الله بن حمدون حسبت ما وصلني به المتوكل في مدة خلافته وهي ١٤ سنة وشهور فوجدته ٣٦٠٠٠٠ دينار ونظرت فيما وصلني به المستعين في مدة خلافته وهي ثلث سنين ونيف وكان اكثر مما وصلني به المتوكل ثم خلع المستعين وحدر الى واسط ومنع من كل شيء الا القوت فاشتهى نبيذا فخرجت دايته الى أهل واسط فتشكت ذلك اليهم فقال لها رجل من التجار له عندي كل يوم خمسة ارطال نبيذ دوشاب فكانت تمضي اليه في كل يوم فتجيئه به سرا الى ان حمل من واسط فقتل بالقاطول

﴿ احمد بن ابراهيم بن أبي عاصم ﴾

اللولوي أبو بكر قال الزبيدي ومن نحاة القيروان ابن أبي عاصم وكان من العلماء النقاد في العربية والغريب والنحو والحفظ والقيام بشرح اكثر دواوين العرب مات فيما ذكره الزبيدي سنة ٣١٨ وله ٤٦ سنة وكان كثير الملازمة لابي محمد المكفوف النحوي وعنه اخذ وكان صادقا في علمه وبيانه لما يسأل عنه وله تأليف في الضاد والظاء حسن بين وكان شاعراً مجيداً وكان ابوه موسراً فلم يكن يمدح احداً لمجازاة وترك الشعر

في آخر عمره واقبل على طلب الحديث والفقه وهو القائل

ايا طلل الحي الذين تحملوا — بوادي الغضا كيف الاحبة والحال
وكيف قضيب البان والقمر الذي — بوجنته ماء الملاحة سيال
كأن لم تدر ما بيننا ذهبية — عبيرية الأنفاس عذراء سلسال
ولم أتوسد ناعماً بطن كفه — ولم يحو جسمينا مع الليل سربال
فبانت به عني ولم أدر بغتة — طوارق صرف البين والبين مغيال
فلما استقلت ظعنهم[1] وحدوجهم — دعوت ودمع العين في الخد هطال
حرُمت مناي منك ان كان ذا الذي — تقوّله الواشون عني كما قالوا

وهـذا البيت الأخير تضمين من أبيات لها قصة انا ذاكرها. ذَكر أبو الفرج علي بن الحسين في كتابه[2] قال كان عبد الله بن محمد القاضي المعروف بالخليجي ابن اخت علوية المغني وكان تياهاً صلفاً فتقلد في خلافة الأمين قضاء الشرقية وكان يجلس الى اسطوانة من أساطين الجامع فيستند اليها بجميع بدنه ولا يتحرك فاذا تقدم اليه الخصمان أقبل عليهما بجميع جسده وترك الاستناد حتى يفصل بينهما[3] ثم يعود لحاله وعمد بعض المجان إلى رقعة من الرقاع التي يكتب فيها الدعاوي[4] فالصقها في موضع دنيته بالدبق* فلما جلس الخليجي الى السارية[5] وتمكن منها[6] وتقدم اليه الخصوم وأقبل اليهما[7] بجميع جسده كما كان يفعل انكشف رأسه وبقيت الدنية موضعها مصلوبة ملتصقة فقام الخليجي مغضباً وعلم

---

(١) ضيفتهم (٢) الأغاني (١٠ : ١٢٣) (٣) الأغاني : ق ـ (٤) الأغاني : ق الدعاء (٥) الأغاني ـ (٦) الأغاني فلما تقدم (٧) الأغاني عليهم

أنها حيلة عليه وقعت فغطى رأسه بطيلسانه وتركها مكانها حتى جاء بعض أصحابه[١] فأخذها فقال بعض شعراء عصره

ان الخليجي من تتايهه　　أثقل بادٍ لنا بطلعته
ما تيه ذي نخوة مناسبه[٢]　　بين أخاوينه وقصعته
يصالح الخصم من يخاصمه[٣]　　خوفاً من الجور في قضيته
لو لم تدبقه كف قانصه[٤]　　لطار فيها على رعيته

واشتهرت الأبيات والقصة ببغداد وعمل لها علوية حكاية اعطاها الزفانين[٥] والمخنثين فأخرجوه منها[٦] وكان علوية يعاديه لمنازعة كانت[٧] بينهما ففضحه واستعفى الخليجي من القضاء ببغداد وسأل ان يولى بعض الكور البعيدة فولي جند دمشق أو حمص فلما ولي المأمون الخلافة غناه علوية بشعر الخليجي وهو

برئت من الاسلام ان كان ذا الذي　　تقوله الواشون عني كما قالوا
ولكنهم لما رأوك غرية　　بهجري تساعوا[٨] بالنميمة واحتالوا
فقد صرت أذنا للوشاة سميعة　　ينالون من عرضي ولو[٩] شئت ما نالوا

فقال له المأمون من يقول هذا الشعر قال قاضي دمشق فأمر المأمون باحضاره فكتب الى والي دمشق باحضاره[١٠] فكتب[١١] فأشخص وجلس

---

(١) الأغاني أعوانه (٢) الاغاني ما ان لذي نخوة مناشبة (٣) ق يخاصم (٤) الأغاني قابضه ومنها (٥) الأغاني الدفانين : والزفانين ذكرهم الجاحظ في بيانه (٢ : ٢٧) (٦) الأغاني فيها (٧) ق كان (٨) الأغاني تواصوا (٩) الأغاني وان (١٠) الأغانى بأشخاصه (١١) الأغاني –

المأمون للشرب وأحضر علوية ودعا بالقاضي فقال له انشدني قولك

برئت من الاسلام ان كان ذا الذي تقوّله[١] الواشون عني كما قالوا

فقال يا أمير المؤمنين هذا شيء[٢] قلته منذ اربعين سنة وانا صبي والذي أكرمك بالخلافة وورثك ميراث النبوة ما قلت شعراً منذ أكثر من عشرين سنة الا في زهد أو عتاب صديق فقال له اجلس فجلس فناوله قدحاً من نبيذ[٣] كان في يده فقال يا أمير المومنين ما غيرت الماء بشيء قط مما يختلف في تحليله فقال لعلك تريد نبيذ التمر او الزبيب فقال لا والله يا أمير المؤمنين ما أعرف شيئاً منها فأخذ القدح من يده وقال أما والله لو شربت[٤] هذا لضربت عنقك ولقد ظننت انك صادق في قولك كله ولكن لا يتولى لي[٥] أبداً رجل بدأ في قوله بالبراءة من الاسلام انصرف الى منزلك وامر علوية ان يغير ذلك ويقول

حرمت مناي منك ان كان ذا الذي

﴿ احمد بن ابراهيم بن محمد بن عبد الله ﴾

ابن الحسن الفارسي ابو حامد المقرىء الأديب نزيل نيسابور جمع في القراآت مصنفات كثيرة قال الحاكم وكان من العباد أقام في منزل ابي اسحاق المزكي سنين لتأديب اولاده وحفظ سماعاتهم عليهم سمع في بلده من أصحاب أبي الأشعث وعمر بن شبة وأقرانهم مات بنيسابور سنة ٣٤٦ . قال الحاكم حدثني ابو حامد الفارسي قال حدثنا ابو الحسين بن

---

(١) الأغاني أتاك به (٢) الأغاني هذه أبيات (٣) ترك طابع الاغاني كل ما بين النبيذين (٤) الاغاني شيئاً من (٥) الاغاني القضاء

زكريا قال كنت عند أبي بكر محمد بن داوود بن علي الاصبهاني الفقيه وهو يكتب الى بعض اخوانه بهذه الأبيات

جعلت فداك قد طال اشتياقي ... وليس تزيدني الا مطالا
كتبت اليك أستدعي نوالا ... فلم تكتب اليّ نعم ولا لا
نصحت لكم حذاراً ان تعابوا ... فعاد عليّ نصحكم وبالا
سأصبر ان أطعت الصبر حتى ... يمل الصبر أو تهوى الوصالا

﴿ احمد بن ابراهيم بن معلى بن أسد العمّي ﴾

أبو بشر ذكره ابو جعفر الطوسي في مصنفي الامامية (١) قال والعمّ هو مرة بن مالك بن حنظلة بن زيد مناة وهو ممن دخل في تنوخ بالحلف وسكنوا الاهواز وكان مستملي ابي احمد الجلودي وسمع كتبه كلها ورواها وكان ثقة في حديثه حسن التصنف وأكثر الرواية عن العامة والاخباريين وكان جده المعلي بن اسد من اصحاب صاحب الزنج المختصين به وروى عنه وعن عمه اسد بن المعلي اخبار صاحب الزنج وله تصانيف منها كتاب التاريخ الكبير . كتاب التاريخ الصغير . كتاب مناقب علي عم . كتاب اخبار صاحب الزنج . كتاب الفرق وهو كتاب حسن غريب . كتاب اخبار السيد الحميري . كتاب عجائب العالم

﴿ احمد بن اسحاق يعرف بالجفر ﴾

حميري النسب مصري الدار لم أجد له ذكراً الا في كتاب ابي بكر الزبيدي فانه ذكره في نحاة مصر قال ومات سنة ٣٠١

(١) العدد ٣٧ في فهرسته

﴿احمد بن اسماعيل بن ابراهيم بن الخصيب﴾

نطاحة من اهل الانبار كان كاتب عبيد الله بن عبد الله بن طاهر وكان بليغاً مترسلا شاعراً اديباً متقدماً في صناعة البلاغة وكان في الاكثر يكتب عن نفسه الى اخوانه و بينه و بين ابن المعتز مراسلات وجوابات عجيبة ذكره محمد بن اسحاق النديم[١] وقال له من التصانيف كتاب ديوان رسائله نحو الف ورقة يحتوي على كل حسن من الرسائل. كتاب الطبيخ. كتاب طبقات الكتاب. كتاب اسماء المجموع المنقول من الرقاع يشتمل على سماعاته من العلماء وما شاهد من اخبار الجلة. كتاب صفة النفس. كتاب رسائله الى اخوانه. قال المرزباني في المعجم وجده الخصيب ابن عبد الحميد صاحب مصر واصلهم من المذار وهو القائل

خير الكلام قليل على كثير دليل
والعي معنى قصير يحويه لفظ طويل
وفي الكلام عيون[٢] وفيه قال وقيل
وللبليغ فصول وللعيي فضول

وله ايضاً

لا تجعلن بعد داري مخسّسا لنصيبي
فرب شخص بعيد الى الفؤاد قريب
ورب شخص قريب اليه غير حبيب
ما القرب والبعد الا ماكان بين القلوب

(١) الصفحة ١٢٤ من فهرسته (٢) لعله عيوب

وله يمدح كاتباً

واذا نمنمت بنانك خطا ... معربا عن اصابة وسداد

عجب الناس من بياض معانٍ ... يجتنى من سواد ذاك المداد

وله أيضاً

ما ذا اقول لمن ان زرته حجبا ... وان تخلفت عنه مكرهاً عتبا

وان اردت خلاصا من تعتبه ... ظلماً فعاتبته في فعله غضبا

قال احمد بن يحيي كان احمد بن اسماعيل بن ابراهيم الكاتب علامة شاعراً أحسن المعرفة بالشعر وكان من الظرفاء الخلعاء قال لي مرة يا أبا العباس ما بنات مخر فقلت بنات مخر (١) سحائب بيض يأتين قبل الصيف تشبّه النساء في بياضهن وحسنهن بها لأن سحاب الصيف لا ماء فيه فيسود ويتغير فقال لي قلبك عربي. واستهدى من احمد بن اسماعيل كتاب حدود الفراء فأهداه وكتب على ظهره

خذه فقد سوغت منه مشبهاً ... بالروض أو بالبرد في تفويفه

نُظِمت كما نظم السحاب سطوره ... وتأنق الفراء في تأليفه

وشكلته ونقطته فأمنت من ... تصحيفه ونجوت من تحريفه

بستان خط غير ان ثماره ... لا تجتنى الا بشكل حروفه

﴿ احمد بن ابي الاسود القيرواني ﴾

ذكره الزبيدي فقال كان غاية في النحو واللغة وهو من أصحاب عبد الملك المهدي وله تصانيف في النحو والغريب ومؤلفات حسان وكان شاعراً مجيداً

---

(١) ق بنات محرر تحز

﴿ احمد بن أعثم الكوفي ابو محمد الاخباري ﴾

المؤرخ كان شيعياً وهو عند أصحاب الحديث ضعيف وله كتاب المألوف وكتاب الفتوح معروف ذكر فيه الى ايام الرشيد وله كتاب التاريخ الى آخر ايام المقتدر ابتدأه بايام المأمون ويوشك ان يكون ذيلاً على الاول رأيت الكتابين . وقال ابو علي الحسين بن احمد السلامي البيهقي انشدني ابن اعثم الكوفي

اذا اعتذر الصديق اليك يوماً … من التقصير عذر اخ مقر
فصنه عن جفائك وارض عنه … فان الصفح شيمة كل حر

﴿ احمد بن بختيار بن علي بن محمد الماندائي [1] ﴾

ابو العباس الواسطي وكان له معرفة جيدة بالأدب والنحو واللغة مات ببغداد في جمادي الآخرة سنه ٥٥٢ ومولده في ذي الحجة سنة ٤٧٦ باعمال واسط وقد ولي القضاء بواسط وكان فقيها فاضلا له معرفة تامة بالأدب واللغة ويد باسطة في كتب السجلات والكتب الحكمية سمع ابا القاسم بن بيان وابا علي بن نبهان وغيرهما قال ابو الفرج بن الجوزي وكان يسمع معنا علي بن الفضل بن ناصر . صنف كتباً منها كتاب القضاة . كتاب تاريخ البطائح . قرأت بخط حجة الاسلام أبي محمد عبد الله بن احمد بن احمد بن الخشاب انشدني صديقنا الشيخ ابو العباس احمد بن بختيار بن علي بن محمد الماندأي لنفسه في ابن المرخم [2]

قد نلت بالجهل اسباباً لها خطر … يضيق فيها على العقل المعاذير

---

(١) ص المنادي : والذهبي المنداي (٢) هو الذي استقضاه المقتفي وعزله المستنجد

مصيبة عمت الاسلام قاطبة   لا يقتضي مثلها حزم وتدبير
اذا تجازى ذوو الالباب جملتها   قالوا جهول اعانته المقادير

﴿ احمد بن أمية بن أبي أمية ابو العباس الكاتب ﴾

ذكره المرزباني فقال اهل بيت الكتابة والغزل والظرف والادب حدثنا احمد بن القاسم النيسابوري انه لقيه بعد الخمسين والمائتين او حواليها واخذ عنه علما كثيراً وادباً. قلت وأمية مولى لهشام بن عبد الملك واتصل في دولة بني العباس بالربيع حاجب المنصور وكتب بين يديه وله شعر حسن وولده اهل بيت علم منهم احمد هذا واخوه محمد وقد ذكرته في اخبار الشعراء. قال المرزباني واحمد هو القائل

خبرت عن تغيري الاترابا   ومشيبي فقلن بالله شابا
نظرت نظرة اليّ فصدت   كصدود المخمور شم الشرابا
ان ادهى مصيبة نزلت بي   ان تصدي وقد عدمت[1] الشبابا

وكان ابو هفان يقول ليس في الدنيا هجاء اشرف ولا اظرف من قول احمد ابن أمية

اذ ابن شاهك قد وليته عملاً   اضحى وحقك عنه وهو مشغول
بسكة احدثت ليست بشارعة   في وسطها عرصة في وسطها ميل
يرى فرانقها في الركض مندفعاً   تهوى خريطته والبغل مشكول

﴿ احمد بن بشر بن علي التجيبي ﴾

يعرف بابن الاغبس ذكره الحميدي وقال مات سنة ٣٢٦[2] وكان فقيها على

(١) ص زعمت (٢) قال الحميدي سنة ٣٢٧

مذهب الشافعي مائلاً الى الحديث عالماً بكتب القرآن قد اتقن كلما قيل فيها من جهة العربية والتفسير واللغة والقراءة وكان حافظاً للغة العربية كثير الرواية جيد الخط والضبط للكتب واخذ عن العجلي والخشني وابن الغازي

﴿ احمد بن بكران بن الحسين الزجاج ﴾

كتب عنه علي بن محمد الازدي في سنة ٣٥٥

﴿ احمد بن بكر العبدي ابو طالب ﴾

صاحب كتاب شرح الايضاح لابي علي الفارسي كان نحويا لغويا قيما بالقياس والافتنان في العلوم العربية اخذ عن القاضي ابي سعيد السيرافي وابي الحسن الرماني وابي علي الفارسي ومات في سنة ٤٠٦ في خلافة القادر بالله لم اجد له خبراً فاحكيه الا ما حكى هو عن نفسه في كتاب شرح الايضاح انه تكلم مع ابي محمد يوسف بن أبي سعيد الحسن السيرافي (قال العبدي وكان [١] ابن السيرافي مكينا في هذا الشأن على شهرته عند الناس في اللغة) في تاء تفعلين فقال هي علامة التأنيث والفاعل مضمر فقلت له ولو كانت بمنزلة التاء في ضربت علامة للتأنيث فقط لثبتت مع ضمير الاثنين وعلم [٢] ان فيها مع دلالتها على التأنيث معنى الفاعل فلما صار للاثنين بطل ضمير الواحد الذي هو الياء وجاءت الالف وحدها فقال هذا اذا زبيل الحوالج كذا وكذا وانقطع الوقت بالضحك من ابن شيخنا وفي قلة تصرفه . وقرأت في فوائد نقلت عن ابي القاسم المغربي الوزير

(١) لعله وما كان (٢) ص : ق علم

ان العبدي اصيب بعقله واختل في آخر عمره وله من التصانيف كتاب شرح الايضاح • كتاب شرح الجرمي

﴿ احمد بن ابي باكر بن ابي محمد الخاوراني ﴾

النحوي الاديب ابو الفضل يلقب بالمحدويه لقيته بعرف سرين وهو شاب فاضل بارع متفنن قيم بعلم النحو محترق بالذكاء حافظ للقرآن كتب بخطه العلوم وقراها على مشايخه ورأيته قد صنف كتابين صغيرين في النحو وشرع في اشياء لم تمهله المنية ليتمها منها فيما ذكر لي شرح المفصل للزمخشري وكتب عني الكثير وفارقته في سنة ٦١٧ ثم بلغني انه اعتبط فمات في سنة ٦٢٠ وعمره نحو ثلاثين سنة وله رسالة صالحة

﴿ احمد بن جعفر الدينوري ﴾

ختن ثعلب على ابنته يكنى أبا علي احد النحاة المبرزين المصنفين [1] في نحاة مصر وقال انه مات بمصر سنة ٢٨٩ قال وكان أبو علي الدينوري يخرج من منزل ثعلب وهو جالس على باب داره فيتخطى اصحابه ومعه محبرته فيقرأ كتاب سيبويه على ابي العباس المبرد فيعاتبه ثعلب ويقول اذا رآك الناس تمضي الى هذا الرجل وتقرأ عليه وتتركني يقولون ماذا فلم يكن يلتفت الى قوله قال وكان أبو علي هذا حسن المعرفة قال قال المصعبي فسألت ابا علي كيف صار المبرد اعلم بكتاب سيبويه من ثعلب فقال لان المبرد قرأه على العلماء وثعلب قرأه على نفسه. قال الزبيدي واصله من الدينور وقدم البصرة واخذ عن المازني وحمل عنه كتاب سيبويه ثم

(١) لعله سقط ذكره فلان

دخل الى بغداد فقرأ على المبرد ثم قدم مصر وألف كتاب المهذب في النحو وكتب في صدره اختلاف البصريين والكوفيين وعزى كل مسئلة الى صاحبها ولم يعتل لكل واحد منهم ولا احتج لمقالته فلما امعن في الكتاب ترك الاختلاف ونقل مذهب البصريين وعول في ذلك على كتاب الاخفش سعيد بن مسعدة وله كتاب مختصر في ضمائر القرآن استخرجه من كتاب المعاني للفراء [١] ولما قدم علي بن سليمان الاخفش الى مصر خرج أبو علي منها فلما رجع الاخفش الى بغداد عاد ابو علي الى مصر فأقام بها حتى مات في السنة المقدم ذكرها وله كتاب اصلاح المنطق

﴿ احمد بن جعفر جحظة ﴾

هو ابو الحسن احمد بن جعفر بن موسى بن يحيي بن خالد بن برمك البرمكي النديم قال ابو عبد الله الحسن بن علي بن مقلة سألت جحظة عمن لقبه بهذا اللقب فقال ابن المعتز لقبني به فانه لقبني به يوماً فقال لي ماحيوان اذا قلب صار آلة للبحرية فقلت علق اذا عكس [٢] صار قلعاً فقال احسنت ياجحظة فلزمني هذا اللقب وهو من في عينيه نتو جداً وكان قبيح المنظر وكان له لقب آخر يلقبه [٣] به المعتمد وهو خنياكر [٤] وما ادري اي شيء معناه كان حسن الأدب كثير الرواية للاخبار متصرف في فنون من العلم كالنحو واللغة والنجوم مليح الشعر مقبول الالفاظ حاضر النادرة وكان طنبوريا حاذقاً فيه فائقاً مات في

(١) ص : ق والفراء (٢) ص : ق نكس (٣) ق تلقبه (٤) هي كلمة فارسية معناها المغني

شعبان سنة ٣٢٤ بجيل ومولده سنة ٢٢٤ ذكره محمد بن اسحاق النديم فقال ولجحظة من التصانيف كتاب الطبيخ لطيف. كتاب الطنبوريين. كتاب فضائل السكباج . كتاب الترنم . كتاب المشاهدات . كتاب ما شاهده من أمر المعتمد على الله . كتاب ماجمعه مما جربه المنجمون فصح من الاحكام . كتاب ديوان شعره ۰ قال كان جحظة وسخاً قذراً دني النفس في دينه قليله وهو القائل

اذا ماظمئت الى ريقه　　جعلت المدامة منه بديلا
واين المدامة من ريقه　　ولكن اعلل قلباً غليلا

ومن سائر شعره قوله

لي صديق مغرى بقربي وشدوي　　وله عند ذاك وجه صفيق
قوله ان شدوت احسنت زدني　　وباحسنت لا يباع الدقيق

حدث الخطيب قال قال جحظة انشدت عبيد الله بن عبد الله بن طاهر قولي

قد نادت الدنيا على نفسها　　لو كان في العالم من يسمع
كم واثق بالعمر واثقته　　وجامع بددت ما يجمع

فقال لي ذنبك الى الزمان الكمال . ومن شعر جحظة

اقول لها والصبح قد لاح ضوءه　　كما لاح ضوء البارق المتألق
شبيهك قد وافى ولاح افتراقنا　　فهل لك في صوت وكأس مروّق
فقالت شفائي في الذي قد ذكرته　　وان كنت قد نغصته بالتفرق

قال جحظة صك لي (١) بعض الملوك بصك فدافعني الجهبذ به حتى ضجرت فكتبت اليه

اذا كانت صلاتكم رقاعاً ... تخطط بالانامل والاكف
ولم تكن الرقاع تجر نفعاً ... فهاخطي خذوه بألف ألف

وأنشد جحظة لنفسه في اماليه

طرقنا بزوغى حين اينع زهرها ... وفيها لعمر الله للعين منظر
وكم من بهار يبهر العين حسنه ... ومن جدول بالبارد العذب يزخر
ومن مستحث بالمدام كأنه ... وان كان ذمياً امير مؤمر
وفي كفه اليمنى شراب مورد ... وفي كفه اليسرى بنان معصفر
شقائق تندى بالندى فكأنها ... خدود عليهن المدامع تقطر
وكم ساقط سكراً يلوك لسانه ... وكم قائل هجرا وما كان يهجر
وكم منشد بيتاً وفيه بقية ... من العقل الا انه متحير
فكان مجني دون من كنت اتقي ... ثلاث شخوص كاعبان ومُعصر
وكم من حُسان جس اوتار عوده ... فالهب ناراً في الحشا تتسعر
يغني واسباب الصواب تمده ... بصوت جليل ذكره حين يذكر
احن حنين الواله الطرب الذي ... ثنى شجوه بعد الغداء التذكر
اجحظة ان تجزع على فقد معشر ... فقدت بهم من كان للكسر يجبر
واصبحتَ في قوم كانّ عظامهم ... اذا جئتهم في حاجة تتكسّر
فصبراً جميلاً ان في الصبر مقنعاً ... على ما جناه الدهر والله اكبر

(١) ق في

وانشد ايضاً لنفسه

يامن بعدتُ من الكري ببعاده ... الصبر مذ غيبت عني غائب

اصبحت اجحدانني لك عاشق ... والعين مخبرة بأني كاذب

وانشد ايضاً لنفسه

قد(١) قلل الادمان اكلي فما ... اطعم زاداً قِيس ابهام

فالحمد لله وشكراً له ... قد صرت من بابة اقوام

قوم ترى اولادهم بينهم ... للجوع في حلية ايتام

وانشد ايضاً لنفسه

أرى الايام تضمن (٢) لي بخير ... ولكن بعد أيام طوال

فمن ذا ضامن لدوام عمري ... الى دهر يغير سوء حالي

هي التسعون قدعطفت قناتي ... ونفرت الغواني عن وصالي

وفيها لو عرفت الحق شغل ... عن الامر الذي اضحى اشتغالي

كأني بالنوادب قائلات ... وجسمي فوق اعناق الرجال

الا سقياً لجسمك كيف يبلى ... وذكرك في المجالس غير بالي

وأنشد أيضاً لنفسه

انفق ولا تخش اقلالاً فقد قسمت ... بين العباد مع الآجال ارزاق

لا ينفع البخل مع دنيا مولية ... ولا يضر مع الاقبال انفاق

وانشد أيضاً لنفسه

تعجبت اذ رأتني فوق مكسور ... من الحمير عقير الظهر مضرور

---

(١) ق وقد (٢) ق تدمن

من بعد كل امين الرسغ معترض　　في السير تحسبه احدى التصاوير
فقلت لا تعجبي مني ومن زمن　　انحى (١) عليّ بتضييق وتقتير
بل فاعجبي من كلاب قد خدمتهم　　تسعين عاماً باشعاري وطنبوري
ولم يكن في تناهي حالهم بهم　　حر يعود على حالي بتغيير

وقيل لجحظة كيف حالك فقال كما قال الشاعر

أي شيء رأيت اعجب من ذا　　ان تفكرت ساعة في الزمان
كل شيء من السرور بوزن　　والبلايا تكال بالقفزان

وأنشد جحظة لنفسه

الحمد لله ليس لي كاتب　　ولا على باب منزلي حاجب
ولا حمار اذا عزمت على　　ركوبه قيل جحظة راكب
ولا قميص يكون لي بدلا　　مخافة من قميصي الذاهب
واجرة البيت فهي مقرحة　　اجفان عيني بالوابل الساكب
ان زارني صاحب عزمت على　　بيع كتاب لشعبة (٢) الصاحب
اصبحت في معشر تشمتهم　　فرض من الله لازب واجب
فيهم صديق في عرسه عجب　　اذا تأملت امرها عاجب
تحسبها حرة وحافرها　　ارق من شعر خالد الكاتب

وانشد لنفسه

الحمد (٣) لله لم اقل قط يا بد　　ر ويا منصفا ويا كافور
لا ولا قلت اين اين الشواهـ　　ـين ووزاننا واين البدور

---

(١) لعله أخنى (٢) لعله لشبعة (٣) لعله احمد الله

لا ولا قيل قد اتاك من الضيـــــعة بر موفر وشـعير
واتاك العطاء بالنـد لما قيل (١) في الخزائنين بخور
انا خلو من المماليك والامـــــلاك جلد على البلا وصبور
ليس الا كسيرة وقديح وخليق اتت عليه الدهور

قال جحظة ومررت بوقاد يوقد في التنور ويغني

انا اهواك أنور اللـــه فافعل مابدا لك
ان تكن تمنعني شخ صك فابذل لي خيالك
قد اخذت الدن والطن بور والكلاب فمالك
قل لمن جنبك القم عوث من دسك والك

وله ايضا

ولي صاحب زرته للسلام فقابلني بالحجاب الصراح
وقالوا تغيب عن داره لخوف غريم ملحّ وقاح
ولو كان عن داره غائباً لادخلني اهله للنكاح

وقال يستزير بعض اخوانه

لنا يا أخي زلة واقره وقدر معجلة حاضره
وراح تزيل اذا صفقت سنا البرق في الليلة الماطره
ومسمه (٢) لم يخنها الصواب وزامرة ايما زامره
وما شئت من خبر نادر ونادرة بعدها نادره
فايت (٣) ولو كنت يا ابن الكرام وحاشاك من ذاك في الآخرة

(١) لعله سقط ان (٢) لعله ومومسة (٣) ق فات

وانشد لنفسه ايضا

ما زارني في الحبس من نادمته   كاسين كاس مودة ومدام
بخلوا علي وقد طلبت سلامهم   فكأنني طالبتهم بطعام

وانشد ايضاً لنفسه

وذي جدة طلبت اليه برا   من الجلساء مذموم الخلائق
فاقسم انه رجل فقير   ارانيه المهيمن وهو صادق
كأني بالمنازل عن قليل   خلون (١) من المطرزة النمارق
وقد ظفر النساء بما تركتم   فصار لماهر بالنيك حاذق

وانشد ايضاً لنفسه في اماليه

وقائل قال لي من انت قلت له   مقال ذي حكمة وانت له الحكم
لست الذي تعرف البطحاء وطأته   والبيت يعرفه والحل والحرم
انا الذي دينه اسعاف سائله   والضر يعرفه والبؤس والعدم
انا الذي حب اهل البيت افقره   فالعدل مستعبر والجور مبتسم

وله ايضا

ولى كبد لا يصلح الطب سقمها   من الوجد لا تنفك دامية حرى
فيا ليت شعري والظنون كثيرة   ايشعر بي من بت ارعى له الشعرى

وله ايضاً

شكري لاحسانك شكر امرئ   يستوهب الاحسان من واهبه
وكيف لا اشكر من لا ارى   في منزلي الا الذي جاد به

(١) ق خلا ومطرزه

وانشد جحظة لنفسه في اماليه

حسبي [1]ضجرت من الادب ورأيته سبب العطب
وهجرت اعراب الكلام وما حفظت من الخطب
ورهنت ديوان النقا ئض واسترحت من التعب

وله ايضا

لا تعجبي يا هند من حالي فما فيها عجب
ان الزمان بمن تقد م في النباهة منقلب
فالجهل يضطهد الحجى والراس يعلوه الذنب

حدث غرس النعمة في كتاب الهفوات قال كان جحظة لما أسن يفسو في مجالسه فيلقي من يعاشر منه جهداً قال الحسين بن العباس وكنت احب غناءه والكتابة عنه لما عنده من الآداب وكان يستطيب عشرتي وكنت اذا جلست عنده اخذته غلبة الريح فجئته يوماً في مجلس الادب والناس عنده وهو يملي فلما خفوا قال لي ولآخر كان معي اجلسا عندي حتى اقعدكما على اسود واطعمكما طباهجة بلبود واسقيكما من معتقة اليهود وابخركما بعنبر وعود واغنيكما غناء المسدود اطيب من الندود فقلت هذا موضع السجود وجلسنا وصديقي لا يعرف خلقه في الفساء وانا قد اخذت الريح فوقي فوفى لنا بجميع ما ذكره وقال لنا وقد غنا وشربنا نحن بالغداة علماء وبالعشي في صورة المخنكرين فلما أخذ النبيذ منه اخذ يفسو وصديقي يغمزني ويتعجب فاقول له ان ذلك عادته وخلقه وان ولن [2]

(١) ق حبيي (٢) لعله زائد

سبيله ان يحتمل الى ان غنى صوتاً من الشعر والصنعة له فيه وكان يجيده

ان بالحيرة قسا قد مجن ... فتن الرهبان فيها وافتتن

ترك الانجيل حينا للصبى ... ورأى الدنيا مجونا فركن

قال فضرب [١] عليه صديقي طرباً شديداً واستحسنه كثيراً واراد ان يقول له احسنت والله يا ابا الحسن فقال له ما في نفسه يتردد من امر الفساء افس علي يا ابا الحسن كيف شئت فخجل جحظة وخجل الفتى وانصرفنا. وحدث الخطيب عن أبي الفرج الاصبهانى قال حدثني جحظة قال اتصلت علي اضاقة انفقت فيها كل ما املكه حتى بقيت ليس في داري سوى البواري فاصبحت يوماً وانا افلس من طنبور بلا وتر كما يقال في المثل ففكرت كيف اعمل فوقع لي ان اكتب الى محبرة بن ابي عباد الكاتب وكنت اجاوره وكان قد ترك التصرف قبل ذلك بسنتين وخالفه النقرس فازمنه حتى صار لا يتمكن من التصرف الا محمولا على الايدي او في محفة وكان مع ذلك على غاية الظرف وكبر النفس وعظم النعمة [٢] ومواصلة الشرب والقصف فاردت ان اتطايب عليه ليدعوني فآخذ منه ما انفقه مدة فكتبت اليه

ماذا ترى فى جدي ... وفي عضار بوارد

وقهوة ذات لون ... يحكي خدود الخرائد

ومسمع يتغنى ... من آل يحيي بن خالد

ان المضيع لهذا ... نزر المروءة بارد

---

(١) لعله فطرب (٢) لعله الهمة

فما شعرت الا بمحفة محبرة يحملها غلمانه الى داري وانا جالس على بابي فقلت له لم جئت ومن دعاك فقال انت فقلت انما قلت لك ماذا ترى في هذا وعنيت في بيتك وما قلت لك انه في بيتي وبيتي والله افرغ من فؤاد ام موسى فقال الآن قد جئت ولا ارجع ولكن ادخل اليك واستدعي من داري ما اريد قلت ذاك اليك فدخل فلم ير في بيتي الا بارية فقال يا ابا الحسن هذا والله فقر نصيح هذا ضر مدقع ما هذا قلت هو والله ما ترى فانفذ الى داره فاستدعى فرشا وآلة وقماشا وغلمانا وجاء فراشوه ففرشوا ذلك وجاء وافر الصفر والشمع وغير ذلك مما يحتاج اليه وجاء طباخه بما كان في مطبخه وهو شيء كثير بآلات ذلك وجاء شرابيه بالاواني والمخروط والفاكهة وآلة التبخير والبخور والوان الانبذة وجلس يومه ذلك وليلته عندي يشرب على غنائي وغناء مغنية احضرها * كنت القنها (١) فلما كان من الغد سلم الى غلامه كيسا فيه الف درهم ورزمة ثياب صحاح ومقطوعة من فاخر الثياب واستدعى محفة فجلس فيها وشيعته فلما بلغ آخر الصحن قال مكانك يا ابا الحسن احفظ بابك فكل ما في دارك لك فلا تدع احداً يحمل منه شيئاً وقال للغلمان اخرجوا فخرجوا بين يديه واغلقت الباب على قماش بالوف كثيرة . وانشد السلامي لجحظة في سعد الحاجب

يا سعد انك قد خدمت ثلاثة ... كل عليه منك وسم لائح

واراك تخدم رابعاً لتميته ... رفقا به فالشيخ شيخ صالح

(١) ق كتب الفقها

يا خادم الوزراء انك عندهم   سعد ولكن انت سعد الذابح

وحدث جحظة قال دخلت وانا في بقايا علة على كاتب قال ابن بشران على هارون ابن عريب الحالي فقدم الينا مضيرة عصبان فامعنت منها فقال جعلت فداك انت عليل وبدنك نحيل والعصب ثقيل واللين يستحيل فقلت له والعظيم الجليل المفضل المنيل لا تركت منها كثيراً (١) ولا قليل وحسبنا الله ونعم الوكيل فغضب عليّ فضربني عشرين مقرعة فقلت

ولي صاحب لاقدس الله روحه   وكان من الخيرات غير قريب

اكلت عصيداً عنده في مضيرة   فيا لك من يوم عليّ عصيب

قال ودخلت اليه يوماً آخر فقدم اليّ لوزينجاً لها ايام وقد حمضت فاخذت امعن في اكلها فقال لي ان اللوزينج اذا كان بالجوز اسخن واذا كان باللوز الحم فقلت نعم ياسيدي اذا كانت لوزينجا واما اذا كانت مصوصا فلا . وحدث عبد الله بن المعتز قال عربد ابن أبي العلاء على جحظة بحضرتي فامرتُ بتنحية جحظة الى ان رضي احمد فكتب اليّ جحظة

اليس من العجائب ان مثلي   يقام لاحمد بن أبي العلاء

ولي نفس ابت الا ارتفاعاً   فاضحت كالسماء على السماء

لقد غضب الزمان على اناس   فابلاهم باولاد الزناء

في تاريخ دمشق قال جحظة سلمت على بعض الرؤساء وكان مبخلا فلما اردت الانصراف قال لي يا ابا الحسن ايش يقول في قطائف تأتيه (٢) ولم يكن له بذلك عادة فقلت ما أتى ذلك فاحضر لي جاما فيه قطائف قد

(١) ق كثير (٢) ق ياتيه

خمت فارجفت فيها وصادفت مني سغبة وهو ينظر اليّ شزراً فقال لي يا ابا الحسن ان القطائف اذا كانت بجوز اتخمتك واذا كانت بلوز ابشمتك قال فقلت هذا اذا كانت(١) قطائف فاما اذا كانت مصوصاً فلا وعملت لوقتي هذه الابيات

دعاني صديق لي لأ كل القطائف　　فامعنت فيها آمناً غير خائف
فقال وقد اوجعت بالأ كل قلبه　　رويدك مهلا فهي احدى المتالف
فقلت له ما ان سمعنا بهالك　　ينادى عليه يا قتيل القطائف

قال عبد الله بن المعتز كتب اليّ جحظة في يوم مطير انصرفت من عندك جعلني الله فداك وقد كنا عقدنا موعداً للقائم منعني من المصير اليك ما نحن فيه من انقطاع شريان الغمام فتفضل ببسط العذر لعبدك ان شاء الله. ومن شعر جحظة

وليل في جوانبه حران　　فليس لطول مدته انقضاء
عدمت مطالع الاصباح فيه　　كان الصبح جود او وفاء

وله ايضا

رحلتم فكم من انة بعد زفرة　　مبينة للناس شوقي اليكم
وقد كنت اعتقت الجفون من البكا　　فقد ردها في الرق حزني عليكم

وحدث ابو الفرج الاصبهاني قال دعاني ابو محمد بن الشار يوما ودعا جحظة واطال حبس الطعام جداً وجاع جحظة فاخذ دواة و بياضاً وكتب

---

(١) ق كان

ما لي وللشار واولاده لا قدس الوالد والوالده
قد حفظوا القرآن واستعملوا ما فيه الا سورة المائده

ورمى بها اليّ فقرأتها ودفعتها الى ابن الشار فقرأها ووثب مسرعاً فقدم المائدة فقاطعه جحظة فكان يجهد جهده ان يجيئه فلا يفعل فاذا عاتبناه قال لا والله حتى يحفظ تلك السورة . وله ايضا

يطول عليّ الليل حتى امله فاجلس والنوام في غفلة عني
فلا انا بالراضي من الدهر فعله ولا الدهر يرضى بالذي ناله مني

قال ابو علي حدثني ابو القاسم الحسين بن علي البغدادي وكان ابوه ينادم ابن الحواري ثم نادم اليزيديين بالبصرة واقام بها سنين قال كان جحظة خسيف الدين وكان لا يصوم شهر رمضان وكان يأكل سراً فكان عند أبي يوماً في شهر رمضان مسلماً فاجلسته فلما كان نصف النهار سرق من الدار رغيفاً ودخل المستراح وجلس على المقعدة واتفق ان دخل أبي فرآه فاستعظم ذلك وقال ما هذا يا ابا الحسن فقال افتّ لبنات وردان ما يأكلون فقد رحمتهم من الجوع. ومن شعر جحظة

ان كنت ترغب في الزيا رة عند اوقات الزياره
فدع الشتيمة للغلا م اذا دنوت من الغضاره

ومن مطبوع شعر جحظة

واذا جفاني صاحب لم استجز ما عشت قطعه
وتركته (١) مثل القبو ر ازورها في كل جمعه

(١) ق وتركتها

وحدث جحظة في اماليه دخلت الي عريبة المامونية مع شروين المغني وأبي العبيس المغني وانا يومئذ غلام عليّ قباء ومنطقة وانكرتني وسألت عني فاخبرها شروين وقال لها هذا فتى من اهلك هذا ابن جعفر بن موسى بن يحيي بن خالد البرمكي وهو يغني بالطنبور فادنتني وقربت مجلسي ودعت بطنبور وامرتني ان اغني فغنيت اصواتا فقالت احسنت يابني ولتكونن مغنيا ولكن اذا حضرت بين هذين الاسدين ضعت انت وطنبورك تغني بين عوديهما وامرت لي بمائة دينار. وانشد لنفسه في اماليه

دعيني من العذل ابن الكبير ... بحرمة معبودك الاكبر
فلست بباك على ظاعن ... ولا طلل محول مقفر
ولكن بكائي على ماجد ... اراد نوالا فلم يقدر

وانشد فيه لنفسه

مرضت فلم يعدني في شكاتي ... من الاخوان ذو كرم وخير
فان مرضوا وللايام حكم ... سينفذ في الكبير وفي الصغير
غدوت على المدامة والملاهي ... وان ماتوا حزنت على القبور

وانشد فيه لنفسه

ياراقداً ونسيم الورد منتبه ... في رقة القفص والاطيار تنتحب
الورد ضيف فلا تجهل كرامته ... وهاتها قهوة في الكاس تلتهب
سقيا له زائراً تحيي النفوس به ... يجود بالوصل حينا ثم يجتنب
تبا لحر رآه وهو ذو جدة ... لم يقض من حقه بالشرب مايجب

وقال جحظة

نادیت عمراً وقد مالت بجانبه ... مدامة اخذت بالراس والقدم
قد لاح في الدير نار الراهبين وقد ... ناداك بالصبح ناقوساهما فقم
فقام يعثر في اثواب نعسته ... لبزل صافية كالنجم في الظلم
فاستلها وشدا والكاس في يده ... سلم على الربع من سلمى بذي سلم
لو دام لي في الورى خل وعاتقة ... لما حفلت بذي قربى ولا رحم
ولا بكرت [1] الى حلو لنائله ... ولا التفت [2] الى شيء من النعم

حدث أبو علي المحسن بن محمد بن علي قال كان الحسن بن مخلد اكرم الناس في بذل المال وابخلهم بطعامه فكان يحضر ندماؤه على مائدته فلا يستجرئ احد منهم ان يشعب شيئاً البتة وينزهون انفسهم عند رفع المائدة بمسح ايديهم بلحاهم وله في ذلك قصص عجيبة قال جحظة ربحت بأكلة افتديتها مع الحسن بن مخلد خمسمائة دينار وخمسمائة درهم وخمسة اثواب فاخرة وعتيدة طيبة سرية فقيل له كيف كان ذلك فقال كان الحسن ابن مخلد بخيلا على الطعام سمحا بالمال وكان يأخذ ندماءه بغتة فيسقيهم النبيذ ويوا كلهم فمن اكل قتله قتلا ومن شرب معه على الخسف حظي عنده قال فكنت عنده يوماً فقال لي يا ابا الحسن قد عملت غدا على الصبوح الجاشري فبت عندي فقلت لا يمكنني ولكني اباكرك قبل الوقت فعلى اي شيء عملت ان تصطبح فقال قد اعد لنا كذا وكذا ووصف ما تقدم به الى الطباخ بعمله فعقدنا الرأي ان اباكره وقمت وجئت الى منزلي ودعوت طباخي فتقدمت اليه بان يصلح لي مثل ذلك بعينه ويفرغ

(1) ق يكرب (2) النقب

منه وقت العتمة ففعل ونمت وقمت وقد مضى نصف الليل فأكلت ما اصلح وغسلت يدي واشرح [١] وانا عامل على المضي اليه اذ طرقتني رسله فجئته فقال بحياتي اكلت قلت اعيذك بالله انصرفت من عندك قبل الغروب وهذا نصف الليل فاي وقت اصلح لى شيء او اي وقت اكلت شيئاً اسأل غلمانك على اي حال وجدوني فقالوا وجدناه ياسيدنا وقد لبس ثيابه وهو ينتظر ان يفرغ له من اسراج بغلته ليركبها فسرّ بذلك سروراً شديداً وقدم الطعام فما كان فيّ فضل اشمه [٢] فامسكت عن تشعيبه ضرورة وهو يستدعي اكلي ولو اكلت احل دمي قال وكذا كانت عادته فاقول هوذا آكل ياسيدي [٣] في الدنيا احد يأكل اكثر من هذا وانقضى الأكل وجلسنا على الشرب فجعلت اشرب بارطال وهو يفرح وعنده اني اشرب على الريق او على ذلك الأكل الذي جلست معه ثم امرني بالغناء فغنيت فاستطاب ذلك وطرب وشرب ارطالاً فلما رأيت النبيذ قد [٤] عمل فيه قلت ياسيدي تطرب انت على غنائي فانا على اي شيء اطرب فقال ياغلام هات دواة فاحضره فكتب لي رقعة ورمى بها اليّ واذا هي على صيرفيّ يعامله بخمسمائة دينار فاخذتها وشكرته ثم غنيته وطرب وزاد سكره فطلبت منه ثيابا فخلع علي خمسة اثواب ثم امر ان يبخر كل من بين يديه فاحضرت عتيدة حسنة سرية فيها طيب كثير فاخذ الغلمان يبخرون منها الناس فلما انتهوا الي قلت ياسيدي وانا ارضى ان ابخر حسبُ فقال لي ما تريد قلت اريد نصيبي

---

(١) لعله واسرج (٢) لعله اشهاه (٣) لعله سقط هل (٤) ق وقد

من العتيدة قال قد وهبتها لك فاخذتها وشرب بعد ذلك رطلا واتكأ على مسورته وكذا كانت عادته اذا سكر فقام الناس من مجلسه وقمت وقد طلع الفجر واضاء وهو وقت يبكر الناس في حوائجهم فخرجت كأني لص قد خرج من بيت قوم على قفا غلامي الثياب والعتيدة كاره (١) فصرت الى منزلي ونمت نومة ثم ركبت الى درب عون اريد الصيرفي فاوصلت اليه الرقعة فقال ياسيدي انت الرجل المسمى في التوقيع قلت نعم قال انت تعلم ان امثالنا يعاملون للفائدة قلت اجل قال ورسمنا ان نعطي في مثل هذا ما يكسر في كل دينار درهما فقلت له ليس اضايقك في هذا القدر فقال ما قلت هذا الا لاربح عليك الكبير ايما احب اليك ان تأخذ كما يأخذ الناس وهو ما قد عرفتك او تجلس مكانك الى الظهر حتى افرغ من شغلي ثم تركب معي الى داري فتقيم عندي اليوم والليلة تشرب فقد والله سمعت بك وكنت اتمنى ان اسمعك ووقعت الآن لي رخيصا فاذا فعلت هذا دفعت اليك الدنانير من غير خسران فقلت اقيم عندك فجعل الرقعة في كمه واقبل على شغله فلما دنت الظهر جاء غلامه ببغلة فارهة فركب وركبت معه وصرنا الى دار سرية حسنة بفاخر الفرش والآلات ليس فيها الا جوارٍ روم للخدمة من غير فحل فتركني في مجلسه ودخل ثم خرج بثياب اولاد الخلفاء من حمام داره وتبخر وبخرني بيده بندّ عتيق جيد وا كلنا اسرى الطعام وانظفه وقمنا الى مجلس سري للشرب فيه فواكه وآلات بمال وشربنا ليلتنا فكانت ليلتي عنده اطيب من اختها

(١) كذا بالاصل

عند الحسن بن مخلد [١] اصبحنا اخرج كيسين في احدهما دنانير وفي الاخرى دراهم فوزن خمسمائة دينار وخمسمائة درهم وقال ياسيدي تلك ما امرت به وهذه الدراهم هدية مني اليك فاخذتها وانصرفت وصار الصيرفي صديقي وداره لي. قال وحدثني أبو الحسن احمد بن يوسف التنوخي قال حدثني ابو علي بن الاعرابي الشاعر قال كنت في دعوة جحظة فاكلت وجلسنا نشرب وهو يغني اذ دخل رجل فقدم اليه جحظة زلة كان زلها من طعامه ونحن نأكل وكان بخيلا على الطعام قال وكان الرجل كان طاويا طاوي تسع فاتى على الزلة ورفع الطيفورية فارغة وجحظة يرزقه ونحن نلمح جحظة ونضحك فلما فرغ قال له جحظة تلعب معي بالنرد قال نعم فوضعاه بينهما ولعبا فتوالى اللعب على جحظة من الرجل بان يجيء الفصوص على ما يريد من الاعداد ويكره جحظة فاخرج جحظة رأسه من قبة الخيش رافعاً له الى السماء وقال كأنه يخاطب الله جل وعز لعمري اني استحق هذا لاني اشبعُ من اجعتَه. قلت ما اشد تباعد ما بين هذين الخبرين وخبر رواه التنوخي ايضاً عن أبي العباس بن المنجم قال سمعت ابا عبد الله الموسوي [٢] العلوي [٣] يقول قصدني ابو جعفر محمد بن يحيي شيرزاد في ايام تدبيره الامر قصداً قبيحاً وعمل لي كتابة مؤمرة في خراجاتي بمائة الف درهم اكثرها واجب وباقيها كالواجب واحضرني للمناظرة عليها واعتقلني في داره فضقت ذرعاً بما نزل بي وعلمت ان المال

---

(١) لعله سقط فلما (٢) ق الموسى (٣) هذه الحكاية اوردها صاحب الفخري في ترجمة معاوية (طبع غريفزولد ص ١٣٢)

سيلزمني اذا نوظرت وانه يؤثر في حالي ويهتك جاهي فلم ادر ما اصنع فشاورت بعض من يختص به فقال طمعه فيك والله قوي وما يفعل معه بشيء غير المال فقلت له ففكره في حيلة او مخادعة ففكر ثم قال لا اعرف لك دواء الا شيئا واحداً ان سمحت به نفسك وتركت العلوية عنك وفعلته نجوت قلت (١) هو رجل سمح على الطعام محب لاكلة مائدته موجب لحرمته وارى لك اذا وضع طعامه ان تخرج اليه فانك معه في الدار ولا يمنعك الموكلون من ذلك فتجيء بغير اذن فتجلس على المائدة وتأكل وتنبسط وتخاطبه في امرك عقيب الأكل وتسأله وترفق به وتخضع له فانه يسامحك باكثرها وتقرب ما بينك وبينه فشق ذلك عليّ ثم نظرت فاذا وزن المال اشق منه وكان أبو جعفر لا يأكل الا بعد المغرب في كل يوم أكلة فلم آكل ذلك اليوم شيئاً وراعيت مائدته فلما وضعت قمت فقال الموكلون الى اين قلت الى مائدة الوزير فما قدروا ان يمنعوني فلما رأى أبو جعفر اكبر ذلك وتهلل وجهه وقال الى عندي ياسيدي واجلسني الى جنبه فاقبلت آكل وانبسط في الأكل والحديث الى ان رفعت المائدة واستدعاني الى موضعه فغسلت يدي بحضرته فلما فرغت اردت ان ابتدئه بالخطاب فقال لي قد آذيتك ياسيدي يا ابا عبد الله بتأخرك عن منزلك فامض الى بيتك وما اخاطبك بشيء مما في نفسي ولا مما اردت مخاطبتك به ولا مطالبة عليك من جهتي بعد ما تفضلت

---

(١) لعله سقط بعض كلمات نحو هات ما عندك قال

به فشكرته وقلت ان رأى سيدنا ايده الله ان يتمم معروفه بتسليم المؤامرة اليّ فقال هاتموها فما برحت الا وهي في خفي وانصرفت الى منزلي وقد سقط المال عني ولزمته للسلم وصرت اتعمد مواكلته والتخصص به فسلمت طول ايامه وسلم جاهي ومالي عليّ الى ان مضى لسبيله . قلت هذا حسن من فعله مع عسف كان فيه بالرعية في جباية المال لم يسبق اليها ولا تبعه بعده احد في مثلها فكانت له افعال منكرة منها انه استدعى العيارين وضمنهم مايسرقونه من اموال الناس. وكتب جحظة الى أبي اسحاق ابراهيم بن عبد الله المشمعي وكان قائداً جليلا تقلد البصرة وفارس

اليك أبا اسحاق مني رسالة ‏ تزين الفتى ان كان يعشق زينه
لقد كنت غضباناً على الدهر زاريا ‏ عليه فقد اصلحت بيني وبينه

وكان أبو اسحاق هذا اديباً شاعراً ومن شعره

الاطف من اجله اهله ‏ وكلُ اليّ حبيب قريب
واسأل عن غيره قبله ‏ لأبطل ظن الذي يستريب

وانشد جحظة لنفسه في اماليه

قد نلتم صحة ما نالها بشر ‏ وحزتم نعمة ما نالها ملك
فليت شعري أمقدارٌ تعمدكم ‏ بما اتاكم به ام وسوس الفلك

وانشد جحظة في اماليه

يا من دعاني وفرٌ مني ‏ اخلفت والله حسن ظني
قد كنت ارضى بخبز رز ‏ ومالح او قليل بن
وسكرة من نبيذ دبس ‏ اقام يوما بعقر دن

فكيف يغلو بما ذكرنا　　مساعد شاعر مغني

وحدث جحظة في اماليه قال كنت اشرب عند بعض اخواني بباب حرب في ناعورة ثابت الرصاصي في يوم مطر ومعنا شيخ خضيب حسن البزة متصدر فتجارينا ذكر المطر وما جاء فيه من الخبر فقال الشيخ حدثوا ياسيدي عن النبي صلى الله عليه وسلم وعلى صاحبيه ابا بكر وابا حفص وعلى النبيين السريين منكر ونكير وعلى عمرو بن العاص قاتل الكفار يوم غدير خم وصاحب راية النبي يوم القطائف (يريد يوم الطائف) ان النبي صلى الله عليه وسلم قال ما من قطرة تنزل من السماء الا ومحا ملك يتبحا[1] حتى يضحا في موضحا ثم يصعد ويدحا فقلت له ياشيخ فالقطر يقع في الكنيف والملك ينزل معه قال نعم ياسيدي فيهم ما في الناس من الدناءة والخسة. وانشد جحظة لنفسه في اماليه

قالت علالته[2] القصب　　لما تثنى واضطرب

اترى جنيت[3] جناية　　حتى صلبت على الخشب

قال جحظة في اماليه استهديت من بعض اخواني دواة فأخرها عني ثم اجتمعنا في مجلس أبي العباس ثعلب فقلت لابي العباس ما اراد الشاعر بقوله

احاجيك ما قبر عديم ترابه　　به معشر موتى وان لم يكفنوا

سلوت عن التبيان مدة قبرهم　　فان نبشوا يوما من الدهر بينوا

---

(١) كأنه يريد معها ويتبعها ويضعها وموضعها ويدعها (٢) لعله نالت علاليه

(٣) ق حبيب

فسكت ساعة ثم قال الدواة فلما انصرفت الى منزلي اذا الدواة قد سبقتني اليه. قال جحظة دعوت فضيلا الاعرج وكان عندنا جماعة فكتب الينا

انا في منزلي وقد رزق الله ندیما ومسمعا وعقارا
فاعذروني بان تخلفت عنكم شغل الحلى اهله ان يعارا

ومثله لغيره

حي طيفا من الاحبة زارا بعد ان نوم الكرى السمّارا
داعيا في الوصال تحت دجى الليل عيونا عن الوصال سهارى
قلت ما بالنا جفينا وكنا قبل ذاك الاسماع والابصارا
قال انا ذا (١) كما عهدت ولكن شغل الحلى اهله ان يعارا

قال جحظة وسألت الحسن بن مخلد حاجة فقال اذا كان بعد ثلاث عرفتك فقلت ياسيدي تعدني ان تعدني. قال جحظة في اماليه كنت جالسا عند صديق لي فجاءه رقعة من منزله فلما نظر فيها (٢) ضرط فحادثته ساعة واعتقلته واخذتها واذا فيها قد فني الدقيق وغدا الخبزة وانشد لنفسه في اماليه يقول

يقول لي مالكي والدمع منحدر لاخفف الله رب العرش بلواكا
وان دعوت اليه (٣) عند معتبة يقول قلبي له في السر حاشاكا

وانشد ايضاً لنفسه في اماليه

ما انصفتني يد الزمان ولا ادركني غير حرفة الادب
لا حفظ الله حيثما سلكت أمي واير الحمار في است ابي

(١) ق انا ذا (٢) ق فيه (٣) لعله عليه

ما تركا درهما اصون به   وجهي يوما عن ذلة الطلب

﴿ احمد بن جميل بن الحسن بن جميل ابو منصور ﴾

اديب اريب فاضل كامل له يد باسطة في النظم والنثر وهو من اهل بغداد وكان يسكن باب الارخ ذكره ابو الفرج بن الجوزي في مذيله على صدقة بن الحسن فقال كانت له معرفة بالادب جيدة وله كتاب مقامات حذو الحريري [١] وله فضل ومات في شهر ربيع الاخر سنة ٥٧٧

﴿ احمد بن حاتم ابو نصر الباهلي ﴾

صاحب الاصمعي روى عن الاصمعي كتبه وقال ابو العباس محمد بن احمد القمري الاسكافي النحوي كان ابو نصر ابن اخت الاصمعي وقال ابو الطيب في كتاب مراتب النحويين زعموا ان احمد بن حاتم كان ابن اخت الاصمعي وليس هذا بثبت رأيت ابا جعفر بن باسوه ينكره وكان اثبت [٢] من عبد الرحمن يعني ابن اخت الاصمعي واسن وكان يضيق على ابن الاعرابي مسلة وقد اخذ عن الاصمعي وابي عبيدة وابي زيد واقام ببغداد وربما حكى الشيء بعد الشيء عن أبي عمرو الشيباني ومات فيما ذكره هو وابو عبد الله ابن الاعرابي وعمرو بن أبي عمرو الشيباني في سنة ٢٣١ وقد نيف على السبعين وحدث المرزباني عن أبي عمر الزاهد قال قال ثعلب دخلت على يعقوب ابن السكيت وهو يعمل [٣] اصلاح المنطق فقال يا ابا العباس رغبت عن كتابي فقلت له كتابك كبير وانا عملت الفصيح للصبيان ثم قال لي سر معي الى أبي نصر صاحب الاصمعي فمضيت معه

(١) ق الحرير (٢) ق ابيت (٣) ص : ق ـ

فلما كنا في الطريق قال قد سألت ابا نصر عن بيت شعر فاجابني جوابا لم ارضه افاعيده عليه فقلت لاتفعل فان عنده اجوبة وقد اجابك ببعضها فلما دخلت عليه سأله عن البيت فقال له يا مؤاجر انت وهذا وانا قريبك[١] حتى[٢] رموني بك عندي عشرون جوابا في هذا وخجل من ذلك وخرجنا فقلت له لا مقام لك ههنا اخرج من سر من رأى واكتب الي بما تحتاج اليه لاسأل عنه واعرفك اياه وحكى عن الاصمعي انه كان يقول ما يصدق علي الا أبو نصر وكان ثقة مأموناً ولابي نصر من التصانيف[٣] كتاب الشجر والنبات . كتاب اللبأ واللبن . كتاب الابل كتاب ابيات المعاني . كتاب اشتقاق الاسماء . كتاب الزرع والنخل كتاب الخيل . كتاب الطير . كتاب ما يلحن فيه العامة . كتاب الجراد. وذكره حمزة في كتاب اصبهان قال ولما اقدم الخصيب بن اسلم ابا محمد الباهلي صاحب الاصمعي الى اصبهان نقل معه مصنفات الاصمعي واشعار شعراء الجاهلية وشعراء الاسلام مقروءة على الاصمعي وكان قدومه اصبهان بعد سنة ٢٢٠ فاقام اشهراً ثم تأهب منها للحج فدخل الى عبد الله بن الحسن وسأله ان يدله على رجل يسلم اليه دفاتره الى ان يرجع فقال له عليك بمحمد بن العباس وكان مؤدب اولاد عبد الله بن الحسن مقبول القول فسلم الباهلي اليه دفاتره وخرج فانسخها محمد بن عبد الله الناس فقدم الباهلي وقامت قيامته ودخل الى عبد الله بن الحسن وذكر

---

(١) ق قربتك : ص قرسك (٢) ص ـ (٣) كل هذه الكتب ذكرها صاحب النهرست

له ما كان يأمل في دفاتره من التكسب بها فجمع له عبد الله بن الحسن من اهل البلد عشرة آلاف درهم ووصله الخصيب بعشرين الفا فتناولها ورجع الى البصرة

﴿ احمد بن الحارث بن المبارك الخزاز ﴾

ابو جعفر راوية أبي الحسن المدائني والعتابي كان راوية مكثراً موصوفاً بالثقة وكان شاعراً وهو من موالي [1] المنصور ومات الخزاز فيما ذكره قانع ورواه المرزباني عنه في ذي الحجة سنة ٢٥٧ وكان ينزل في باب الكوفة فدفن في مقابرها وقيل مات في سنة ٥٩ وذكره المرزباني في المقتبس فقال حدثني علي بن هارون قال اخبرني عبيد الله بن احمد بن أبي طاهر عن ابيه عن محمد بن صالح بن النطاح مولى بني هاشم عن ابيه قال طلب المنصور رجالا يجعلهم بوابين له فقيل له لا يضبطهم الا قوم لئام الاصول انذال [2] النفوس صلاب الوجوه ولا تجدهم الا في رقيق اليمامة فاشترى له مائتي غلام من اليمامة فصير بعضهم بوابين وبقي الباقون. فكان ممن بقي خلال جد أبي العيناء محمد بن القاسم بن خلال وحسان جد ابراهيم بن عطار جد احمد بن الحارث الخزاز . وقال المرزباني اخبرني محمد بن يحيي قال حدثني الحسين بن اسحاق قال انشدت احمد بن الحارث شعيراً للبحتري فعاب منه شيئاً فبلغ البحتري فقال

الحمد لله على ما ارى … من قدر الله الذي يجري
ما كان ذا العالم من عالمي … يوماولا ذا الدهرمن دهري

---

(١) ص : ق ـ (٢) ق ابذال

يعترض الحرمان في مطلبي ويحكم الخزاز في شعري

وروى محمد بن داود لاحمد بن الحارث في ابراهيم بن المدبر وحاجبه بشر

وجه جميل وصاحب صلف كذاك أمر الملوك يختلف

فانت[1] تلقى بالبشر واللطف وبشر يلقاهم به جنف

ياحسن الوجه والفعال ويا اكرم وجه سما به شرف

وياقبيح الفعال بالحاجب الـ ـغث الذي كل امره نطف

فانت تبني وبشر يهدمه والمدح والذم ليس يأتلف

وذكره ابو بكر الخطيب فقال كان الخزاز ذا فهم ومعرفة صدوق اسمع المدائني كتبه كلها وهو بغدادي روى عنه السكري وابن أبي الدنيا وغيرهما وكان كبير الرأس طويل اللحية كبيرها حسن الوجه كبير الفم الثغ خضب قبل موته لسنة خضابا قانئا فسئل عن ذلك فقال بلغني ان منكرا ونكيرا اذا حضرا ميتا فرأياه خضيبا[2] قال منكر لنكير تجاف عنه . ومن سائر شعره قوله

اني امرؤ لا أرى بالباب اقرعه اذا[3] تنمر دوني حاجب الباب

ولا الوم امرأً في رد ذي شرف ولا اطالب ود الكاره الآبي

ولما قتل بغا التركي باغر التركي وهاجت الاتراك على المستعين بالله وخافهم وانحدر من سر من رأى الى بغداد في سنة ٥١ الى ٢٠٠ في المحرم قال احمد بن الحارث

---

(١) ترك الصفدي هذا البيت ولعله فانت لقياك البشر (٢) ص : ق ـ : والكلمة موجودة في رواية الفهرست (١٠٤) (٣) ص : ق اذ

لعمري لئن قتلوا باغراً　　لقد هاج باغر حرباً طحونا
وفر الخليفة والقائدان　　بالليل يلتمسون السفينا
وحل ببغداد قبل الشروق　　فحل بهم منه ما يكرهونا
فليت السفينة لم تأتنا　　وغرقها الله والراكبينا

هي قصيدة يذكر فيها الحرب وصفتها. وقال احمد بن الحارث في بشر وحاجب ابراهيم بن المدبر

قد تركناك لبشر　　وتركنا لك بشرا

وذكره محمد بن اسحاق النديم في كتابه وقال له من الكتب كتاب المسالك والممالك. كتاب اسماء الخلفاء وكتابهم والصحابة. كتاب مغازي البحر في دولة بني هاشم وذكر أبي حفص صاحب اقريطش. كتاب القبائل. كتاب الاشراف. كتاب ما نهى النبي صلى الله عليه وسلم عنه. كتاب ابناء السراري. كتاب نوادر الشعراء (١). كتاب مختصر كتاب البطون. كتاب مغازي النبي صلى الله عليه وسلم وسراياه وازواجه (٢). كتاب اخبار أبي العباس. كتاب الاخبار والنوادر. كتاب سجية (٣) البريد. كتاب النسب (٤). كتاب الحلائب والرهان. كتاب (٥) جمهرة نسب الحارث بن كعب واخبارهم في الجاهلية

﴿احمد بن الحسن بن اسماعيل ابو عبد الله السكوني﴾

الكندي النسابة كان له اختصاص بالمكتفي ثم بالمقتدر ذكره ابو الحسن

---

(١) الفهرست الشعر (٢) الفهرست وذكر ازواجه (٣) الفهرسة شحنة (٤) الفهرست النسيب (٥) هذا الكتاب غير مذكور في نسخة الفهرست المطبوعة

محمد بن جعفر بن النجار الكوفي في تاريخ الكوفة وقال انه كان ممن اخذ عن ثعلب الادب وكان مليح المجلس حسن الترسل ممكنا من نفسه هذا لفظ ابن النجار بعينه. وحكى ابن النجار عن أبي عبد الله قال قال ابن عبدة النساب ما عرف النساب انساب العرب على حقيقة حتى قال الكميت النزاريات فاظهر بها علما كثيرا ولقد نظرت في شعره فما رأيت احداً اعلم منه بالعرب وايامها قال ابو عبيد الله فلما سمعت هذا جمعت شعره فكان عوني على التصنيف لايام العرب . ورأيت انا لابي عبيد (١) الله كتابا في اسماء مياه العرب ونقلته غير تام

﴿ احمد بن الحسن بن القاسم بن الحسن ابو علي ﴾

ابو بكر يلقب الفلكي جد أبي الفضل الفلكي الحافظ الهمذاني قال شيرويه روى عن الحسن بن الحسين التميمي وأبي الحسن علي بن الحسن ابن سعد البزاز وأبي بكر عمر بن سهل الحافظ روى عنه ابناه أبو عبد الله الحسين وأبو الصقر الحسن قال وكان اماما جامعاً في كل فن عالماً بالادب والنحو والعروض وسائر العلوم وخصوصا في علم الحساب فانه كان يقال له الحاسب وكذلك لقب بالفلكي وكان هيوبا ذا حشمة ومنزلة عند الناس مات في ذي القعدة سنة ٣٨٤ وهو ابن ٨٥ سنة

﴿ احمد بن الحسن بن محمد بن اليمان ﴾

ابن الفتح الديناري ابو عبد الله رجل اديب الا ان الغالب عليه الخط وذكرنا له انما لحسن خطه الذي بلغ فيه الغاية وقال أبو الوزير عميد

---

(١) يعني ابي عبد الله

الدولة ابو سعد بن عبد الرحيم في اخبار ابنه عبد الجبار بن احمد وكان والده أبو عبد الله الديناري مقدما مكرما يزوّر بحسن خطه على أبي عبد الله بن مقلة تزويراً لا يكاد يفطن له وله ولد اديب يقال له ابو يعلي عبد الجبار ذكر في بابه

﴿ احمد بن الحسين يعرف بابن شقير ﴾

ابو بكر هو احمد بن الحسين بن العباس بن الفرج النحوي اخذ عن احمد ابن عبيد بن ناصح وكان مشهوراً برواية كتب الواقدي عن احمد بن عبيد عنه ومات في صفر سنة ٣١٧ في خلافة المقتدر وهو في طبقة ابي بكر السراج وله تصانيف منها كتاب مختصر في النحو. كتاب المقصور والممدود. كتاب المذكر والمؤنث . قرأت في كتاب ابن مسعدة ان الكتاب (١) الذي ينسب الى الخليل ويسمى الجمل انه من تصنيف ابن شقير هذا قال يقول فيه النصب على اربعين وجها

﴿ احمد بن الحسين بن مهران المقرئ ﴾

ابو بكر النيسابوري قال الحافظ ابو القاسم اصله من اصبهان سكن نيسابور قال الحاكم هو امام عصره في القرآآت واعبد من رأينا من القراء وكان مجاب الدعوة مات في السابع والعشرين من شوال سنة ٣٨١ وهو يوم مات ابن ست وثمانين سنة وصلينا عليه في ميدان الطاهرية وتوفى ذلك اليوم ابو الحسن العامري صاحب الفلاسفة (٢). قال الحاكم فحدثني عمر بن احمد الزاهد قال سمعت الثقة من اصحابنا يذكر انه رأى ابا بكر بن

(١) ق الكاتب (٢) لعله الفلسفة

الحسين بن مهران رحمه الله في المنام في الليلة التي دفن فيها قال فقلت ايها الاستاذ ما فعل الله بك فقال ان الله عز وجل اقام ابا الحسن العامري بحذائي وقال هذا فداؤك من النار. ثم ذكر الحاكم باسناد رفعه الى أبي موسى الاشعري قال قال رسول الله صلى الله عليه وسلم اذا كان يوم القيامة اعطى الله كل رجل من هذه الامة رجلا من الكفار فيقول هذا فداؤك من النار وهذا الخبر اذا قرن بالرؤيا صار من براهين الشرع. قال الحاكم سمع ابن مهران بنيسابور ابا بكر بن محمد بن اسحاق بن خزيمة وابا العباس السراج الثقفي وابا العباس الماسرجسي وله من التصانيف كتاب الشامل. كتاب الغاية. كتاب قراءة أبي عمرو. كتاب غرائب القراآت. كتاب وقوف القرآن. كتاب الانفراد. كتاب شرح المعجم. كتاب شرح التحقيق. كتاب اختلاف عدد النور. كتاب رؤس الآيات. كتاب الوقف والابتداء. كتاب قراءة عبد الله بن عمرو. كتاب علل. كتاب الغاية. كتاب المبسوط. كتاب آيات القرآن. كتاب الاتفاق والانفراد. كتاب المقطع والمبادئ. قال الحاكم سمعت ابا بكر بن مهران يقول قرأت على أبي علي محمد بن احمد بن حامد الصفار المقرئ القرآن من اوله الى آخره وقال قرأت القرآن من اوله الى آخره على أبي بكر محمد ابن سليمان بن موسى الهاشمي ببغداد قال قرأت على قنبل بن عبد الرحمن ابن محمد بن خالد بن سعيد بن خرجة المكي وقال قرأت على أبي الحسن النبال واخبرني انه قرأ على ابن الاخريط وهب بن واضح وقرأ ابن الاخريط على اسماعيل بن عبد الله بن قسطنطين وقرأ ابن قسطنطين

على شبل بن عباد ومعروف بن مسكان فاخبراه انهما قرآ على عبد الله بن كثير عن مجاهد عن ابن عباس عن أبي بن كعب عن رسول الله صلى الله عليه وسلم. قال الحاكم ومحمد بن الحسين بن مهران الاديب الفقيه الكاتب اخو أبي بكر سمع عبد الله بن شيرويه واقرانه وسمع الكتب من أبي بكر محمد بن اسحاق بن خزيمة واقرانه ومات في شعبان سنة ٣٥٨ وهو ابن نيف وثمانين سنة

﴿ احمد بن علي بن عمر بن سوار المقرئ ﴾

ابو طاهر مات فيما ذكره السمعاني في رابع شعبان سنة ٤٩٦ ودفن عند قبر معروف الكرخي. قال وقال ابن ناصر ابو الفضل اظن ان مولد ابن سوار في سنة ٤١٦ قال وسمعت ابا المعمر المبارك بن احمد الانصاري سألت ابن سوار عن مولده فقال ولدت سنة ٤١٢ قال وهو والد شيخنا ابي الفوارس هبة الله ومحمد وكان ثقة امينا مقرئا فاضلا وكان حسن الاخذ للقرآن العظيم ختم عليه جماعة كتاب الله وكتب الكثير بخطه من الحديث وصنف في القرآن كتاب المستنير وغيره سمع عبد الواحد ابن رزمة صاحب ابي سعيد السيرافي النحوي وابا القاسم علي بن المحسن التنوخي وابا طالب محمد بن محمد بن ابراهيم بن غيلان البزاز وغيرهم وروى عنه عبد الوهاب الانماطي ومحمد بن ناصر الحافظان وغيرهما. قال وسألت عنه الانماطي فقال ثقة مأمون فيه خير ودين وسألت عنه الحافظ ابن ناصر فاحسن الثناء عليه وقال شيخ نبيل عالم ثبت متقن رحمه الله. وانشد السمعاني باسناده الى ابن سوار المقرئ قال انشدني ابو الحسن علي بن

محمد السمار انشدنا ابو نصر عبد العزيز بن نباتة السعدي لنفسه

نعلل بالدواء اذا مرضنا — وهل يشفي من الموت الدواء
ونختار الطبيب وهل طبيب — يؤخر ما يقدمه القضاء
وما انفاسنا الا حساب — ولا حركاتنا الا فناء

وذكره ابو علي الحسين بن محمد بن فيرو الصدفي في شيوخه يذكر نسبه ثم قال البغدادي الضرير المغربي (١) الاديب ولعله اضر على كبر فان المحب ابن النجار اخبرني انه رأى خطه تحت الطباق متغيرا . سمع الصدفي منه كتابه المستنير وكتابه في المفردات افرد ما جمعه في المستنير وقال هو شيخ فاضل في الحنفية سمع كثيرا وحبس نفسه على اقراء القرآن. وذكره ابو بكر بن العربي في شيوخه فقال واقف على اللغة مذاكر ثقة فاضل قرأ على ابوي علي السرمقاني والعطار (٢) وابي الحسن بن فارس الخياط وابي الفتح بن المقدر وابي الفتح بن شيطا وغيرهم

﴿ احمد بن علي بن مخلد البيّادي الاديب ﴾

ابو العباس ذكره عبد الغافر فقال احد وجوه افاضل النواحي المشهورين باللهجة الفصيحة في النظم والنثر سمع الاحاديث وعني بجمعها

﴿ احمد بن علي بن ابي جعفر محمد ﴾

ابن ابي صالح البيهقي ابو جعفر المقرئ اللغوي ويعرف ببو جعفرك ومعنى هذه الكاف المزيدة في آخر الاسم الفارسي التصغير يقولون في تصغير علي عليك وفي تصغير حسن حسنك وفي تصغير جعفر جعفرك وما

(١) لعله المقرئ (٢) ق العطار

اشبهه مات فيما ذكره ابو سعد السمعاني في مشيخة ابيه في سلخ شهر رمضان سنة ٥٤٤ . اخبرني بذلك الشيخ الامام ابو المظفر عبد الرحيم بن ابي سعد السمعاني عن والده واخبرني ايضاً ان مولده في حدود سنة ٤٧٠. قال السمعاني كان اماما في القراءة والتفسير والنحو واللغة صنف التصانيف في ذلك وانتشرت عنه في البلاد وظهر له اصحاب نجباء وتخرج به خلق وكان ملازماً لبيته والمسجد القديم بنيسابور وكان امامه لا يخرج منه الا في اوقات الصلاة وكان لا يزور احدا انما يقصده الناس الى منزله للتعلم به والتبرك به سمع ابا نصر احمد بن محمد بن صاعد القاضي وابا الحسن علي بن الحسن بن العباس الصندلي الواعظ وغيرهما وذكر وفاته كما تقدم. وذكر تاج الدين محمود بن ابي المعالي الحواري في مقدمة كتاب ضالة الاديب قال احمد بن علي البيهقي كان اماماً في القراآت والادب حفظ كتاب الصحاح في اللغة عن ظهر قلب بعد ما قرأه على ابي الفضل احمد ابن محمد الميداني وكتباً كثيرة وله مؤلفات منها كتاب المحيط بلغات القرآن. كتاب ينابيع اللغة جرد فيه صحاح اللغة من الشواهد وضم اليه من تهذيب اللغة والشامل لابي منصور الجبان والمقاييس لابن فارس قدراً صالحاً من الفوائد والفرائد وهو كتاب صالح كبير الحجم يقرب حجمه من الصحاح وله ايضاً كتاب تاج المصادر. كتاب المحيط بعلم القرآن . وقال علي بن محمد بن علي راه [١] الجويني يمدح بو جعفرك ويذكر كتابه تاج المصادر وقد راعى اللزوم

(١) لعله زائد

ابا جعفر يا من جعافر فضله ... موارد منها قد صفت ومصادر
كتابك ذا غيل تأشب نبتـه ... وانت به ليث بخفان خادر
لبست صدار الصبر يا خير مصدر ... مصادر لا تنهى اليها المصادر
فقل لرواة الفضل والادب انتهوا ... اليها ونحو الري منها فبادروا

﴿ احمد بن علي بن ابراهيم بن الزبير الغساني ﴾

الاسواني المصري يلقب بالرشيد وكنيته ابو الحسين مات في سنة ٥٦٢ مخنوقا على ما نذكره وكان كاتباً شاعراً فقيهاً نحوياً لغوياً ناشئاً عروضياً مؤرخاً منطقياً مهندساً عارفاً بالطب والموسيقى والنجوم متفنناً . قال السلفي انشدني القاضي ابو الحسن احمد بن علي بن ابراهيم الغساني الاسواني لنفسه بالثغر

سمحنا لدنيانا بما بخلت (١) به ... علينا ولم نحفل بجل امورها
فياليتنا لما حرمنا سرورها ... وقينا اذى آفاتها وشرورها

قال وكان ابن الزبير هذا من افراد الدهر فضلا في فنون كثيرة من العلوم وهو من بيت كبير بالصعيد الممولين (٢) وولي النظر بثغر الاسكندرية والدواوين السلطانية بغير اختياره وله تآليف ونظم ونثر التحق فيها بالاوائل المجيدين قتل ظلما وعدوانا في محرم سنة ٥٦٢ وله تصانيف معروفة لغير اهل مصر منها كتاب منية الالمعي و بلغة (٣) المدعي تشتمل على علوم كثيرة . كتاب المقامات . كتاب جنان الجنان وروضة الاذهان في اربع مجلدات يشتمل على شعر شعراء مصر ومن

(١) ق نحلت (٢) ص معروف بالمال : ولعله من الممولين (٣) ص : ومنية

طرأ عليهم . كتاب الهدايا والطرف . كتاب شفاء الغلة في سمت القبلة . كتاب رسائله نحو خمسين ورقة . كتاب ديوان شعره نحو مائة ورقة.
ومولده باسوان وهي بلدة مَن صعيد مصر وهاجر منها الى مصر فاقام بها واتصل بملوكها ومدح وزراءها وتقدم عندهم وانفذ الى اليمن في رسالة ثم قلد قضاءها واحكامها ولقب بقاضي قضاة اليمن وداعي دعاة الزمن ولما استقرت بها داره سمت نفسه الى رتبة الخلافة فسعى فيها واجابه قوم وسلم عليه بها وضربت له السكة وكان نقش السكة على الوجه [١] الواحد قل هو الله احد الله الصمد وعلى الوجه الآخر الامام الامجد ابو الحسين احمد ثم قبض عليه ونفذ مكبلا الى قوص فحكى من حضر دخوله اليها انه رأى رجلا ينادي بين يديه هذا عدو السلطان احمد بن الزبير وهو مغطى الوجه حتى وصل الى دار الامارة والامير بها يومئذ طرخان سليط وكان بينهما ذحول قديمة فقال احبسوه في المطبخ الذي كان يتولاه قديماً وكان ابن الزبير قد تولى المطبخ وفي ذلك يقول الشريف الاخفش من ابيات يخاطب الصالح بن رزيك

يولي على الشيء اشكاله ... فيصبح هـذا لهذا اخا
اقام على المطبخ ابن الزبير ... فولى على المطبخ المطبخا

فقال بعض الحاضرين لطرخان ينبغي ان تحسن الى الرجل فان اخاه يعني المهذب حسن بن الزبير قريب من قلب الصالح ولا استبعد ان يستعطفه عليه فتقع في خجل [٢] قال فلم يمض على ذلك غير ليلة او ليلتين حتى ورد

(١) ق الواجه (٢) ص : ق خجله

ساع من الصالح بن رزيك الى طرخان بكتاب يأمره فيه باطلاقه والاحسان اليه فاحضره طرخان من سجنه مكرماً قال الحاكي فلقد رأيته وهو يزاحمه في رتبته ومجلسه. وكان السبب في تقدمه في الدولة المصرية في اول امره ماحدثني به الشريف ابو عبد الله محمد بن أبي محمد عبد العزيز الادريسي الحسني الصعيدي قال حدثني زهر الدولة حدثنا (١) ان احمد بن الزبير دخل الى مصر بعد مقتل (٢) الظافر وجلوس الفائز وعليه اطمار رثة وطيلسان صوف فحضر المأتم وقد حضر شعراء الدولة فانشدوا مراثيهم على مراتبهم فقام في آخرهم وانشد قصيدته التي أولها

ما للرياض تميل سكرا ... هل سقيت بالمزن خمرا

الى ان وصل الى قوله

افكر بلاء بالعرا ... ق وكر بلاء بمصر اخرى

ذرفت (٣) العيون وعج القصر بالبكاء والعويل وانثالت عليه العطايا من كل جانب وعاد الى منزله بمال وافر حصل له من الامراء والخدم وحظايا القصر وحمل اليه من قبل الوزير جملة من المال وقيل له لولا انه العزاء والمأتم لجاءتك الخلع قال وكان على جلالته وفضله ومنزلته من العلم والنسب قبيح المنظر اسود الجلدة جهم الوجه سمج الخلقة ذا شفة غليظة وانف مبسوط كخلقة الزنوج قصيراً. حدثني الشريف المذكور عن ابيه قال كنت انا والرشيد بن الزبير والفقيه سليمان الديلمي نجتمع بالقاهرة في منزل واحد فغاب عنا الرشيد وطال انتظارنا له وكان ذلك في عنفوان (٤) شبابه

---

(١) سقط اسم رجل (٢) ق مقبل (٣) لعله فذرفت (٤) ص : ق عنوان

وابّان صباه وهبوب صباه فجاءنا وقد مضى معظم النهار فقلنا له مابطأ بك عنا فتبسم وقال لا تسألوا عما جرى عليّ اليوم فقلنا لا بد من ذلك فتمنع والححنا عليه فقال مررت اليوم بالموضع الفلاني واذا امرأة شابة صبيحة الوجه وضيعة المنظر حسانة الخلق ظريفة الشمائل فلما رأتني نظرت اليّ نظر مطمع لي فى نفسه فتوهمت انني وقعت منها بموقع ونسيت نفسي واشارت اليّ بطرفها فتبعتها وهي تدخل فى سكة وتخرج من اخرى حتى دخلت داراً واشارت اليّ فدخلت ورفعت النقاب عن وجه كالقمر فى ليلة تمامه ثم صفقت بيديها(١) منادية ياست الدار فنزلت اليها طفلة كأنها فلقة قمر وقالت لها ان رجعت تبولين فى الفراش تركت سيدنا القاضي يأكلك ثم التفتت وقالت لا اعدمني الله احسانه(٢) بفضل سيدنا القاضي ادام الله عزه فخرجت وانا خزيان خجلا لا اهتدي الطريق. وحدثني قال اجتمع ليلة عند الصالح بن رزيك هو وجماعة من الفضلاء فالقى عليهم مسئلة فى اللغة فلم يجب عنها بالصواب سواه فاعجب الصالح فقال الرشيد ما سئلت قط عن مسئلة الا وجدتني اتوقد فهماً فقال ابن قادوس وكان حاضراً

ان قلت من نار خلقـ ـتُ وفقتَ كل الناس فهما
قلنا صدقت فما الذي اطفاك حتى صرت فحما

واما سبب مقتله فلميله الى اسد الدين شيركوه عند دخوله الى البلاد ومكاتبته له واتصل ذلك بشاور وزير العاضد فطلبه فاختفى بالاسكندرية

(١) ص : ق بيدها (٢) ص : ق –

واتفق التجاء الملك صلاح الدين يوسف بن ايوب الى الاسكندرية ومحاصرته بها فخرج ابن الزبير راكباً متقلداً سيفاً وقاتل بين يديه ولم يزل معه مدة مقامه بالاسكندرية الى ان خرج منها فتزايد وجه (١) شاور عليه واشتد طلبه له واتفق ان ظفر به على صفة لم تتحقق لنا فامر باشهاره على جمل وعلى رأسه طرطور ووراءه جلواز ينال منه . واخبرني الشريف الادريسي عن ابي الفضل بن أبي الفضل انه رآه على تلك الحال الشنيعة وهو ينشد

ان كان عندك يا زمان بقية مما تهين به الكرام فهاتها

ثم جعل يهمهم شفتيه بالقرآن وامر به بعد اشهاره بمصر والقاهرة ان يصلب شنقاً فلما وُصل به الى الشناقة جعل يقول للمتولي ذلك منه عجل عجل فلا رغبة لكريم في الحياة بعد هذه الحال ثم صلب . حدثني الشريف المذكور قال حدثني الثقة حجاج بن المسبح الاسواني ان ابن الزبير دفن في موضع صلبه فما مضت الايام والليالي (٢) حتى قتل شاور وسحب فاتفق ان حفر له ليدفن فوجد الرشيد بن الزبير في الحفرة مدفوناً فدفنا معاً في موضع واحد ثم نقل كل واحد منهما بعد ذلك الى تربة له بقرافة مصر والقاهرة ومن شعر الرشيد قوله يجيب اخاه المهذب عن قصيدته التي اولها

يا ربع اين ترى الاحبة يمموا رحلوا فلا خلت المنازل منهم
ونأوا فلا سلت الجوانح عنهم

(١) لعله وجد : ويدل على ذلك ما في ص على انه محرف (٢) لعله الا ايام وليالٍ

وسروا وقد كتموا العداة مسيرهم وضياء نور الشمس ما لا يكتم
وتبدلوا ارض العقيق عن الحمى روّت جفوني اي ارض يمموا
نزلوا العذيب وانما في مهجتي نزلوا وفي قلب المتيم خيموا
ما ضرهم لو ودعوا من (١) اودعوا نار الغرام وسلموا من اسلموا
هم في الحشا ان اعرقوا او اشأموا او ايمنوا او انجدوا او أتهموا
وهمُ مجال الفكر من قلبي وإن بعد المزار فصفو عيشي معهم
احبابنا ما كان اعظم هجركم عندي ولكن التفرق اعظم
غبتم فلا والله ما طرق الكرى جفني ولكن سح بعدكم الدم
وزعمتمُ اني صبور بعدكم هيهات لا لُقّيتم ما قلتم
واذا سئلتُ بمن اهيم صبابة قلت الذين هم الذين همُ همُ
النازلين بمهجتي وبمقلتي وسط السويدا والسواد الاكرم
لا ذنب لي في البعد اعرفه سوى اني حفظت العهد لما خنتم
فاقمت حين ظعنتم وعدلت لما جرتم وسهدت لما نمتم
يا محرقا قلبي بنار صدودهم رفقاً ففيه نار شوق تضرم
اسعرتم فيه لهيب صبابة لا تنطفي الا بقرب منكم
ياساكني ارض العذيب سقيتم دمعي اذا ضن الغمام المرزم
بعدت منازلكم وشط مزاركم وعهودكم محفوظة مذ غبتم
لا لوم للاحباب فيما قد جنوا حكمتهم في مهجتي فتحكموا
احباب قلبي أعمروه بذكركم فلطالما حفظ الوداد المسلم

(١) ق ما

واستخبروا ريح الصبا تخبركم عن بعض ما يلقى الفؤاد المغرم
كم تظلمونا قادرين وما لنا جرم ولا سبب بمن يتظلم
ورحلتم وبعدتم وظلمتم ونأيتم وقطعتم وهجرتم
هيهات لا اسلوكمُ ابداً وهل يسلو عن البيت الحرام محرم[1]
وانا الذي واصلت حين قطعتم وحفظت اسباب الهوى اذ خنتم
جار الزمان عليّ لما جرتم ظلماً ومال الدهر لما ملتم
وغدوت بعد فراقكم وكأنني هدف يمر بجانبيه الاسهم
ونزلت مقهور الفؤاد ببلدة قل الصديق بها وقل الدرهم
في معشر خلقوا شخوص بهائم يصدى بها فكر اللبيب ويبهم
ان كورموا لم يكرموا او علّموا لم يعلموا او خوطبوا لم يَفهموا
لا ينفق الآداب عندهم ولا الا احسان يعرف في كثير منهم
صمّ عن المعروف حتى يسمعوا هجر الكلام فيقدموا ويقدموا
فالله يغني عنهم ويزيد في زهدي لهم ويفك اسري منهم

﴿ احمد بن علي الصفار الخوارزمي ابو الفضل ﴾

قال محمد بن ارسلان كان من فضلاء خوارزم وبلغائهم وكتابهم وله اشعار مونقة لطيفة ورسائل لبقة خفيفة جمع رسائله ابو حفص عمر بن الحسن ابن المظفر الاديبي وجعلها على خمسة عشر باباً وذكر في اول جمعه: وبعد فاني رغبت في مطالعة رسائل تكون الى التخريج في البراعة وسائل ثم تقلبت وتطلبت فلم ار اعذب في السمع واعلق بالطبع واجرى في ميدان

(١) لعله المحرم

اهل الزمان من غرر [(١)] ابي الفضل الصفاري ثم ذكرت ما كان بينه وبين والدي رحمه الله من المحبة المشتبكة اشتباك الرحم الجارية في عروقها مجرى الدم والاخوة الصافية من الكدر الباقية على الغير فاقترحت عليه ان يلقي اليّ ما حصل لديه من رقاعه الصادرة اليه فاجابني الى ملتمسي فدونت ما القاه اليّ من انشائه والحقت به ما وجدته عند غيره من اودّائه وهذا انموذج من كلامه كتب عن ابي سعيد سهل بن احمد السلي الى عميد الملك ابي نصر الكندري حين انهض ولده الى حضرته: كتابي اطال الله بقاء الشيخ السيد وانا معترف برق ولائه متصرف في شكر سوابق آلائه حامد لله تعالى على تظاهر اسباب عزه وعلائه ولم ازل منذ حرمت التشرف بخدمته انطوي على مبايعته واتلظى شوقا الى التسعد بخدمة حضرته التي هي مجمع الوفود ومطلع الجود وعصره المنجود واتمنى على الله تعالى حالا تدنيني من جنابه الرحب ومشرعه العذب ومتى تذكرت تلك الايام التي كانت تسعفني بالتمكن من خدمته التي هي مادة الجمال وغاية الآمال انثنيت بحسرة مرة وانطويت على غصة مستمرة وكم كاتبت شريف حضرته لا زالت محسودة مأنوسة فلم أؤهل لجواب ولم اشرف بخطاب فامسكت عن العادة في المعاودة جريا على طريقة الاصاغر في مراعاة حشمة الاكابر ولو جريت في مكاتبة حضرته على حكم الاعتقاد والنية الخالصة في الوداد لا كثرت حتى اضجرت وهو بحمد الله احسن اخلاقا واوفر في الكرم والمجد خلاقا من ان يرى عن قدماء خدمه

(١) ق غور

متجافيا ولخواص اصاغره جافيا ولو كان رحيلي ممكنا لاستعملت في الخدمة قدمي دون قلمي وحين عجزت عن ذلك لما انا مدفوع اليه من اختلال الحال وتضاعف الاعتلال انهضت ولدي أبا الحسين خادمه وابن خادمه نائباً عني في اقامة رسم حضرته التي من فاز بها فقد فاز وسعد وعلا نجمه وصعد فلا زال مولانا منيع الاركان رفيع القدر والمكان سابغ القدرة والامكان محروس العز والسلطان تدين المقادير لاحكامه وتجري السعود تحت راياته واعلامه آمين ان شاء الله

﴿ احمد بن علي بن المعمر بن محمد بن المعمر بن احمد بن محمد ﴾

ابن محمد بن عبيد الله بن علي بن عبيد الله بن الحسين بن علي بن الحسين ابن علي بن أبي طالب ابو عبد الله النقيب الطاهر نقيب نقباء الطالبيين ابن النقيب الطاهر ابي الغنائم اديب فاضل شاعر منشئ له رسائل مدونة حسنة مرغوب فيها يتناولها الناس في مجلدين وكان من ذي الهيئات والمنزلة الخطيرة التي لايجحدها احد وكان فيه كيس ومحبة لاهل العلم وبينه وبين محمد بن الحسن بن حمدون مكاتبات كتبناها في ترجمته وكان وقوراً عاقلا جداً تولى النقابة بعد أبيه في سنة ٥٣٠ ولم يزل على ذلك الى ان مات في سنة ٥٦٩ تاسع عشر جمادي الآخرة فيكون قد ولي النقابة تسعاً وثلاثين سنة وبداره بالحريم الظاهري كانت (١) وفاته وصلى عليه جمع كثير وتقدم في الصلاة عليه شيخ الشيوخ ابو القاسم عبدالرحيم ابن اسماعيل النيسابوري بوصية منه بذلك بعد مشاجرة جرت بينه وبين

---

(١) ق كاتب

قثم بن طلحة نقيب الهاشميين ودفن بداره المذكورة ثم نقل بعد ذلك الى المدائن فدفن بالجانب الغربي منها في مشهد اولاد الحسين بن علي عليه السلام وكان قد سمع الحديث من أبي الحسين بن المبارك بن عبد الجبار الصيرفي وأبي (١) الحسن علي بن محمد بن العلاف وأبي الغنائم محمد ابن علي الزينبي وغيرهم وحدث عنهم سمع منه أبو الفضل احمد بن صالح ابن شافع وأبو اسحاق ابراهيم بن محمود بن الشعار والشريف أبو الحسن علي بن أحمد اليزيدي وغيرهم وله كتاب ذيله على منثور المنظوم لابن خلف النيرماني وكتاب آخر مثله في النشائه . وكانت حرمتـه في الايام المقتفوية وأمره لم ير احد من النقباء مثلها مقدرة وبسطة ثم مرض مرضة شارف فيها التلف فولى ولده الاسن النقابة موضعه ثم أفاق من مرضه واستمر ولده على النقابة حتى عزل عنها ومات ولده في سنة ٥٣ ولم تعد منزلته الى ما كانت عليه في أيام المستنجد لاسباب جرت من العلويين

انتهى الجزء الاول

(١) ق وابن

فهرست التراجم التي تضمنها الجزء الاول

صحيفة

صحيفة

صحيفة

صحيفة

تصحيحات

صفحة	سطر	خطا	صواب
٩٩	٢	ابو النضر	ابو نصر
١٠٧	١٢	(بمزاره)	بمزاره
١١٥	٢٠	ببيرومه	ببئر رومه [والمراد ما اشتهر من اشتراء عثمان بن عفان لبئر رومه وبيعه لها بعين
		الصاىٔ	من عيون الجنة]
١٤٦	١١ و١٣	الحجندي	الخجندى
١٥٩	٥	ما قلت	لعله لما قات
١٦٥	٥	الغراد	•الغرار
٢٤١	١	الصاىٔ	الصابىٔ
«	٢	نشاءه	انشاءه
٢٤٩	٥	الانباء	الابناء
٣٩١	١١	وخالفه	وحالفه (الفرج بعد الشدة ٢ : ١٠)

تفسير الاصطلاحات

الحرف ق يراد به الاصل الذي في مكتبة اكسفرد

الحرف ص يراد به كتاب الوافي بالوفيات للصفدي

(وفي بعض المواضع يراد به « صفحة »)

العلامة ـ يراد بها عدم وجود ما يتلوها في الكتاب المذكور من قبل

العلامة * يراد بها ان ما في الحاشية يشتمل على كل ما بينها وبين الرقم من الالفاظ

Thus, the paragraph beginning وكان الرشيد محمد (p. 32, l. 4 a f.) down to the end of this Life is placed at the end of the verses on p. 31 (fol. 8*a* and 8*b* in the MS.). In the middle of the life of Ibráhím b. Mimshádh (p. 323), a paragraph from the following life is inserted (from p. 327, l. 2 – p. 328, l. 4), the same passage being repeated in its proper place. These errors have been rectified. It was more difficult to decide what was to be done about what appears to be a much more serious transposition, viz., of the series of lives beginning Aḥmad b. Ibráhím al-Ḍabbí to Aḥmad b. 'Alí b. Ḳudámah, from their proper place into the middle of the Ibráhím series (pp. 65–260). It will be seen by anyone who consults the headings that the restoration of these lives to their proper order would have been a process of great complexity, because there is no point in the second Aḥmad series where they could be inserted without further sorting. Since Yáḳút assures us that his order, both as regards the names and the patronymics, is strictly alphabetical, it seems likely that this displacement is due to a copyist; yet there are slighter errors in the order (e.g., Aḥmad b. Umayyah between A. b. Bakhtiyár and A. b. Bishr; Ibráhím b. Mas'úd in the middle of the I. b. Muḥammads) which can scarcely be attributed to scribes, and seem to imply that the arrangement was never quite accurate. Moreover, the occurrence of the name Ahmad or Muḥammad in any series has a tendency to cause displacement, and the arrangement in the work of Kutbí somewhat resembles that of the present volume. For these reasons it seemed to be most prudent to retain the order of the MS., and to remedy the defective order by providing an alphabetical index of lives.[1]

The Bodleian copy being, then, unique, for correction of the text the Editor has had to depend chiefly on works copied by Yáḳút, or works which borrowed from his. Of the latter sort, the most useful is the Dictionary of Ṣafadí, called al-Wáfí bil-wafayát, of which the Bodleian Library contains

[1] Of course, full indexes of different kinds will be added to the whole work, should it ever be completed.

PREFACE.

THE value of the matter contained in Yáḳút's Dictionary of Learned Men, called by him Irshád al-aríb ilá ma'rifat al-adíb, should constitute a sufficient justification for a printed edition of it. The present writer designed undertaking this task many years ago, but it is scarcely one for private enterprise, and he shrank from the many inconveniences which attend on application to public bodies. These were spared him by the GIBB TRUSTEES, who signified their willingness to let the book appear in their series, and thereby have earned, he hopes, the gratitude of those who are interested in Arabic literary history.

Inquiries addressed to various parts of the Muḥammadan world have not as yet elicited any trustworthy evidence of the existence of any copy of the first volume of this Dictionary other than the MS. Bodl. Or. 753 of the Bodleian Library in Oxford, on which this edition is based.[1] This volume was purchased by the Library in 1882 of the bookseller Mr. W. H. Gee, who acquired it, with other books, from the heirs of Archdeacon Barnes of Bombay. There appears to be no memoir of this dignitary, who probably obtained the book in India. This copy is quite modern, certainly not earlier than the seventeenth century. Besides various errors of punctuation, and confusions of letters which betray the fact that the scribe's native language was not Arabic, the MS. exhibits some more serious faults.

[1] Brockelmann's references to the British Museum and Copenhagen Catalogues for copies of this book are erroneous. The works mentioned in those catalogues are portions of the Geographical Dictionary.

of the Letters, Oxford, 1898, and all but the last are accessible in the Beyrout edition. On the other hand, the "Vegetarian Correspondence," which the Editor had published in the J.R.A.S. for 1902, seemed to deserve reprinting, since that Journal is not easily procurable.

The proofs have been read by experts, whose services the Editor has pleasure in acknowledging. About half the volume passed the careful eye of the Shaikh Ibráhím al-Yázijí, whose death last December was deplored by all Arabic scholars in the East, and of whom appreciative notices appeared in most of the Cairene newspapers and reviews. In the main, his attention was directed to grammatical forms, but the text owes one or two good emendations to his ingenuity. About half the remainder was read by Ḳusṭákí Bey al-Ḥimṣí, author of a "History of Criticism" in Arabic. Two or three of the sheets have been read by G. Zaidán, and, as might be expected, his observations were of great value. The whole work has in addition had the benefit of the observations of one or other of the Editor's learned colleagues, Shaikh 'Abd al-'Azíz Sháwísh and Shaikh Muḥammad Ḥasanain al-Ghamráwí. If, notwithstanding this assistance, some misprints remain, some excuse for them may be hoped on the ground of the distance which separated the Editor from the place of printing, and the consequent impossibility of seeing revises; though the unusual care bestowed on the book by the Editor's kind friends the printers, Amín and Abdallah Hindié, perhaps makes this excuse somewhat flimsy.

eleven volumes; two of them, Arch. Seld. A 20, 21, contain lives of persons whose names commenced with Alif. Ṣafadí copies Yáḳút extensively, and furnishes many emendations. Mr. Ellis called the Editor's attention to a late work, Rauḍát al-Jannát, lithographed 1304, in which Yáḳút's Dictionary is quoted. In this volume the quotations seem regularly to be made through Suyúṭí's Dictionary of Grammarians, of which there are many manuscript copies. Mr. Ellis kindly placed his copy of the Rauḍát at the Editor's disposal. The Fawát al-wafayát of Kutbí occasionally borrows from Yáḳút also.

Many more emendations are got from printed copies of the works utilized by Yáḳút, and of these a complete list will be furnished when this edition is finished. In several cases, e.g., the Fihrist, the Yatímah, the Letters of Hamadhání, Yáḳút's text provides more emendations for future editors of those texts than it obtains from them.

Of manuscript works belonging to this category mention should be made of the Dictionary of the Learned of Spain by Ḥumaidí, which has not been issued in Codera's Bibliotheca Arabico-Hispana, but exists in the Bodleian MS. Hunt. 464. Several of the works published by Codera are utilized by Yáḳút also.

With regard to the treatment of the text in general the following observations may be made. In order not to crowd the text with unnecessary notes, attention has not in ordinary cases been called to the addition, omission, or alteration of diacritic points; extraordinary cases are such as seemed to the Editor to admit of some doubt, or to be in some way of interest. Additions to the text have been more often suggested in the notes than actually inserted, and conjectural emendations of the consonants have in most cases been relegated to the margin. Of the variants in printed books a selection only has been given.

Of the contents of the MS. nothing has been omitted with the exception of a few of the letters of Abu'l-'Alá al-Ma'arrí, of which the Editor had already published a text in his edition

Translations of the three inscriptions on the cover

[illegible] Arabic

[illegible]

[illegible]

[illegible] Turkish

[illegible]

[illegible]

[illegible]

(Translations of the three Inscriptions on the Cover.)

1. Arabic.

"These are our works which prove
what we have done;
Look, therefore, at our works
when we are gone."

2. Turkish.

"His genius cast its shadow o'er the world,
And in brief time he much achieved and
wrought:
The Age's Sun was he, and ageing suns
Cast lengthy shadows, though their time be
short."

(*Kemál Páshá-zádé.*)

3. Persian.

*"When we are dead, seek for our
resting-place
Not in the earth, but in the
hearts of men."*

(*Jalálu'd-Dín Rúmí.*)

First Published in India 1982

Published by

Nusrat Ali Nasri for Kitab Bhavan
1214, Kalan Mahal, Darya Ganj, New Delhi-110002.

Printed in India

at 1711, Lahoti Fine Art Press, Suiwalan, Delhi-110006.

THE IRSHAD AL-ARIB ILA MA'RIFAT AL-ADIB

OR

DICTIONARY OF LEARNED MEN OF YÁQÚT.

EDITED BY

D. S. MARGOLIOUTH, D.Litt.

LAUDIAN PROFESSOR OF ARABIC IN THE UNIVERSITY OF OXFORD.

VOLUME I

KITAB BHAVAN

NEW DELHI-110002